► 池田降下軽石《かるいし》　約5500年前に現在の池田湖付近から噴出。

► アカホヤ火山灰　約7300年前に鬼界《きかい》カルデラ（硫《い》黄《おう》島付近）から噴出。

► サツマ火山灰（P14）約1万3000年前に桜島付近から噴出。

▲ 鹿児島の地層と土器　柱状土層写真は鹿屋《かのや》市王子《おうじ》遺跡のもの。

▲ 曽畑《そばた》式土器　縄文時代前期の九州を代表する土器（屋久島《やくしま》町一湊松山《いっそうまつやま》遺跡）。

▲ 前平《まえびら》式土器　縄文時代早期の南九州を代表する土器（霧島《きりしま》市溝辺《みぞべ》町桑ノ丸遺跡）。

▲ 隆帯文《りゅうたいもん》土器　南九州で盛行した縄文時代草創期の土器（中種子《なかたね》町三角山遺跡）。

► 薩英《さつえい》戦争絵巻　文久３（1863）年の薩英戦争のようすを描いたもの。写真は戦闘開始前の状況で，手前側の鹿児島城下の諸砲台が，鹿児島湾に浮かぶイギリス艦隊に狙いを定めている。県指定文化財。

▲地下式板石積石室墓群(伊佐《いさ》市平田遺跡)　140基からなる石室墓群のうち，18基のみ調査され，他は埋めもどされた。平面プランの長方形から円形への変化が確認された。

▼枕崎《まくらざき》市松ノ尾《まつのお》遺跡出土の貝輪　松ノ尾遺跡は弥生時代から古墳時代の埋葬《まいそう》遺跡。ゴホウラ製貝輪《かいわ》は，前期古墳にみられる鍬形《くわがた》石の祖形と考えられている。左右4個はイモガイ，中央上はメンガイ，中央下はゴホウラ。

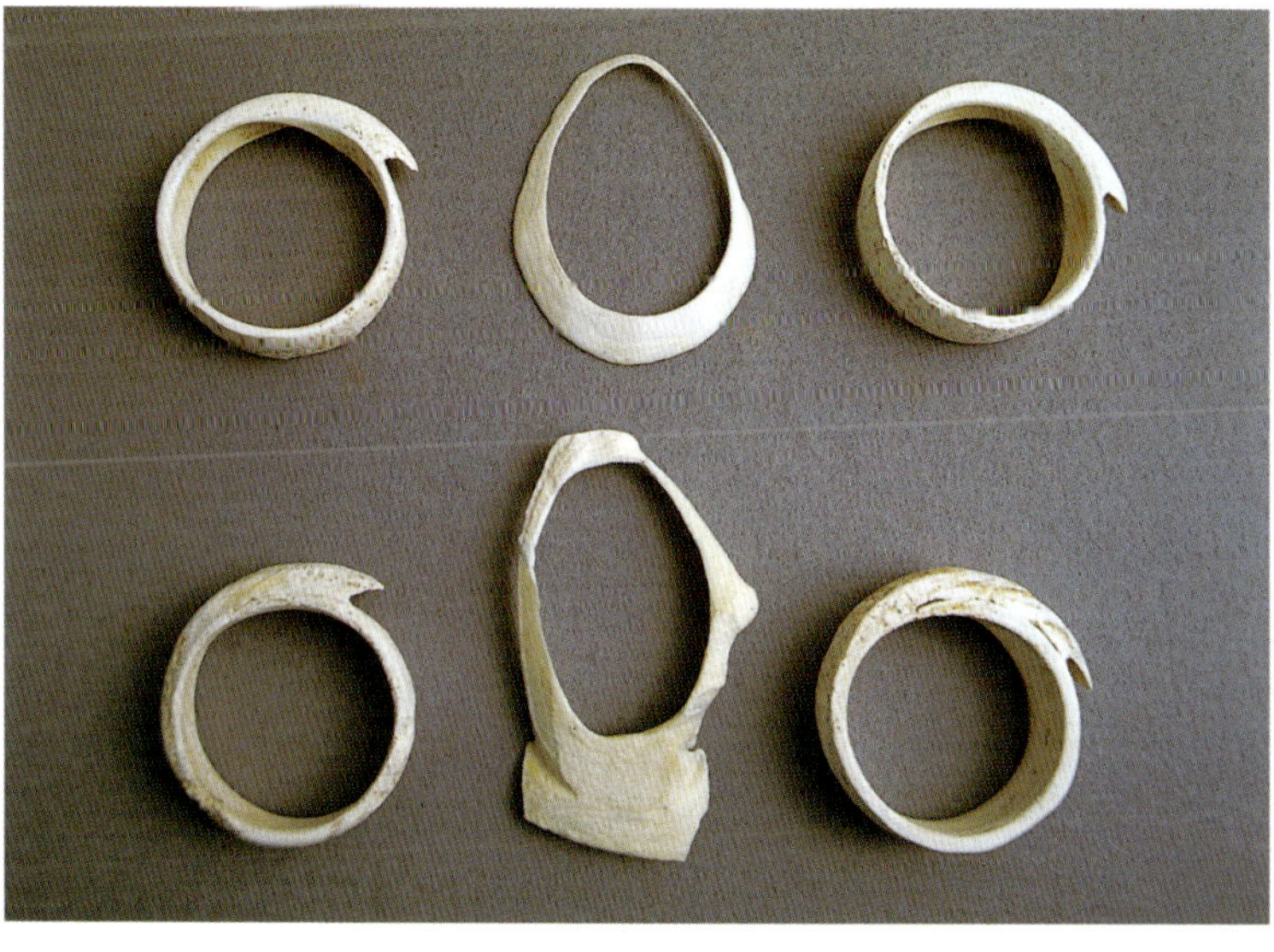

▲ヤコウガイ製貝匙《かいさじ》(フワガネク〈外金久〉遺跡出土〈奄美《あまみ》市名瀬《なぜ》小湊《こみなと》〉, 古墳時代後期にあたる時期, 約1400年前, 長さ16.2㎝, 幅9.0㎝) 奄美群島・沖縄諸島で大変僅少《きんしょう》である完形品。貝匙のなかでは最大サイズの部類に属しており, 匙部が大きく深い。柄部の先端にＶ字状の切り込みを施して装飾してある。直径1.0㎝の比較的大きな円孔《えんこう》が穿《うが》たれている。当遺跡出土の完形品は１点のみで, 他は未製品・破損品であることから, 製品は交易品として島外にもちだされたと考えられる。

▼「天平八年薩麻《さつま》国 正 税帳《しょうぜいちょう》」(正倉院宝物) 高城《たかき》郡のはじめの部分。糒《ほしいい》の下に「養老四年」の注記がみえる。また, 酒の項の最後には「隼人一十一郡」がみえ, 正月14日の斎会《さいえ》や薩摩国の11人の僧侶が確認できる。複製。

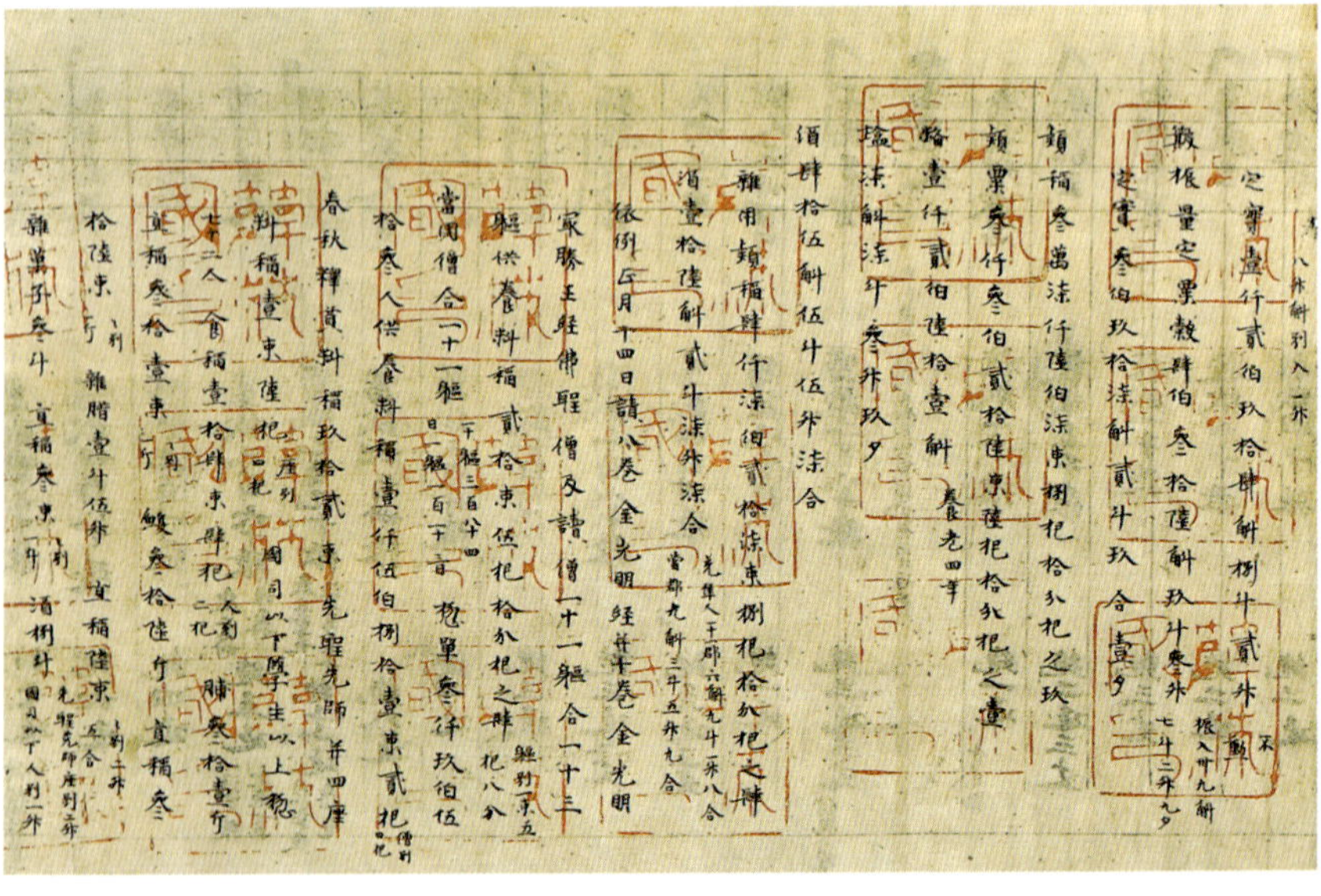

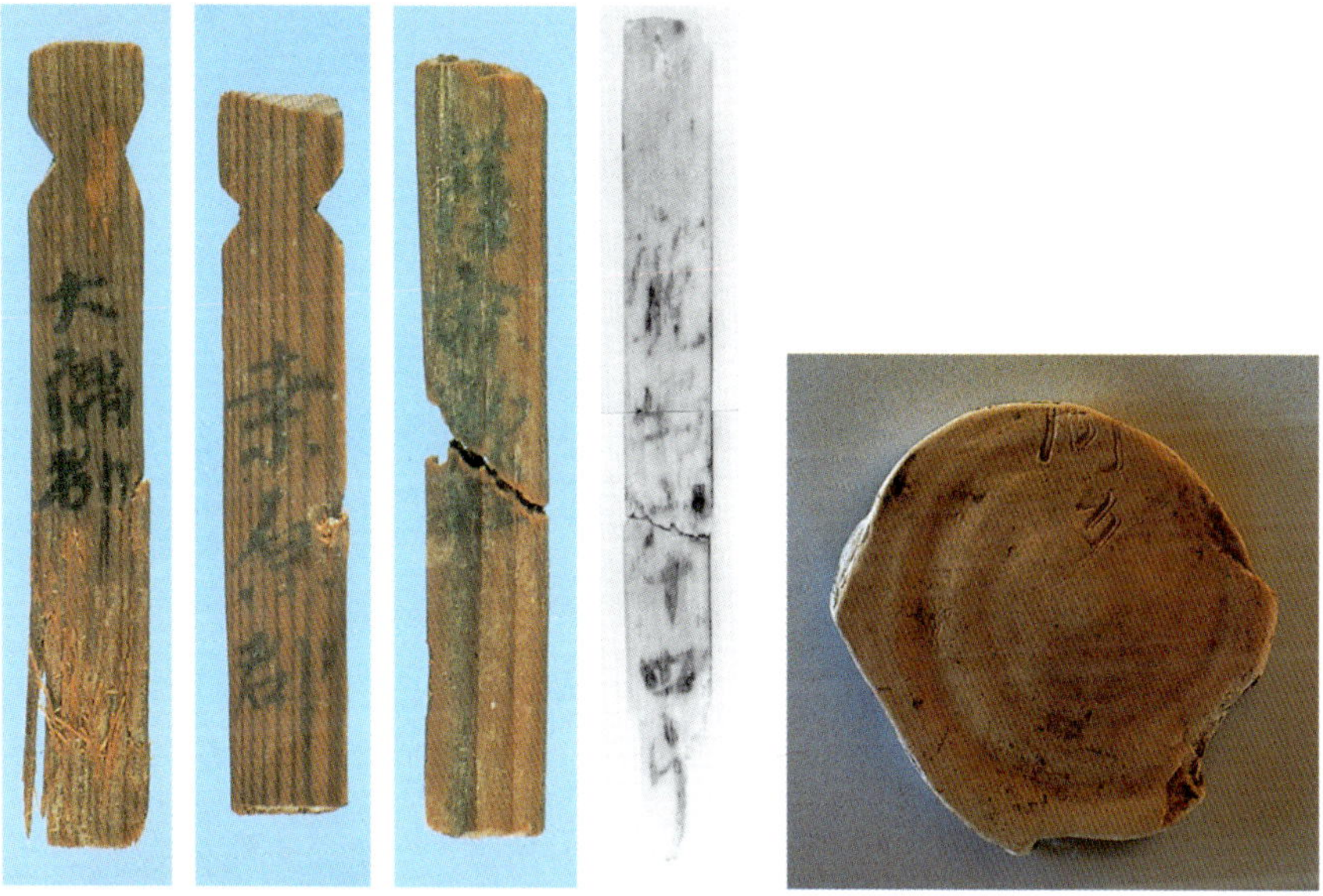

▲「阿多」のヘラ書土器(南さつま市金峰《きんぽう》町小中原《こなかばる》遺跡出土)と木簡《もっかん》(大宰府《だざいふ》不丁《ふちょう》地区出土)　木簡は左から「大隅《おおすみ》郡」(長さ10.5㎝),「桑原《くわはら》郡」(長さ10.2㎝),「薩麻《さつま》頴《え》娃」(長さ8.8㎝),「麑嶋《かごしま》六十四斗」(赤外線写真，長さ18.4㎝)などの郡名がみえる。

▼敷領《しきりょう》遺跡(指宿《いぶすき》市十町《じっちょう》)　同遺跡から貞観16(874)年の火山灰に覆《おお》われた水田と畠が検出された。中央に南北方向にのびる撹乱《かくらん》の東に水田が，西に畝《うね》を伴う畠があった。水田跡では，牛馬の足跡らしきものも検出されている。

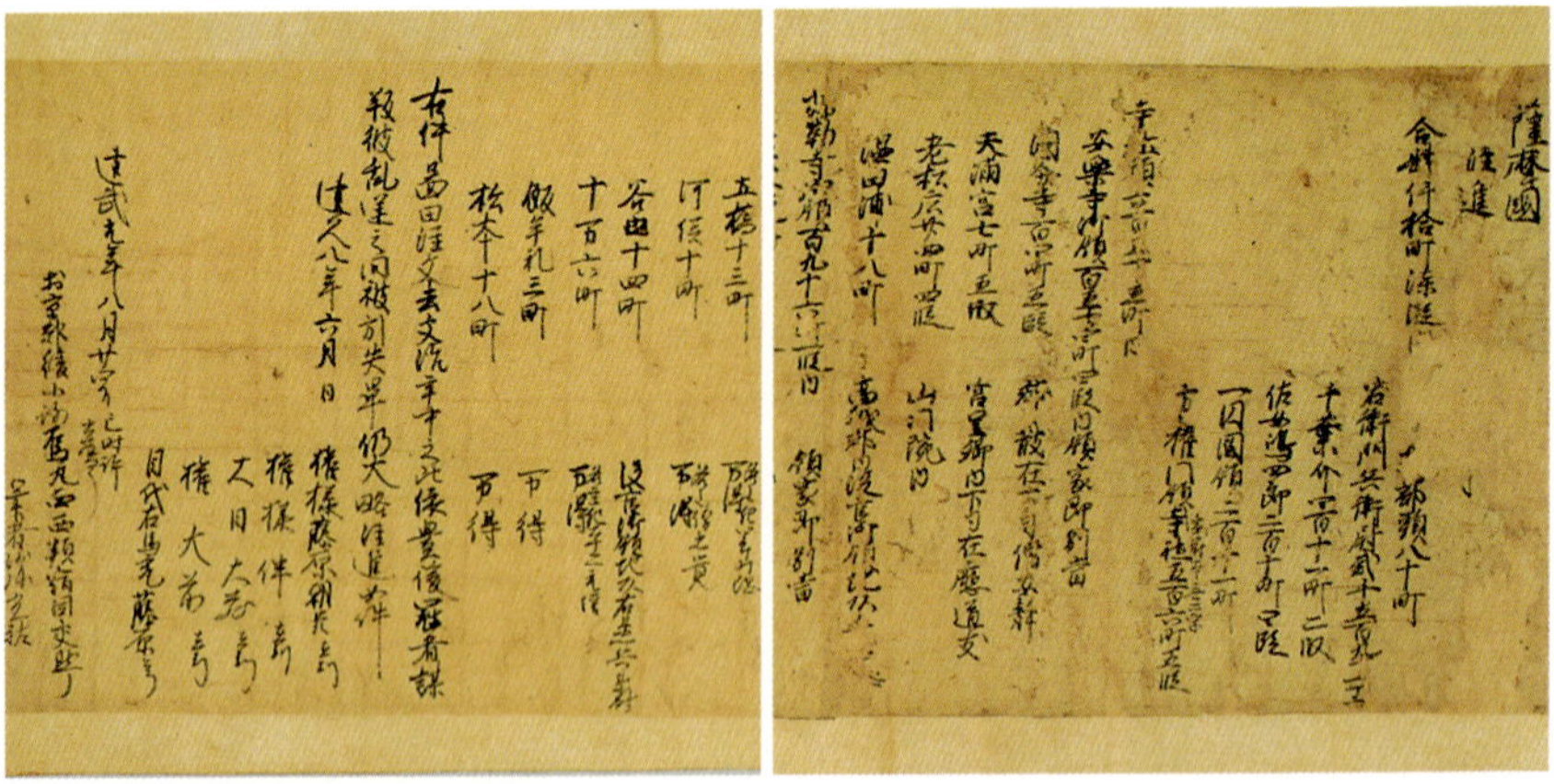

▲薩摩国建久図田帳《けんきゅうずでんちょう》(「島津家文書」)の冒頭と末尾　建久8(1197)年6月，薩摩国内の地頭補任《ぶにん》状態を把握するために，鎌倉幕府が薩摩国衙《こくが》に注進させた。建久期の図田帳で全体が残存しているのは，全国的にみても稀《け》有《う》(93頁コラム参照)。

►清水磨崖仏《きよみずまがいぶつ》群遠景(南九州市)　万之瀬《まのせ》川右岸，通称岩屋の岸壁に彫られた大五輪塔・宝篋印塔《ほうきょういんとう》・板碑《いたび》など。とくに，梵字《ぼんじ》が線刻された平安後期の大五輪塔，弘長4(1264)年の月輪大梵字や永仁4(1296)年の銘文入り宝篋印塔は有名。県史跡。

▲知覧《ちらん》城跡(南九州市)　シラス台地縁辺に位置し，浸食地形を有効に活用した城郭形成。城主や直属被官，一族の居住地および政庁と想定される中心の曲輪《くるわ》群と防御された屋敷集合体である周辺の曲輪群とからなる。島津一族佐多氏が在城。国史跡。

◄フランシスコ＝ザビエル画像　ザビエルはスペイン出身で，1534年ロヨラらとイエズス会を組織した。1547年マラッカで鹿児島の人アンジローと出会い日本伝道を決意，1549年鹿児島に到着しキリシタン布教を開始，その後2年あまり日本で布教活動を行った。

▲伊作《いざく》太鼓踊　女装した少年を，白装束にトウウッパという矢旗を背負った青年たちが取り囲み，鉦《かね》や太鼓を打ちながら踊る。応永元(1394)年に伊作家の島津久義が始めさせたと伝わる。県指定無形文化財。

▼鹿児島城下図(「薩藩勝景百図」)　鹿児島城下を桜島側から俯瞰《ふかん》したもの。鹿児島八景と称された名所寺社が霞《かすみ》のなかに点在し，港には和船のほかに琉球船(ジャンク)も浮かぶ。

▲**砂糖製造の図**(『南島雑話』)　薩摩藩は，奄美《あまみ》群島の温暖な気候を利用して砂糖黍《きび》を栽培させ，砂糖を専売品とすることによって莫大な利益を得ていた。図は刈りとった砂糖黍を，木輪車を回して絞っているようす。

▼**昇平丸《しょうへいまる》図**　昇平丸は28代島津斉彬《なりあきら》が，安政元(1854)年に完成させた洋式軍艦。推定排水量370トン。砲16門。翌安政２年，幕府に献上され昌平丸と改名した。

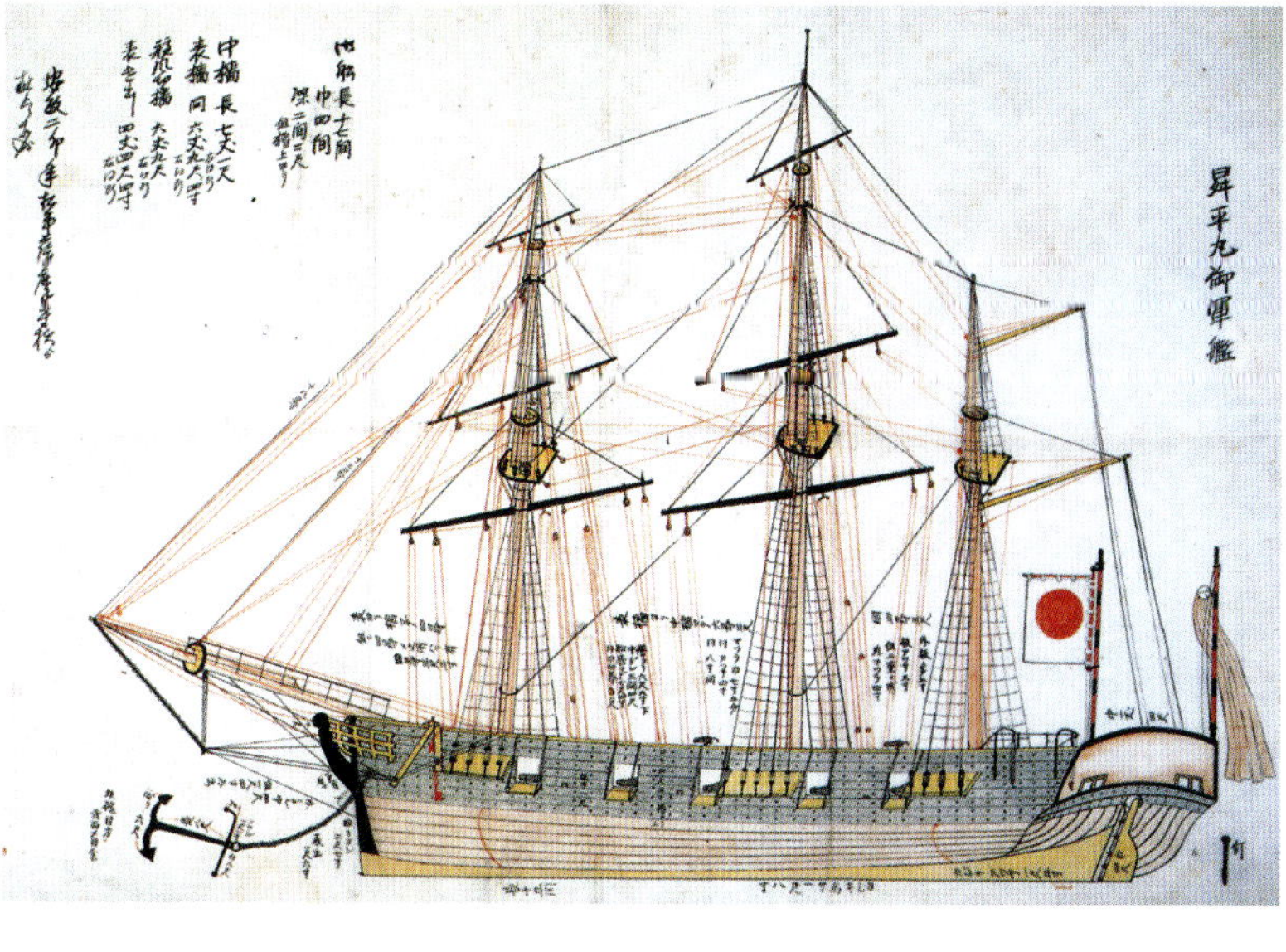

▲征韓論《せいかんろん》をめぐる閣議(「征韓論之図」)　明治６(1873)年，西郷隆盛はみずから全権大使として韓国に赴くことを閣議で了承させたが，大久保利通《としみち》らが強硬に反対して決議を覆《くつがえ》した。これに不満をいだいた西郷や多くの薩摩出身者が官を辞し下野《げや》した。

▼新県庁舎(鹿児島市。平成８〈1996〉年９月完成。写真左から議会庁舎，行政庁舎，警察庁舎。行政庁舎は地上18階，地下１階，高さ93.09m)　新県庁舎は県のシンボルにふさわしく，また，将来における行政需要の多様化・情報化・国際化の進展などに対応できるよう構内情報通信網(ＬＡＮ)を導入するなど，インテリジェント機能を数多くそなえた最新式の庁舎である。

地方史研究協議会名誉会長
学習院大学名誉教授
児玉幸多　監修

企画委員　熱田公　川添昭二　西垣晴次　渡辺信夫

# 鹿児島県の歴史　目次

原口泉―永山修一―日隈正守―松尾千歳―皆村武一

# 鹿児島県の歴史

# 風土と人間――日本辺境の先進地

## 日本の南の玄関●

鹿児島は日本の辺境である。南北六〇〇キロの県域は、旧薩摩国《さつまのくに》・大隅国《おおすみ》と日向国《ひゅうが》・琉球国《りゅうきゅう》の一部からなる。このうち薩・隅・日の三カ国は九州のなかでも古くは「奥三州《おくさんしゅう》」、新しくは「南九州」とよばれ、辺境性が強調されている。「大隅」とは文字通り辺境性を国名にしたものである。しかし、古来辺境とは、中央政権からみた辺境であって、そこが行きどまりであることを意味していない。村井章介氏がいうように、辺境とは、そこから異域との交流が自由に広がる独自の世界であった。視点のおき方によって、鹿児島もさまざまに表現される。たとえば琉球からみれば、近世の鹿児島は「口大和《くちやまと》」であり、京都が「奥《おく》大和」と表現される。中国と日本との関係からみれば、古代・中世の鹿児島は「入唐道《にっとうどう》」あるいは「日本国総路」、すなわち中国への南の門戸であった。

東アジアのなかで鹿児島の位置をみてみると、一辺が八〇〇キロの菱形《ひしがた》の頂点が、鹿児島・上海《シャンハイ》・福建・那覇《なは》であることがわかる。上海は東アジア最大の物流情報センター、福建は華僑《かきょう》のふる里、那覇は国際貿易都市として繁栄してきた。この菱形の海域は、東中国海の南半域であり、古来海禁《かいきん》（鎖国《さこく》）の時代にも、漂流民送還にみられるように地域間の交流がきわめて活発であった。内藤雋輔《しゅんぽ》氏は、近世薩摩藩と李氏《りし》朝鮮とのあいだに漂着を名目にした交易を想定している。その交流を容易にしたのが、黒潮の流れと季節風である。黒潮本流は、鹿児島県のトカラ列島を西から東へ横切り、県東域を北流し、対馬《つしま》海流となる支流が県西域を洗っている。その平均速度は三ノット（時速五・四キロ）、速いところでは五ノットもある。また冬の季節風をうけて鹿児島から南の島々へ多くの帆船が渡航し、夏の季節風は、鉄砲やキリスト教、サツマイモなど新しい文物を真っ先に鹿児島へもたらした。この海上の道は、「貝の道」「絣《かすり》の道」「薬の道」「陶磁《とうじ》の道」などとよばれてきたが、鹿児島は海洋アジアの交易世界の重要な一環をなしていたといえる。南薩万之瀬《まのせ》川河口の持躰松《もったいまつ》遺跡や奄美《あまみ》大島宇検《うけん》村の倉木崎《くらきざき》遺跡などで十二、三世紀の中国産青白磁が大量に出土している。

### 火山の国の防災文化●

鹿児島は火山国である。霧島、桜島、硫黄《いおう》島と、北から南へ続く火山帯から噴煙がのぼるのは今でも珍しくない。鹿児島では晴れた日に傘をさしながら、温泉（銭湯）にかよう市民が多い。阿多《あた》火山や姶良《あいら》火山の大爆発により陥没したところに海水がはいり、錦江《きんこう》湾（鹿児島湾）ができ、そのなかに約一万二〇〇〇年前、桜島という島が誕生した。その桜島は大正三（一九一四）年の爆発で大隅半島と陸続きになっている。実は通説ではこの桜島の古名が鹿児島であって、いつしかこの対岸を鹿児島と称するようになり、県名になったのである。

度重なる爆発によって噴出した火砕流《かさいりゅう》が、県本土のシラス・ボラ・コラの火山灰土壌である。その層は概して一〇〇メートルの厚さがある。県本土は、霧島・国見《くにみ》（肝属《きもつき》郡肝付《きもつき》町）など一〇〇〇メートル級の山地と笠《かさ》の原《はら》（鹿屋《かのや》市）・十三塚原《じゅうさんつかばる》（現鹿児島空港）などの広いシラス台地、国分《こくぶ》平野などのシラス低地、吹上《ふきあげ》浜などの砂丘海岸と坊津《ぼうのつ》町のようなリアス式海岸とに区分される。奄美群島の喜界《きかい》・沖永良部《おきのえらぶ》・与論《よろん》島は隆起珊瑚礁《りゅうきさんごしょう》の島である。

　気候は亜熱帯から温帯にわたり（屋久《やく》島では亜熱帯から冷寒帯の垂直分布がみられる）、温暖多湿な海洋モンスーン型である。大口《おおくち》市など北薩の内陸の盆地では、冬は氷点下の世界と化し、冬夏の気温差が大きいが、全県的に多雨地帯であり、とくに梅雨時《つゆどき》の一日平均降雨量は一五ミリもあり、東京の一日平均六ミリの約三倍である。平成五（一九九三）年の八《はち》・六《ろく》水害では時間一〇〇ミリ、一日の総雨量が四〇〇ミリ近いという豪雨であった（年間総雨量四〇二二ミリ）。この水害では幕末に建造された五連のアーチ石橋の武之橋《たけのはし》などが流失したが、鹿児島は昔からこのような自然災害に周期的に見舞われてきた。平成五年は大水害と大型台風がセットできたかと思うと、翌年は全国的に日照りが続いた。前近代であれば、凶作と飢饉《ききん》が続き、疫病が流行するというパターンを現出したであろう。前近代の人びとは、このサイクルのなかでたくましく生活してきたのである。荒々しい自然を封じこめるのではなく、受容しながら生きていく知恵は一種の防災文化といってよいであろ

八・六水害で流出した武之橋と甲突《こうつき》川　背景は冠雪の桜島。

う。

自然災害が多くても気候が温暖多湿のため植生の回復もはやい。指宿《いぶすき》市の橋牟礼川《はしむれがわ》遺跡では開聞岳《かいもんだけ》の爆発で縄文《じょうもん》人の集落が打撃をうけても、ほぼ同じ場所に弥生《やよい》人がムラを形成している。大正時代、この橋牟礼川遺跡で火山灰層をはさんで縄文土器の出土する地層の上の地層から弥生土器が出土したことから、縄文土器の古さが学術的にはじめて証明されている。そして一万二〇〇〇年ほど前の縄文時代草創期に南九州では一定の定住生活の痕跡《こんせき》があることが最近確認されている。植生の回復のはやさは、大正三年にできた桜島熔岩原がすでに黒松林におおわれていることからもわかる。したがって豪雨によって田畑が多少の土砂をかぶっても、そこに作付けさえすれば年内にはなんらかの収穫が期待できるため、なによりも災害復旧にはやくとりかかることが大事であった。

近世に門割《かどわり》制度という土地割替制度が奄美を含む全域に施行されたのも、防災の知恵であった。土石流をかぶった田畑を村全員の力で復旧し、あらたに細分化された耕地をくじ引きによってあちこちに組み合わせて配分すること（零細錯圃《さくほ》制）で農民間の不公平が解消され、きたるべき台風などでもどこかの耕地が被害をまぬがれる。危険を分散させるという防災農法である。門割制度とは、災害を前提にした土地制度であった。

「済んだこちゃ（済んでしまったことは）言《ゆ》な（言うな）」「議《ぎ》（屁理屈《へりくつ》）を言《ゆ》な」とか、「先《さ》っのこちゃ（将来のことは）わからん」とか「てげてげな（大まかな）」物言いがみられるのも、なによりも敏速な行動を重視したからであろう。戦国島津氏の教訓歌である「日新公《じっしんこう》いろは歌」には、「いにしへの道を聞きても唱へてもわが行ひにせずばかひなし」とうたわれ、郷中《ごじゅう》教育という近世以来の地域教育でも「泣こかい、跳《と》ぼかい、泣こよっかひっ跳べ（泣こうかそれとも跳ぼうか、泣くよりも跳んでしまえ）」という勇気がたたえられる。鹿児島では生命知らずの勇敢な人を「ボッケモン」と称しているが、西郷隆盛《さいごうたかもり》なども その一典型であろう。近世の国学者本居宣長《もとおりのりなが》は『古事記伝』のなかで、隼人《はやと》を「すぐれて敏捷《はや》く勇猛《たけ》き」人と定義したが、司馬遼太郎《しばりょうたろう》の作品にあるように、他国の人の目には、維新期の薩摩隼人の行動は「翔《と》ぶが如《ごと》く」にうつったようである。また関ヶ原の戦いにおいて島津義弘《よしひろ》が西軍総崩《くず》れのなかで、徳川家康《いえやす》本陣前への脱出を敢行したことから、『島津奔《はし》る』（池宮彰一郎）の歴史小説がうまれている。

このような即断即決の行動第一主義は、将来に対する悲観よりも楽観からうまれている。中世以来、土砂降りを「島津雨」と称し、島津家の瑞兆《ずいちょう》、たとえば勝ち戦のめでたいしるしとみなしてきたのも、沮《そ》喪《そう》しがちな士気を鼓舞《こぶ》するという効果をねらった逆転の発想であろう。

## 生かされた独自の伝統文化●

クマソ・隼人の先住地であった南九州は、古代末には南薩を中心に平家の知行国が多かったが、平家没落後、島津氏、二階堂《にかいどう》氏、渋谷《しぶや》氏など多くの関東の鎌倉御家人《かまくらごけにん》があらたな支配者として登場し、蒙古《もうこ》襲来以降任地に移り住むようになった。この鎌倉御家人に未知の南九州の地はどのようにうつったのであろうか。

関東との風土的違いは、気温の暖かさと海の近さにあるが、意外に共通の面が多い。

まず、東《アズマ》と薩摩《サツマ》の「ツマ」の語意はともに端っこを意味するという説がある。地質も、関東ローム層とシラス層とは同じ火山灰であり、農業は畑作中心であり、ともに有名な馬産地である。『日本書紀』に「馬ならば日向《ひむか》（南九州）の駒《こま》」と記された南九州は、近世には九州一の馬産地となった。寒暖の違いはあっても、「弓馬の術にたけた鎌倉御家人たちが南九州に親近感をおぼえたとしてもおかしくはない。「武《ぶ》家《け》のならい」である犬追物《いぬおうもの》を近世になって島津家だけが三代将軍徳川家光《いえみつ》の前で披露《ひろう》できたこと、現在でも肝属《きもつき》郡肝付《きもつき》町の四十九所《しじゅうくしょ》神社など、県内の神社で流鏑馬《やぶさめ》が奉納され続けているのも、鎌倉以来の伝統を重視する薩摩藩の風土に根ざした政策に関係している。

この薩摩藩の成立は、今日の鹿児島県の特徴を形成するうえで最大の要因となっている。薩摩藩の特徴は、まずその領国の広さとまとまり（一円《いちえん》性）である。宮崎県の南部（宮崎市高岡《たかおか》町）から、沖縄県の与那国《よなぐに》島までが、徳川将軍家から宛行《あてが》われた領知判物《はんもつ》（七二万石余）の支配領域であった。その長さは、ほぼ本州の長さに相当する。琉球王国は国際的には独立国家の体裁を保ち、中国と朝貢《ちょうこう》貿易を行っていたが、国内的にはその土地と人民を薩摩藩が支配している。琉球王国領であった奄美群島は、薩摩藩の直轄地《ちょっかつち》として分離され、琉球王国と薩摩藩のあいだの「道之島《みちのしま》」と称されるようになった。こ

肝付町四十九所神社に奉納される流鏑馬

の奄美産の黒砂糖が薩摩藩の財政建直しの大黒柱となるのである。亜熱帯性の産物の豊富な奄美は、薩摩にとってまさに「母なる奄美」であった。

外様《とざま》大名ながら、近世島津氏は石高でいえば加賀前田氏につぐ天下第二の大藩であり、しかも初代島津忠久《ただひさ》を源《みなもとの》頼朝《よりとも》の庶長子と称して守護《しゅご》、守護大名、戦国大名と続く系譜をほこる名門であった。琉球王国という「異国」支配はさらに島津氏の権威を高めるものであった。稲作生産では劣位であっても、薩摩藩は「琉球口」という徳川幕府公認の中国との貿易口を利用して、経済的に活路をみいだし、天保改革に成功し、幕末には雄藩として登場するのである。

煙草《たばこ》は中国への朝貢品の一つであるが、日本市場で国分《こくぶ》煙草の名前があらわれる以前の江戸前期の琉球で、そのブランド名が使われている。このように薩摩藩は日本市場ばかりでなく、つねに中国市場を意識していたといえる。『三国名勝図会《ずえ》』にみられる金・硫黄・薬種など豊富な国産品が、同藩の貿易立国をささえていた。島津重豪《しげひで》の積極的な殖産興業策をうけついだ幕末の島津斉彬《なりあきら》が、集成館《しゅうせいかん》事業でいち早く近代洋式工業を導入し、軍事力を強化したことが、長州藩とともに明治維新を政治的に主導する原動力となった。

## 鹿児島らしい豊かさを求めて●

廃藩置県後の鹿児島県は、西南《せいなん》戦争を境にして近代日本の中央集権化の歩みから取り残されてしまう。「さつまの芋《いも》づる」と揶揄《やゆ》されるほど中央の人材を輩出したものの、西南戦争の地元への打撃は痛烈であった。西郷軍六〇〇〇人余の戦死と県土の焦土化という直接被害のほかに、地租《ちそ》改正事業と銀行設立の遅れは、金融面において地元での出資と企業にマイナスとなっている。近代の地場産業では、第二次世界大戦後、シラス台地の畑地灌漑事業が進み、茶・ジャガイモ・畜産など高収益の営農ができるようになるまでは、基幹産業である農業さえも不振であった。高度経済成長期までは県外移出、海外移民ともに多い。平成十一（一九九九）年にはアメリカカリフォルニア州県人会が盛大な百周年記念式典を催している。

もともと薩摩藩は、領内における移住を農政の基調としていたが、近代になっても県内や宮崎県などの開拓余地への移住が盛んであった。このことから、庶民層では末子《ばっし》相続という相続形態が一般的となっている。末子相続とは、長男から順番に家をでていき、残った末子が隠居親の面倒をみるという相続制度である。親の財産は隠居分を残して均等に分割相続される。したがって現在でも鹿児島県では三世代同居といった大家族はまれであり、親子の別居率が全国一高い。

鹿児島は高齢化の進んだ県であるが、一〇〇歳以上の長寿者の数二四五人（平成九年度）は人口比で全国第五位の長寿県でもある。気候の温暖さだけではなく、その要因の一つに食文化があげられる。黒豚とウリを主要な食材とする独自の

絶滅の危機にある奄美固有のクロウサギの親子

食習慣は、熊本県以北では一般的にはみられなかった。鹿児島では、江戸時代以来、黒豚とヘチマ（糸瓜）、トーガン（冬瓜）、ニガゴイ（苦瓜）を常食としている。これは南につながる食習慣である。

高度経済成長期の巨大開発をまぬがれた鹿児島県には雄大で豊かな自然景観、旧石器時代以来蓄積された歴史資産が残っている。平成五年、屋久島は近世以来人間が杉を伐採しながらも生態系が維持されているという観点から、世界遺産に登録された。固有の生物が多様に生存する奄美大島では野生生物保護センターが平成十二年にオープンする。環境学習をかねた観光による立県もすでに始動している。美しい県土は人間の心の癒《いや》しの場であり、教育や福祉でさえも鹿児島では一つの産業としてなりたつ。これらの動きは歴史もふまえながら沖縄県など隣県と協力しながら進められるべきであろう。

国分・隼人地区の先端ハイテク産業をみるとき、重厚長大・大量生産・大量消費の時代からの転換が確実に進んでいることがわかる。内之浦（肝付町）・種子島のロケット基地は宇宙への人類の夢を現実に近づけつつある。農業でも茶や黒豚・野菜・花卉《かき》などで農産品のブランド化が進展している。住環境など生活の質の豊かさが求められるとき、鹿児島県にはかぎりない可能性が秘められているといえる。

1章

# 鹿児島の黎明

5世紀末ころの志布志市原田地下式横穴墓　切妻型の玄室のなかに軽石製の石棺をもつ。

## 1　火山灰の台地から

### 地層を読む●

今から約二万九〇〇〇年前（$^{14}$C測定値）、現在の鹿児島湾奥部（姶良《あいら》カルデラ）で巨大な噴火がおこった。このとき噴出した火山灰（AT火山灰）によってできた地層は遠く北海道でも確認され、南九州にはその火砕流《かさいりゅう》（入戸《いと》火砕流など）により、ところによって厚さ二〇〇メートルにもおよぶシラス台地が形成された。そのため、シラス台地形成以前の旧石器時代に生活していた人びとの生活の痕跡《こんせき》をうかがうことはなかなかむずかしかった。近年、立切《たちきり》遺跡（熊毛《くまげ》郡中種子《なかたね》町）で、三万五〇〇〇年以前の種子Ⅳ火山灰層の下から、磨石《すりいし》・敲石《たたきいし》、調理場跡とみられる礫群《れきぐん》、たき火や料理をしたあとの焼け土、木の実の貯蔵穴《ちょぞうけつ》と思われる土坑《どこう》などが確認された。同遺跡の大津保畑地区でもほぼ同じ時期の落とし穴が確認されている。これらは旧石器時代人のキャンプ跡と考えられており、南九州では後期旧石器時代の初めに植物質食料の利用が行われていることがわかった。奄美《あまみ》大島の土浜《つちはま》ヤーヤ遺跡（奄美《あまみ》市笠利《かさり》町）では、AT火山灰層の直下の地層から数十点の石器が出土し、南西諸島における旧石器文化の存在が確認されている。

昭和四十一（一九六六）年から五次にわたって調査された上場《うわば》遺跡（出水《いずみ》市）では、旧石器時代から縄文時代までの六枚の地層と六つの文化層が確認され、このうち二つの文化層はシラスの下にあった。いちばん下の第六文化層からは握槌状《にぎりつちじょう》石器などが出土し、その上の第五文化層からはナイフ形石器が出土した。シラスの上の第四文化層では、ナイフ形石器が確認され、第三文化層からは細石刃《さいせきじん》・細石刃核が、第

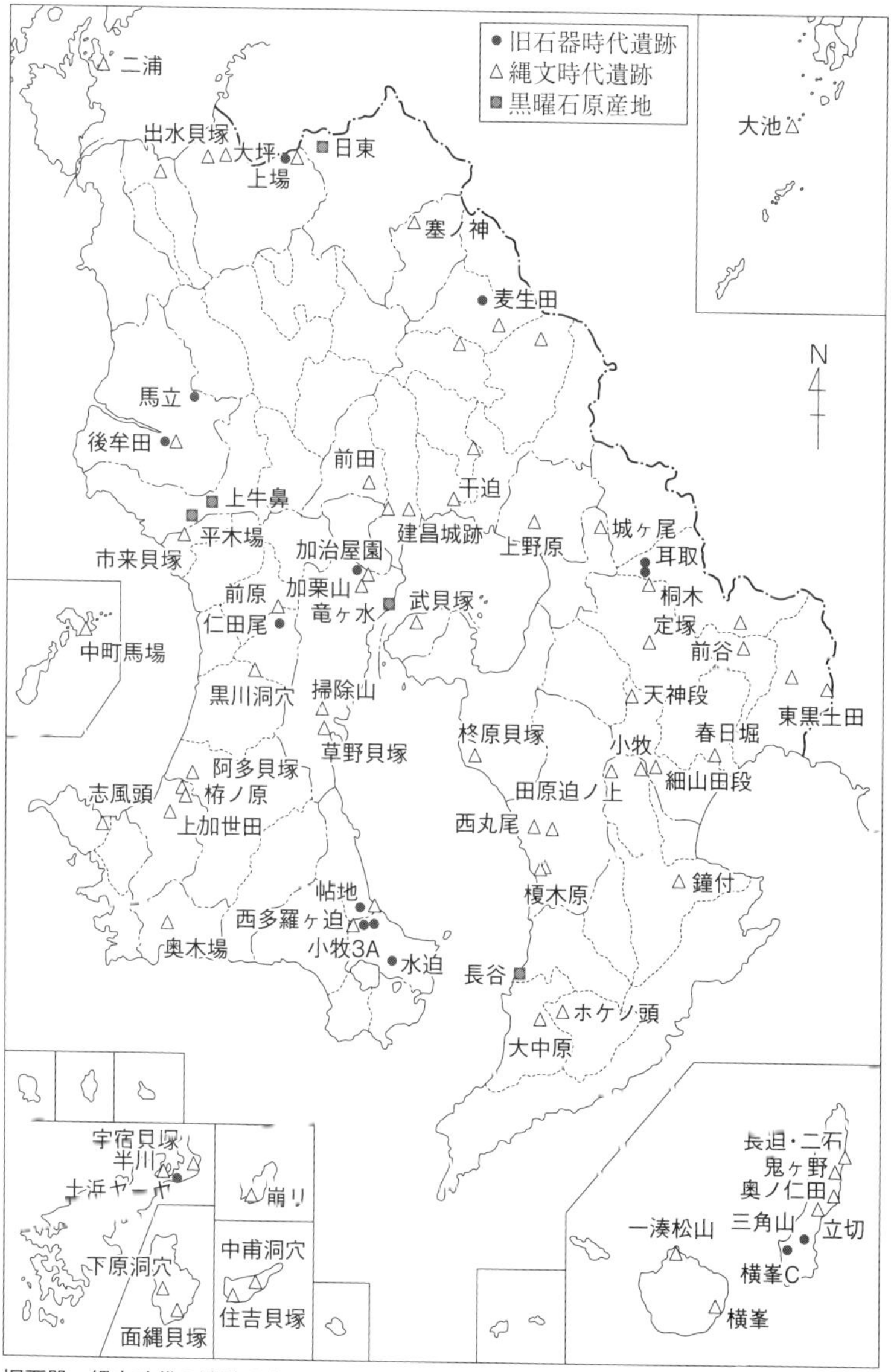

旧石器・縄文時代の遺跡分布　牛ノ濱修・前迫亮一氏の原図を使用。

二文化層からは細石刃・細石刃核に加えて爪形文《つめがたもん》土器片・無文《むもん》土器片が、そして第一文化層からは縄文土器片と石鏃《せきぞく》が出土した。

この遺跡の調査成果から、南九州における旧石器文化の推移と旧石器文化から縄文文化への移りかわりについて多くの知見を得ることができた。なおわが国最初の発掘例とされた旧石器時代の竪穴住居跡については、近年疑問視する見解が示されている。

旧石器時代から縄文時代への移行期には、細石刃石器群（細石器）がみられる。仁田尾《にたお》遺跡（鹿児島市石谷《いしだに》町）では、ナイフ形石器文化と細石器文化が確認されていたが、細石器文化の落とし穴が二〇基近く発見されており、これらにはすべて底の部分に杭《くい》（逆茂木《さかもぎ》）のあとがあり、逆茂木をもつ落とし穴としては日本最古のものとされている。また立切遺跡では、船野《ふなの》型とよばれる大分県や宮崎県にみられる技法によって製作された細石刃石器群も出土しており、薩南《さつなん》諸島に細石器文化が展開していたこととともに、九州東南部との交流があった可能性が指摘

仁田尾遺跡（鹿児島市石谷町）の落とし穴断面

されている。水迫遺跡（指宿市）では、約一万七〇〇〇〜一万五〇〇〇年前の住居・遺跡が確認された。

火山の多い南九州の考古学研究では、土器や遺構の年代究明にテフロクロノロジーとよばれる火山灰の分析研究が威力を発揮している。

## 定住生活の始まりと先進文化の広がり●

姶良カルデラの噴火以降も数多くの火山が噴火を繰りかえした。桜島の場合、約二万九〇〇〇年前の姶良カルデラの噴火以後、現在に至るまで、大きな噴火を一七回おこしており、その噴出物によって形成された地層は、新しいものから順にＰ1〜Ｐ17とよばれている（小林哲夫・江崎真美子「桜島火山、噴火史の再検討」『月刊地球』一九九七年四月号）。そのうちＰ14はサツマ火山灰層ともよばれており、南九州に広く確認できる地層である。これは、今から約一万二八〇〇年前の噴火でできた地層で、縄文時代のごくはじめの時期（草創期）に相当する時代のものである。縄文時代草創期は三〇〇〇年ほど続くと考えられている。そのサツマ火山灰層の下のチョコ層と通称される地層から、栫ノ原《かこいのはら》遺跡（南さつま市）では多数の隆帯文《りゅうたいもん》土器・石器・集石遺構・連穴土坑《れんけつどこう》（煙道付炉穴《えんどうつきろあな》）・配石炉《はいせきろ》が出土、掃除山《そうじやま》遺跡（鹿児島市）ではそれらに加えて南に傾斜する斜面に二軒の竪穴住居跡が検出された。集石遺構は石蒸し料理に、連穴土坑は肉の薫製《くんせい》に用いられたと考えられる。これらの遺跡については、定住的傾向が強いものの、まだ完全な定住には至っておらず、夏場の居住地と冬場の居住地を移動するタイプの定住（振り子型定住）の可能性が指摘されている（雨宮瑞生「南九州の初期定住」『考古学ジャーナル』一九九八年四月号）。

栫ノ原遺跡で出土した丸ノミ形石斧《せきふ》は、丸木舟製作工具であるともいわれ、人びとが海にのりだしていった可能性が考えられる。また志風頭《しかぜがしら》遺跡（南さつま市）では、くずれ落ちた連穴土坑のなかから口径約四六センチ、高さ約二六センチの大型の隆帯文土器が出土しており、土器の大型化の問題を定住化との関連で重視する向きもある。

土器と弓矢は縄文文化の重要な目印である。土器はドングリなどの煮炊きに、また弓矢は中・小型動物の狩猟に用いられた。これらは、氷河時代の終わりが近づくにつれ気温の上昇や湿潤化によって植物相・動物相が変化し、それに伴って数を増してきたドングリ類や中・小型動物を利用・確保するために登場してきたと考えられている。このような環境の変化は、列島の南方に最初にあらわれたらしく、縄文文化はこうした環境の変化への対応として南九州にはじまったと考えられる。この時代の遺跡としては、ほかに帖地《ちょうち》遺跡（鹿児島市）、奥ノ仁田《おくのにた》遺跡（西之表《にしのおもて》市）、三角山遺跡（熊毛郡中種子町）・下原《したばる》洞穴遺跡（大島郡天城町）などがあり、奥ノ仁田遺跡から出土した磨製石鏃は国内最古のものとして注目される。

上野原《うえのはら》遺跡（霧島《きりしま》市）は、北に霧島連山を、南に錦江《きんこう》湾と桜島を一望できる標高約二五〇メートルの台地上に位置する。この遺跡の第四地点では、約一万六〇〇〇年前の桜島の噴火によって堆積《たいせき》したP13とよばれる火山灰層の下の地層から、興味深い知見が得られた。この地層は四〇〇〇年ほど続く縄文時代早期の前半に位置づけられるものであり、貝殻で文様をつけた前平《まえびら》式土器が出土した。同時期のものとして、加《か》栗山《くりやま》遺跡（鹿児島市）では一七軒の竪穴住居跡などが、また前原《まえばる》遺跡（鹿児島市福山町）ではハの字になら ぶ一二軒を含む合計二八軒の竪穴住居跡や道路跡などが知られていたが、上野原遺跡ではこれを上まわる規模の集落が姿をあらわした。竪穴住居跡五二軒、集石遺構三九基、連穴土坑一六基、道跡二本が確認され、竪穴住居跡を埋めた土のなかにP13の堆積がみられた。この時期には通年の定住生活をいとなむようになっていたと考えられている。

第四地点に隣接する上野原遺跡第三地点では、約八六〇〇〇年前の桜島の噴火によるP11とよばれる火山灰層の下から、総数約一〇万点の遺物が出土した。土器は、深鉢形土器・鉢形土器・壺形土器など多様であって、その文様は装飾性にすぐれており、土製耳飾りなどとともに、ここで生活していた縄文人たちの

**上野原遺跡第三地点(霧島市)から出土した埋められた状態の壺形の平栫式土器**

**前原遺跡(鹿児島市福山町)の縄文時代早期の竪穴住居跡**　12軒の竪穴住居跡がハの字のようにならんでいる。

豊かな精神生活を示している。またこの地点から出土した土偶《どぐう》や一括埋納された石斧、地面に埋められた状態の壺形土器は、祭祀《さいし》にかかわるものとも考えられる。これらの土器は平栫《ひらがこい》式土器とよばれ、縄文時代の早期後半に位置づけられており、城ケ尾《じょうがお》遺跡（霧島市福山町）でも早期後半に位置づけられる壺形の塞ノ神《せのかん》式土器が埋められた状態で出土している。

**鬼界カルデラの噴火と縄文文化の展開●**

約七三〇〇年前に鹿児島郡三島《みしま》村の硫黄《いおう》島付近の鬼界《きかい》カルデラが大噴火をおこした。これに伴う火砕流（幸屋《こうや》火砕流）は鹿児島市から鹿屋《かのや》市を結ぶ辺りまで押しよせ、西日本一帯を火山灰がおおった。その火山灰をアカホヤ火山灰とよんでいる。この噴火は、薩摩《さつま》半島と大隅《おおすみ》半島の南部地域に深刻な打撃をあたえ、それ以外の地域にもかなりの被害をあたえたと考えられている。この前後の時期に、縄文時代早期後半に南九州から広がっていった塞ノ神式土器などにかわって、縄文時代前期の代表的な土器であり、北・中九州に分布の中心をもつ轟《とどろき》式土器が用いられるようになった。

鬼界カルデラの噴火による動植物相へのダメージに対応するかのように、縄文時代前期から貝塚がつくられるようになった。前期では阿多《あた》貝塚（南さつま市金峰《きんぽう》町）など、中期では出水貝塚（出水市）など、後期では草野《くさの》貝塚（鹿児島市）・柊原《くぬぎばる》貝塚（垂水《たるみず》市）・市来《いちき》（川上）貝塚（いちき串木野市）などが有名である。

縄文時代前期は、二〇〇〇年ほど続く。一湊松山《いっそうまつやま》遺跡（熊毛郡屋久《やく》島《しま》町）は、一湊川の右岸の海岸砂丘上に立地し、轟式土器とそれに続く曽畑《そばた》式土器などをはじめとする多くの土器が出土した。沖永良部《おきのえらぶ》島中甫《ふ》洞穴遺跡（大島郡知名《ちな》町）では貝殻文で尖底の土器が、また渡具知《とぐ》東原《ちあがりばる》遺跡（沖縄県読谷《よみたん》村）では曽畑式土器が出土しており、縄文前期の文化が南島へ広がっていったことを示している。

❖コラム

## 草野貝塚

標高約四〇メートルのシラス台地の縁に位置する草野《くさの》貝塚（鹿児島市下福元町《しもふくもと》）で、昭和五十六（一九八一）年から五十八年にかけて約二二〇〇平方メートルの範囲で本格的な発掘調査が行われた。この遺跡は、縄文時代後期を中心とする遺跡で、指宿式《いぶすき》土器の時代に属するもの四軒、市来式に属するもの三九軒、草野式に属するもの三軒、計四六軒の竪穴住居跡が確認された。また出土遺物は膨大で、収納箱で土器五〇〇箱、石器など二〇〇箱、獣骨四五箱、魚骨二箱、貝類は土嚢《どのう》袋で約二〇〇〇袋におよんだ。このうち哺乳《ほにゅう》類の骨は一六種類が確認されたが、その九〇%以上はイノシシ・シカで占められている。石器では磨石・石皿が多数みつかっており、植物性食料をかなりとっていたことが知られる。

　動物骨を加工した垂飾《すいしょく》品・耳飾り・髪飾りなども多数出土しており、赤色に塗られた土器、丸木舟や動物などを模した軽石加工品とともに人びとの精神生活のあり方を示している。

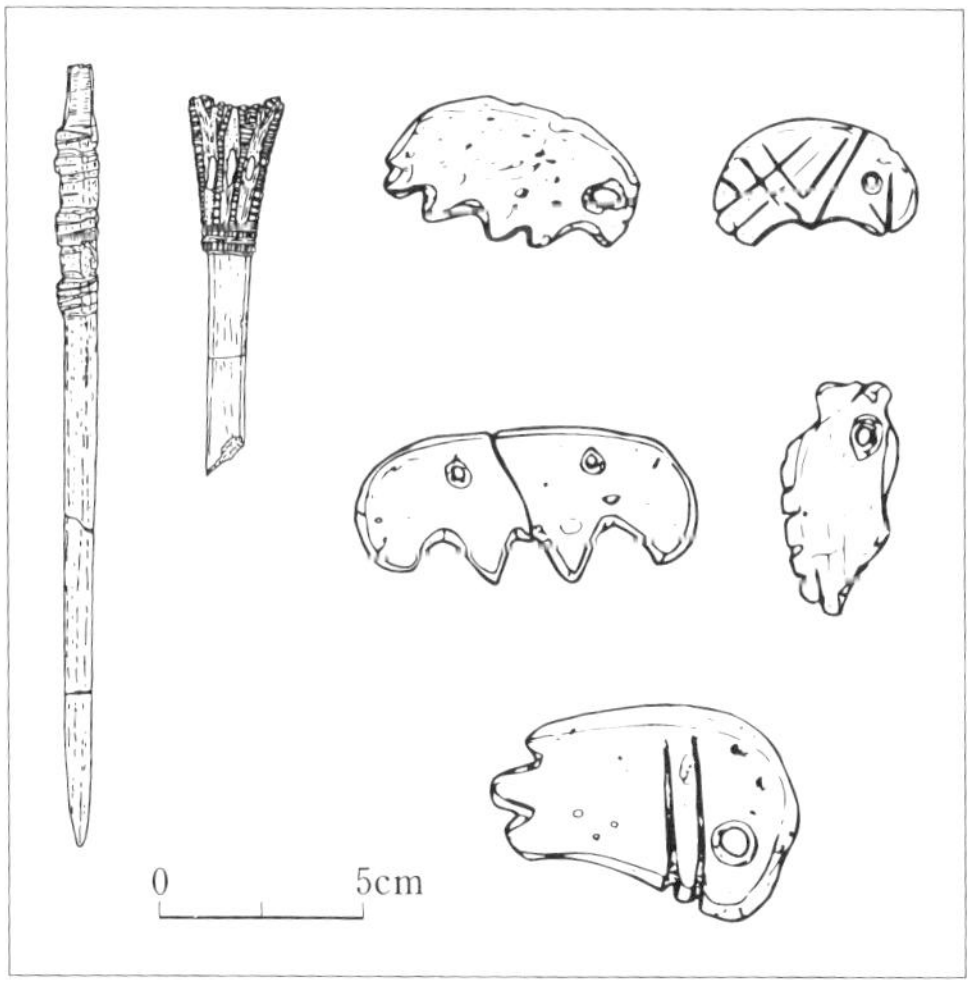


草野貝塚から出土した骨製のかんざしと軽石製品　鹿児島市教育委員会編『草野貝塚』報告書1988による。

前谷《まえたに》遺跡（志布志《しぶし》市松山町）では、春日《かすが》式土器が大量に出土した。この春日式土器は、南九州特有の貝殻条痕文の流れに瀬戸内・東九州の船元《ふなもと》式土器の影響をうけて成立したもので、約五〇〇〇年前からはじまる縄文時代中期の代表的な土器である。

約四〇〇〇年前からはじまる縄文時代後期には、東日本の磨消《すりけし》縄文土器が瀬戸内を経て九州に広がってきた。鹿児島県内では、磨消縄文土器のみられる遺跡として後期初頭の中原遺跡（志布志市志布志町）、後期中頃の干迫《ほしさこ》遺跡（姶良市）などが有名であるが、その他の地域ではおもに指宿式土器や市来式土器など在地色の濃い土器が用いられた。市来（川上）貝塚にちなんだこの市来式土器が用いられた時期に、貝塚は最盛期を迎える。市来式土器は、奄美大島の宇宿《うしゅく》貝塚（奄美市笠利《かさり》町）・徳之島の面縄《おもなわ》第一貝塚（大島郡伊仙《いせん》町）・浦添《うらぞえ》貝塚（沖縄県浦添市）などでも出土しており、当時の南九州と南の島々との交流の一端を示している。とくに、面縄第一貝塚で出土した土器は、現地の土で焼いたものとされており、市来式と奄美地方の土器の折衷的な土器の存在とともに、市来式土器を用いていた南九州の人びとが南島に住み着いたケースのあったことを示している。

上加世田《うえかせだ》遺跡（南さつま市）では、集落跡に隣接して楕円《だえん》形の窪地《くぼち》となった後期後半の集会場と考えられる遺構がみつかった。このなかから、配石遺構・炉跡・埋め甕《かめ》や埋葬跡、土偶・軽石製石偶・石棒・勾玉《まがたま》など祭祀に関係する品々が出土しており、ヒスイの勾玉や玉の加工用の砥石《といし》もみつかっている。

約三千数百年前からはじまる縄文時代晩期になると、地域的土器が姿を消し、黒色磨研《こくしょくまけん》土器が主流となる。黒川洞穴（日置市吹上《ふきあげ》町）は、永吉《ながよし》川の支流二俣《ふたまた》川の右岸、標高八四メートルに位置する洞穴遺跡である。その東洞穴は、入口幅一一メートル、高さ四・三五メートル、奥行八・四メートルの馬蹄《ばてい》形をした洞穴で、長期にわたって利用されているが、晩期中頃には、側壁にそって溝や土坑が、中央の広場には石囲炉があり、熟年女性が埋葬されていた。この遺跡では南島のイモガイ製の垂飾やリンゴ製のかんざしが出土しており、南摺ヶ浜《みなみすりがはま》遺跡（指宿市）で宇宿貝塚上層の土器と同じ型式のものが出土していることなどとともに、縄文晩期の薩摩半島と南島とのつながりを示している。

## 2 稲のきた道・貝輪の道

**稲作の伝来●**

板付《いたづけ》遺跡（福岡市）・菜畑《なばたけ》遺跡（佐賀県唐津《からつ》市）などでは、今から三〇〇〇年ほど前、縄文時代の晩期末（この時期を弥生時代早期とする説もある）の刻目《きざみめ》突帯文をもつ夜臼《ゆうす》式土器の時代に稲作がはじまった。鹿児島県内の刻目突帯文土器を出土する遺跡として、下原《しもはら》遺跡・高橋貝塚（ともに南さつま市金峰町）・市《いち》ノ原遺跡（日置市東市来町）・小倉前《おぐらまえ》遺跡（曽於市末吉町）などがあって、下原遺跡・高橋貝塚では籾《もみ》の痕跡《こんせき》のある土器や石庖丁《いしぼうちょう》が出土しており、南九州では、弥生時代初頭に稲作が開始されたと考えられる。この時期の水田遺構は確認されていないが、鹿児島大学構内遺跡郡元《こおりもと》団地（鹿児島市）では、弥生時代中期の水田跡や水路に利用されたとみられる溝などが調査され、稲の切り株の痕跡や人の足跡らしきものも検出された。また、水量調節のための木製杭《くい》列も確認されており、計画的な稲作が行われていたと考えられる。なお、中津野遺跡（南さつま市金峰町）では、弥生時代前期後半の準構造船の部材がみつかっている。魚見ヶ原《うおみがはら》遺跡（鹿児島市）では、弥生時代前期末にあたる約二一〇〇年前の竪穴住居跡が四軒みつかった。この遺跡は標高約六〇メートルの台地の縁にあり、多数の打製石鏃と多量の炭化した木の実や磨石とともに籾の痕跡をもつ土器もみつかっていることから、狩猟・採集生活の一方で米作りを導入したようすをうかがうことができる。

弥生時代中期になると北部九州の須玖《すく》式土器の影響をうけた山ノ口式土器があらわれ、遺跡の数も増加してくる。山ノ口式土器の名の由来となった山ノ口遺跡（肝属《きもつき》郡錦江《きんこう》町馬場）では、弥生時代中期にあたる約二〇〇〇年前の開聞《かいもん》岳の火山灰（暗紫《あんし》コラ）に直接おおわれた状態の祭祀遺構群がみつかった。砂浜に軽石の礫を環状にならべ、その外側に立石または男女の性器をかたどった石、岩偶などをおき、これらをかこむ形で壺や甕、軽石製の勾玉、磨製石鏃などをそなえ、火を焚《た》いて祭りを行ったと考えられており、

**王子遺跡**　鹿屋市のバイパス工事にさいして調査された。上は，棟持柱付掘立柱建物，下は，花弁状間仕切り住居である。

こうした遺構が一〇基ほどあった。この遺跡は、その背後に住み農耕を行っていた人びとによっていとなまれたが、生活の場ではなく、普段は立ち入りが許されない場所であったと考えられており、その祭祀のあり方には縄文時代的要素が多くみられる。

王子《おうじ》遺跡（鹿屋市）では、中期から後期初頭にかけての集落跡が確認された。一七軒の竪穴住居跡のなかには、宮崎県南部で多数確認されている花弁状《かべんじょう》間仕切《まじき》り住居も含まれており、磨製石鏃の工房跡とみられるものもあった。また掘立柱建物跡一四棟のなかには、棟持柱《むなもちばしら》をもつものがあった。集落は、未調査部分にも広がっており、三〇〇軒以上との推計もある。出土した土器のなかには、瀬戸内系土器とされる矢羽《やばね》透しをもつ高坏《たかつき》や北部九州の影響をうけたものも含まれていた。

松木薗《まつきぞの》遺跡（南さつま市金峰町）は、尾下《おくだり》の舌状台地上に位置し、発掘の規模が小さいことと、土採りが行われていたことによって全体像はあきらかでないが、幅四～五メートル、深さ三メートルほどの規模の環濠があったと考えられている。この環濠は、弥生時代後期のもので、土製の投弾も出土しており、この地方でムラどうしの戦いがおこるような社会の段階に到達していたことがわかる。

このようなムラには、指導者としての首長が出現していたと考えられる。首長は、みずからの権威を示す品物をもつことがあった。外川江《そとかわえ》遺跡（薩摩川内《せんだい》市）では国産の小型の鏡とガラス玉が、麦之浦《むぎのうら》貝塚（同市）では中国製の鏡の破片が、芝原遺跡（南さつま市）では国産の小型の鏡が、また弥生時代後期の本《もと》御内《おさと》遺跡（霧島市）では方格丁字鏡《ほうかくちょうじきょう》の破片が、さらに横瀬《よこせ》遺跡（指宿市）では国産の鏡の破片が、不動寺遺跡（鹿児島市）では、龍雲文方格規矩鏡の破鏡と二点の国産の鏡が出土している。国産とはいっても、北部九州などから入手したものと考えられており、これらの地域と先進地との交流があったことがわかる。

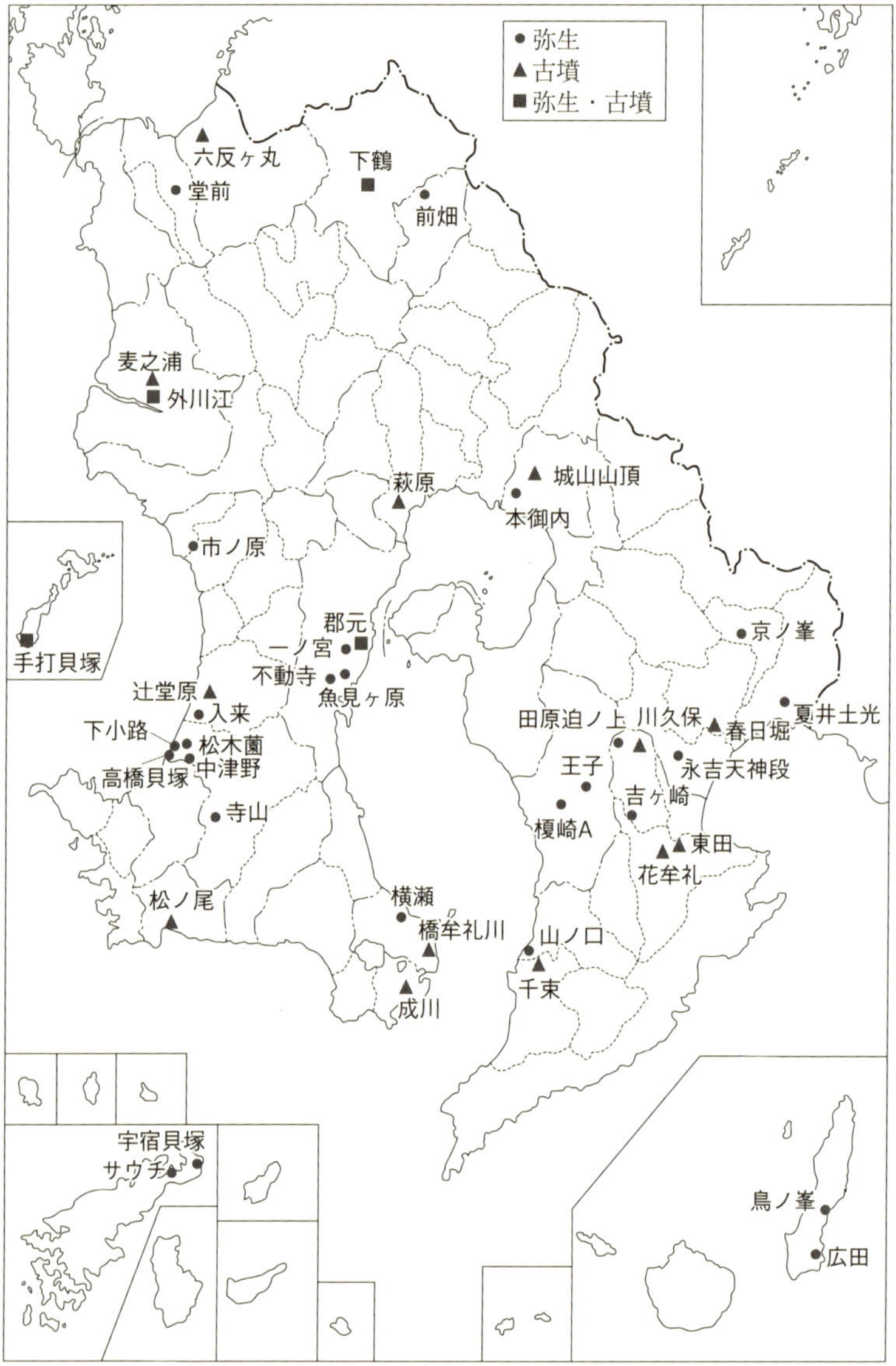


弥生・古墳時代の集落遺跡分布　牛ノ濵修・前迫亮一氏の原図を使用。

## 高橋貝塚と貝輪の道●

弥生時代にはいると、北部九州ではゴホウラ・イモガイ・オオツタノハという貝の貝殻でつくった腕輪を着ける習俗がみられるようになり、なかでもゴホウラ製の貝輪が珍重されるようになった。これらの貝はおもに奄美以南のサンゴ礁の海に生息するが、こうした南島産の貝が北部九州にもたらされた経路のなかで、薩摩半島西岸が重要な役割をもっていたことがあきらかになっている。

万之瀬《まのせ》川河口にほど近い高橋貝塚の貝層から加工途中の南島産の貝が出土した。弥生前期〜中期中頃の時期に、南島産の原貝が高橋に陸揚げされ、ここで北部九州各地の需要に応じる形で粗《あら》加工されたものが、北部九州に運ばれたのである。中期後半以降は、南島で粗加工された物および高橋で粗加工されたものが、北部九州に運ばれたことがわかっている。こうした交易を統括していたのは西北九州人であり、要所要所に人を配してこのシステムを管理していたらしい。高橋貝塚から約三〇〇メートルはなれた下小路《しもしょうじ》遺跡で出土した合《あわ》せ口《ぐち》甕棺墓《かめかんぼ》に葬られた人物は、貝輪の装

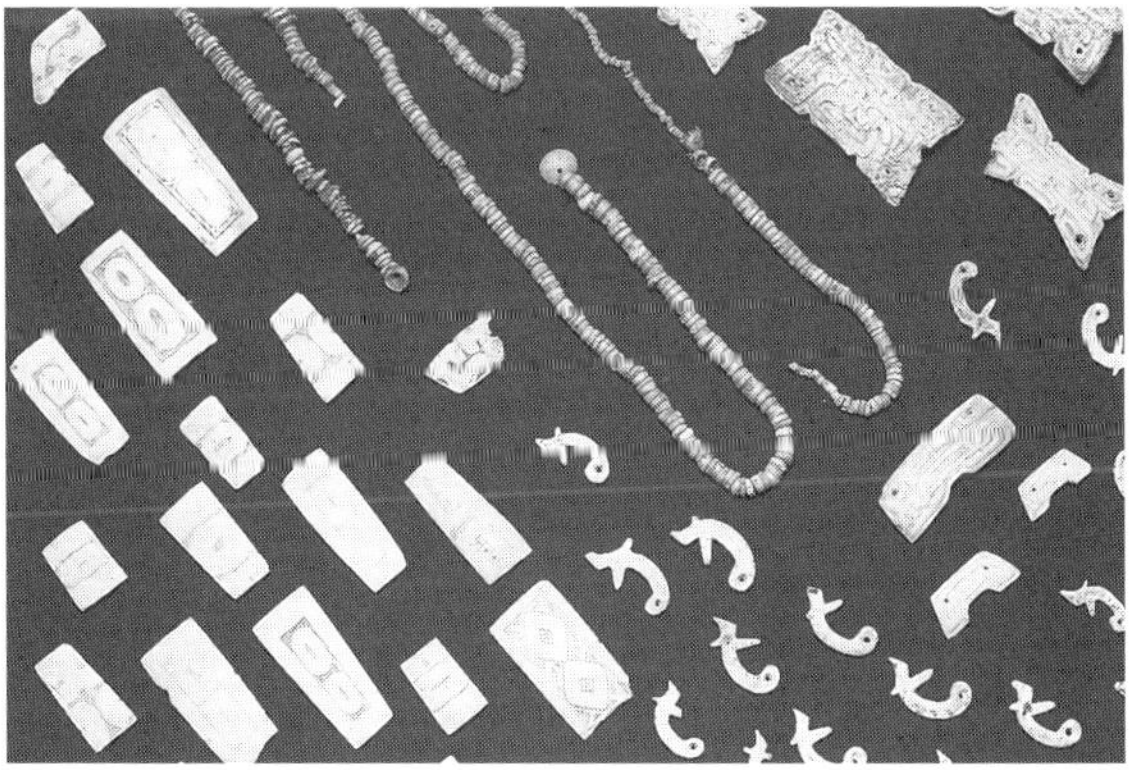

**広田遺跡(熊毛郡南種子町)から出土した貝製品**　中央に「山」の字を記したとされている貝札がみえる。

着や埋葬法などから、北部九州から出張してきた人物がここでなくなって葬られたともいわれている。

弥生時代の埋葬施設は、鹿児島県内ではそれほど多くは確認されていないが、日置市吹上《ふきあげ》町から南さつま市金峰町にかけて支石墓《しせきぼ》や甕棺墓がめだつのは、北部九州とのつながりを示しており、また奄美で南九州からもちこまれた土器やその系統を引いて在地で焼かれた土器が出土していることは、南九州と南島とのつながりを示すものである。

奄美大島の宇宿貝塚上層からみつかった弥生時代後期に相当する二〇代前半の女性と新生児の埋葬土壙には、ガラス製の首飾りなどが副葬されていた。この女性は生前に労働に従事していなかったと考えられることから、司祭者と推定されており、当時の南島社会が司祭者によってまとまりをもつ段階にあったことを示しているといえよう。

種子島の南種子《みなみたね》町平山の海岸砂丘上に位置する広田遺跡では、上層と下層から一七二体の人骨が発見されている。また副葬品として、貝製腕輪・竜佩《りゅうはい》・貝札《かいさつ》など多数の貝製品が出土した。これらにほどこされた文様は古代中国の青銅器にみられる文様に酷似しており、「山」の字にみえる文様をきざんだ貝札もあった。これらの貝器文化は、中国の影響をうけたもので、弥生時代中期・後期に位置づけられてきた。しかし、現在は時代を引きさげて弥生時代終末~七世紀に位置づけられ、さらに八世紀までくだる可能性も指摘されている。

## 3　ヤマト王権と南九州

### 成川式土器の時代●

三世紀の後期ころに近畿地方で前方後円墳がつくられるようになった。各地の首長たちは、ヤマト王権との関係を取り結ぶことで、自己の勢力を維持拡大しようとし、そのなかで前方後円墳も各地につくられるようになっていった。こうした時代を古墳時代とよぶ。

弥生時代の後期から、南九州から南島にかけて在地色の濃い土器がつくられるようになり、古墳時代に薩摩・大隅では弥生土器の系統を引く成川《なりかわ》式土器が用いられた。成川式土器は、甕形土器が突帯《とったい》と脚台《きゃくだい》をもち、全国的には消滅傾向にある大型の壺形土器がつくられ続けることを特徴としている。

この時代の大規模な集落としては、辻堂原《つじどうばる》遺跡（日置市吹上町）、橋牟礼川《はしむれがわ》遺跡（指宿市）、鹿児島大学構内遺跡郡元団地（鹿児島市）、萩原《はぎわら》遺跡（姶良市）、花牟礼《はなむれ》（大戸原《おおとばる》）遺跡・東田《ひがしだ》遺跡（ともに肝属《きもつき》郡肝付《きもつき》町）などが知られている。

橋牟礼川遺跡では、古墳時代の後期を主体とする一五〇軒を超える住居と溝・貝塚・土器すて場・道・畑・川などがみつかっている。竪穴住居には、カマドがなく炉が用いられているが、これは脚台をもつ成川式土器の使用に対応している。貝塚は、小規模なものではあるが、古墳時代から貞観十六（八七四）年までほぼ継続して形成されていた。五～六世紀の畑跡では、馬鍬《まぐわ》のような農耕具を用いて土をたがやした痕跡がみられ、イネ（陸稲）・アワ・ヒエなどを栽培していたらしい。この遺跡から出土した青銅製の

**古墳時代の橋牟礼川遺跡**　指宿市教育委員会編『橋牟礼川遺跡Ⅵ』1994による。

**甕形の成川式土器**　橋牟礼川遺跡から出土したもので，左は笹貫タイプとよばれる6世紀ころのもの。右は8世紀のもので大きな変化はみられない(68頁参照)。

鈴・鏡、陶邑《すえむら》産の須恵器《すえき》、子持勾玉《こもちまがたま》などは権威を示す品と考えられ、こうした品を手にした首長の存在を想定できる。また、尾長谷迫《おばせざこ》遺跡（指宿市）の集落跡では、六世紀ころの鍛冶《かじ》工房跡がみつかっている。

古墳時代の須恵器は鹿児島県本土の多数の遺跡で出土しているが、県内では古墳時代の須恵器窯は確認されていないため、他地域との交易などによって入手されたものと考えられる。

この時代の埋葬として、県内ではつぎの四つのタイプの墳墓がつくられている。前方後円墳や円墳など墳丘をもち墳丘の内部に竪穴式石室・横穴式石室などの埋葬施設をもつ高塚古墳、地面を掘り込んで板石を立てその上に板石を積み重ねて石室をつくる板石積石棺墓《いたいしづみせっかんぼ》（地下式板石積石室墓）、地面に竪穴を掘りその底から横に掘り進めて玄室《げんしつ》をつくる地下式横穴墓、地面に穴を掘って埋葬する土壙墓《どこうぼ》の四つであり、それぞれの分布は図（三二頁参照）のようになっているが、現段階では墓制不明の空白地帯も存在する。

### 高塚古墳●

南九州に「高塚古墳」は二つのルートではいってきた。まず、薩摩半島西岸ぞいのルートでは、四世紀半ばに鳥越《とりごえ》一号墳（阿久根《あくね》市波留《はる》）がきずかれている。これは、削平をうけていたために墳丘の形式は不明であるが、主軸長四・五メートルほどの竪穴式石室で、県内で最古のものであり、その規模は当時の九州島のなかでも最大級である。川内川河口に位置する船間島《ふなまじま》古墳（薩摩川内市）は竪穴式石室をもつ五世紀代以前の古墳であり、脇本《わきもと》古墳群（阿久根市）の横穴式石室は、五世紀代後半以降のものである。また長島には白金崎《しろがねざき》古墳を含む小浜崎《こはまざき》古墳群や積石による墳丘をもつ百数十基からなる指江《さすえ》古墳群（いずれも出水郡長島町）など多様な古墳があるが、これら阿久根市や長島町の古墳は肥後《ひご》の古墳の影響をうけているという。平成二十一（二〇〇九）年に確認された天辰寺前古墳（薩摩川内市）は、五世紀ころの直径二八メートルの円墳で、女性が埋葬されていた。このルートではいってきた高塚古墳は、長島のものをのぞけば、せいぜい数基が群をなす程度で、有力な首長が代々古墳を築造したという状況は想定しにくい。

一方、大隅半島東岸沿いのルートでは、土器や壺形埴輪から塚崎古墳群（肝属郡肝付町）のなかに、古墳時代前期（四世紀代）にさかのぼる古墳の存在することがわかった。志布志湾沿岸には同一の首長の系統によってつくられたと考えられる神領《じんりょう》古墳群と横瀬古墳（ともに曽於郡大崎町）が、肝属《きもつき》川下流左岸には唐《とう》仁《じん》古墳群（肝属郡東串良《ひがしくしら》町）が、同右岸台地には塚崎《つかざき》古墳群（同郡肝付町）があり、いずれの古墳群も三〜五基の前方後円墳を含んでいる。唐仁古墳群は前方後円墳四基と円墳一三三基からなっており、五世紀前半に位置づけられる唐仁一号墳（唐仁大塚）は、全長が一五四メートルの九州島でも屈指の規模の前方後円墳である。横瀬古墳は、墳長一四〇メートルの前方後円墳で、周濠は二重であった可能性がある。円筒埴輪《はにわ》と

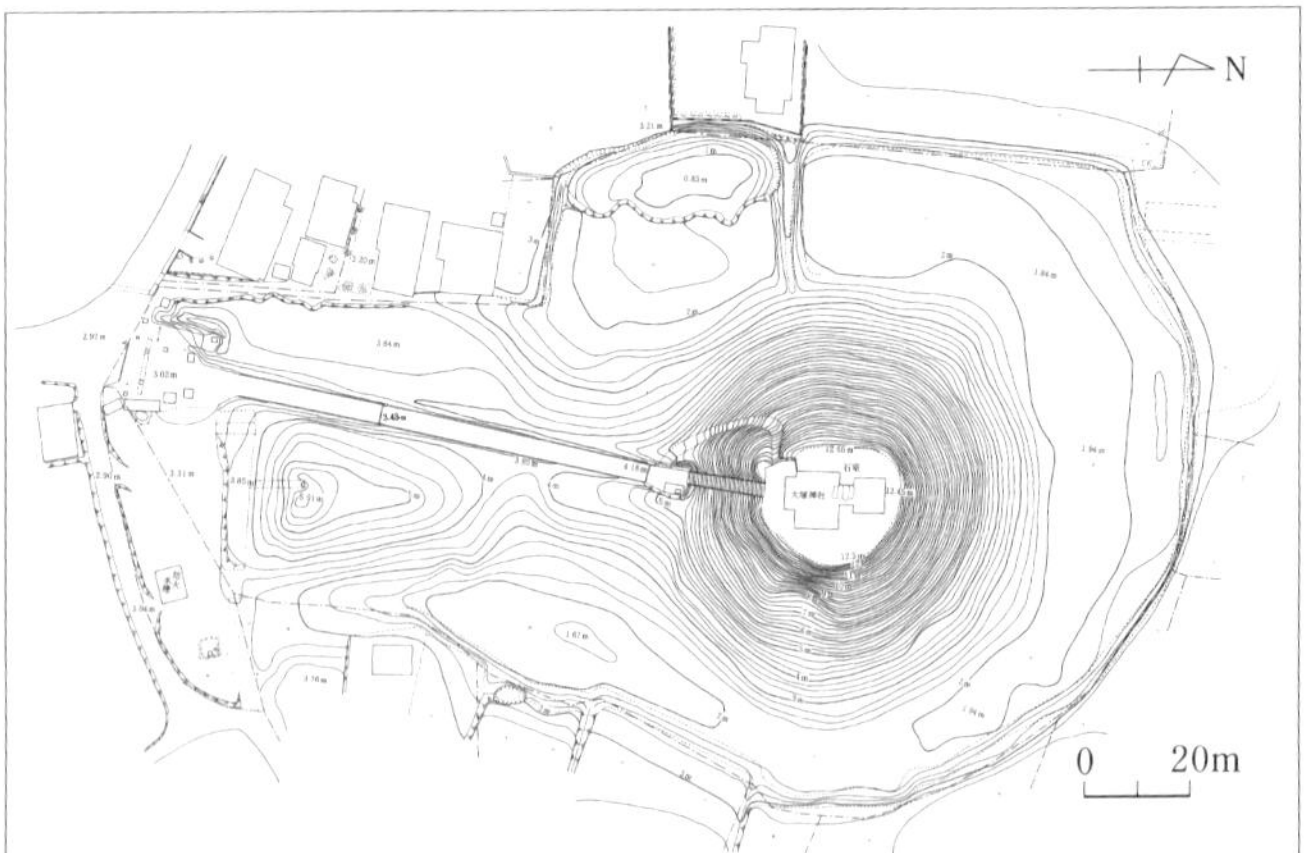


**唐仁大塚古墳実測図**　竪穴式石室でその内部に石棺がおかれている。東串良町埋蔵文化財調査報告書（Ⅰ）による。

伽耶《かや》系陶質土器とする説もある須恵器が出土している。この古墳は、五世紀後半代と推定され、大隅地域で最後につくられた前方後円墳と考えられている。

この地域では肝属平野の生産力を背景に、いくつかの系統の首長が登場して何代かにわたって高塚古墳を築造したと考えられており、それぞれの古墳群でもっとも大きな前方後円墳の築造された時期にずれがあることから、この地域のなかで盟主権の移動があったと考えられる。また、この地域と宮崎平野を含む首長連合のなかで、一時的に肝属平野の首長が盟主になったとする説もある。

平成十（一九九八）年にみつかった弥次ヶ湯《やじがゆ》古墳（指宿市）は、周濠を含めると直径一二メートルの六世紀代の円墳であり、従来の高塚古墳の分布域に変更をせまるものであった。また、平成十七（二〇〇五）年に、ガラス玉・鉄剣・土師器《はじき》などが副葬されていた奥山（六堂会《ろくどうえ》）古墳（南さつま市加世田小湊《こみなと》）は、天草産の石材でつくられた箱式石棺をもつ直径一二・五メートル、六世紀の円墳であることが確認された。

## 板石積石棺墓と地下式横穴墓・土壙墓●

板石積石棺墓は、不知火《しらぬい》海東岸部・球磨《くま》川流域・川内川流域にみられ、川内川流域にもっとも多く分布する。副葬品に鉄器などが多く、年代の決め手となる土器の出土が少ないため、その起源を西北九州の箱式石棺墓・支石《しせき》墓・石蓋《いしぶた》土壙墓のいずれに求めるか、また平面が円形になるものと方形になるもののどちらが先行するかなどの問題については定説をみていない。平田（伊佐市大口青木）、焼山《やきやま》（同市大口下殿）、永山（始良《あいら》郡湧水町川西）などの板石積石棺墓群は、それぞれ一〇〇基を超すといわれている。湯田原《ゆだばる》古墳（薩摩郡さつま町鶴田）は径四～五メートル、高さ約一メートルの盛土《もりつち》をもっている。板石積石棺墓は、群集しているにもかかわらず切り合いがないことから、盛土などの目印になるものがあったと考えられるが、

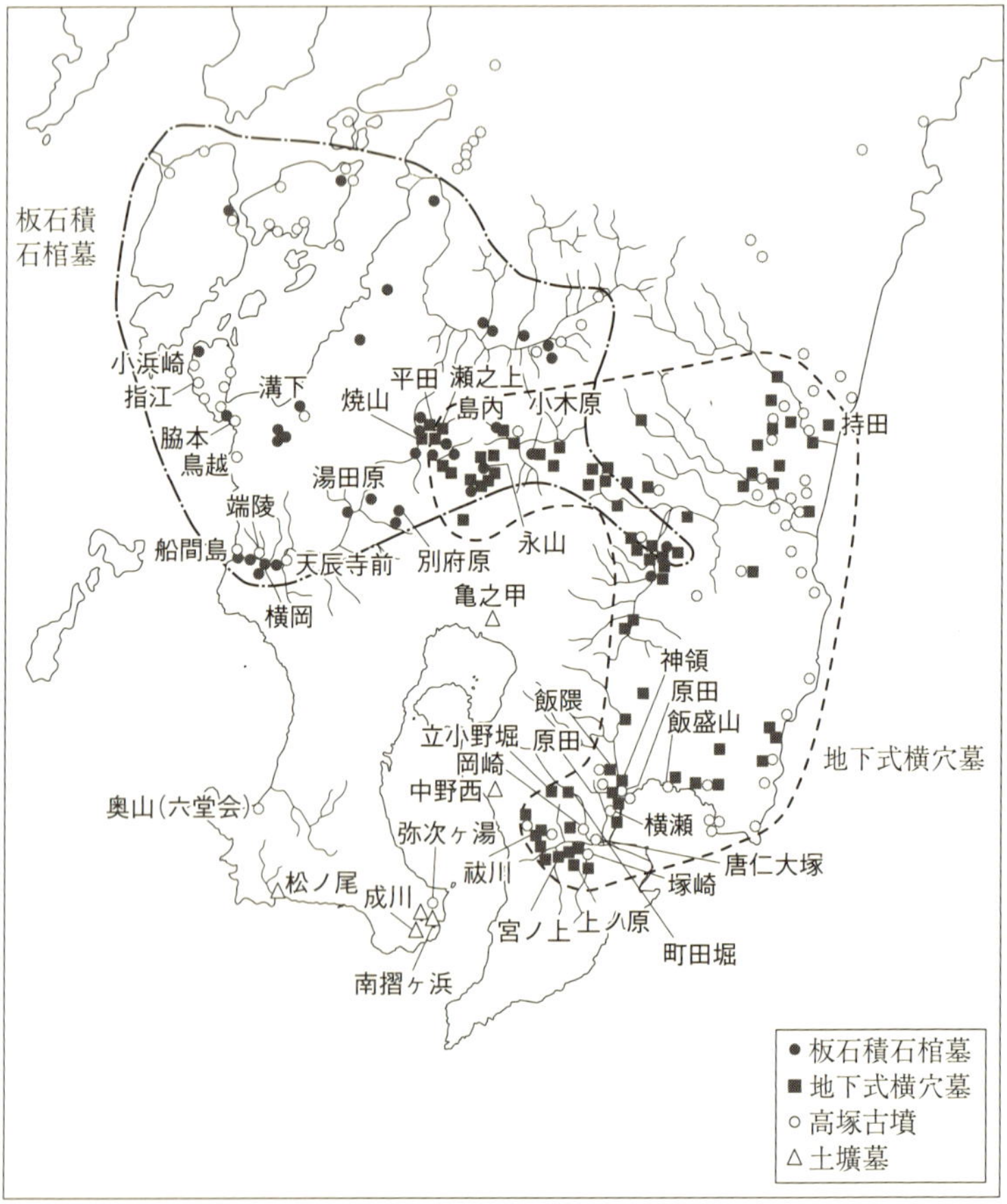


**高塚古墳・板石積石棺墓・地下式横穴墓・土壙墓の分布**　奈良県立橿原考古学研究所附属博物館，特別展示図録『隼人』1992，一部改変。

当時の人びとがこれを「高塚古墳」として意識していたか否かはあきらかでない。

また湧水町川西の永山一〇号墳のように周溝をもつ板石積石棺墓もある。永山板石積石棺墓群は四世紀後半から五世紀初頭に、薩摩川内市の横岡《よこおか》板石積石棺墓群は五世紀から七世紀後半に築造されたとされている。伊佐市・宮崎県えびの市などでは、板石積石棺墓と横穴墓が同一台地上に存在する例がみられるが、板石積石棺墓が先行するようである。横岡板石積石棺墓群では、集骨葬・追葬も確認されている。

地下式横穴墓は、宮崎県の小丸川左岸を北限とし、大淀《おおよど》川流域から川内川上流域、志布志湾沿岸部に分布し、五世紀・六世紀に盛んにつくられた。横穴式石室の影響下に五世紀中頃までには成立した宮崎平野の地下式横穴墓は、玄室の規模が大きく副葬品なども「高塚古墳」に遜色《そんしょく》なく、有力な首長が葬られたものと考えられる。墳丘に主体部をもつ「高塚古墳」の分布域からはずれる川内川上流域では、宮崎県えびの市の小木原《こきばる》、島内《しまうち》にそれぞれ推定数百基の地下式横穴墓群が存在し、湧水町鶴丸の馬場、伊佐市瀬ノ上では一〇基前後の地下式横穴墓群が確認され、菱刈町（現伊佐市）などでさらに小規模の地下式横穴墓群が確認されている。この地域の地下式横穴墓は複数埋葬や追葬が多いが、甲冑《かっちゅう》・刀・鏃《やじり》など豊富な鉄製品を副葬しているものがある一方で、ほとんど副葬品をもたない地下式横穴墓も数多い。

志布志湾沿岸部でも数多くの地下式横穴墓が築造されている。鹿屋市祓川《はらいがわ》や鹿屋市串良町岡崎では、甲冑を出土しており、中尾（鹿屋市吾平《あいら》町）では、銀象嵌大刀が出土している。また肝属郡肝付町上《うえ》ノ原《はる》・鹿屋市吾平町宮ノ上、曽於郡大崎町飯隅《いいすみ》・志布志市有明町原田などでは、玄室内に軽石製の石棺がおかれていた。この地域では八世紀まで地下式横穴墓がつくられている。直径二〇メートルの岡崎四号墳（鹿屋市串良町）という五世紀後半の円墳は墳頂部に木棺の主体部をもつが、この円墳築造後の六世紀初頭、周濠部に三基の地下式横穴墓がつくられている。また同一八号墳につくられた三基の地下式横穴墓は、五世紀初頭にさかのぼる。近年、宮崎県では地下式横穴墓を主体とする前方後円墳（宮崎市生目《いきめ》七号墳、東諸県郡国富町猪塚《いのづか》〈本庄二七号墳〉）も知られており、「高塚古墳」と地下式横穴墓は、被葬者の社会構造上の位置とどのような関係をもつかなど、今後に大きな研究上の課題を残している。

土壙墓は、穴を掘ってそのまま遺体を埋葬したものであり、成川《なりかわ》遺跡（指宿市山川《やまかわ》成川）では、三九〇体の人骨が発見されている。そこでは剣・刀・鏃をはじめとする二五〇点を超す鉄製品が副葬されていた。成川遺跡・南摺ケ浜《みなみすりがはま》遺跡（指宿市）では、一部に立石を伴う土壙墓も確認されており、弥生時代末〜古墳時代にかけてつくられたと考えられている。出土例は少ないが、松ノ尾遺跡（枕崎《まくらざき》市）、中野西遺跡（鹿屋市）でも土壙墓が確認されており、土壙墓の分布は、薩摩半島南岸から鹿児島湾口部沿岸におよぶと考えられる。亀ノ甲《かめのこう》遺跡（霧島市国分府中町）は、三累環頭太刀《さんるいかんとうたち》・宝珠鍔《ほうじゅつば》太刀などが副葬された土壙墓である。出土した須恵器の年代を八世紀とする説もあるが、古墳時代の土壙墓の分布が鹿児島湾奥部沿岸にまでおよぶ可能性が高い。

板石積石棺墓・地下式横穴墓・土壙墓は、南九州に特徴的な墳墓であるとして、熊襲《くまそ》・隼人《はやと》などと結びつけて理解される傾向が強かった。しかし、その分布域は隼人とよばれた人びとの居住地と重ならない部分も多いため、これら墓制は熊襲や隼人と直接結びつけずに南九州の墓制としてまず評価していく必要があり、こうした点については今後の課題が大きいといわざるをえない。

**大隅直と大隅国造●**

ヤマト王権は、各地の首長に姓《かばね》や国造《くにのみやつこ》の称号などをあたえて関係を取り結んでいった。各地の有力豪族を国造として地方を支配した体制を国造制《こくぞうせい》とよんでおり、その成立時期は、さかのぼっても五世紀後半以降、全国的には六世紀のこととされている。また、在地首長が自己の支配領域の一部を割いて献上したものを、ヤマト王権が「県《あがた》」として設定することもあった。

天武天皇十四（六八五）年に大隅直《おおすみのあたい》氏が忌寸《いみき》姓をあたえられたが、これは本来大隅地方に勢力をもっていた一族である大隅直氏のなかで近畿地方に拠点を移していた人びとに対する措置であった。また、『先代旧事本紀《せんだいくじほんぎ》』の「国造本紀《こくぞうほんぎ》」に、仁徳天皇に関連させて大隅国造・薩摩国造がみえ、「天平八年薩摩国《さつまのくに》正税帳《しょうぜいちょう》」・『続日本紀』に曽県主《そのあがたぬし》・加士伎県主《かしきのあがたぬし》がみえている。地方の首長にあたえられる姓としては君《きみ》・直《あたい》などがあり、君姓が王権に対する自立性が強いのに対して、直姓は王権への従属度が強いとされている。すでに前方後円墳を中心とする高塚古墳のあり方でみたように、ある程度の期間にわたってヤマト王権との関係をもち続けた勢力としては、志布志湾沿岸の勢力をあげることしかできないことからみて、大隅直氏を志布志湾沿岸部の首長たちのなかに求めることは問題ないが、薩摩国造についてはあるいは律令制度のもとの国造の起源をさかのぼらせる形で行われた文飾と考えられる。また曽県主・加士伎県主の存在は、曽県・加士伎県の実在を示すものではなく、隼人の服属後に、政府に対して従順な隼人の首長に対してあたえた姓と理解するのが妥当であろう。

2章

# 隼人と南島の世界

隼人の盾　平城宮の井戸跡から，井戸枠に転用されている状態でみつかった。『延喜式』にみえる文様の記述と一致していたことから隼人盾とされている。隼人のもつ呪術的な力を利用したものといわれる。

## 1　隼人とクマソ

### 南島人・隼人の朝貢開始●

『日本書紀』天武天皇六（六七七）年二月条に「多禰島人《たねのしまのひと》等を飛鳥寺《あすかでら》の西の槻《つき》の木の下でもてなした」、同十一年七月三日条に「隼人《はやと》が多くやってきて、方物《ほうもつ》を献上した。この日、大隅《おおすみ》隼人と阿多《あた》隼人とが朝廷で相撲《すもう》をとった。大隅隼人が勝った」という記事がある。その後隼人らは明日香寺《あすかでら》の西でもてなされ、そのようすを僧侶や一般人がみていたという。飛鳥寺の西の槻の木がたつ場所は、朝廷にとってとくに重要な儀式が行われる空間であり、これらの記事は、多禰島人・隼人らをもてなすことが国家にとって重大な意味をもっていたことを示している。当時、壬申《じんしん》の乱に勝利して絶大な力をふるう天武天皇のもとで、唐の律令制度を手本に中央集権的な国家体制の建設を進めていた政府は、このような朝貢を行わせることに、政府の支配範囲の広がりようを示すとともに、天皇の徳の高さをも示すという効果を期待していた。

隼人とは、南に住み俊敏で守護の役割をおった人びとという意味をこめて、中国の四神《ししん》思想を背景に、天武朝ころに本格的に使用されるようになった呼称である。

こののち、隼人はしばしば朝貢を行った。彼らは、貢ぎ物を都にもっていき、そのまま都に滞在して朝廷の諸儀式に参加し、何年かのちにつぎの集団が朝貢してくると、いれかわりに帰郷した。朱鳥元（六八六）年と持統天皇元（六八七）年には、大隅と阿多隼人の魁帥《ひとごのかみ》（首長）らが、天武の殯宮《もがりのみや》で誄《しぬびごと》を進めている。このころ隼人政策に対して責任をおっていたのは、筑紫大宰《つくしのだざい》であったようで、持統天皇三年には筑紫大宰粟田真人《あわたのまひと》が隼人一七四人・布五〇常・牛皮六枚・鹿皮五〇枚を献じており、持統天皇六年に政府は筑紫大宰率《だざいのそち》河内王《かわちおう》らに命じて、沙門《しゃもん》（僧侶）を大隅と阿多とに派遣して仏教を伝えさせている。霊亀二（七一六）年、朝貢による長期間の滞在のために多くの苦労が生じているという隼人の訴えにより、政府は薩摩・大隅二国貢隼人の朝貢を六年ごとに行うこととした。

政府は、この間の文武天皇二（六九八）年に南島覓国使《べっこくし》《くにまぎのつかい》を派遣し、七世紀末までに掖玖人《やくびと》（屋久島）・阿麻彌人《あまみびと》（奄美大島）・度感人《とかんびと》（徳之島か）などが朝貢を行うようになった。文武天皇三年の度感の入朝に関して『続日本紀《しょくにほんぎ》』は「度感島が中国と好《よしみ》を通じることはこの時に始まった」と記しているが、ここにみえる「中国」とは日本のことをさしており、こうした記述の背景に、日本を世界の中心と考える政府の中華意識を読みとることができる。

### 神話・伝承の世界●

『古事記』『日本書紀』には、南九州を舞台とする神話・説話が少なからずのせられている。神話では「日《ひゅ》向《うが》神話」とよばれる部分、説話では景行天皇・ヤマトタケルの征西説話がおもなものである。

「日向神話」には、天孫降臨の地としての日向襲高千穂峰《ひむかのそのたかちほのたけ》、降臨後にホノニニギがむかったカササ、またホノニニギと結婚するカムアタツヒメの名にみえるアタ、イワレヒコ（神武天皇）と結婚するアヒラツヒメの名にみえるアヒラなど、鹿児島県内に遺称地のある地名がみられる。また海幸山幸《うみさちやまさち》の神話は南方系の要素が強いとされており、海幸彦が山幸彦に服従をちかう場面は、隼人が世々天皇の守護人となる理由を説明するものとなっている。「日向神話」が南九州と深い関係をもっていることはあきらかである。そうした神話や伝承がどのような要素からなり、それらがどのような歴史的経過をたどって変化し展開していくのか、あるいは世界のどのような地域の神話に類似するかについては多くの研究が積み重ねられているが、近年は古代において存在した多様な神話・伝承のなかから『古事記』『日本書紀』本文にみえるような神話が、どのようにして選びとられ、まとめられていったかについて考えようとする立場が重視されてきている。この立場からみれば、「日向神話」の成立には、『古事記』『日本書紀』のつくられる時期の南九州情勢が大きな影響をあたえていると考えられる。両書の編纂《へんさん》が進められていた七世紀末〜八世紀初頭には、隼人と政府との軍事衝突がたびたびおこっており、政府は神話にさかのぼって隼人の服属すべき理由を説く必要があったのである。そこで天孫ホノニニギは大和の勢力と隼人の勢力の中間地点に天降りし、その子の山幸彦が天皇家につながり、山幸彦の兄にあたる海幸彦の子孫である隼人が代々天皇を守護するという神話を構想したと考えられる。

　景行天皇・ヤマトタケルの征西説話のなかには、クマソが登場する。その語義については、「猛《たけ》き」性質をあらわす「クマ」という形容詞で「ソ」という地域名あるいはそこに居住する人びとの名称を冠したとする本居宣長《もとおりのりなが》説と、肥後の南部、球磨《くま》川流域の地名である「球磨」と日向国（のちに大隅国の一郡として分出）の「贈於《そ》」が連なって一つの名称となったという津田左右吉《つだそうきち》説がある。

　『日本書紀』の景行天皇の征西説話によれば、熊襲《くまそ》がそむいて朝貢をしなかったために、景行天皇みずからが筑紫に行幸することになる。景行天皇は日向高屋宮《たかやのみや》を本拠とし、熊襲を討った。天皇が筑紫を巡幸して大和に戻ったあと、ふたたび熊襲がそむいたため、今度は日本武尊《やまとたけるのみこと》を派遣して熊襲を討たせた。女装して熊襲魁帥《くまそたける》を討った日本武尊は、熊襲魁帥から「タケル」の名をたてまつられたとする。『古事記』では、小碓命《おうすのみこと》（日本童男《やまとおぐな》）が熊曾建《くまそたける》を討ち、熊曾建が倭建命《やまとたけるのみこと》の名をたてまつったとしている。

❖コラム

## 「神代三山陵」

『古事記』『日本書紀』によれば、ホノニニギ・ヒコホホデミ・ウガヤフキアヘズがなくなると、それぞれ筑紫日向可愛之山陵《えのさんりょう》・日向高屋山上陵《たかやさんじょうりょう》・日向吾平《あいら》山上陵に葬ったといい、これらの陵墓を神代三陵とよんでいる。十世紀に成立した『延喜式』（諸陵寮）には、いずれについても「日向国に在り。陵戸無し」と記しており、神代三陵は山城国《やましろ》葛野《かどの》郡田邑《たむら》陵（文徳陵）の南原でまつられることになっていた。

江戸時代には、神代三陵の比定地が、日向・大隅・薩摩の三国内に何カ所も知られるようになった。たとえば、本居宣長の『古事記伝』では、可愛之山陵として七カ所の比定地を紹介しており、薩摩藩がまとめた『三国名勝図会《ずえ》』では、高屋山上陵として五カ所の比定地をあげている。

明治時代にはいると、維新政府は、万世一系の天皇の権威を確立するために、陵墓の比定を行っていった。その中心的な役割をはたしたのが教部省であり、そのなかで鹿児島藩出身者が大きな勢力をもっていた。こうしたなか、明治七（一八七四）年七月十日に、可愛之山陵を鹿児島県薩摩郡川内町宮内（薩摩川内市）、高屋山上陵を同始良郡溝辺《みぞべ》村大字麓《ふもと》（霧島市溝辺町）、吾平山上陵を同肝属郡始良村大字上村（鹿屋市吾平町）とする「御裁可」があった。これによって、神代三陵はすべて鹿児島県内に定められた。明治十六年に鹿児島県から再分置された宮崎県側の動きをうけて、同二十八年十一月には宮崎県内の二カ所が陵墓伝説地（現在は陵墓参考地）、二カ所が陵墓参考地とされた。陵墓および陵墓参考地は現在宮内庁の管理下にある。

クマソの用字は『古事記』『日本書紀』や諸国の「風土記《ふどき》」などで統一されておらず、その称は隼人よりもはやくに用いられていたようであるが、遠隔地への巡幸としては斉明天皇の筑紫行幸が歴史的事実として最初のものであり、また説話中に登場してくる地名などからみて、『日本書紀』の景行天皇の征西説話の内容は、七世紀後期の状況を反映していると考えられる。

## 2　律令国家と隼人・南島

### 令制国・嶋の成立と隼人の戦い

律令体制の建設を進めていた政府は、天武天皇十二（六八三）〜十四年にかけて伊勢王《いせおう》らを派遣して国境を確定していった。従来の国造《くにのみやつこ》の支配の単位であるクニを改めて、山や川などを国境とし、国司《こくし》を派遣して支配させる単位としての国を設定することを目的とするものであった。このような国を令制《りょうせい》国という。西海道《さいかいどう》では『日本書紀』持統天皇四（六九〇）年十月二十二日条にみえる筑後《ちくご》国が令制国の初見であり、このころ筑前《ちくぜん》・筑後・豊前《ぶぜん》・豊後《ぶんご》・肥前《ひぜん》・肥後・日向の七カ国が成立したと考えられる。大隅地方は、のちに大隅国が日向国から分置されることからみて日向国に属しており、薩摩地方は、肥後国の影響下にあったらしい出水地方をのぞいて同じく日向国とされていたようである。

文武天皇二（六九八）年、政府は覓国使《べっこくし》を派遣し、南九州において令制国設置と南島路の開拓を進めようとした。しかし、翌三年には薩末比売《さつまのひめ》、衣評督《えのこおりのかみ》である衣君県《えのきみのあがた》、肝衝難波《きもつきのなにわ》らが、肥人《ひひと》を従えてこの覓国使を剽劫《ひょうきょう》するという事件がおこっており、政府はその翌年、竺志惣領《つくしのそうりょう》に命じて関係者を処罰させている。これによって、七世紀末の段階で南九州に衣評という評が設定されていたことがわかる。評は国の下位におかれた行政単位で、大宝律令では郡《こおり》《ぐん》となるが、南九州全域に評がおかれていたわけではなく、飛び石的に設定されていたと思われる。その比定地について、頴娃郡《えのこおり》の前身にあたるとする説と、現在の薩摩川内市付近に比定する説、さらにはソと訓んで鹿児島湾奥部とする説があるが、いずれにしても薩摩半島側のサツマ、大隅半島側のキモツキなどの勢力が、九州西部の島嶼《とうしょ》部の人びとと考えられる肥人とともに、政府側の動きに抵抗を示したことがわかるのである。

覓国使剽劫事件のおこった文武天皇三年、政府は大宰府に三野《みの》・稲積《いなづみ》の二城の修築を命じた。この二つの城は、それぞれ宮崎県西都《さいと》市付近（日向国児湯《こゆ》郡三納《みのう》郷）と鹿児島県霧島市付近（大隅国桑原《くわはら》郡稲積郷）にあったとされており、政府がすでに七世紀末段階で日向国府とのちの大隅国府付近に政府の軍事的拠点を設置していたことがわかる。

大宝元（七〇一）年に大宝律令を完成させた政府は、翌年三月に大宰府に対して、管内の掾《じょう》（国司の三等官）以下と郡司を選ぶ権限をあたえて、郡司の選任と戸籍づくりを推進しようとしたが、南九州ではこれに対する抵抗がおこった。一般に大宝二年の隼人の「反乱」とよばれるものである。『続日本紀』の大宝二年八月一日条には、薩摩・多褹《たね》地方の抵抗をおさえて、「戸を校《こう》し、吏《り》を置く」との記事がみえる。「戸を校」すとは、国内に住む一人一人を確実に掌握するために戸籍を作成することを、また「吏を置く」とは、中央政府から派遣される国司と地方の有力者のなかから任命される郡司とがおかれたことを意味しており、ここに令制の薩摩国と多褹嶋《たねとう》が成立することになった。ただし、両国嶋《こくとう》で全面的に戸籍が作成されたとは考えられず、したがってこの記事が政府の希望をのべたにすぎなかった点に関しては、あとでみることにする。こうした抵抗の原因については、名前を相手に知られることが服属を意味することになるという名にまつわるタブーや、文化人類学者フレーザーの説いた「人口調査の罪」（未開社会において広範に存在する人口調査に対する反感と抵抗）のタブーにふれたと説明することもできよう。

さて多褹嶋の「嶋」とは、国と同等の行政単位であった。対馬《つしま》・壱岐《いき》の例からわかるように、地理的に島であり、対外通交の要衝《ようしょう》に位置し、軍事的にも要地である場合には、国ではなく嶋とされたようである（以下、地理上の島は島、行政単位は嶋とする）。隼人に対する支配を進め、また南島にそって設定されていた遣唐使の渡航ルートや南島人の朝貢ルートの維持を目的として、多褹嶋が設置された。ただし、多褹嶋に公印があたえられたのは和銅七（七一四）年のことであるから、多褹嶋の正式な成立はこのころのことと考えられる。

大宝二年十月には、唱更国司《しょうこうこくし》が国内要害の地に「柵《さく》を建《た》て、戍《じゅ》を置く」ことを政府に申請し、許可されている。唱更国司とは、辺境を守備する国司という意味で、この時点では日向国司と薩摩国司をさしており、この地域の支配を進展させるため、柵をたて、戍（守備隊）をおいたものと思われる。十世紀に成立した『和名類聚抄《わみょうるいじゅうしょう》』によれば、薩摩国の国府がおかれた高城《たかき》郡の六郷中四郷の郷名（合志《かわし》・飽田《あきた》・宇《う》土《と》・託万《たくま》）が肥後国の郡名に一致しており、薩摩国に肥後国からの移民が行われ、これを中心に薩摩国府がおかれたと考えられる。また高城郡という郡名もそこに設置された軍事施設に由来する可能性が考えられる。東北地方の事例を参考にすれば、柵はたんに軍事施設であるばかりでなく地方行政の拠点でもあったから、この柵や稲積城が、薩摩国府やのちの大隅国府につながる可能性もある（熊田亮介「古代国家と蝦夷・隼人」『岩波講座　日本通史』第四巻）。

薩摩国はこのように成立したが、大宰府や平城京で出土した木簡《もっかん》や正倉院《しょうそういん》に伝わる「天平八年薩麻国正税帳」などからみて、八世紀前半ころまでは「薩麻」が正式な国名表記であり、その後「薩摩」になったと考えられる（鎌田元一「律令制国名表記の成立」門脇禎二編『日本古代国家の展開』）。

## 大隅国の成立と最後の隼人の戦い●

和銅二（七〇九）年には薩摩国の隼人と日向国内の隼人が朝貢を行い、翌年正月には日向隼人曾君細麻呂《そのきみのほそまろ》が、隼人を教え導いたことを賞されて外従五位下《げじゅごいげ》に叙された。曾君は、曽《そ》於郡の有力氏族であり、この地方の支配がほぼ順調に進展していたようすがうかがえる。これをうけて和銅六年四月三日に、日向国肝坏《きもつき》・曽於・大隅・姶羅《あいら》の四郡を割いて、大隅国がたてられることになった。

大隅国が設置された三カ月後に、政府は「隼賊《しゅんぞく》」を討った将軍と士卒《しそつ》のうち戦陣に功のあった一二八〇人あまりに勲位《くんい》をさずけており、大隅国建国に前後して、隼人と政府とのあいだに軍事的衝突がおこっていたことがわかる。この衝突の直接的原因は定かでないが、大隅国の設置は、翌年に予定されている戸籍作成の前提として行われたとも考えられており、ここでも「人口調査の罪」のタブーとの関連が考えられる。

その翌年、「野心《やしん》（野蛮な心性）」をもった隼人を教導するために、その居住地に豊前国から二〇〇戸の移民が行われた。養老～天平年間（七一七～七四九）ころの状態をあらわすとされる『律書残篇《りっしょざんぺん》』は、大隅国を五郡としており、大隅国成立時から一郡ふえている。その一郡は移民によってつくられた桑原郡と考えられており、時代はくだるものの『和名類聚抄』によって桑原郡内に大分《おおいた》・豊国《とよくに》郷を確認できることから、移民は豊前国ばかりでなく豊後国大分郡からも行われたことがわかる。移民を中心にして国府を支える点は、薩摩国の場合と共通している。

さて、養老職員令《ようろうしきいんりょう》は、対馬・壱岐《いき》・日向・大隅・薩摩の三国二嶋の守の職掌として「鎮捍《ちんかん》、防守《ぼうしゅ》」を惣《す》べ知らすことをあげており、これは唐が辺境を防衛するためにおいた鎮《ちん》・戍《じゅ》という軍事施設の官人の職掌に一致していた。したがって南九州の国司は、唐の鎮・戍に類似する軍事施設を管轄し、辺境をまもる任務をもっていたことがわかる。

養老四(七二〇)年から翌年にかけて、隼人と政府との最大規模にして最後の軍事衝突がおこった。養老四年二月末、大宰府は隼人がそむいて大隅国守陽侯麻呂《やこのまろ》を殺したと報じた。これをうけて、政府は中納《ちゅうな》言大伴旅人《ごんおおとものたびと》を征隼人持節大将軍《せいはやとじせつだいしょうぐん》、授刀助笠御室《じゅとうすけかさのみむろ》・民部少輔巨勢真人《みんぶしょうゆうこせのまひと》を副将軍とする征討軍を派遣した。このときの征隼人軍の規模は、軍防令《ぐんぼうりょう》の規定によれば、将軍の人数からみて兵一万人以上であったと考

## 隼人塚

朝廷とたたかいやぶれた熊襲・隼人の霊をなぐさめるためにつくられたとされる隼人塚が鹿児島県内に二カ所ある。一つは、霧島市国分重久《しげひさ》の止上《とがみ》神社の近くにある隼人塚であり、もう一つは霧島市隼人町内山田にある国指定史跡隼人塚である。

国分重久の隼人塚に関して、江戸時代後期にできた『三国名勝図会』は隼人の首塚として紹介しており、現在は国分市教育委員会によって「隼人塚伝説の碑」がたてられている。

隼人町の隼人塚は、明治時代には軍神塚などとよばれていたが、熊襲・隼人の霊をなぐさめるためにつくられた石像・石塔・塚であるという理由で、大正十(一九二一)年に国の史跡に指定され、

❖コラム

塚の上にたつ石像は、隼人の姿を示すものとして、数々の著作の紙面をかざってきた。指定以降、数度の整備・修復を経てきたが、塚周辺を公園として整備するため、平成六（一九九四）年から四次にわたり本格的な発掘調査が行われた。この遺跡は、当地の小字により山跡《やまあし》遺跡とよばれている。また、これにさきだって関連する文献や石像物についての本格的な検討も行われた。

それらによれば、塚の創建年代は明確でないものの、大隅国分寺跡の康治元（一一四二）年の石塔や隼人町の正国寺《しょうこくじ》跡から発見された三体の石像（うち二体は康治元年の銘をもつ）との関連から、隼人塚の石像物は平安時代の末ころにつくられたと考えられている。

**二つの隼人塚**　上は霧島市国分重久の隼人塚。下は発掘調査中の霧島市隼人町の隼人塚。

えられる。『政事要略《せいじようりゃく》』には、豊前国守が兵を率いてこの軍事行動にしたがったとの記事があり、また天平年間の西海道諸国の正税帳《しょうぜいちょう》に署名している郡司の多くが、軍事的功績に応じてあたえられる勲位をおびていることから、政府軍の主力は西海道の兵力であったと考えられる。同年六月戦闘指揮中の大将軍大伴旅人を慰問する詔《みことのり》が発せられ、八月には当時政府の最高首脳であった藤原不比等《ふひと》の死去をうけて、大伴旅人に京への帰還が命じられたが、隼人はゲリラ戦などによって政府軍を手こずらせたらしく、副将軍以下には引き続きの在陣が命じられた。その信憑性《しんぴょう》はあきらかでないものの「八幡宇《はちまんう》佐宮《さぐう》御託宣集」などの宇佐宮関係の史料には、隼人の根拠地を奴奴良《ぬぬら》（奴止良、奴久良、奴良）・桑原（幸原）・神《かみ》野《の》・牛屎《うしくそ》・志加牟《しかむ》・曽於石城《そのいわき》・比売城《ひめのき》（比売乃城）のいわゆる隼人七城としているものがある。

翌六年七月に二人の副将軍が帰還してこの軍事衝突は終わりを告げた。『続日本紀』は「斬首獲虜《ざんしゅかくりょ》合わせて千四百余人」と記している。天平八（七三六）年の「薩麻

比売城（霧島市）の遠景

国正税帳」には、出水郡と高城郡に「養老四年」の注記をもつ糒《はしいい》の記載があり、この軍事衝突を契機にあわせて一万人分にして約一四日分に相当する軍用食料の備蓄がはじめられたことがわかる。

この戦争の終息した翌年の養老七年に、政府は大隅・薩摩両国の隼人に朝貢を行わせた。その人数は六二四人と通常の朝貢の二倍以上であり、政府はこうした最大規模の朝貢を行わせることで、隼人の服属を改めて確認したのである。

天平二年、大隅・薩摩両国でいまだ班田《はんでん》が実施されておらず、墾田《こんでん》を改め動かすと喧訴《けんそ》が多くおこるという大宰府の報告をうけて、政府は両国への班田制導入を断念した。このときの導入計画が、移民などのいわゆる公民のみを対象としたものか、隼人をも対象に含むものか説の分かれるところではあるが、つぎにみるように、隼人に対する律令制度の諸原則の適用が留保されていたことは確実である。

## 「薩麻国正税帳」の世界

政府は隼人たちをどのように支配していたのだろうか。正倉院に伝わる「天平八年薩麻国正税帳」は、この時期の薩摩国内の支配の実態を伝える貴重な史料である。この正税帳は、薩摩国の天平八（七三六）年の収支決算報告書である。各国は、正税帳を毎年三通作成し、そのうちの一通を手元に残し、残りの二通を政府に送った。提出から一〇年の保管期間をすぎて、聖武天皇・光明皇后のための大規模な写経事業を行っていた写経所の事務文書用紙に転用され、いろいろな曲折を経て現在まで正倉院に伝わったものである。写経所での二次利用にさいして何枚にも切断され、そのうちの五つの断簡が伝わっている。その分量は、出水《いずみ》郡一八行、高城《たかき》郡八〇行、薩摩《さつま》郡一三行、阿多《あた》郡四行、河辺《かわのべ》郡五行、計一一〇行分となっている。その内容から当時の薩摩国の支配の特質をさぐってみよう。

まず第一に、高城郡で醸造された酒を「隼人一十一郡」にあてる記載があり、薩摩国内が一一の「隼人郡」と二つの「非隼人郡」からなっていたことがわかる。

第二に、正税帳には、「隼人郡」である薩摩・阿多・河辺の三郡の収支決算も記載されており、律令体制をささえる文書主義がほぼ薩摩国全体をおおっていたとすることができる。

第三に、酒や国司巡行（国司が種々の目的で国内を視察・巡行すること）の費用など「隼人郡」にかかわる行政費用はほぼ高城郡が負担していたことや、各郡の財政規模の比較から、「隼人郡」の多くは「非隼人郡」とは異質の財政状況にあったことがわかる。

第四に、出水郡・高城郡・薩摩郡には稲穀がみられ、河辺郡にはみられないことから、「隼人郡」である薩摩郡でも一部に租の賦課が行われており、河辺郡では租が賦課されていなかったことが確認できる。

第五に、国司が国内を巡行するさいの所要日数を検討すると、検校百姓損田《けんこうひゃくせいそんでん》・正税出挙《しょうぜいすいこ》・収納正《しゅうのうしょう》税《ぜい》・検校庸蓆《けんこうようむしろ》・責計帳手実《せきけいちょうしゅじつ》を目的とする国司巡行は、「非隼人郡」の二郡および「隼人郡」の一〜二郡の範囲で行われたにすぎないことがわかる。これらの項目は、いずれも租庸調制や戸籍・計帳制度、出挙制度など律令制度の根幹にかかわるものであったから、隼人郡の大部分は律令制度の重要な原則の適用が留保されている状態であるといわざるをえない。

第六に、天然痘《てんねんとう》の流行に伴う賑給《しんごう》（政府による援助）は「隼人郡」の河辺郡でも確認でき、ほぼ薩摩国内全域で賑給が実施されたが、太上《だいじょう》天皇の病気を契機とする賑給は、「隼人郡」では行われていない可能性が高い。賑給には、疫病、地震、日照りや長雨による不作とそれを原因とする飢饉《ききん》など民衆側の事情によって行われるものと、天皇の即位、改元、立太子、天皇・皇后・皇太子の病気、祥瑞《しょうずい》など政府側の事情によって行われるものとがあったが、薩摩国の隼人たちは前者の賑給の対象にはなるものの、後者の対象にはなっておらず、隼人が一般の公民とは異なり、「夷人雑類《いじんぞうるい》」に近い位置づけをされていたことがわかる。

八世紀中期の政府による隼人支配は、「隼人郡」に対して律令制度の適用を強引に進めることを留保しながら、隼人の首長層を郡司に任命し、その子弟を舎人《とねり》などに任用すること（「天平十年周防《すおう》国正税帳」に

正税帳にみる薩摩国の財政状況

| | 高城郡 | 出水郡 | 薩摩郡 | 河辺郡 |
|---|---|---|---|---|
| 不動穀(斛) | 1294.82 | 0 | 0 | 0 |
| 不動倉 | 1 | 0 | 0 | (0) |
| 動用穀(斛) | 0 | 665.128 | 335.455 | 0 |
| 動用倉 | 1 | 1 | 1 | (0) |
| 頴稲(束) | 39666.05 | 50840.8 | 17614.9 | 2690.4 |
| 頴稲倉 | a | 13 | 5 | e |
| 粟穀(斛) | 397.2091 | 103.7273 | 0 | 0 |
| 頴粟(束) | 3326.61 | 755.39 | 0 | 0 |
| 頴粟倉 | b | 0 | 0 | 0 |
| 糒(斛) | 1261 | 1504.31 | 0 | (0) |
| 糒倉 | 1 | 1 | 0 | (0) |
| 塩(斛) | 7.7309 | 0 | 0 | (0) |
| 酒(次年度繰越分) | 46.28 | 10.743 | 0 | (0) |
| 酒(年度使用量)(斛) | 16.277 (当郡9.359) | c | d | 0.723 |
| 酒(補充量) | 17.0 | 8.7-3 | 0 | (0) |

a＋b＝７，ｃは８前後，ｄは０ではない。ｅは１以上。永山修一「隼人と律令制」下條信行・平野博之編『新版「古代の日本」③九州・沖縄』1991による。

薩摩国および諸国の正税帳にみえる国司巡行目的別所要日数

| 巡行目的 | 薩摩国 | 諸　国(１郡あたり) |
|---|---|---|
| 検校百姓損田(水田) | ７日 | 2.3日(但馬)～4.5日(周防) |
| 正税出挙(春) | ７日 | 2.5日(豊後)～5.5日(和泉) |
| 正税出挙(夏) | ６日 | 2.5日(豊後)～5.5日(和泉) |
| 収納正税 | ５日 | 2.6日(但馬)～10.7日(和泉) |
| 検校庸蓆(調庸) | ２日 | 2.0日(但馬)～4.0日(駿河) |
| 責計帳手実 | １日 | 2.4日(但馬)～3.3日(周防) |
| 賑給 | 19＋５＋１ | 2.0日(駿河)～9.0日(豊後) |

大舎人として薩麻君国益《くにます》・大隅直坂麻呂がみえる）をつうじて律令制のトレーニングをほどこし、「隼人郡」のなかに徐々に律令制度を浸透させようとするものであったとすることができよう。こうした支配のあり方は、唐の辺境支配のあり方である羈縻《きび》政策につうじるものがある。

また「天平八年薩麻国正税帳」には、このほか、元日朝拝《がんじつちょうはい》・斎会《さいえ》・釈奠《せきてん》などの諸儀式が行われていたこと、遣唐使船が食料の供給をうけていることなどが記されており、諸国とかわらない側面をもうかがうことができる。

## 薩摩国・多褹嶋・大隅国の郡・郷●

大宝律令のもとでは、地方行政機構として、国《こく》―郡《ぐん》―里《り》（短期間の国―郡―郷《ごう》―里制をはさんで国―郡―郷制へ移行）がおかれていた。南九州に成立した二国一嶋にも郡郷がおかれたのであるが、八世紀段階についてはわからないことが多い。大隅国は和銅六（七一三）年に肝坏《きもつき》・曽於・大隅・始羅《あいら》の四郡で成立した。『律書残篇』によれば、養老～天平年間（七一七～七四九）ころに薩摩国は一三郡二五郷六〇里、大隅国は五郡一九郷二七里からなっていた。基本的に一郷は五〇戸からなることになっているが、「隼人郡」ではこのころ戸籍が十分に機能していたとは考えられないから、郷以下のレベルでの実態は不明とせざるをえない。天平勝宝七（七五五）年には菱刈《ひしかり》郡が成立し、大隅国は六郡になった。このとき、建郡を申請した浮浪《ふろう》九三〇人余はいまだ戸籍に登録されていなかった隼人であるとも考えられている。

多褹嶋では、天平五（七三三）年に郡司を含む一一一六人に姓があたえられた。このときまで郡司も姓をもっていなかったことから、この時点ではじめて戸籍づくりに着手されたものと考えられる。天長元（八二四）年の多褹嶋停廃（六七頁参照）の格《きゃく》によれば、多褹嶋は能満《のま》・熊毛《くまげ》・馭謨《ごむ》・益救《やく》の四郡からなっていたが、その課税対象人口は一郷分にも満たない状態であったため、四郡を熊毛　馭謨の二郡に減らして、大隅国に併合することになった。これにより、大隅国は八郡となった。

十世紀に成立した『和名類聚抄』には、薩摩国として出水・高城・薩摩・甑島《こしきしま》・日置・伊作《いさく》・阿多・河邊《かわのべ》・頴娃《え》・揖宿《いぶすき》・給黎《きいれ》・谿山《たにやま》・麑嶋《かごしま》の一三郡の三五郷の郷名、大隅国として菱刈・桑原・噌唹《そお》・大隅・姶羅・肝属《きもつき》・馭謨・熊毛の八郡の三七郷の郷名をのせている。一郡あたりの平均郷数をみると、薩摩国の「隼人郡」では二・二郷（一郷からなる郡が三あるいは四ある）、「非隼人郡」では五・五郷、大隅国（旧多褹嶋をのぞく）では五・三郷となり、壱岐・対馬をのぞく西海道の平均五・四郷と比較すれば、薩摩国の隼人郡の規模の小ささがきわだっている。これは、政府が隼人の勢力を分断しようとしたことと、もともとこの地域の首長層の支配する領域がせまかったことを示している。一方、大隅国の場合は、大隅直氏や曽君氏など大きな勢力をもった首長がおり、その支配の規模は西海道のほかの諸国と遜色《そんしょく》がなかったことがわかる。

### 国府と郡家●

薩摩国府については、国の指定史跡薩摩国分寺跡の西側に広がる台地上に、川内《せんだい》高校東側の道路を中軸とする方六町（一辺約七〇〇メートル）を国府域、その中央にある大園《おおぞの》・石走島《いしばしりじま》地区の方一町ほどの地域を正庁《せいちょう》域とするのが通説である。昭和三十九（一九六四）年からはじまった調査により、石走島地区からは「高木」と書かれた墨書土師器《はじき》が、また正庁域北限付近の西原地区南西部からは多量の瓦・土師器・須恵器などとともに風字硯《ふうじけん》・戯画墨書土師器・緑釉《りょくゆう》陶器・越州窯青磁《えっしゅうようせいじ》などが、西原地区北東部からは「國厨《くにのくりや》」の墨書土師器が、国府域北限付近の入来原《いりきばる》地区からは三間×三間の総柱の礎石建物跡が出土し

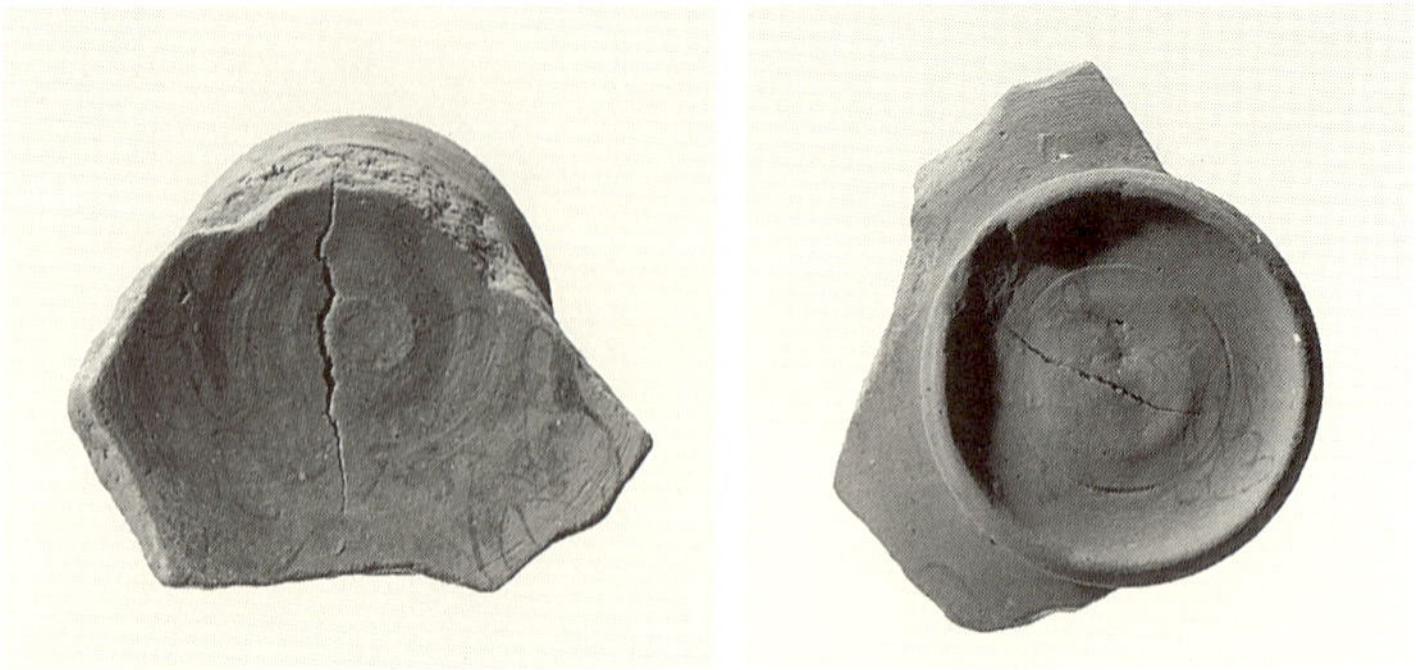

薩摩国府跡から出土した戯画墨書土師器　国府に勤務した国司・書生によって描かれたものか。

薩摩国府想定図　鹿児島県教育委員会編『薩摩国府跡・国分寺跡』1975による。

ている。出土遺物からみて、この国府域が機能したのは奈良時代後期以降とされ、大園地区西方にある兵庫原《ひょうごばる》の地名は軍団に関係するものとする説もある。

江戸時代後期に成立した『三国名勝図会』は、国府を現在の国府推定地から一キロほど北西に位置する屋形ケ原《やかたがはら》としており、近年多くの国で国府の移動が確認されていることからすると、屋形ケ原説を通説の国府に先行するものとして見直してみる必要がある。

薩摩国内の郡家《ぐうけ》に関しては、あきらかな比定地は今のところ確認されていないが、西ノ平《にしのひら》遺跡（薩摩川内市中福良《なかふくら》町）は、平安時代の掘立柱建物と大量の土師器・須恵器とともに、硯・緑釉陶器・青銅製帯金具、開元通宝などの古銭や一〇〇点を超える墨書・刻書土器をだしており、これを薩摩郡家とする説がある。また、「阿多」のヘラ書き土師器をだした小中原《こなかばる》遺跡（南さつま市金峰町）付近に阿多郡家を、橋牟礼川遺跡（指宿市）・不動寺遺跡・一之宮遺跡（ともに鹿児島市）付近にそれぞれ揖宿郡家・谿山郡家・麑島郡家を想定することも可能であろう。また、市ノ原遺跡第一地点（いちき串木野市大里）では、平安時代前半の四面庇《ひさし》付き建物を含む一五棟の建物跡が確認され、緑釉陶器・越州窯青磁や「厨」を含む多数の墨書土器が出土した。安茶ケ原《あんちゃがはら》遺跡（同市川上）からは「日置厨」、尾崎B遺跡（出水市）・芝原遺跡（南さつま市金峰町）からは「厨」と墨書した土師器が出土したが、いずれも遺跡の性格は不明である。

大隅国府について、十世紀に成立した『和名類聚抄』は桑原郡に国府と記し、十二世紀後期に成立した三巻本『色葉字類抄《いろはじるい》』は桑原郡に国府、曽於郡に府としており、十四世紀の『拾芥抄《しゅうがい》』は曽於郡に国府があると記している。国府の比定地としては、霧島市国分府中から向花《むけ》にかけての守公《しゅこう》神社（現在の祓戸《はらいど》神社）を含む地域とするのが一般的であるが、始良郡隼人町の真孝《しんこう》から住吉にかけての地域に比定する説もだされている。真孝は新国府を意味しているともいわれるが、国府の移動や郡境の変化の問題もからんでくる。近年、府中地区の気色の杜遺跡で和歌の下の句や「介」を記した墨書土器が出土しており、改めて府中地区の可能性が高まっている。大隅国内の郡家についても、明確な比定地はないが、小瀬戸《こせと》遺跡（姶良市西餅田《にしもちだ》）では、井戸跡や溝に区切られた区画が検出され、須恵器・土師器・瓦・越州窯青磁・多数の墨書土器をだしており、桑原郡関係の公的施設と考えられる。また高井田遺跡（同市）では九世紀後半の遣水《やりみず》状石敷遺構が出土している。

　多褹嶋府の比定については、西之表市西之表説、西之表市国上《くにがみ》説、熊毛郡中種子町中田説、同南種子町島間《しまま》説、南種子町真所《まどころ》説があるが、いずれの説も決め手に欠けている。また、多褹嶋廃止以前で四郡、廃止以後で二郡あった郡家についても明確な比定地はない。今後の本格的調査に期待がかかる。

　なお、律令制度のもとでは、犯罪人に対してその罪に応じて笞《ち》・杖《じょう》・徒《ず》・流《る》・死の五種類の刑罰があり、そのうち流刑については、都からの距離に応じて近流《きんる》・中流《ちゅうる》・遠流《おんる》の別があったが、薩摩国・多褹嶋・大隅国が遠流の地であったことはいうまでもない。奈良時代に道鏡《どうきょう》の即位を阻止したことで知られる和気《わけの》清麻呂《きよまろ》は、道鏡によって大隅国へ流され、九世紀初頭まで多褹嶋への配流の事例が確認できる。また、左遷人事についても、この二国一嶋に左遷されたケースが知られるが、九世紀にはいってまもなくの時期から十二世紀までは、この二国一嶋の地域への配流はみられない。

### 大隅・薩摩・多褹の財政●

律令制下の国嶋は、大・上・中・下の四等級に分けられていた。この等級は、人口や財政規模などによると考えられるが、天平十七（七四五）年に公廨《くがい》出挙《すいこ》本稲《ほんとう》（人件費などをまかなうための出挙の元手）を各国に設定するさい、中国は二〇万束とされたなかで、大隅・薩摩両国は各四万束とされた。このときの基準は、下国でも一〇万束であったから、大隅・薩摩両国の財政規模は下国以下であったといえる。九世紀初期の「弘仁式《こうにんしき》」段階でも、大隅・薩摩両国とも公廨出挙本稲は六万束であり、国分寺維持財源としての各二万束の出挙はそれぞれ日向・肥後国で行われていた。多褹嶋にいたっては、正税出挙本稲を二〇八〇束とするだけで、公廨出挙本稲は設定されていない。

国の等級は政府が派遣する国司の定員にも関係しており、対隼人・南島政策、あるいは遣唐使入唐《にっとう》航路維持などの重要性のため、これら二国一嶋は、設置当初から中国とされ、守《かみ》・掾《じょう》・目《さかん》・史生《ししょう》が政府から派遣された。したがってその財政は、当然ながら大宰府やほかの管内諸国に依存していた。藤原広嗣《ひろつぐ》の乱後の天平十四年、大宰府の廃止をうけて、大隅・薩摩・多褹などの国嶋の官人の禄《ろく》は、筑前《ちくぜん》国司が廃止された大宰府のものから支給し、また公廨は都合のよい国の稲で支給することとされた。天平宝字四（七六〇）年には、大隅・薩摩・壱岐・対馬・多褹の国嶋司に大宰府管内の公田地子《こうでんじし》を支給することが計画され、対馬・多褹の嶋司《とうし》に対して実施された。大隅・薩摩・壱岐は別に公廨があるとの理由で地子支給が見送られたが、大隅・薩摩ではこのころに公廨出挙本稲が六万束へと増量されたと思われる。天長元（八二四）年の多褹嶋の停廃格によれば、嶋司に対して一年間にあたえられる公廨は稲に換算すると三万六〇〇〇束余にも達していた。

大隅・薩摩・多褹から政府へ貢納されるものは、大きく分けて律令制に基づく貢進物と、朝貢などにさいして貢納される律令制外の貢進物に大別することができる。律令制に基づく貢進物としては、「薩麻国正税帳」に、庸としての蓆《むしろ》、大宰府に運ばれた甘葛煎《あまづらせん》、兵器・筆の材料としての鹿皮がみえる。また、平城京からは「筑紫大宰進上薩麻国殖（以下欠）」と記された木簡が出土しており、大宰府が薩摩国の紫草《むらさきぐさ》の種子を都に送ったことを示している。時代がくだるが、『延喜式』主計によれば、大隅国は綿・布・紙・紫草を、薩摩国は綿・布・紙・塩・蓆を貢納したことが知られ、大宰府までの所要日数は上り一二日、下り六日とされていた。

多褹嶋木簡（平城宮東南隅出土）式部省で多褹嶋司の勤務評定に用いられた。

延暦四（七八五）年には、大宰府管内の浮浪、なかでも日向国から薩摩・大隅国への浮浪が問題になっている。これは、賦役令《ぶやくりょう》辺遠国《へんえんこく》条の適用をうけて、隼人の住んでいる薩摩・大隅国の農民の税負担が、日向国よりも軽かったことが原因になっていると考えられる（永山修一「賦役令辺遠国条と南九州」『宮崎考古』石川恒太郎先生米寿記念特集号　上巻、一九八九年）。

大宰府の不丁《ふちょう》地区から出土した木簡群のなかには、「薩麻國枯根」「麑嶋《かごしま》六十四斗」「薩麻頴娃」「桑原郡」「大隅郡」などと記載されたものがある。いずれも付札として用いられたものであるが、それらがどのような品につけられたものであったかは不明である。律令制の貢進物の場合、一般には郡が貢進単位となることが多いが、薩摩国の場合には、～国～郡と明記されておらず、さきの平城京出土木簡からも、国が貢進単位となる場合があったことがわかる。よって、薩摩国関係の木簡のつけられた荷物がいわゆる「隼人之調」であった可能性も考える必要がある。「隼人之調」は、元来朝貢のさいの貢ぎ物としておさめられたものであり、持統天皇三（六八九）年の朝貢にみえる布・牛皮・鹿皮は「隼人之調」と考えられ、また『延喜式』民部下にみえる「隼人調布」も、「隼人之調」の系譜を引くものであろう。

律令制に基づく貢進物の場合、凶作などになれば減免されるのがふつうであったが、隼人の朝貢は、天《てん》然痘《ねんとう》が猛威をふるっていた天平七（七三五）年や深刻な飢饉に見舞われていた延暦十二（七九三）年にも行われている。なかでも延暦十二年の朝貢は、前年に政府が「隼人之調」の進上を命じたことによるものであって、隼人の朝貢および「隼人之調」の進上は、隼人の服属を確認するための重要な意義をもっており、疫病や飢饉によって免除される性格のものではなかったことがわかるのである。

### 隼人司の隼人たち

天武天皇十一（六八二）年の隼人の朝貢開始の三年後にあたる同十四年、大隅直《おおすみのあたい》氏が、いずれも畿内《きない》地方に本拠をもつほかの一〇氏とともに忌寸《いみき》姓をあたえられた。大隅直氏は、本来大隅地方に勢力をもっていた一族であったが、政府は、南九州から朝貢のために上京した隼人や都周辺に移住した隼人を統括するために、大隅直氏のなかで近畿地方に拠点を移していた人びとに対して、このとき忌寸姓をあたえたものと考えられる。隼人を統括するためのこのような官司は、飛鳥浄御原令《あすかきよみはらりょう》にも存在した可能性があるが、大宝律令では衛門府《えもんふ》の管下に隼人司《はやとのつかさ》として設置された。隼人たちの移住地については、十五世紀の『康《やす》富記《とみき》』（隼人正＝隼人司の長官であった中原康富の日記）にみえる隼人司領から、江州竜門《ごうしゅうりゅうもん》（滋賀県大津市）、山城国大住郷（京都府京田辺市）、山城国宇治田原郷《うじたはらごう》（京都府綴喜《つづき》郡宇治田原町）、西京隼人町（京都市、右京一条二坊）、河内国萱振保《かやふりほ》（大阪府八尾《やお》市）、丹州《たんしゅう》佐伯・大田氷所《ひどころ》（京都府亀岡市・南丹市八木町）などがあげられており、十世紀の『北山抄』などにも隼人が居住する国の記載がある。正倉院に伝わる約九〇人の隼人の名が記されているいわゆる「隼人計帳」は、山城国綴喜郡大住郷のものと考えられている。

『続日本紀』に隼人司がはじめて登場するのは、称徳・道鏡政権の時代であり、道鏡の弟で衛門府《えもんふ》の長官をつとめた弓削浄人《ゆげのきよと》との関係をうかがわせる。延暦十九（八〇〇）年の大隅・薩摩両国への律令制度完全適用をうけて、延暦二十四年に滞在期間が満了した朝貢隼人が帰郷すると、隼人の朝貢はおわることになる。これによって隼人司の存在意義は大きく変化し、隼人司は大同三（八〇八）年正月に一旦廃止されて衛門府に吸収されたが、同年七月衛門府が左右衛士府《えじふ》に併されるにおよんで、兵部省《ひょうぶしょう》のもとに隼人司として再置された。ただし、再置された隼人司は、都周辺に移住していた隼人の子孫たちによって維持されることになり、長く即位・大嘗祭《だいじょうさい》などにかかわって天皇の権威をかざる役割をはたすこととなった。

**文献における隼人の移配地**　●は移配地，□は移配地としてあげられている国。橿原考古博物館特別展図録『隼人』1992による。

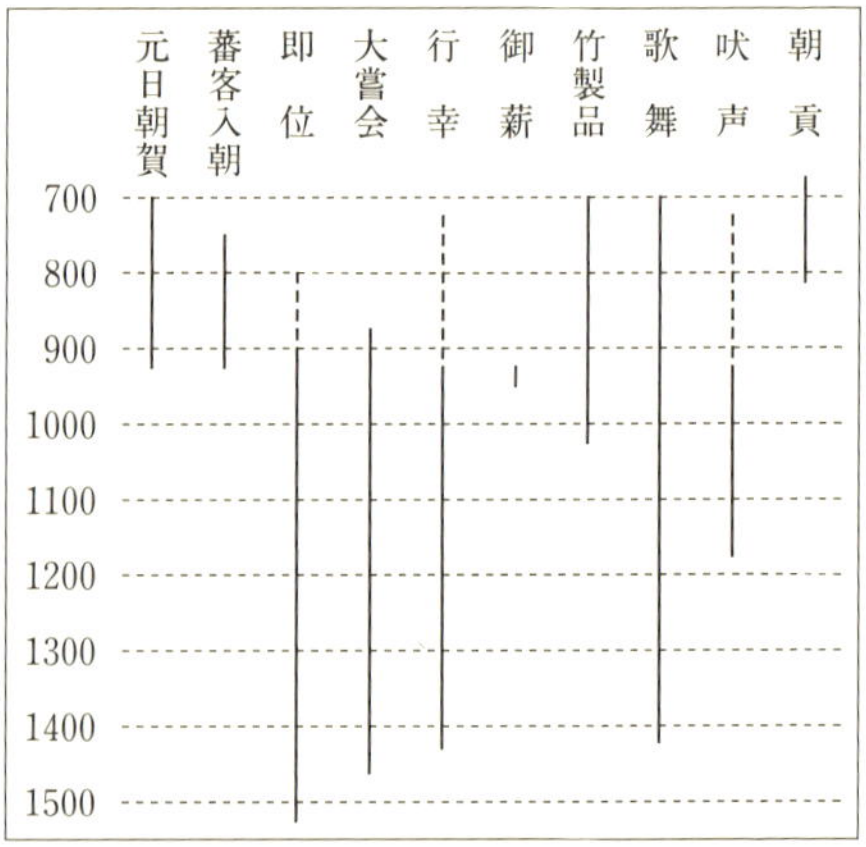

**隼人の儀式への関与**　隼人の朝貢が終了したあとも，畿内隼人を使って種々の儀式が行われた。天皇の権威に直接かかわる儀式への関与が注目される。永山修一「隼人と律令制」下條信行・平野博之編『新版「古代の日本」③九州・沖縄』1991による。

## 南島と入唐路

南島関係の記事は七世紀からみられるようになる。最初の記事は、『日本書紀』推古天皇二十四（六一六）年に三回みえる合計三〇人のヤク人漂着記事であり、舒明天皇元（六二九）年には田部連《たべのむらじ》某がヤクに派遣され、翌年帰朝した。『隋書《ずいしょ》』琉求《りゅうきゅう》伝には、琉求からの戦利品である布甲《ふこう》をみた倭国《わこく》の使者（小野妹子《おののいもこ》の一行）が、これを「邪久国《やくこく》」の人が用いるものと答えたという記事がみえており、この「邪久国」はヤクのことであると考えられる。

白雉四（六五三）年には、遣唐使船が「薩麻《さつま》之曲《くま》・竹嶋之間」で遭難し、また斉明天皇三（六五七）年には都貨邏《とから》国の男二人と女四人が海見《あまみ》島に漂着した。天武天皇六（六七七）年には、多禰《たね》島人が朝貢を行い、天武天皇八年に政府が派遣した調査団は二年後に帰国し、多禰島に関する情報をもたらした。その後、阿麻彌《あまみ》人・度感《とかん》人などが来朝している。

文武天皇二（六九八）年に派遣された覓国使《べっこくし》に関する記事に、はじめて南島という語がみえ、九州島の南に位置する島々が、南島というまとまりとして把握されるようになったことがわかる。この使節は、南島地域の支配領域の拡大とともに、遣唐使の入唐航路の開拓という任務をおっていたと考えられており、南島からの献物は伊勢神宮などに奉納された。南島のいちばん北に位置する多禰・夜久《やく》地方は、大宝二（七〇二）年に多褹嶋に編成され、以後それよりさらに南の島々が南島とよばれることになった。

遣唐使の入唐航路には、朝鮮半島沿岸を経由する北路、南島を経由する南島路、五島《ごとう》列島付近から東シナ海を横断する南路があったが、大宝二年に出帆した遣唐使の一行は、はじめて北路にかわって南島路をとったとされている。唐僧鑑真《がんじん》の伝記である『唐大和上東征伝《とうだいわじょうとうせい》』には、復路についてではあるが、天平勝宝五（七五三）年に遣唐使船が実際に採用した黄泗浦《こうしほ》（唐）〜阿児奈波《あこなは》（沖縄あるいは沖永良部島《おきのえらぶ》）〜多禰島（実際に到着したのは益救島《やく》）〜秋妻屋浦《あきめやのうら》（南さつま市坊津《ぼうのつ》町秋目）というルートがみえる。『延喜式』大蔵省入諸蕃使《にゅうしょばんし》条にみえるように、遣唐使の一行に新羅《しらぎ》語とならんで奄美語の通訳を同行させることになっていたのは、南島路を想定してのことであろう。

**南島の世界●**

和銅七（七一四）年には、南島覓国使《べっこくし》が、南島の奄美《あまみ》・度感《とかん》・信覚《しんがく》・球美《くみ》などの人五二人を伴って帰朝した。信覚は石垣島、球美は久米《くめ》島とされ、通交範囲がさらに南方に広がっていることがわかる。『令集《りょうのしゅう》解《げ》』賦役令辺遠国条に引用されている大宝令の注釈書である「古記」によれば、阿麻彌人《あまみびと》は毛人《えみし》・肥人《ひひと》とならんで夷人雑類とされており、律令国家にとって南島人は北の蝦夷《えみし》に対応する南の夷狄《いてき》であった（伊藤循「古代王権と異民族」『歴史学研究』六六五号）。

養老四（七二〇）年には南島人二三二人に位がさずけられ、神亀四（七二七）年には南島人一三二人への叙位が行われたが、この年を最後に南島人の来朝は確認できなくなる。これ以降朝貢が行われなくなったものか、あるいは記録に残っていないだけなのか説の分かれるところではあるが、その後も南島との通交があったことは確かである。大宰府不丁《ふちょう》地区からは、「掩美嶋」「伊藍嶋竹五」の文字の書かれた木簡

大宰府不丁地区から出土した掩美嶋・伊藍嶋木簡

が出土しており、天平七（七三五）年と天平勝宝六（七五四）年に、政府は大宰府に命じて、遣唐使船の航行を支援するために南島に牌《はい》をたてさせている。この牌には、島の名前、水の得られる場所などを記すことになっており、その管理は十世紀に成立した『延喜式』にも大宰府の任務として規定されている。大宰府から出土した南島関係木簡は、経巻の軸や刀の柄などに用いられた赤木《あかぎ》に荷札としてつけられていたものとも考えられており、『延喜式』内蔵寮《くらりょう》・民部下によれば、大宰府は、南島から入手した赤木を年料あるいは年料別貢雑物として政府におさめることになっていた。

　このころの奄美地方の遺跡は、基本的に奄美地方の在地の土器である兼久《かねく》式土器を出土するが、小湊《こみなと》フワガネク（外金久）遺跡の調査により、この土器が六〜十世紀のもので、さらに五期に細分できることがわかってきた。このうち七〜八世紀に位置づけられる土器の出土する遺跡に唐の開元通宝が供伴する事例や、大量の夜光貝が供伴する事例（和野《わの》長浜《ながはま》金久《かねく》遺跡・小《こ》

**土盛マツノト遺跡の夜光貝の集積**　平成３年に調査された土盛マツノト遺跡では，青銅器・ガラス玉・鉄器なども出土しており，盛んな交易を物語る。

湊《みなと》外金久《ふわがねく》遺跡・土盛《ともり》マツノト遺跡・用見崎《ようみさき》遺跡・アヤマル第二貝塚、いずれも奄美市）が知られている。夜光貝には貝匙《かいさじ》をつくる加工の過程を示す痕跡がみられ、完成品がほとんど出土していないことから、貝匙は島の外に運びだされた交易品であった可能性が想定されている。貝匙は、韓国の六世紀の古墳に副葬された事例が知られており、また『儀式』をはじめとする九世紀以降の史料に登場する「螺坏《らはい》」である可能性も考えられる。近年、正倉院に伝わる螺鈿《らでん》工芸品に多数の夜光貝が用いられ、また夜光貝の貝殻そのものも伝えられていることが報告されており（和田浩爾・赤松蔚・奥谷喬司「正倉院宝物（螺鈿・貝殻）材質調査報告」『正倉院年報』一八）、夜光貝大量出土遺跡との関係が考えられる。また、貝符《かいふ》（貝札《かいさつ》）もこの土器と供伴する例が多いことから、従来、弥生時代の遺跡として著名であった種子島の広田遺跡の時期について再検討が行われた（二六頁参照）。

従来、漁撈・採集段階の未開の社会と評価されていた南島の社会は、夜光貝の集積・加工・交易を可能にするほどの秩序をもった階層性のある社会であったとみなければならず、またその交易の範囲は朝鮮半島や中国大陸を含む可能性もある。

螺鈿材料としての夜光貝の需要は、十一世紀・十二世紀にさらに増大したようであり、十世紀末から十一世紀前期にかけて何度かみられる奄美島人・南蛮による九州島襲撃事件は、夜光貝などの交易に関するトラブルにその原因を求めることができるかもしれない。これに対し、大宰府は、貴駕《きか》島に南蛮追討を命じているが、近年、喜界島（喜界町）の城久《ぐすく》遺跡群で九〜十世紀の大宰府との深い関わりをうかがわせる土器・陶磁器が出土しており、喜界島が貴駕島の有力候補となってきた。

## 3　隼人の消滅とその後の南九州

**隼人の消滅と軍事的緊張の消滅●**

延暦十一（七九二）年、政府は飢饉によって遅れていた「隼人之調《はやとのちょう》」の輸納を命じ、翌年早々隼人が上京し、引率してきた大隅国曽於郡大領曾君牛麻呂《だいりょうそのきみのうしまろ》が位をあたえられた。このころまでに政府は、郡司層を掌握し、「隼人郡」内における戸籍の作成も進めていたと考えられる。

延暦十年代の後期には、東北地方の蝦夷に対する経営も進展を示し、政府は辺境支配のあり方を見直していった。南九州に対しては、延暦十九年十二月に「大隅・薩摩両国の百姓の墾田《こんでん》を収めて、便《たより》に口分《くぶん》に授く」という班田制完全導入の措置がとられた。これをうけて、翌延暦二十年、大宰府に対して今後隼人を上京させるにはおよばないとの指令がだされ、同二十四年に滞在期間が満了した隼人が帰郷すると、隼人の朝貢はおわることになった。このあと、朝廷での諸儀式には畿内およびその近国に移住した隼人の子孫（畿内隼人）が参加しており、南九州に住む人びとが隼人とよばれることはなかった。「夷人雑類」に近い位置づけをされていた南九州の隼人は消滅したといってよい。しかし、九世紀なかばの段階でも隼人の子孫たちを「野族《やぞく》（野蛮な心性をもつ人びと）」視する傾向は続いた。仁寿三（八五三）年に薩摩国の挹《くま》前福依売《さきのふくよりめ》は父母に孝行をつくしたとして位をあたえられ、終身免税となったが、その一方で「野族と云ふと雖《いえど》も、礼儀を閑《なおざりに》せず」とされている。

さて、大隅・薩摩両国の国司は、「鎮捍《ちんかん》、防守《ぼうしゅ》」という軍事的任務をおび、国内の柵《さく》・戍《じゅ》を管轄していた。天平神護二（七六六）年の段階で、日向・大隅・薩摩の三国に柵戸《さくこ》《きのへ》が存在したことが知られ、移民を中心とする公民によって、隼人に対するための軍事制度が維持されたと考えられる。一方、八世紀段階で隼人に対しては律令的諸原則の適用が留保されており、隼人郡では軍団兵士制は機能していなかったと考えられる。しかし、天平十二（七四〇）年の藤原広嗣《ふじわらのひろつぐ》の乱にさいし、広嗣側も政府側もともに隼人を動員し、その動向が勝敗の行方を決めたことからみて、隼人はかなりの軍事力をもち、政府側の脅威となっていたこともあきらかである。十世紀の『延喜式』段階に至るまで、兵器の材料を大宰府に送るだけで大隅・薩摩両国では兵器そのものが生産されない状況は、こうした緊張関係を背景にしていると考えられる。

延暦十一年に西海道などの辺要の地をのぞいて、軍団兵士が廃止された。延暦十九年に大隅・薩摩両国に班田制が導入され、律令制度の諸原則の適用がはかられたことに伴って、両国全域で軍団兵士制が実施された可能性もあるが、実施されたとしてもそれは長続きしなかった。西海道では天長三（八二六）年に統領選士《とうりょうせんし》制が採用されることになった。これは富裕なものの子弟を選士とし、それを統領に統括させるという制度であり、公営田制とならぶ農民層の窮乏化への対応策の一つであった。大隅・薩摩両国では、統領が各二人、選士は多くても各八〇人程度がおかれたようである。その任務は主として国府の防備であり、かつての隼人との軍事衝突は過去のものとなった感がある。

貞観十五（八七三）年に、甑島《こしきじま》郡に二隻の外国船が漂着した。これはのちに渤海《ぼっかい》船であることがわかったが、一時は新羅船の可能性があるとして緊張が走った。当時、日本と新羅との関係は悪化しており、それにそなえて、強力な弓である弩《ど》（いしゆみ）の使用法を教習するために弩師《どし》が各国に任じられていた。しかし、大隅・薩摩国には結局弩師は配備されず、ここからも八世紀にあったこの地域における軍事的緊張関係が消滅しており、また国際的緊張の埒外《らちがい》にあると考えられていたことがわかる。

このように、九世紀にはいり政府が南九州において大きな関心をはらっていた隼人問題が解消してしまうと、これ以降、薩摩・大隅関係の史料はかなり少なくなり、視野の片隅に追いやられてしまうのである。

**多褹嶋の停廃●**

天長元（八二四）年に、多褹嶋が、四郡を二郡にまとめたうえで大隅国に編入されることになった。この多褹嶋停廃の文章は古来から名文として知られており、十一世紀に成立した漢詩文集である『本朝文粋《ほんちょうもんずい》』にもおさめられている。

多褹嶋は、設置当初から財政的に弱体であったものの、対隼人政策および遣唐使の入唐航路、南島人の朝貢ルートの確保の点から重視され、大宰府の財政支援により存続されてきた。天平宝字四（七六〇）年には、出挙《すいこ》の利が得られないとして、大宰府管内諸国の公田地子《こうでんじし》から、守《かみ》に一万束、掾《じょう》に七五〇〇束、目《もく》に五〇〇〇束、史生《ししょう》に二五〇〇束を支給することとし、大宰府による人件費へのテコ入れは九世紀前期に三万六〇〇〇束に達していた。しかし、南島人の朝貢がみられなくなり、九世紀にはいるころには、政府の対隼人政策が一段落して、遣唐使の入唐航路も南島路から南路に変化するなど、多褹嶋の存在意義は小さくなってしまった。

こうしたなかで、大宰府管内のうち続く飢饉に対応するため、弘仁十四（八二三）年に大宰府公営田《くえいでん》制が導入されることになり、これよって多褹嶋の維持財源にあてていた公田地子が約一〇〇万束から三分の一程度に激減した。そのため大宰府財政の見直しが行われ、存在意義の薄れていた多褹嶋を廃止することになった（永山修一「天長元年の多褹嶋停廃をめぐって」『史学論叢《ろんそう》』一一号、一九八五年）。

## 開聞岳噴火と橋牟礼川遺跡●

『日本三代実録』によれば、貞観十六年三月四日（ユリウス暦八七四年三月二五日）夜半に、開聞岳が噴火した。翌日も、降灰《こうはい》のために、昼なお暗く、火山灰がふり積もった。夕暮れどきになると、雨がふりはじめ、作物はいたみ、泥流が発生した。魚が多く死に、死魚を食べたものは、死んだり病気になったりした。また、仁和元（八八五）年七月・八月にも噴火活動があり、肥前国にも火山灰がふったという。このときの噴火によって形成された地層は薩摩半島南部で確認されており、これを紫《むらさき》コラとよんでいる。橋牟礼川遺跡（指宿市）では、この紫コラの直下から、畝《うね》おこしの途中の畑、道路、火山灰の重みで倒壊した建物、貝塚などがみつかっており、被災状況は『日本三代実録』の記事と符合するところが多い（成尾英仁・永山修一・下山覚「開聞岳の古墳時代噴火と平安時代噴火による災害」『月刊地球』二一四号）。また橋牟礼川遺跡から北約二キロに位置する敷領《しきりょう》遺跡（指宿市）では、畦《あぜ》でかこまれた

**橋牟礼川遺跡の倒壊建物跡**　貞観16年3月4日の夜の噴火に伴う降灰で倒壊した建物の垂木の部分が，火山灰などにパックされ空洞になった状態で検出された。

二〇面の水田跡と畝をもつ畑跡・建物跡が検出された。

開聞岳はその約二〇〇〇年前の七世紀の末ころにも噴火しており、その噴出物による地層は青《あお》コラとよばれている。青コラの下の地層の遺構・遺物と紫コラの下のそれとを比較すれば、ほぼ二世紀のあいだにこの地域に居住した人びとの生活がどのように変化し、あるいは変化しなかったかがわかる。青コラが形成された時期は、ちょうど隼人が朝貢を開始する時期にあたっており、それに続く律令制度の導入が南九州にとってどのような変化をもたらしたかという点についての解決の糸口が得られるのである。橋牟礼川遺跡ではこの期間に成川《なりかわ》式土器が使われ続け、住居にカマドが導入されず、貝塚が連綿といとなまれていることから、生業にも大きな変化はなく、また墓制も土壙墓《どこうぼ》がつくられ続けるなど、諸文化要素は青コラの前後で断絶するものではなく、古墳時代の文化伝統が八世紀以降も保持されたという（下山覚「考古学から見た隼人の生活」新川登亀男編『古代王権と交流8　西海と南島の生活・文化』）。こうした傾向が隼人の住んだ地域とそれ以外の地域の文化的差異をきわだたせており、このような差異が、南九州に居住した人びとが「隼人」とよばれ、「夷狄」に近い存在として認識されるに至った一因と考えることはできるだろう。

一方、火山災害が人びとの生活にあたえた影響という視点からみれば、橋牟礼川の人びとは、青コラをつくった噴火により生活に一定のダメージをうけたものの、同じ場所で生活を続け、紫コラの噴火によりこの場所を放棄したと考えられる。

**南九州の官道●**

『延喜式』兵部省の諸国駅伝馬《しょこくえきてんま》条によれば、薩摩国内には、市来《いちく》・英祢《あくね》・網津《おうづ》・田後《なしり》・櫟野《いりいの》・高来《たかく》の六駅に駅馬各五疋《ひき》がおかれ、そのうちの市来・英祢・網津・田後の四駅に伝馬五疋が併設されていた。また、大隅国内には蒲生《かもう》・大水《おおみず》の二駅に駅馬各五疋がおかれていた。このうち櫟野駅は、延暦二十三（八〇四）年に大隅国桑原郡蒲生駅と薩摩国薩摩郡田尻駅とのあいだにおかれたことが『日本後紀』から知られる。

肥後・日向両国を視野にいれると、南九州には日向国府と肥後国府を直接結ぶ駅路《えきろ》（肥後日向路）と、日向国府から大隅国府を経て（西海道東路）、薩摩国府さらに肥後国府に至る（西海道西路）駅路があった。前者は『日本書紀』にみえる景行天皇の征西ルートに近いことから、おそらく隼人を服属させる以前の交通路を下敷きにしており、後者は隼人服属後の薩摩・大隅国の設置をうけて設定されたと考えられる。また、大隅国府と肥後日向路を結ぶ官道もあった。

それぞれの駅に関しては、市来駅を出水市武本の市来付近に、英祢駅を阿久根市山下付近に、網津《おうづ》駅を薩摩川内市網津付近に、高来駅を薩摩川内市の国府推定地付近に、田後駅を薩摩川内市樋脇《ひわき》町に、櫟野駅を同市入来町浦之名《うらのみょう》の市野野《いちのの》付近に比定する説があるが、考古学的調査は行われていない。姶良市姶良町船津《ふなづ》にみられた幅約八メートルの長く続く凹地

官道の想定ルート

は、発掘調査の結果、官道の痕跡であることが明らかになった（城ケ崎遺跡）。また近接する柳ヶ迫遺跡は蒲生駅、あるいは桒原郡家の可能性が指摘されている。残る大水駅については、日向国府と大隅国府を結ぶルート上、大隅国府と肥後国府を結ぶルート上、日向国府と肥後国府を結ぶルート上に求める説があるが、駅が一六キロごとにおかれる原則であったことから考えると、大隅国内にわずか二駅しかおかれていないことはきわめて不自然であり、『延喜式』に脱漏があったと考えざるをえない。

**南九州の仏教と寺院●**

持統天皇六（六九二）年に政府は阿多と大隅に僧侶を派遣した。和銅二（七〇九）年の段階では薩摩・多褹に国内の僧侶を指導する国師僧《こくしそう》がおかれていた。また天平八（七三六）年の「薩麻国正税帳」によれば、薩摩国では正月に行われる斎会《さいえ》に一一人の僧侶が加わっており、彼らの一年分の食料が薩摩国により支給されていた。こうしたことからみて、大隅・薩摩両国には政府の主導によって寺院がおかれ、隼人に対する教導に一定の役割を期待されていた。また、天平十年の「筑後国正税帳」には、正式の僧侶になって故郷の多褹嶋に帰る二人の僧に食料を支給した記事があり、彼らも同じように多褹嶋における教化を期待されたと考えられる。理由はあきらかでないが、これら二国一嶋の国師は天平勝宝七（七五五）年に停止された。成立当初の薩摩・大隅両国の仏教は、肥後・豊前・豊後国などからの移民にささえられていたとも考えられるが、八世紀前期までの寺院遺構は鹿児島県内では確認されていない。

国分寺は、天平十三年に鎮護国家を期待して聖武天皇が発した詔に基づき建立された寺で、国・嶋ごとに僧寺・尼寺がおかれることになっていた。鹿児島県内には、大隅国・薩摩国・多褹嶋に僧寺・尼寺がおかれた。薩摩川内市国分寺町には国の史跡薩摩国分寺跡があり、昭和五十八（一九八三）年までの八回にわたる発掘調査の成果に基づいて史跡公園として整備されている。それによれば、寺域は南北約一二〇～一三二メートル、東西約一二一メートルで、築地塀《ついじ》でかこまれており、南大門《なんだい》、中門、塔、西金堂、金堂（あるいは講堂か）、講堂（あるいは大僧坊か）などが検出されている。創建は八世紀後期のことと考えられており、その伽藍《がらん》配置は観世音寺式《かんぜおんじ》である。薩摩国分寺跡の東方約一キロには、薩摩国分寺の瓦を焼いた鶴峯《つるみね》窯跡（三基）も確認されている。

大隅国分寺は、康治元（一一四二）年壬戌《しんじゅつ》十一月六日の日付けをもつ石造六重層塔があり、その下から塔の心礎が確認されたことで現在の霧島市国分中央一丁目に所在したと考えられるが、市街地のなかで後世の攪乱も大きく、その伽藍配置などは不明である。ただし宮田ヶ岡瓦窯跡（姶良市船津）の調査により、大隅国分寺の瓦が焼かれた場所があきらかになった。大隅・薩摩両国の国分寺の維持財源は「弘仁式」（八二〇年成立）の段階で、それぞれ日向国・肥後国内で行われる出挙《すいこ》に求められていることから、その建設にあたってもこれらの国をはじめとして大宰府の支援のもとに建設されたと考えられる。承和十一（八四四）年に大隅・薩摩国などの国司は、「鎮護の助け」を失わず、国分二寺の綱維《こうい》をつかさどるために、天平勝宝七（七五五）年に停止されていた講読師の設置を申請し、講師の設置が許可された。

多褹嶋分寺についてはその規模や位置などまったく不明である。

『延喜式』段階では、大隅・薩摩両国ともに国分寺料二万束・文殊会料《もんじゅえ》一〇〇〇束が出挙されており、天長五（八二八）年以降に全国的になった文殊会が両国の国分寺で行われたと考えられる。また、薩摩国では別に十一面観世音菩薩《かんぜおんぼさつ》燈分料一五〇〇束の出挙が行われていた。

さて、仏教の浸透を示す遺物・遺構としては、蔵骨器・火葬墓をあげることができる。蔵骨器は県内各

❖コラム

## その後の薩摩国分寺

薩摩国分寺は、十世紀代に大官大寺式の伽藍配置で再建された。応和年間（九六一〜九六四）に大宰府安楽寺《あんらくじ》の末寺化したとされており、天満宮《てんまんぐう》が勧請《かんじょう》された。これ以降薩摩国分寺・国分尼寺・天満宮は一体化していったらしい。

鎌倉時代以来薩摩国分寺留守職《るすしき》・天満宮別当職《べっとうしき》を世襲した国分氏が「国分文書」を残しており、薩摩国分寺は近世に至る状況を知ることができる全国でも数少ない国分寺である。「国分文書」中の建保二（一二一四）年損色注文《そんじきちゅうもん》によれば、保延年間（一一三五〜四一）以来国衙《こくが》が修造せず破損がひどくなったため、茅葺《かやぶ》きの仮殿をつくったといい、建保二年の段階で金色の丈六《じょうろく》観音像三体を安置する講堂、金色の釈迦《しゃか》三尊像・普賢菩薩《ふげんぼさつ》像・文殊《もんじゅ》菩薩像を安置した金堂、経蔵、鐘楼、僧坊、食堂《じきどう》、温室（浴室）があり、回廊がめぐり、これを築垣がかこみ、中門と南・西の大門があり、南大門には金剛力士像が安置されていたという。ほかにこの注文には天満宮・国分尼寺・泰平寺の堂宇も記載されている。発掘調査によれば、十世紀に再建された薩摩国分寺は、平安時代末には終《しゅう》焉《えん》するとされており、文献との食い違いをどのように理解するか今後の重要な検討課題となっている。

十三世紀の蒙古《もうこ》襲来にさいして、薩摩国分寺は異国降伏の祈禱《きとう》を命じられたが、薩摩国分尼寺は、応長二（一三一二）年を最後に文献からも姿を消してしまう。

国分寺・天満宮は、天正十五（一五八七）年に豊臣秀吉の兵火で焼失し、寛文九（一六六九）年に再興されたが、国分寺は慶応三（一八六七）年に廃絶し、天満宮は菅原《すがわら》神社と改称し現在に至る。

地で確認されており、越《こし》ノ巣《す》遺跡（薩摩川内市）、白樫《しらかし》野《の》遺跡（南さつま市金峰町）、谷山弓場《ゆんば》城（鹿児島市）、財部城ケ尾遺跡（曽於市財部町）などでは火葬骨をいれた蔵骨器の埋納状況も確認されている。鉄滓《てっさい》やフイゴの羽口が一緒に出土した白樫野遺跡は、八世紀後半〜九世紀初頭とされ、鉄生産のあり方や、隼人居住地への律令制の浸透の問題に関連して注目される。

**南九州の神々●**

大隅国では、天平神護二（七六六）年に桜島の噴火に伴って神造島《しんぞうじま》ができ、宝亀九（七七八）年その神の名は大穴持《おおなむち》神であるとして、官社に列された。延暦七（七八八）年には、大隅国曽於郡の曾乃峯《そのみね》が噴火しており、これは現在の霧島山系のいずれかの噴火と考えられている。この山の神は、日向国側から認識されて、承和四（八三七）年には日向国諸県《もろかた》郡霧島岑神《きりしまみねかみ》として官社となっており、十世紀に成立する『延喜式』の神名帳にも「諸県郡一座小　霧島神社」とある。霧島神をまつる社はおそらく霧島山系をかこむ形で存在し、大隅国側からもまつられていたと考えられる。

九世紀段階の大隅国内の神社は、『新抄格勅符抄《しんしょうきゃくちょくふしょう》』に南九州で唯一の益救《やく》神がみえるだけである。これは、屋久《やく》島が九州最高峰を擁し、入唐航路・南島航路上の重要な目印として機能していたからであろう。

八世紀段階で薩摩国内の神社に関する史料はないが、九世紀にはいると、賀紫久利《かしくり》神（出水市）・開聞《ひらきき》神（指宿市開聞）・志奈毛《しなも》神（薩摩川内市宮里町）・白羽《しらは》火雷《ほいかづち》神（薩摩川内市平佐町）・智賀尾《ちかお》神（日置市伊《い》

**薩摩川内市の越ノ巣火葬墓から出土した蔵骨器**　国府想定地の一つである屋形ケ原をみおろす斜面で発見された（『川内市歴史資料館年報８号』1987より）。

集院《じゅういん》町）・鹿児島神（鹿児島市草牟田）・伊佘色《いにしき》神（鹿児島市下伊敷）・紫美《しび》神（出水市）・多夫施《たぶせ》神（南さつま市金峰町）の九神が、正史に登場し、神位をあたえられている。開聞神は、九世紀後期に二度にわたって噴火しており、このために神位を上昇させたようである。寛平七（八九五）年には開聞山頂に慶雲があらわれ、公卿《くぎょう》はそれを祝う表を宇多天皇にたてまつり、宇多天皇はそれにこたえる勅を菅原道真《すがわらのみちざね》につくらせている。

『延喜式』神名帳には、薩摩国では出水郡の賀紫久利神社と頴娃《えい》郡の開聞《ひらきき》神社が小社として記載されるのみであり、大隅国では大社として鹿児島神社（霧島市隼人町）が、小社として大穴持神社（霧島市国分）・韓国宇豆峯《からくにうずみね》神社（霧島市国分上井）・宮之浦神社（霧島市福山町）・益救《やく》神社（熊毛郡屋久島町）がみえる。益救神社は、多褹嶋停廃にあわせるかのようにしだいにその地位を低下させていったようで、十一世紀なかばには大隅国内でも中位の神となっている。

### 平安前期の財政

九世紀にはいり、薩摩・大隅両国に律令制の諸原則が適用されるようになったとはいっても、両国の財政状態が好転したわけではなかった。八世紀後半から九世紀にかけて、南九州では風水害・疫病・イナゴの害などがあいついでおり、出挙の利率が五割から三割に引きさげられたことなどもあって、財政はむしろ窮迫していったと考えられる。

弘仁十一（八二〇）年に成立した『弘仁式』主税には、大隅・薩摩両国は正税と公廨出挙本稲が各六万束とされている。これはさきにみたように下国以下の財政状態であり、両国の国分寺料は、それぞれ日向・肥後国における出挙でまかなわれた。弘仁年間（八一〇〜八二四）には大宰府管内で飢饉が続き、政府はこれへの対応策として、弘仁十四年大宰府に公営田《くえいでん》制の導入を許可した。公営田制は、口分田《くぶんでん》と乗《じょう》田《でん》(口分田を支給した残りの田、公田ともいう)の一部を割きとって農民に耕作させ、収穫の三割を農民にあたえて生計の助けとするとともに、残りを各国と大宰府がおさめて、その財源の一部にあてようとする一石二鳥をねらった大宰府の直営田であった。大隅・薩摩両国にも公営田が設置されたが、その面積は不明である。また薩摩国では、行政の一部をになう学生《がくしょう》・薬生《やくしょう》・書生《しょしょう》の食料が不十分であったため、日向・大隅国にならって食稲確保のための営田(国厨田《こくちゅうでん》)が仁寿二(八五二)年までに許可され、貞観十八(八七六)年になってその面積がほぼ倍増された。

平成十三(二〇〇一)年に、薩摩国分寺跡に近接する京田《きょうでん》遺跡(薩摩川内市)で、鹿児島県内ではじめての古代木簡が出土した。九条四里一坪にある水田二段が勘取(差し押さえ)されたことを、嘉祥三(八五〇)年三月十四日に、郡司の大領薩麻公《さつまのきみ》(名欠)と擬少領《ぎしょうりょう》(姓名欠)が「諸田刀祢《もろもろのたのとね》」に「告知」するという内容である。一辺三センチ弱の四角い棒の四面に書かれ、本来の使用目的をおえたあと、上部をとがらせ杭に転用されたもので、平安時代の水田面に突き刺された状態で長さ四〇センチが残存していた。九世紀中期の段階で、薩摩国内に条里プランによる土地管理が行われていたこと、また薩麻公がいぜんとして大領として勢力をもっていたことを伝えるものであり、田堵の語源を考えるうえでも重要な資料となる。

十世紀の『延喜式』主税によれば、大隅・薩摩両国の財政規模は各二四万束余であり、国分寺料の出挙も自国内で行うなど、ようやく経済的に自立をはたしたかにみえる。しかしこのころには律令的支配の変化が全国的にみられるようになっており、薩摩・大隅両国でも同様の傾向がみられるようになっていた。

3章

# 律令国家の変質と中世社会の成立

万之瀬河口遺跡から出土した龍泉窯系青磁碗(上)と同安窯系青磁皿

## 1 国内支配の矛盾と島津荘の成立

### 国司支配の動揺・変質●

律令国家の地方支配は、十世紀になるとますます深刻な状態になってきた。人びとの重税忌避《きひ》により、令に定められた税制度により徴税することが困難な状況に至った。令の規定に基づく国内支配の困難さは、里倉負名《りそうふみょう》の存在からもうかがえる。里倉負名とは、負名の公出挙《くすいこ》の未進を、帳簿上国衙《こくが》に返済したように処理するために考案されたものである。里倉負名は大隅《おおすみ》国内にも設定されていたことが、『北山抄《ほくざんしょう》』からわかる。

大隅国内における里倉負名は、代々うけつがれて大隅守仲宣《かみなかのぶ》の時期に至っている。仲宣は、天元三(九

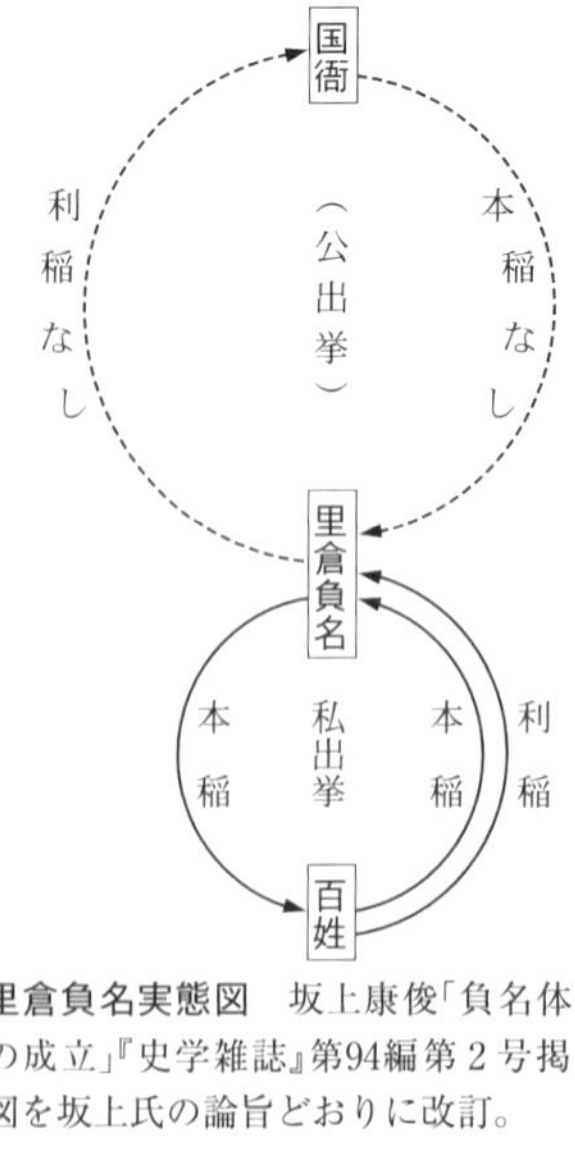


**里倉負名実態図** 坂上康俊「負名体制の成立」『史学雑誌』第94編第2号掲出図を坂上氏の論旨どおりに改訂。

八〇）年大隅守に補任《ぶにん》された弓削仲宣《ゆげのなかのぶ》のことであると考えられる。仲宣の時期まで代々うけつがれていたことから、大隅国内における里倉負名設定時期は、少なくとも十世紀なかばころまではさかのぼると考えられる。坂上康俊氏の研究によれば、里倉負名は史料上十・十一世紀に頻出するようであるが、大隅国の場合も全国的動向と似た傾向があったと考えられる。

十世紀の薩隅地域の動向をうかがえる史料がもう一つ存在する。『今昔物語《こんじゃくものがたり》』巻一四におさめられた「大隅国の郡司和歌を読めること」である。説話の趣旨は、大隅守某が、放漫な政務をとった郡司を処罰するためによびだしたところ、老人であったので憐憫《れんびん》の情をいだき、和歌をよませて釈放するということである。

大隅守某は、『拾遺和歌集《しゅういわかしゅう》』にみえる桜島忠信《さくらじまのただのぶ》をさすと考えられている。桜島忠信は、十世紀後期に大隅守に任命されたと考えられている人物である。『今昔物語』は、事実をふまえた説話集である。ゆえに大隅守某（桜島忠信）の説話も、十世紀後期ころのことと考えられる。

大隅守某は、放漫な政務をとる郡司を打擲《ちょうちゃく》しようとしている。郡司の打擲は、この説話では、当事者が老年であったため回避された。しかし通常の場合守は、政務放漫な郡司を罰として打擲したと考えられる。この説話から、国司官長《こくしかんちょう》の国内郡司に対する支配強化がうかがえる。郡司を打擲しようとする大隅守某の行為は、管国内政治を中央政府より委任され、納税義務もおわされたそのころの国司官長の国内支配の実態がうかがえる。放漫な郡司の政務の実態は不詳であるが、おそらく国司官長に対する納税請負の未進ではないかと推測される。ただしこのころ、郡司の納税請負がほぼ不可能であったこともすでに指摘されていて、郡司の納税請負未進理由も、社会的背景と深いかかわりがあったと考えられる。

**薩隅地域と南島・宋との関係●**

薩隅《さつぐう》地域と南島《なんとう》間の交易は、十一世紀前期においても行われていた。そのことは、薩隅両国からの右大臣藤原実資《さねすけ》に対する進物から判明する。藤原実資の日記『小右記《しょうゆうき》』によれば、万寿二（一〇二五）年に大隅掾為頼《じょうためより》が檳榔《びんろう》二〇〇把、同四年に同為頼が営貝《えいばい》五口《く》、長元二（一〇二九）年に薩摩《さつま》守巨勢文任《こせのふみただ》が蘇芳《すおう》一〇斤《きん》、大隅国住人藤原良孝《よしたか》が赤木《あかぎ（き）》二切《きれ》・檳榔三〇〇把・夜久貝《やくがい》五〇口を実資に贈っている。進物として贈られた檳榔・蘇芳・赤木は南方特産の植物であり、営貝・夜久貝も南方の海産物である。そのためこの進物から、このころの薩隅地域の南島との交易が確認される。

また長元二年、薩摩守文任が実資女への志の進物中に、茶垸・唐硯《からすずり》がある。この両品は宋《そう》からの輸入品であると思われ、薩摩国が宋と交易していた可能性も強い。同四年平季基《たいらのすえもと》が、実資に唐錦《からにしき》一疋《ぴき》・唐《から》綾《あや》二疋などを贈っている。このように島津荘《しまづのしょう》を立荘《りっしょう》した平季基の実資に対する進物のなかに、宋との交易品が含まれていることから、島津荘が立荘された日向《ひゅうが》国南部および大隅国の隣接部や内部においても、宋との交易が行われていた可能性がある。

十世紀末の長徳三（九九七）年に、南蛮人《なんばんじん》（奄美島人《あまみとうじん》）による薩摩など大宰府《だざいふ》管内諸国襲撃事件が発生した。大宰府は、同年末南蛮人四〇余人を討伐し、翌年貴駕島《きがしま》（硫黄島）に命じ南蛮人を追捕《ついぶ》させたこと、翌々年には南蛮賊を追討したことを朝廷に言上している。この南蛮人襲撃事件以前には、奄美島人による大隅国人四〇〇人の略奪事件がおきている。このののち寛仁四（一〇二〇）年南蛮賊徒の薩摩国襲撃事件が発生し、人びとが虜掠《りょりゃく》されている。以上の事件は、薩隅地域を含めた日本と南島との関係により発生した事件と推定され、十世紀においても薩隅地域と南島との交易は行われていたと考えられる。

## 島津荘の成立●

律令政治が動揺した十世紀以降、朝廷は地方政治を国司官長にゆだね、そのかわりに朝廷への納税請負を命じた。朝廷はまた、西海道《さいかいどう》諸国の支配権を大宰府に委任した。大宰府は、管内諸国の支配権を掌握し、国司の管国支配や寺社の所領支配にも介入した。大宰府と管内諸国の国司や寺社などとは、対立関係にはいった。

大宰府と管内諸国司との対立としては、長保三（一〇〇一）年前豊後《ぶんご》守丹波奉親《たんばのともちか》が大宰大弐《だざいのだいに》藤原有国《ありくに》の苛責《かせき》にたえかねて越訴《おっそ》のために上京した事件、寛弘四（一〇〇七）年監大蔵種材《げんおおくらのたねさ》の大隅守菅野重忠《すがののしげただ》射殺事件、寛弘六年筑後《ちくご》守菅野文信《ふみのぶ》の訴えによる大宰大弐藤原高遠《たかとお》の解任事件などがある。

大宰府は管内支配強化のため、十世紀末に大宰府機構内に政所《まんどころ》を設置した。この府政所は、多くの監《げん》・典《てん》たちにより構成されていた。彼らは大宰府の実務を担当し、府官《ふかん》とよばれた。府官たちは大土地所有を展開し、王家領《おうけりょう》・摂関家《せっかんけ》領荘園《しょうえん》を立券《りっけん》していった。摂関家領島津荘の成立も、この時期における政治情勢のなかで考察する必要がある。

島津荘の成立に関しては、同時代史料はない。同荘の立荘時期と成立事情については、正応四（一二九一）年と推定される「島津荘荘官等申状《もうしじょう》」に、万寿年間（一〇二四～二八）に「無主荒野之地」を開発し、宇治《うじ》関白家（藤原頼通《よりみち》）に寄進して成立したと記されている。立荘した人物は、建暦二（一二一二）年四月日付僧智恵《ちけい》愁状案によれば、大監《たいげん》平季基である。

平季基は、万寿三（一〇二六）年三月二十三日付大宰府解《げ》や翌年九月四日付大宰府解に「大監平朝臣《あそん》季基」と記載されていて、万寿年間に府官であったことが確認される。季基の出自については近年研究が進展し、季基は平貞盛《さだもり》の弟繁盛《しげもり》系平氏であり、鎮西《ちんぜい》平氏（薩摩・肥前《ひぜん》平氏）の祖と考えられることがあきらかにされてきている。

季基が立荘した場所は、日向国諸県《もろかた》郡島津（宮崎県都城《みやこのじょう》市郡元《こおりもと》付近）の地で、日向国の「建久図田《けんきゅうずでん》帳《ちょう》」に、島津院と記載された地域であると考えられている。島津の地が「無主荒野之地」であることや季基の「開発」の実態については再検討の余地があるが、季基の島津荘立荘行為は、同時期の府官による立

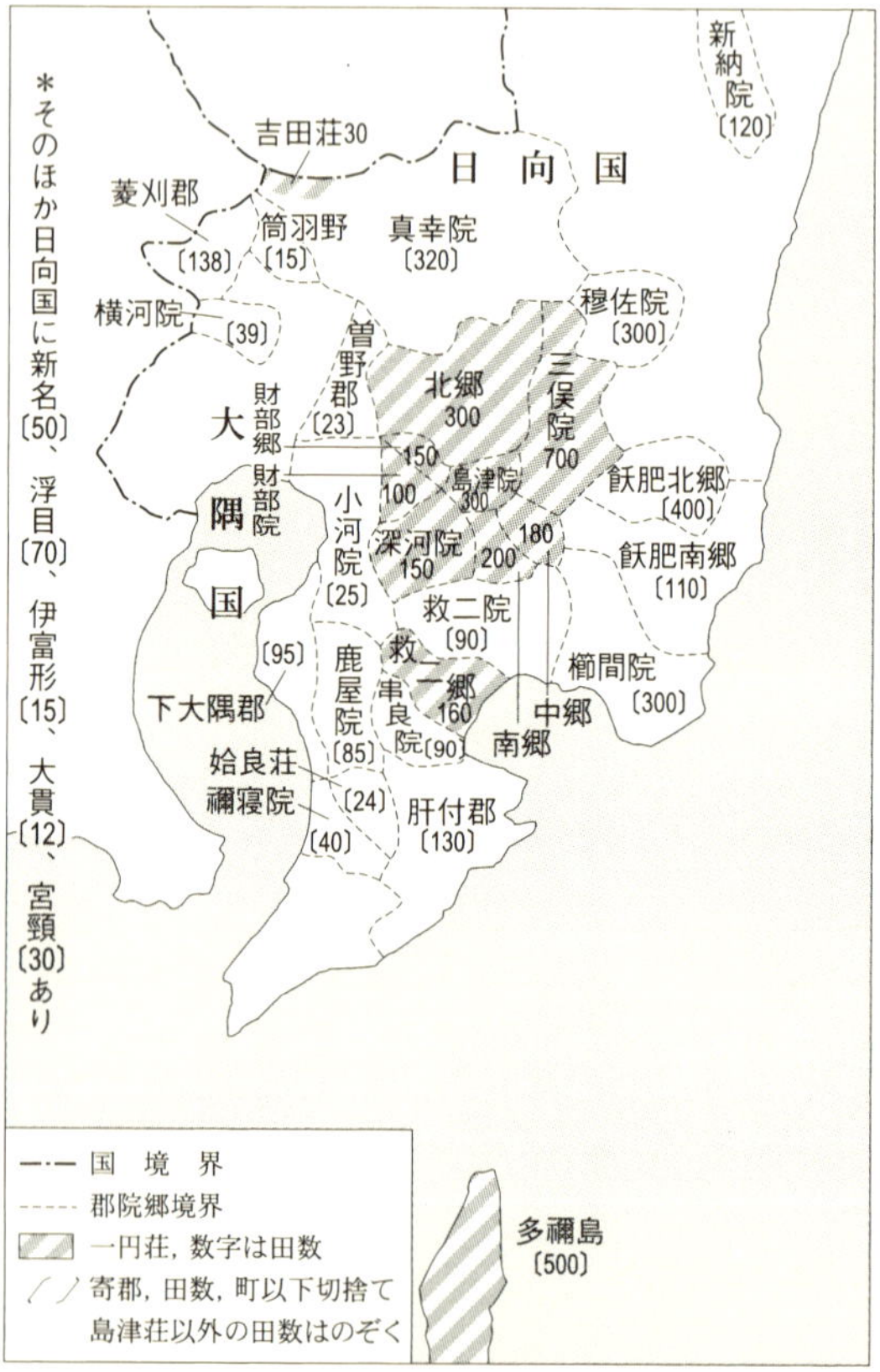


**日向・大隅両国における島津荘概略図**　図中の数字は，「建久図田帳」に記載された島津荘域の田数である。竹内理三編『荘園分布図』下巻による。

荘活動の一つと考えられる。季基は、立荘した荘園を摂関家（藤原頼通）に寄進している。これは当時の大宰府官長（大宰大弐）藤原惟憲《これのり》が摂関家家司《けいし》であることにより、惟憲の口入《くにゅう》があったと考えられる。

季基は、長元二（一〇二九）年大隅国府を焼討ちにしている。季基が焼討ちにしたのは、国庁《こくちょう》・守館《かみのやかた》・官舎・民烟《みんえん》および藤原良孝住宅である。時期的に季基が島津荘を立荘した直後であり、島津荘域の大隅国内への拡大、すなわち国境に隣接した財部《たからべ》院《いん》・深河院《ふかがわ》（いずれものちに島津一円荘《いちえんのしょう》）内の島津荘域化の動き、または季基の交易による利権獲得の意図による救仁郷《くにごう》（のちの島津一円荘）に隣接した串良《くしら》院の荘域化などの動きが存在したと考えられる。

大隅守守重《もりしげ》は、季基の行為を大宰府に訴えるとともに季基の子兼光《かねみつ》などを追捕した。しかし大弐藤原惟憲は、平季基から絹三〇〇〇余疋をうけとり、事件の顛末《てんまつ》を記し朝廷に提出した大宰府解文《げぶみ》には季基の名

鎮西平氏系図(推定)

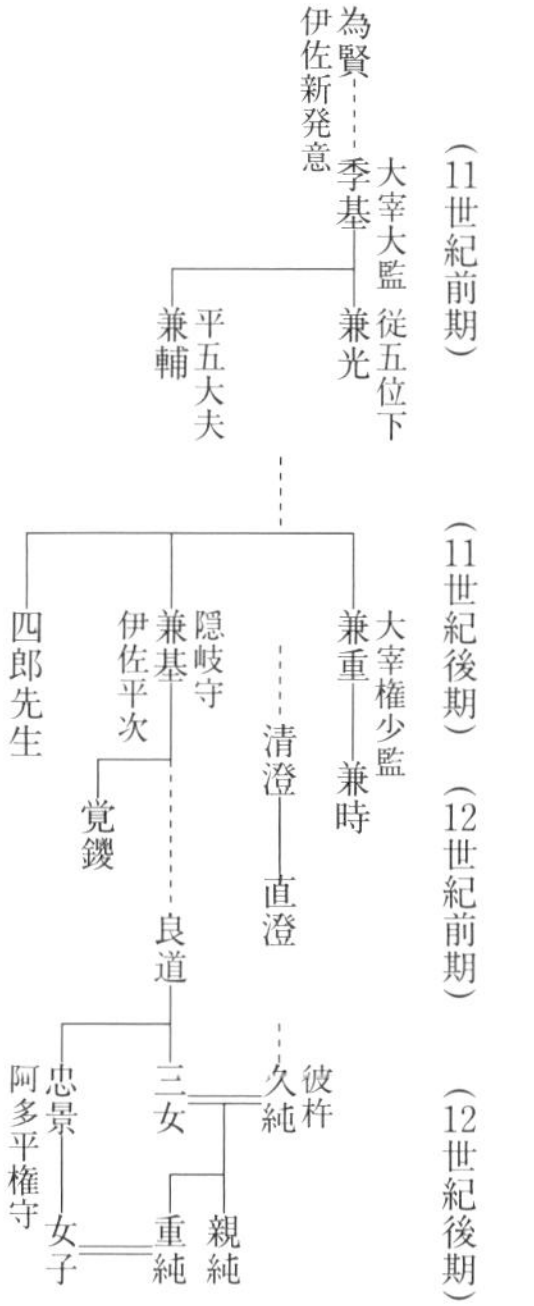


野口実「鎮西における平氏系武士団の系譜的考察」『鹿児島経済大学社会学部論集』第10巻第1号による。

を記載しなかった。その後守の任期がおわったので、守重は帰京し直接朝廷に訴えた。朝廷では、事実糾明のため季基・兼光らを召問しようとするが、季基から賄賂《わいろ》をとっている藤原惟憲は、関白藤原頼通に働きかけて季基を糾明対象からはずそうとした。しかし藤原実資は、季基を召問するように頼通に働きかけた。その結果翌年、季基は左衛門陣《さえもんのじん》に伺候させられた。

季基に住宅を焼討ちされた藤原良孝は、前述のように同年実資に赤木・檳榔・夜久貝などを進物として贈っている。また季基も、左衛門陣に伺候する直前に、実資に唐錦・唐綾などを贈っている。当時右大臣で、関白頼通からも重んじられていた実資の意を迎え、事態を自分に有利に運ぼうとして、良孝も季基も実資に進物を贈ったと考えられる。この後の経過はつまびらかではないが、季基はおそらく厳罰には処せられなかったと考えられる。そのころ、薩摩守巨勢文任《こせのふみただ》が藤原実資に進物を贈っている理由として、島津荘の薩摩国内への拡大阻止の意図を有していた可能性も考えられる。この問題については、今後検討したい。結局、季基の立荘した島津荘は、この後大隅・薩摩両国内に拡大し、領域的に日本国内で最大規模の荘園になるのである。

## 2　薩隅両国における荘園公領制の成立

### 郡・郷制の改編と島津荘の拡大●

十世紀以降地方においては、管国内の支配権を掌握した国司官長と、国内の郡司《ぐんじ》・百姓《ひゃくせい》たちとの対立が激化していった。国司官長は、中央政府に対する納税請負人でもあり、管国内からの徴税をきびしくした。

郡司・百姓たちは（ときには在庁官人もともに）、国司官長の圧政を朝廷に訴えた。十・十一世紀における地域紛争は、多かれ少なかれ国司官長と郡司たちとの対立が底流となっていた。

十一世紀なかばころ、朝廷は地方政治を改編した。一方では国司官長の権限を弱めて、中央政府が地方政治にふたたび関与することにした。他方では各国内の行政組織を改編して、国―郡―郷の関係でなく、郡・郷・院などを対等な立場で国衙の直轄支配下におき、国司官長と対立していた郡司や有力な百姓たちを、郡・郷・院司に起用した。この結果、郡郷制が改編された。この政治改編により、朝廷は地方政治の円滑化をはかったのである。

朝廷は、西海道管内諸国については、大宰府に支配させた。大宰府が国司官長の管内支配に介入し、管国支配権をめぐり国司官長と対立する場合も発生した。国司官長と対立する郡司たちは、自己の管郡を府領として寄進することにより、大宰府と結びついた。この結果十一世紀ころに、大宰府領は飛躍的に拡大した。

西海道諸国における郡郷制の改編は、全国的趨勢《すうせい》である十一世紀なかば以前に行われた筑前《ちくぜん》・豊前《ぶぜん》などの国もあれば、全国的動向より遅れて史料的に確認される肥後《ひご》・日向《ひゅうが》などの国もある。

薩摩・大隅両国のうちで、史料的に十一世紀なかばころ郡郷制の改編がうかがえるのは大隅国である。治暦五（一〇六九）年正月二十九日付藤原頼光《よりみつ》所領配分帳案に、大隅郡より分出した禰寝《ねじめ》院、桑原《くわはら》郡より分出した桑西郷《くわのさいごう》・桑東郷《くわのとう》・吉田院《よしだいん》、贈於《そお》郡より分出した小川院《おがわいん》などが記載されている。このことから、治暦五年以前の時期に、大隅国においては郡郷制の改編が行われていることがわかる。大隅国の場合は、全国的趨勢からあまりへだたらない時期に、郡郷制の改編が行われたと考えられる。

| 郡　名 | 郷　　名 | 郡　名 | 郷　　名 |
|---|---|---|---|
| 出水郡 | 山内, 勢度, 借家, 大家, 国形 | 頴(潁)娃郡 | 開聞, 頴(潁)娃 |
| 菱刈郡 | 羽野, 亡野, 大水, 菱刈 | 揖宿郡 | 揖宿 |
| 高城郡 | 合志, 飽多, 欝木, 宇土, | 桑原郡 | 大原, 大分, 豊国, 答西, 稲積, |
| | 新多, 託万 | | 広田(西), 桑善, 仲川(中津川) |
| 薩摩郡 | 避石, 幡利, 日置 | 囎唹(贈於)郡 | 葛例, 志摩, 阿気, 方後, 人野 |
| 日置郡 | 富多, 納薩, 合良 | 始羅郡 | 野裏, 串伎(占), 鹿屋, 岐刀 |
| 伊作(祚)郡 | 利納 | 肝属郡 | 桑原, 鷹屋, 川上, 鴈(鳫)麻 |
| 鹿児(麑)島郡 | 都万, 在次, 安薩 | 大隅郡 | 人野, 大隅, 謂列, 始臈, 禰 |
| 阿多郡 | 鷹屋, 田永(水), 葛例, 阿多 | | 覆, 大阿, 岐(支)刀 |
| 谿山郡 | 谷上(山), 久佐 | 甑島郡 | (管管), 甑島 |
| 河辺郡 | 川上, 稲積 | 熊毛郡 | 熊(能)毛, 幸毛, 阿枚 |
| 給黎郡 | 給黎 | 馭漁(謨)郡 | 謨賢, 信有 |

古代郡郷図

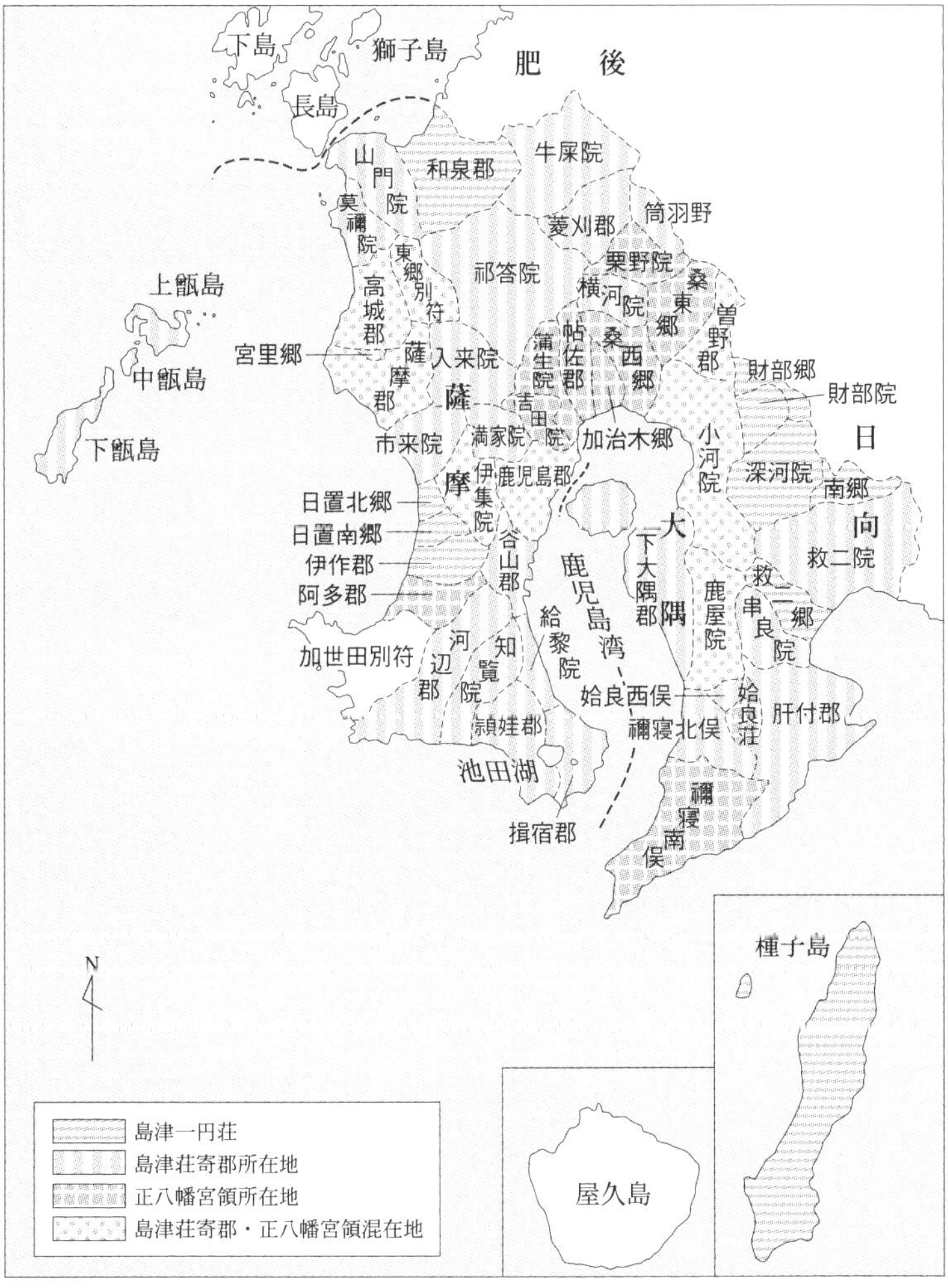

下島
獅子島
肥後
長島
山門院
和泉郡
牛屎院
莫禰院
東郷別符
菱刈郡
筒羽野
祁答院
栗野院
上甑島
高城郡
横河院
桑東郷
曽野郡
宮里郷
薩摩郡
入来院
蒲生院
帖佐郡
桑西郷
中甑島
財部郷
財部院
薩摩
吉田院
市来院
満家院
加治木郷
小河院
日
下甑島
深河院
南郷
伊集院
鹿児島郡
日置北郷
向
日置南郷
大隅
谷山郡
下大隅郡
伊作郡
鹿児島湾
救二院
阿多郡
鹿屋院
救一郷
串良院
給黎院
加世田別符
河辺郡
知覧院
始良西俣
始良荘
肝付郡
頴娃郡
禰寝北俣
池田湖
禰寝南俣
揖宿郡
N
種子島
島津一円荘
島津荘寄郡所在地
正八幡宮領所在地
島津荘寄郡・正八幡宮領混在地
屋久島


中世郷荘図

薩摩国の場合は、保延元（一一三五）年十月二十五日付五大院主《ごだいいんしゅ》石清水《いわしみず》権寺主《ごんのじしゅ》大法師《だいほうし》某下文《くだしぶみ》に、高城《たき》郡から分出した高城東郷《とうごう》・高城仲《ちゅう》郷、薩摩郡より分出した入来院《いりき》・宮里《みやざと》郷が記載されている。この事実から、薩摩国内においては、保延元年以前に郡郷制改編が行われていることがうかがえる。また天承二（一一三二）年七月二十一日付僧経覚《けいがく》解には、大隅国菱刈《ひしかり》郡から分出した牛屎《うしくそ》郡が薩摩国域として記載されている。したがって薩摩国における郡郷制の改編は、天承二年以前と考えられる。したがって現段階においては、薩摩国における郡郷制改編の時期は天承二年以前、大隅国における郡郷制改編の時期は十一世紀後期以前であると考えておく。

前節のように島津荘は、十一世紀前期に日向国諸県《もろかた》郡島津に成立した（八一・八二頁参照）。その後島津に隣接した日向国内の地域、すなわち諸県郡北郷・中郷・南中郷・財部郷・三俣《みまた》院、または同郡救仁郷（のちにいずれも島津一円荘化）は、まもなく島津荘域化した可能性があると考えられている。

しかし十一世紀においては、島津荘が大隅・薩摩国内、とくに大隅国内に拡大した形跡はうかがえない。もちろんこのころの史料はとぼしく、島津荘拡大過程に関する研究の史料には、薩摩・大隅・日向三国の「建久図田帳」が用いられてきた。いうまでもなく「建久図田帳」は、鎌倉初期に幕府の命令で各国衙の在庁官人が注進したもので、幕府が各国内の御家人役賦課《ごけにんやくふか》の基礎資料として作成を命じたものである。

薩摩・大隅・日向三国の「建久図田帳」は、断簡ではなく全体が残っている。だから平安末期から鎌倉初期に至る在地の変化がうかがえる。しかし島津荘の成立・拡大時期よりもはるかのちに作成されたもので、同時代史料ではない。既往の研究は、「建久図田帳」の記載内容を分析することにより進められてきた。その結果、島津荘の拡大時期は、十二世紀前期の鳥羽《とば》院政期であり、十一世紀段階では荘域の拡大の

荘園整理令一覧

| 西暦 | 年 月 日 | 事　　項 |
|---|---|---|
| 1045 | 寛徳２.10.21 | 前司任中以後の新立荘園の停止 |
| 1055 | 天喜３.３.13 | 寛徳２年以後の新立荘園の停止 |
| 1069 | 延久１.２.22 (治暦５) | (1)寛徳２年以後の新立荘園の停止 |
| | | (2)公田加納(本免以外の田地を荘園化すること)の停止 |
| | | (3)坪付が定まっていない荘園の整理 |
| | ３.23 | (1)寛徳２年以後の新立荘園の停止 |
| | | (2)往古の荘園でも券契が不明で国務に妨げある荘園の停止 |
| | 閏10.11 | 記録荘園券契所の設置 |
| 1075 | 承保2.閏4.23 | 寛徳２年以後の新立荘園の停止 |
| 1078 | 承暦２.６.10 | 寛徳２年以後の新立荘園および加納田畠の停止 |
| 1099 | 康和１.５.12 (承徳３) | 寛徳２年以後の新立荘園および加納田畠の停止 |
| 1156 | 保元1.閏9.18 | (1)久寿２(1155)年７月24日以後に宣旨なくして立てた荘園の停止 |
| | | (2)本免以外の加納余田および荘民の濫行の停止 |
| 1157 | 保元２.３.17 | (1)久寿２年７月24日以後に宣旨なくして立てた荘園の停止 |
| | | (2)本免以外の加納余田および荘民の濫行の停止 |
| 1191 | 建久２.３.22 | (1)本免以外の加納余田，保元以後の新立荘園，国中訴訟，荘民の濫行の停止 |
| | | (2)所領を，上奏せず国免とすることの停止 |
| | | (3)私領を神人・悪僧・武勇輩に寄与することの停止 |
| 1212 | 建暦２.３.22 | 国領を神社仏寺に寄進することの停止 |
| 1225 | 嘉禄１.10.29 | 以後の新立荘園の停止 |

中野栄夫『中世荘園史研究の歩み―律令制から鎌倉幕府まで―』による。

動きはないと考えられてきた。

十一世紀段階における島津荘域に関する指摘が、近年永山修一氏によりなされた（「『小右記』に見える大隅・薩摩からの進物記事の周辺」『鹿児島中世史研究会報』50）。いったん荘域化し、その後荘園整理により国衙領に戻された部分、すなわち「建久図田帳」に直接つながらない荘域の存在の可能性を指摘したものである。「建久図田帳」を史料として用いた既往の研究がみおとしていた論点を、見事にえぐりだしている。既知のように、摂関家は中央政界において強力な発言権を有し、郡司層・有力百姓たちは摂関家への接近をのぞんでいた。ゆえに島津荘に対する寄進は、十一世紀の時期も行われていた可能性があると考えられる。

島津荘成立後、鎌倉前期に至るまで発令された荘園整理令については、前頁の表のとおりである。十一世紀をつうじて、全国を対象として実際に発令された荘園整理令としては、寛徳・天喜・延久・承保・康和令がある。このうち寛徳令では、国司前任者の任期中以後立荘された荘園は停止されている。天喜令以降の荘園整理令では、寛徳令が発令された寛徳二（一〇四五）年以後の新立荘園の停止が繰りかえし命じられている。このほか延久令・康和令では、公田《こうでん》を荘域に勝手に加える公田加納《かのう》、延久令では坪付《つぼつき》不定荘園（立荘過程が不詳で国務にさまたげがある場合は、寛徳二年以前を含む）が荘園整理の対象となっている。

寛徳令発令時の大隅守は不詳であるが、前々年の長久四（一〇四三）年は藤原朝臣某である。長久元年・二年の守は、惟宗《これむね》朝臣某である。したがって藤原朝臣が大隅守に補任されたのは、はやくとも長久三年であると考えられる。国司の任期は原則として四年であるので、寛徳令発令時の大隅守は藤原朝臣某であると考えられる。藤原朝臣某の前任者惟宗朝臣某の大隅守在任時期は長久三年以前であるので、一任期であると考えると、長暦二（一〇三八）年から長久三年のあいだとなる。ゆえに大隅国の場合、寛徳令では長暦二年以後の新立荘園が禁止されることになる。

島津荘の場合、前述のように立荘に関与した平季基が大隅国府焼討ち事件をおこしている。したがって荘域が拡大する可能性がある時期は、事件が落着したのち、おそらくは長元末年以降であると考えられる。ゆえに島津荘の荘域拡大の動きがではじめたころに、寛徳令以下の荘園整理令に遭遇し、荘域化した部分が国衙領に戻される可能性も強い。永山氏の指摘どおり、十一世紀段階に島津荘拡大の動きはあったが、当時の時代的制約によりその動向が実現しなかったと考えるのが妥当である。

## 薩隅両国における荘園公領制の成立●

八九頁の荘園整理令一覧表によれば、十二世紀前期に全国的に発令された荘園整理令はない。白河法皇《しらかわほうおう》が本格的に院政《いんせい》を開始した時期であるにもかかわらず、全国令はだされていない。しかし白河院政期は、関白藤原忠実《ただざね》に対する上野《こうずけ》国内の五〇〇〇町の寄進を停止したり、能登《のと》・若狭《わかさ》などの諸国においてもあまり荘園が立荘されていないことが確認されている。現存の「図田帳」などを分析した結果、中世荘園が形成される時期は、鳥羽院政期であることが通説化している。

ここで薩隅両国における中世の荘園公領制の成立時期を考察していく。前述のように（八五頁参照）大隅国の場合は、十一世紀後期までには郡郷制が改編されている。そして現存史料から、十一世紀段階に、大隅国内における荘園の拡大過程がうかがえる。大隅国内においては、長久年間（一〇四〇～四四）に大隅正八幡宮《しょうはちまんぐう》領始良荘《あいらのしょう》が成立し、その後十一世紀段階で桑原郡から分出した栗野《くりの》院・蒲生《かもう》院、薩摩国鹿児島郡内の荒田《あらた》荘が大隅正八幡宮領化している。十二世紀前期になると、大隅国内に島津荘が形成されてくる。「大隅国建久図田帳」には、深河院・財部院・多禰《たね》島が「保延年中以後新庄」と記載されている。保延年間（一一三五～四一）以後に、深河院・財部院・多禰島が島津荘一円荘として立荘されたことがわかる。しかし島津荘の場合、荘園化の一般的な事例と同様、「寄郡《よせ（り）ごおり》」という特殊型半不輸《はんふゆ》地が形成され、「寄郡」が一円荘化していくことが先学によりあきらかにされている。そのため大隅国内では、保延年間以前に「寄郡」が形成されていたと考えられる。「寄郡」は、半不輸地ではあるが荘園領主の権限が強く、国衙の支配がおよびにくい領域であった。十二世紀前期に、「建久図田帳」に記載されている「寄郡」の大半が形成されたと考えられる。このことは、摂関家に結びつくことを意図した郡郷院司たちと、経済基盤を荘園におき交易の利潤に着目した摂関家側、荘園の拡大を容認した国家側などの動向により生じたと考えられる。大隅国衙は、国内における「寄郡」拡大による国衙支配領域の縮小状態に対して、国衙の支配がおよぶ領域を少しでも確保するために、国衙領を大隅国一宮《いちのみや》である大隅正八幡宮の半不輸領として寄進し、郡郷院司の「寄郡」化を、宗教的権威を借りてでも抑止しようとしたのである。この結果十二世紀前期には、大隅国内に大隅正八幡宮半不輸領も広く形成された。十二世紀初期、禰寝《ねじめ》院南俣《みなみまた》が大隅正八幡宮半不輸領化している。また吉田院や国内郡郷院に広がる万得《まんとく》領や宮永名《みやながみょう》、恒見《つねみ》名などが形成されたと考えられる。こうして大隅国内における中世の荘園公領制の骨格は、十二世紀前期、時期的には鳥羽院政期に形成されたと考えられる。

薩摩国の場合もこのころに関する史料はとぼしいが、天承二年七月二十一日付僧経覚解（八八頁参照）に、和泉《いずみ》郡・牛屎郡が島津荘域として記載されている。「建久図田帳」によれば、和泉郡は島津荘一円荘、牛屎郡は島津荘「寄郡」牛屎院として記載されている。また保延元年十月二十五日付五大院主石清水権寺主大法師某下文（八八頁参照）に、五大院領が分布する郡郷院として、高城東郷・高城仲郷・入来院・薩摩郡・宮里郷・阿多《あた》郡が記載されている。五大院領は、「建久図田帳」では、東郷別府《とうごうべっぷ》・高城郡・入来院・薩摩郡・阿多郡に存在している。両者を比較すると、保延期の高城東郷が「建久図田帳」では東郷別府となっている。また高城仲郷が、「図田帳」では高城郡となっている。また保延期に記載されている宮里郷には、「建久図田帳」では五大院領は存在せず、新田《にった》八幡宮領が一町分布している。寺領の分布に関しては、保延期と「建久図田帳」段階とでは若干相違するところもある。このことは、保延期から「建久図田帳」段階に至るまでのあいだの、郡郷院の境界線の変動によるものかもしれない（たとえば宮里郷は、薩摩

❖コラム

## 薩摩国・大隅国建久図田帳

図田帳は、一国内の全荘園・公領の田数、ときには領有者名が記載された「大田文《おおたぶみ》」の一種である。国司や幕府の命により、各国衙の在庁官人が、国衙保管の文書などにより作成した。「大田文」は残存状態がきわめて悪く、完全な形で残っている国は非常に少ない。完全な形で残存しているとぼしい事例のなかば近くは、九州諸国の「大田文」である。

薩摩・大隅両国の図田帳は、幕府が命じて注進させたもので、一国内における地頭の補任《ぶにん》状態や御家人役賦課のための御家人所領の把握の目的により、薩摩・大隅両国内のすべての荘園・公領の田数とともに領有者名を詳細に記載させている。そのためこのころの薩摩・大隅国内の情勢を知るうえできわめて貴重な史料であり、建久八(一一九七)年という鎌倉初期に作成されたことにもより、平安末期から鎌倉初期に至る治承・寿永内乱期の状態を知りうる史料でもある。

「薩摩国建久図田帳」は、建武元(一三三四)年沙弥光祐《しゃみこうゆう》により京都で書写されたもので、「島津家文書」におさめられている。ただし「喜入肝付家文書《きいれきもつきけ》」所収の「薩摩国建久図田帳断簡」が、江《え》平望《ひらのぞみ》氏により発見された。同断簡は、「島津家文書」の図田帳写を補訂する内容をもつ。

「大隅国建久図田帳」は、「島津家文書」にはおさめられていない。大隅国一宮である大隅正八幡宮社家である桑幡《くわはた》・隈元《くまもと》家や玉里文庫《たまさとぶんこ》などに伝わった写本を、五味克夫氏が校合され、その成果に基づきその後の研究が進められている。

摩郡より分出している。両者の隣接する境界線の変動により、寺領分布の記載が変更される可能性もある）。しかし概して保延期と「建久図田帳」段階の五大院領の分布は、ほぼ一致している。この事実を敷衍《ふえん》すると、薩摩国における中世の荘園公領制の骨格は、保延期にはほぼ形成されていたと考えられる。

## 3　治承・寿永の内乱と鎌倉幕府の薩隅支配

### 平忠景の乱●

薩隅両国において、荘園公領制の大枠が形成されたのち、久寿〜応保年間（一一五四〜六三）ころに平忠《ただ》景《かげ》の反乱が発生した。平忠景は、府官の系譜を引く薩摩平氏の一族である。次頁に忠景に関する系譜を示す。忠景は、保延四（一一三八）年の時点で薩摩国阿多郡司である。阿多郡は大宰府領であるが、同郡が府領化した時期は忠景の郡司在任中と考えられている。薩摩平氏の内部抗争を自分に有利に展開するために、阿多郡を大宰府に寄進したと考えられる。また忠景の仮名《けみょう》は久吉《ひさよし》と考えられ、久吉名は忠景の開発・買得により形成されたと考えられる。久吉名は、「建久図田帳」では阿多郡・加世田別府《かせだべっぷ》にまたがって分布している。加世田別府は阿多郡から分出したもので、分出時期は忠景没落後、忠明《ただあき》が「別府五郎《べっぷごろう》」として「新田神社文書」に登場する永万元（一一六五）年以前と考えられる。

忠景は、薩摩平氏の傍流に位置し、伊作《いざく》郡司良道《よしみち》の四男となっている。本来良道の長男道房《みちふさ》が、薩摩平氏の惣領《そうりょう》になるはずである。しかし忠景は、対宋・対南島・対国内交易の重要拠点を掌握し、交易によりたくわえた富裕な経済力を背景に、実力で惣領の地位を獲得した。忠景は兄道《みち》（通）房《ふさ》を討ち、甥道《みち》

薩摩平氏略系図

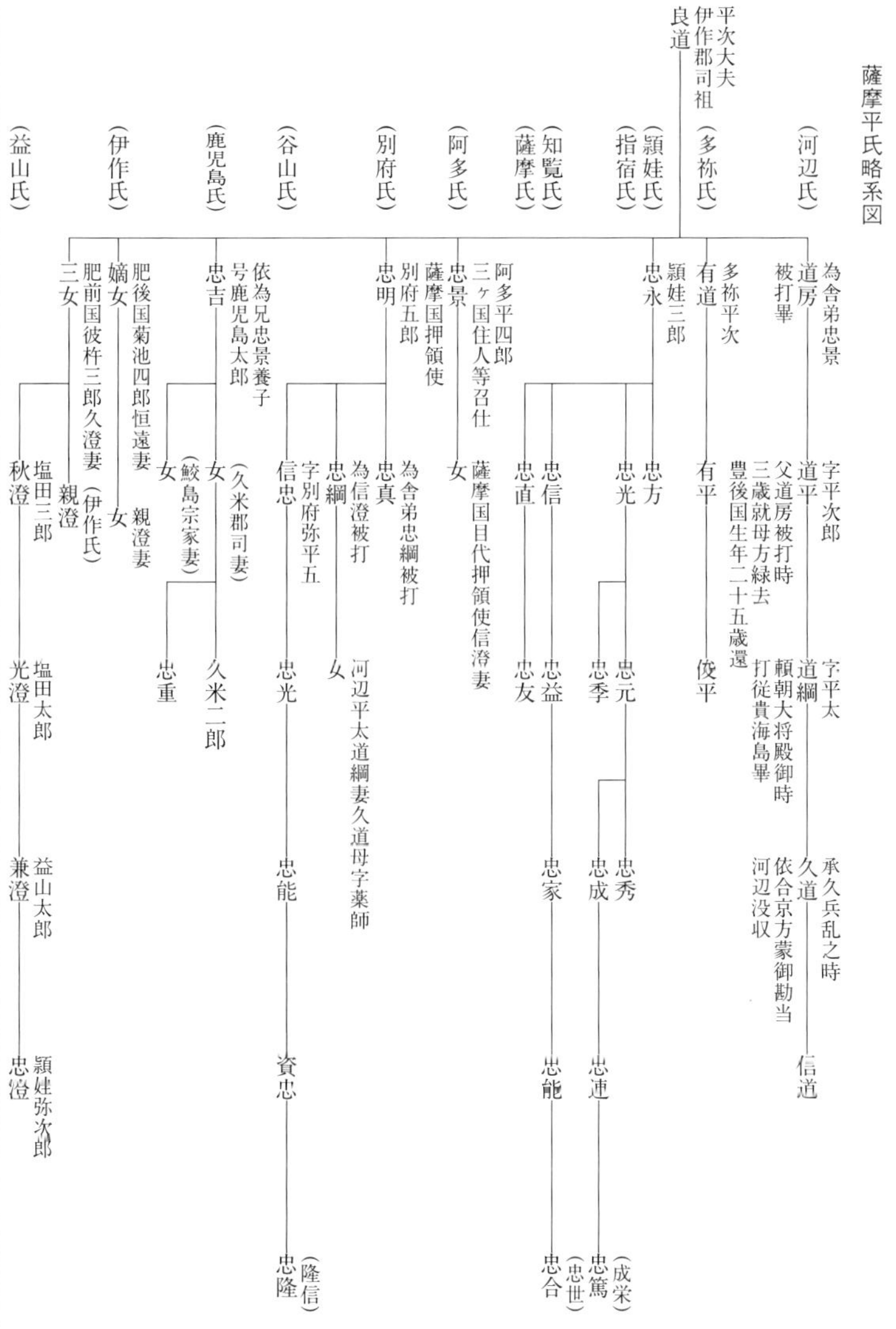


『笠沙町郷土誌』上巻による。

（通）平《ひら》を豊後に追放した。忠景は権守《ごんのかみ》を称していたが、それは下野《しもつけ》権守であると考えられる。

忠景は、一族抗争の過程で、源為朝《みなもとのためとも》を婿《むこ》にしている。為朝は豊後国に居住し、仁平四（一一五四）年鎮西での濫行《らんぎょう》により父為義《ためよし》が解官され、翌久寿二年に、為朝への与力を禁止する命令がでている。為朝は、翌年の保元の乱で没落するが、為朝を支援した忠景は地域権力を樹立している。

忠景与力の勢力は、忠永《ただなが》、忠明《ただあき》、忠吉《ただよし》らの兄弟・一族や現状に不満をもつ檜前篤房《ひのくまのあつふさ》らの在地領主層であった。篤房も、大隅国曽野郡司職《そのぐんじしき》を継承する檜前氏嫡流ではなく、忠景の支援を得て実力で郡司職を獲得した。忠景反乱時に、忠永は薩摩郡山田村を横領し、忠明は新田八幡宮地頭政所《じとうまんどころ》職を獲得していたと考えられる。忠景は、国衙や新田八幡宮を事実上支配下においていた。また篤房を介して大隅国内にも支配をおよぼしていた。忠景の支配領域は、薩隅両国におよんでいた。

忠景の乱終結時期は不詳であるが、永暦元（一一六〇）年七月の時点で、忠景兄弟の非法行為は継続している。『吾妻鏡《あずまかがみ》』によれば、「平家在世時」、薩摩国住人阿多平権守忠景が「勅勘」をうけ貴海島《きかいじま》に「逐《ちく》電《でん》」したので、平家貞《いえさだ》が追討使に任命され数度渡海を計画したが、波風のため追討できないまま帰洛《きらく》したとある。忠景の没落時期は定かではないが、現段階では応保年間（一一六一〜六三）ころと考えておくことにする。

### 平氏政権の薩隅支配●

平治の乱以後中央政界においては、平氏の勢力が増大した。平氏は、皇室・摂関家・院近臣らと姻戚関係を結び、政界における地位を向上させた。平清盛《きよもり》は、女盛子《もりこ》を関白藤原基実《もとざね》の妻とし、摂関家と血縁関係を結んだ。基実夭折《ようせつ》後は、継子《けいし》基通《もとみち》を盛子の養子にし、盛子後見下で多くの摂関家領荘園を基通に相続させた。そのため多くの摂関家領荘園は、実質的に平氏の支配下にあった。

島津荘にも、平氏の支配がおよんできた。平氏は、「開国的政権」といわれるほど、積極的に対外交易を推進した。ゆえに対外交易の拠点である島津荘に強い関心をもち、荘務《しょうむ》をつかさどる留守職《るすしき》に譜代の重臣平盛俊《もりとし》を補任し、島津荘を支配させた。

平氏は、対外交易の拠点である九州にも強い関心を示し、支配の要《かなめ》である大宰府の掌握を考えていた。清盛・頼盛《よりもり》兄弟はともに大宰大弐《だざいのだいに》に補任され、とくに頼盛は慣例を破り下向し、有力寺社との関係構築、府官層の被官化など、平氏の九州支配の基礎をつくった。

平氏は、治承三（一一七九）年のクーデタ時に、親平氏派である藤原隆季《たかすえ》を慣例を破り大宰帥《そち》に補任し、大宰府掌握を意図した。その後平氏は、被官化した府官層の有力者である原田種直《はらだたねなお》を大宰権少弐《ごんのしょうに》に補任し、大宰府支配を強化した。大宰府機構を媒介として、平氏は九州を支配した。

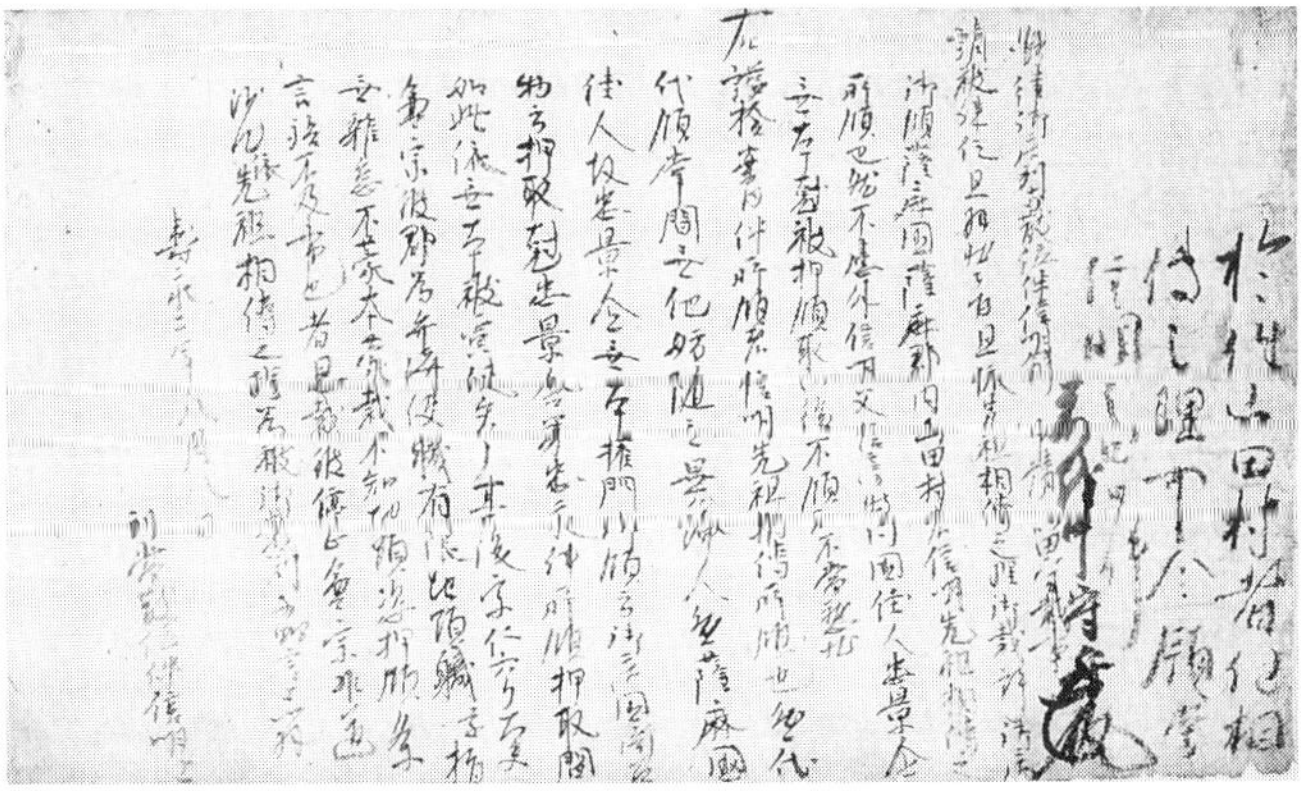

**島津荘別当伴信明解状**（寿永２年〈1183〉８月８日付，「入来院家文書」） 袖に花押をすえている前越中守平は，平氏家人平盛俊であると考えられる。荘留守職として島津荘を支配していた。

また平氏はクーデタ後、宇佐弥勒寺《うさみろくじ》・喜多院別当善法寺成清《きたいんべっとうぜんぽうじせいせい》を解任《かいにん》し、後任に田中慶清《たなかけいせい》を補任した。宇佐弥勒寺は、大隅正八幡宮や新田八幡宮など、宇佐弥勒寺の末社である九州諸国の有力な八幡宮を支配していた。同寺は事実上石清水八幡宮の支配下にあり、この人事は慶清の源頼政《よりまさ》調伏祈禱《きとう》に対する論功行賞《ろんこうこうしょう》であるとともに、平氏の九州支配浸透のためであった。

平氏は薩摩国に対しては、治承四年清盛の弟忠度《ただのり》を守に補任した。忠度は以後、都落ちによる解官まで守に在任していたと思われる。忠度は遥任《ようにん》であり、国衙で実際に政務をとっていたのは目代《もくだい》であったと考えられる。忠度の目代については、建久三年十月二十二日付関東御教書案《みぎょうしょ》の「彼宣澄《のぶずみ》者、平家謀反之時、張本其一也」の記載と「谷山系図」の「薩摩国目代押領使信澄《のぶずみ》」の記述が参考になる。前者から、宣（信）澄が平氏と緊密な関係をもっていたことがわかるし、後者は史料的信頼性は前者にはおよばないが、平安末期における宣澄の国衙目代在任の可能性がうかがえる。両者を勘案し、江平望氏は忠度の目代を平宣澄と判断されている（『笠沙町郷土誌』上）。現段階においては、私も江平氏の考えにしたがいたいと思う。宣澄が目代となった理由を以下検討する。

宣澄は肥前平氏一族で、平忠景の女婿であった。忠景の乱後、宣澄は江平氏の指摘どおり、忠景と政治的立場が異なったため領主としての没落を回避できたと思われる。ただし、乱後宣澄は阿多郡の大半を没収されたと考えられる。宣澄の所領は、前記建久三年十月二十二日付関東御教書案によれば、谷山《たにやま》郡・伊作郡・日置南郷《ひおきなんごう》・日置北郷《ほくごう》であったことがわかる。しかし忠景の根拠地である阿多郡の記載がない。この事実は、以前から疑問とされてきた。「図田帳」によれば、阿多郡内の久吉名《ひさよしみょう》一四五町四段の元名主は在庁大蔵種明《おおくらたねあき》（章）である。阿多郡内久吉名の大半は、国衙により没収され、在庁官人大蔵氏にあたえられ

❖コラム

## 万之瀬河口遺跡

平成八（一九九六）年夏に、日置郡金峰町《きんぽうちょう》（現南さつま市）宮崎字持躰松《みやざきあざもったいまつ》で発掘調査が行われた。調査された遺跡は、薩摩半島の南部に源をもち、東シナ海にそそぐ万之瀬川《まのせがわ》の河口付近に位置していた。遺跡からは、十一世紀後半から十五世紀前期に至る多くの中国製陶磁器や日本製陶器・須恵器《すえき》などが発見された（七七頁写真参照）。

当遺跡出土品の特徴は、中国産輸入陶磁器や国内産陶器・須恵器などが、群を抜いて多数出土していること、中国産陶磁器は器種が多様で、文様は施しの華麗な優品が多く、産地も多様で広範囲にわたっていること、国内産陶器・須恵器の産地も多様であることなどである。

出土品からみた遺跡の時期的特徴は、十一世紀後半から十二世紀前半にかけては、中国産陶磁器の交易が開始されたこと、十二世紀中葉から十三世紀前半は、量・質ともに中国産陶磁器が安定的に輸入され、中国との交易がもっとも濃密であったこと、十三世紀中葉から十四世紀初頭は、輸入陶磁器の流通と国内産陶器の広域化が重なったこと、十四世紀前期は、輸入陶磁器がかなり減少し、常滑焼《とこなめやき》・国内産須恵器が少しみられること、十四世紀後半から十五世紀前期にかけては、輸入陶磁器に対して国内産陶器が極端に減少し、当遺跡が国内産広域流通品の交易拠点としての性格を喪失しつつあると考えられることである。

万之瀬川流域の唐《とう》（当）坊《ぼう》・唐人原《とうじんばら》や市の地名から、中国商人の拠点や市《いち》の存在が想定されている。万之瀬河口遺跡は、肥前・南島にかぎらず、中国・本州太平洋岸間の交易拠点として注目される。

たと考えられる。久吉名大半部分の没収は、国衙に帰服するさいの宣澄への処罰であったと考えられる。阿多郡内高橋《たかはし》五〇町・加世田別府内村原《むらはら》一五町は、阿多久吉名の一部である。この二カ所は宣澄が保持しえた所領であると考えられる。阿多郡司職は、宣澄が確保したとおもわれる。

忠景の乱に積極的に加担しなかったことにより、縁座をまぬがれた宣澄は、失地回復の機会をうかがったと考えられる。宣澄は国衙の目代として、公権を背景に支配領域の回復・拡大を企図したのであろう。宣澄は、加世田別府郷司職継承をめぐる抗争で、忠明の長子忠真《ただまさ》を殺した弟忠綱《ただつな》を討っている。この事件は従来指摘されたような宣澄の私的な行為ではなく、国衙の支配秩序を乱すものへの処罰という、国衙目代としての公的な側面もあると思う。

宣澄は、国衙の在庁官人を被官化していたと考えられる。「薩摩国建久図田帳」によれば、掾大前道《じょうおおくまのみち》友《とも》・大目《だいさかん》大蔵種章ら、所領が没収されている在庁系領主層の存在が確認されるが、彼らは国衙機構をとおして平氏被官化されていたのだろう。

大隅国の場合、平氏は国衙の有力な在庁官人である建部《たけべ》氏を被官化し、一宮である大隅正八幡宮と密接な関係をもっていた。そのことを示すのが、『長門本平家物語《ながとぼんへいけものがたり》』巻五「伯耆局事《ほうきのつぼねのこと》」に記されている説話である。それによれば、大隅正八幡宮神官息長清道《おきながきよみち》は、「入道殿御気色よきものにて、都へ上りたる時は入道殿の内にはえて振る舞」っていた。

息長清道は在地神官のなかでは有力な存在で、その清道が平清盛と親しくまじわっていたことは、たんに両者の個人的な関係にとどまらず、平氏と大隅正八幡宮との親密な関係を示すものと考えられる。「大隅国建久図田帳」によれば、大隅正八幡宮領に惣地頭《そうじとう》がおかれている。この事実も、前述の推測を裏づけると想定される。

## 治承・寿永の内乱と幕府の薩隅支配●

平安末から鎌倉初期、すなわち源《みなもとのよりとも》頼朝挙兵後奥州《おうしゅう》攻めに至るあいだ、日本国内は内乱状態であった。このとき、薩隅両国内も動乱状態であった。

薩摩国内では、平忠景の乱とほぼ同時期の応保年間（一一六一〜六三）以降、牛屎院郡司大秦《うずまさ》氏の支配に対し、国司官長と提携し、郡司支配に抵抗する郡内領主の存在が確認されている。永万元（一一六五）年ころ、忠景の乱以降社領を支配していた忠景の弟忠明に対する抵抗運動を、新田八幡宮神官たちは開始している。また万得領の新田宮領化をめぐり、新田八幡宮と島津荘側とで対立が生じている。

内乱期になると、国衙在庁を中心に国衙支配の維持をはかる勢力もあれば、国衙支配に抵抗する動きも生じてくる。国衙目代と想定される平宣澄は、在庁官人とともに、国衙の支配維持を企図したと考えられる。前述のように、このときの薩摩守は平忠度であるので、国衙支配を貫徹させる側で動くと、政治的立場は平氏方ということになる。内乱時に宣澄に与力したと考えられるのが、まず鹿児島郡司平有平《ありひら》である。有平は、「平家之与力之人」といわれ、内乱時は宣澄と政治的立場が同じであった。また「建久図田帳」には所職・所領被没収者として、掾大前道友・熊同丸《くまどうまる》（いずれも大前氏）、大日大蔵種明、伴高信《とものたかのぶ》ら、主として在庁系領主たちの名が記載されている。彼らは、内乱期に目代宣澄に組織され、国衙側の立場で行動したために、結果的に平氏方として処罰されたと考えられる。これに対して所領を没収されなかった領主のなかには、反国衙闘争に参加したものもいたと推測される。

また平氏は、前述のように島津荘も支配していた。薩摩国内では、伴氏の場合にみられるように、国衙の在庁官人の一族が荘官に補任《ぶにん》されている事例や、在庁官人で「寄郡《よせ(り)ごおり》」の領主になっている事例がある。薩摩国衙の在庁官人のなかには、国衙と島津荘政所の両方を媒介として、平氏被官に組織されたものも存在したと思われる。

大隅国内では、前述のように、檜前篤房が忠景の威を借りて曽野郡司職を獲得し、忠景没落後も同職を保持した。また承安三（一一七三）年以降、禰寝院南俣の領有権をめぐり、建部氏と藤原（菱刈《ひしかり》）氏とのあいだに相論《そうろん》がおきた。藤原高平《たかひら》は、島津荘「寄郡」菱刈院郡司であり、禰寝院南俣を領有する建部清貞《きよさだ》の婿であった。平季基が開発した島津荘域を季基の息子ではなく、婿伴兼貞の子孫が相伝したことなど、南九州地域では、姻族が所領を継承する事例がみられる。高平が相論をおこした承安三年は、摂関家の大宰府知行時であり、相論が自己に有利になる可能性を考慮して、相論を開始したと考えられる。菱刈院郡司である藤原氏は、建部氏姻族である立場を利用し、大宰府と結びつき建部氏と対抗した。建部氏は、在庁官人でもあり、国衙支配を維持するために行動した。だから建部氏は、内乱後平氏方人《かたうど》（味方）として所領没収された。

大隅国内の島津荘の場合は、国衙支配から比較的独立した存在で、荘域領主のなかには、菱刈氏のように在庁官人建部氏と相論をおこし、平氏方に敵対する動きを示すものもあった。ただし前述のように、島津荘は平氏が支配していたこと、内乱後惣地頭が補任されていることなどから、荘域領主の多くは、内乱期、平氏方に与同したと推測される。

平氏滅亡後、薩摩国内では豊後冠者義実《ぶんごのかじゃよしざね》の乱がおこっている。義実は、源為朝の子息で豊後国に住んでいた。義実は源義経《よしつね》にしたがい、義経没落後豊後国が関東御分国《かんとうごぶんこく》になったので、薩摩国に下向してきた。

義実が薩摩国で反乱をおこしたのは、元暦（一一八四〜八五）から文治（一一八五〜九〇）初年ころで、国内は、戦乱のため人びとが餓死《がし》する状態であった。国衙も襲撃され、「図田注文《ずでんちゅうもん》」も破かれた。「図田注文」の破損は、当時の支配秩序の破壊を意味する行為である。

平重澄は、戦乱による田地荒廃、人びと逃散《ちょうさん》のため、国衙・荘側両方の課役を負担できなくなり、文治三（一一八七）年「寄郡」である伊作郡・日置北郷・日置南郷外小野《そとおの》を、一円荘として島津荘に寄進した。戦乱のなかで社会秩序も混乱し、無法状態も出現した。文治五年には、万陽房覚弁《まんようぼうかくべん》が、新田八幡宮の神官らとともに、日置北郷地頭大江家綱《おおえのいえつな》を実力で追放している。国内における戦乱状態が収束するのは、建久年間（一一九〇〜九九）を待たざるをえなかった。

大隅国内も、混沌とした状態であった。内乱時、平氏方人として行動した鹿児島郡司平有平は、多禰《たね》島に逃亡し、子孫は同地を非合法的に支配していた。加治《かじ》

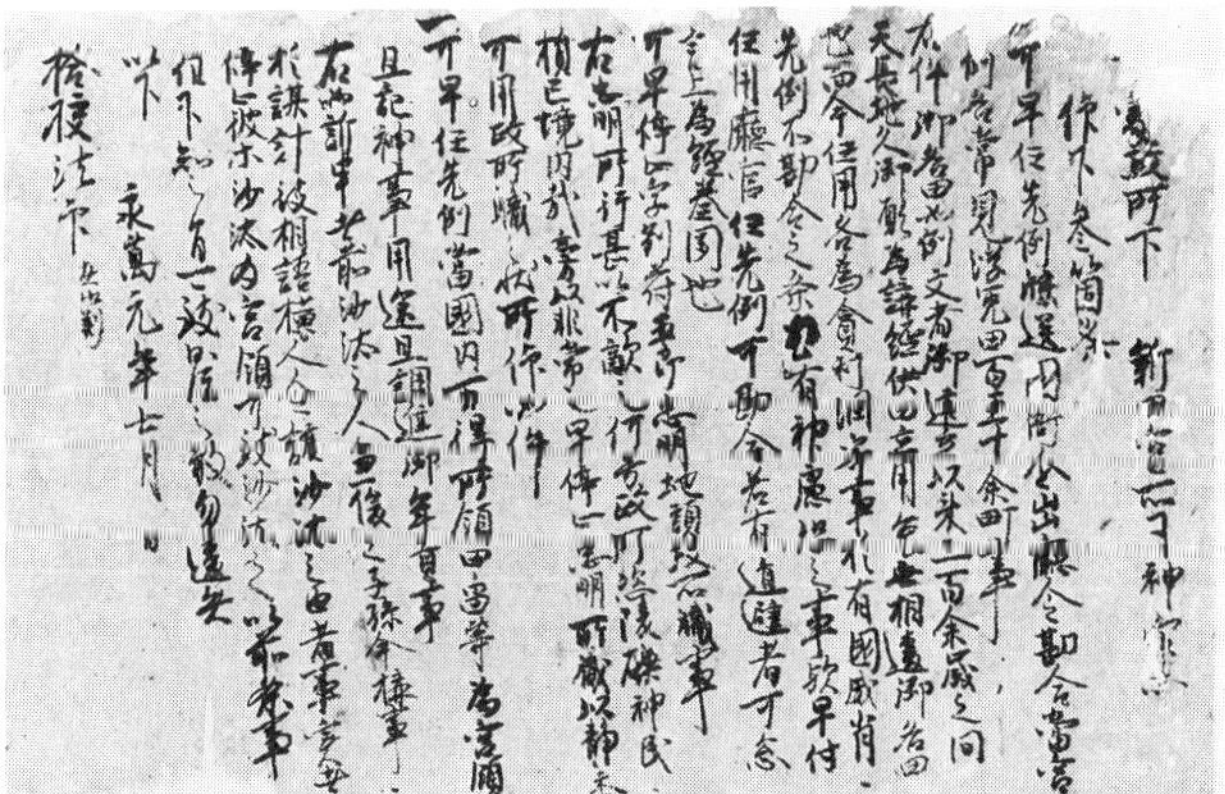

寺家政所下文案（永万元年〈1165〉7月□日付）　新田神社現蔵文書のなかで最古の文書。二カ条目に別府五郎忠明の地頭政所職停止が命じられている。本文書は正文ではなく，室町中期の写である。

木郷《きごう》郡司大蔵氏や、平氏方人であった建部氏のかわりに、禰寝院南俣の地頭職に補任された菱刈氏のように、国衙支配にしたがわない領主も存在した。

幕府は、大宰府を掌握することにより九州を支配下においた。また平氏側に加担した領主たちを処罰するとともに、平氏方に敵対した領主層に恩賞をあたえた。また関東御家人を惣地頭・守護に補任した。天野遠景《あまののとおかげ》を鎮西奉行に補任し、建久八（一一九七）年には、九州各国に守護をおいた。薩摩・大隅国の守護には、摂関家の家人惟宗忠久《ただひさ》が補任された。忠久は、島津荘惣地頭職にも補任された。「建久図田帳」も作成され、薩摩・大隅両国は鎌倉幕府の支配下にはいった。

4章

# 鎌倉幕府の薩隅支配

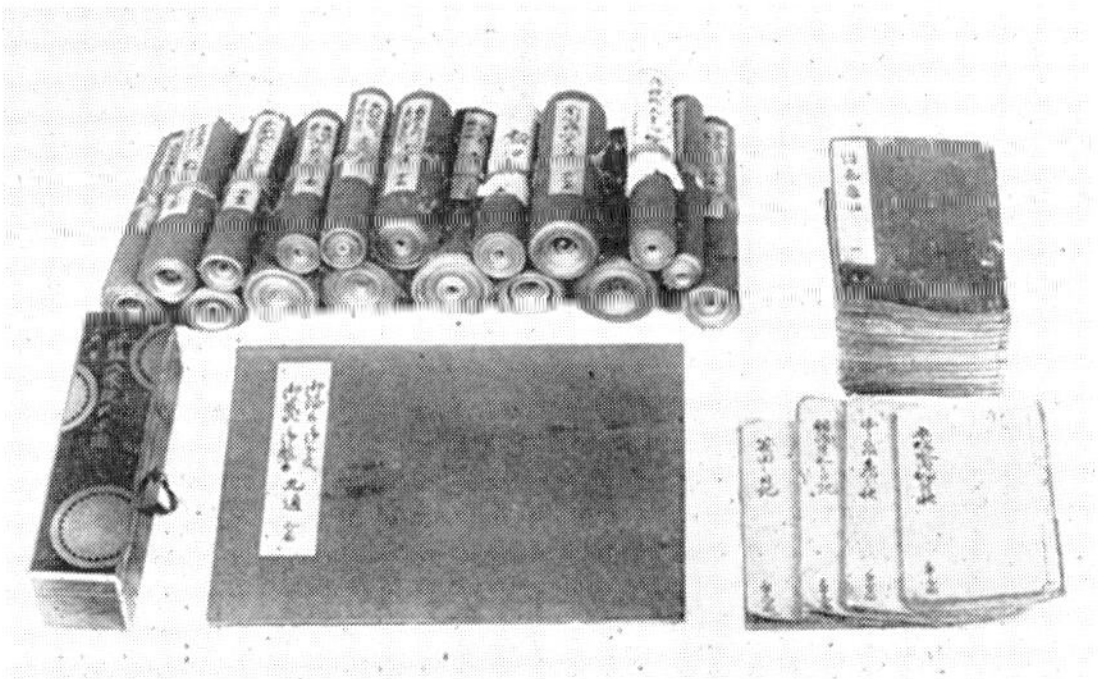

「入来院家文書」の全容

## 1　幕府支配体制の成立と鎌倉御家人の西遷

### 「建久図田帳」体制の成立

源頼朝《よりとも》の平泉《ひらいずみ》藤原氏攻撃が終焉《しゅうえん》し、建久年間（一一九〇〜九九）にはいると、全国的に内乱状態は収束し、幕府支配が浸透していった。平氏の重要拠点であった九州地方も、幕府の大宰府《だざいふ》掌握と鎮西奉行《ちんぜいぶぎょう》設置により、しだいに幕府支配がおよんでいった。九州諸国を支配する守護所《しゅごしょ》が大宰府におかれ、建久末年に各国に守護が分置された。その結果、筑前《ちくぜん》・豊前《ぶぜん》・肥前《ひぜん》国と壱岐《いき》・対馬《つしま》島の守護《しゅご》に武藤《むとう》（少弐《しょうに》）氏、筑《ちく》後《ご》・豊後《ぶんご》・肥後《ひご》国の守護は大友《おおとも》氏、薩摩《さつま》・大隅《おおすみ》・日向《ひゅうが》国の守護に島津《しまづ》氏が補任《ぶにん》された。

九州諸国の平氏与党勢力で、原田《はらだ》・板井《いたい》・菊地《きくち》・山鹿《やまが》らの大領主層は、所領を全部または大幅に没収されたが、中小規模の領主層や寺社勢力は所領を安堵《あんど》された。しかし、惣地頭《そうじとう》をおき、社僧・神官の所職を改補するなど、平氏方人《かたうど》（味方）であった在地勢力に対する幕府支配は、しだいに強化された。

惟宗忠久《これむねのただひさ》は、すでに元暦二（一一八五）年、幕府・領家《りょうけ》により島津荘下司職《げししき》に補任されている。摂関家は、内乱後の荘園支配再編のため、幕府は、平氏が荘務を司っていた島津荘支配のため、惟宗忠久に島津荘を支配させることで利害関係が一致したのである。惟宗忠久は、従来、御家人《ごけにん》的側面が重視されてきたが、近年は摂関家につかえる官人の側面が注目され、島津荘惣地頭職補任についても、摂関家側の意向であることが指摘されている。

摂関家家人《けにん》である忠久が御家人化した要因は、幕府内有力者比企能員《ひきよしかず》の「縁者」であったことによる。

比企氏は、従来考えられていた以上に幕府内における有力者であり、忠久と近い関係であったことが指摘されている。その後、建久八（一一九七）年、惟宗忠久は、薩隅《さつぐう》二カ国の守護職（日向国もその前後）に補任された。

忠久が守護に補任された建久八年、幕府は九州各国における地頭配置状況掌握のため、「図田帳」注進を各国国衙に命じた。薩摩・大隅・日向三カ国は、このときの「図田帳」全体が残っている。このうち薩摩・大隅両国について言及する。

薩摩国全体の総田数は四〇一〇町七段《たん》、このなかで島津荘域は二九三四町三段と、国内総田数の七〇％を超える。島津荘域が、国内大半の地域をおおう。島津荘域のなかでも一円領《いちえんりょう》の面積はごくわずかで、ほとんどは特殊型半不輸《はんふゆ》である「寄郡《よせ(り)ごおり》」が全荘域の七〇％以上を占める。島津荘一円領化している伊《い》作《ざく》郡・日置北郷《ひおきほくごう》・日置南郷外小野《そとおの》は、文治三（一一八七）年、平重澄《しげずみ》が一円領として寄進する以前は「寄郡」であった。したがって文治三年以前は、一円領は和泉《いずみ》郡三五〇町だけであった。重澄寄進の事例は、「寄郡」を再寄進することにより、一円領が形成されるという、荘園形成過程を示していて貴重である。薩摩国は、国内のほとんどが島津荘の「寄郡」化している点が特色である。

特殊型半不輸領である「寄郡」は、一般の半不輸領と異なった収取形態となっている。中世の年貢は、大別すると、本年貢部分に該当する所当《しょとう》（官物《かんもつ》）と、それ以外の雑税部分にあたる雑公事《ぞうくじ》に分かれる。一般の半不輸領の場合は、所当を国司、雑公事を荘園領主におさめる。この場合、国司におさめるべき雑公事を免除されて、荘園領主におさめる。国司におさめる分を免除されている意味で半不輸と称するのであり、当該地の人びとが税を免除されているわけではない。

「建久図田帳」における島津荘の田積

**日向国**

| | |
|---|---|
| | 町 |
| ○一円荘 | 2,020 |
| 北郷 | 300 |
| 中郷 | 108(※) |
| 南中郷 | 200 |
| 救二(仁)郷 | 160 |
| 財部郷 | 150 |
| 三俣院 | 700 |
| 嶋津院 | 300 |
| 吉田荘 | 30 |
| | 町 |
| ○寄郡 | 1,817 |
| 新名 | 50 |
| 浮目 | 70 |
| 伊富形 | 15 |
| 大貫 | 12 |
| 新納院 | 120 |
| 宮頸 | 30 |
| 穆佐院 | 300 |
| 飯肥北郷 | 400 |
| 同南郷 | 110 |
| 櫛間院 | 300 |
| 救仁院 | 90 |
| 真幸院 | 320 |

**大隅国**

| | |
|---|---|
| | 町 |
| ○新立荘 | 750余 |
| 深河院 | 150余 |
| 財部院 | 100余 |
| 多禰嶋 | 500余 |
| | 町段丈 |
| ○寄郡 | 715.8.3 |
| 横河院 | 39.5.2 |
| 菱苅院 | 138.1. |
| 串良院 | 90.3.2 |
| 鹿屋院 | 85.9. |
| 肝付郡 | 130.2.3 |
| 禰寝北俣 | 40.5.4 |
| 下大隅郡 | 95.9. |
| 姶良西俣 | 24.6.2 |
| 小河院内百引村 | 13.0.4 |
| 同永利 | 12.6.4 |
| 曽野郡永利 | 23.3.3 |
| 筒羽野 | 15 |
| 入山 | 6.4.4 |

**薩摩国**

| | | | |
|---|---|---|---|
| | 町 | | 町段 |
| ○一円領 | 635 | 宮里郷 | 61.5 |
| 伊作郡 | 200 | 入来院 | 75 |
| 日置北郷 | 70 | 祁答院 | 112 |
| 同南郷内外小野 | 15 | 牛屎院 | 360 |
| 和泉郡 | 350 | 山門院 | 175.6 |
| | 町段 | 莫禰院 | 40 |
| ○寄郡 | 2,130.3 | 甑島 | 40 |
| 市来院 | 150 | 智覧院 | 30.3 |
| 満家院 | 130 | 揖宿郡 | 37.7 |
| 河辺郡 | 210 | 給黎院 | 40 |
| 高城郡 | | 谷山郡 | 182 |
| 若吉 | 36 | 麑嶋郡 | 197 |
| 時吉 | 18 | 頴娃郡 | 34 |
| 得末 | 2 | | |
| 吉枝 | 19 | | |
| 武光 | 33.5 | | |
| 三郎丸 | 10 | | |
| 東郷別府 | | | |
| 吉枝 | 7 | | |
| 若吉 | 6 | | |
| 時吉 | 10.7 | | |
| 薩摩郡 | | | |
| 時吉 | 69 | | |
| 永利 | 18 | | |
| 吉永 | 12 | | |
| 火同丸 | 14 | | |

(※)　郡別記載では180町

海老沢衷「辺境荘園の成立過程とその存在形態」『民衆史研究』第15号などによる。

しかし「寄郡」の場合は、所当を二分して国司と荘園領主、雑公事を荘園領主におさめる。「寄郡」の場合は、一般の半不輸領よりも荘園領主の取り分が多く、それだけ荘園領主支配の強い特殊型半不輸領である。「寄郡」における収取形態は、鎌倉期の「入来《いりき》文書」の分析によりあきらかになった。

薩摩国中まったく荘園化していない郡・院・郷は、阿多《あた》郡だけである。阿多郡は、前述のように国内・国外との重要な交易拠点である。おそらく国衙《こくが》は阿多郡を重要視し、国衙領として保持し続けたのであろう。阿多郡・加世田別府《かせだべっぷ》の久吉名《ひさよしみょう》には、惣地頭として鮫島宗家《さめじまむねいえ》が補任されている。また一円国衙領が比較的多く残った郡・院は、薩摩郡・伊集院《いじゅういん》など、国衙付近やその周囲の地域にかぎられている。

一国内がほとんど「寄郡」化したことは、国衙と荘園側との提携により可能になったと考えられる。前述のように、在庁官人一族が島津荘政所《まんどころ》構成員である。国衙と島津荘側との提携が、一国内をほとんど「寄郡」化することを可能にしたと考えられる。「寄郡」であれば、国衙も所当半分は収取できる。一円領はごくわずかで、「寄郡」が圧倒的に多いのも、国衙財政との関連であると考えられる。

島津荘の惣地頭として、惟宗忠久・千葉常胤《ちばつねたね》が補任されている。惟宗氏は、御家人であるとともに摂関家との関係、千葉氏は戦功によるのである。惟宗氏は島津荘の大半部分、千葉氏は高城《たき》郡・東郷《とうごう》別府・入来院・祁答院《けどういん》・甑《こしき》島である。薩摩国内は、「寄郡」がきわめて多いのが特徴である。

薩摩国内のほかの荘園として、宇佐八幡宮《うさはちまんぐう》の神宮寺《じんぐうじ》宇佐弥勒寺《みろくじ》領が二〇〇町弱、太宰府天満宮安楽寺《だざいふてんまんぐうあんらくじ》領が一五〇町あまり、大隅正八幡宮《おおすみしょうはちまんぐう》領が二二五町あまり存在する。宇佐弥勒寺領の多くは、鎌倉後期に薩摩国一宮《いちのみや》になる新田《にった》八幡宮と神宮寺五大院《ごだいいん》の一円領である。安楽寺領の大半は、薩摩国分寺領である。

薩摩国分寺は、安楽寺の末寺化したために中世までいき残り、全国的にみて中世国分寺の存在形態を考察

## 薩摩国惣地頭配置

| 氏 名 | 郡・院・郷 | 荘・公領 | 名 | 田 数 | 種 別 | |
|---|---|---|---|---|---|---|
| 右衛門兵衛尉<br>(島津忠久) | 和泉郡 | 一円御領 | | 町段<br>350. | | |
| | 山門院 | 公領 | | 175.6 | 寄郡 | |
| | 莫禰院 | 〃 | | 40. | 〃 | |
| | 薩摩郡 | 〃 | 時吉 | 69. | 〃 | |
| | 〃 | 〃 | 若松 | 50. | 〃 | |
| | 〃 | 〃 | 永利 | 18. | 〃 | |
| | 〃 | 〃 | 吉永 | 12. | 〃 | |
| | 〃 | 〃 | 火同丸 | 14. | 〃 | |
| | 宮里郷 | 〃 | | 61.5 | 〃 | |
| | 牛屎院 | 〃 | | 360. | 〃 | |
| | 日置北郷 | 一円御領 | | 70. | | |
| | 日置南郷 | 公領 | | 36. | 寄郡・没官御領 | |
| | 〃 | 一円御領 | | 15. | | |
| | 満家院 | 公領 | | 130. | 寄郡 | |
| | 伊集院 | 〃 | 谷口 | 14. | 寄郡・没官御領 | |
| | 市来院 | 〃 | | 150. | 寄郡 | |
| | 伊作郡 | 一円御領 | | 200. | | |
| | 加世田別府 | 公領 | 山田村 | 20. | 寄郡 | |
| | 〃 | 〃 | 千与富 | 40. | 〃 | |
| | 河辺郡 | 社領 | | 10. | 府領五社内新田宮領 | |
| | 〃 | 公領 | | 210. | 寄郡 | |
| | 知覧院 | 〃 | | 30.3 | 〃 | |
| | 頴娃郡 | 〃 | | 34. | 〃 | |
| | 揖宿郡 | 〃 | | 37.7 | 〃 | |
| | 給黎院 | 〃 | | 40. | 〃 | |
| | 谷山郡 | 社領 | | 18. | 府領五社内伊作知佐領 | |
| | 〃 | 公領 | | 182. | 寄郡・没官御領 | |
| | 鹿児島郡 | 社領 | | 7.5 | 府領五社内郡本社 | |
| | 〃 | 公領 | | 197. | 寄郡 | |
| | 合計 | | | 2591.6 | | |
| 千葉介<br>(千葉常胤) | 高城郡 | 寺領 | 温田浦 | 18. | 弥勒寺・没官御領 | |
| | 〃 | 公領 | 若吉 | 36. | 寄郡・没官御領 | コノ中ヨリ10町減 |
| | 〃 | 〃 | 時吉 | 18. | 〃 | |
| | 〃 | 〃 | 得末 | 2. | 〃 | |
| | 〃 | 〃 | 吉枝 | 19. | 〃 | |
| | 〃 | 〃 | 武光 | 33.5 | 〃 | |
| | 〃 | 〃 | 三郎丸 | 10. | 〃 | |

| | | | | | |
|---|---|---|---|---|---|
| | 東郷別府 | 〃 | | 42.7 | 〃 |
| | 祁答院 | 〃 | | 112. | 〃 |
| | 入来院 | 社領 | | 15. | 弥勒寺・没官御領 |
| | 〃 | 公領 | | 75. | 寄郡・没官御領 |
| | 甑島 | 〃 | | 40. | 〃 |
| | 合計 | | | 411.2 | |
| 佐女嶋四郎(鮫島宗家) | 阿多郡 | 公領 | | 195.4 | 没官御領 |
| | 加世田別府 | 〃 | 村原 | 15. | 〃 |
| | 合計 | | | 210.4 | |
| 掃部頭(中原親能) | 鹿児島郡 | 社領 | | 80. | 正八幡宮領荒田荘 |

五味克夫「薩摩国建久図田帳雑考」『日本歴史』137号による。

**大隅国・薩摩国荘園公領一覧表**

| 大隅 | | 薩摩 | |
|---|---|---|---|
| 種別 | 面積 | 種別 | 面積 |
| | 町段　歩 | | 町段 |
| 島津一円荘 | 750.0.　0 | 島津一円荘 | 635.0 |
| 島津荘寄郡 | 715.8.180 | 島津荘寄郡 | 1,689.1 |
| 正八幡宮領 | 1,296.3.120 | 没官領 | 820.6 |
| 不輸 | 500.5.120 | 国領 | 211.0 |
| 応輸 | 795.8.　0 | 寺社領 | 655.0 |
| 国領 | 255.3.300 | 安楽寺 | 154.4 |
| 公田 | 106.0.180 | 弥勒寺 | 196.1 |
| 不輸(経講田) | 133.3.120 | 正八幡宮 | 225.3 |
| 府社 | 16.0.　0 | 府領社 | 79.2 |
| 合計 | 3,017.5.240 | 合計 | 4,010.7 |

工藤敬一『荘園公領制の成立と内乱』による。原資料は五味克夫「薩摩国建久図田帳雑考」『日本歴史』137号,「大隅国建久図田帳小考」同142号に基づく。ただし,薩摩国没官領のなかには,島津荘「寄郡」610町２段を含む。

するうえで格好の素材である。大隅正八幡宮領は、一円領荒田《あらた》荘八〇町と半不輸領万得領《まんとくりょう》一四五町あまりとから構成されている。荒田荘には、惣地頭として中原親能《なかはらのちかよし》が補任されている。

薩摩国内には、大宰府領が存在した。「図田帳」によれば、阿多郡・市来《いちき》院・河辺《かわなべ》郡・満家《みつえ》院の四郡院が府領化され、国司側が相論をおこしている。この後阿多郡だけは、府領として確認される。また府社として、揖宿《いぶすき》郡・頴娃《えい》郡・智覧《ちらん》院に鎮座する開聞《ひらきき》宮、薩摩郡の中島《なかしま》宮、高城郡の新田《にった》八幡宮、鹿児島郡の郡《こおり》本《もと》社、谷山《たにやま》郡の伊佐知佐《いさちさ》社の五社があげられている。そして各郡内（新田八幡宮のみは、河辺郡内）の宮領が、府領となっている。

つぎに大隅国内の荘園公領制を、「図田帳」によりみていく。大隅国の場合は、国内が大隅正八幡宮領と島津荘に大別され、わずかに一円国衙領などが存在する。

大隅正八幡宮は大隅国一宮であり、宮領は大隅国総田数の半分弱である。宮領は、禰寝《ねじめ》院南俣《みなみまた》を例外として、国衙所在地である桑東《くわのとう》郷や大隅正八幡宮鎮座地である桑西郷を中心に分布している。大隅正八幡宮領は、一円領よりも半不輸領がはるかに多い。半不輸領の場合、所当を国衙に、雑公事を大隅正八幡宮におさめるのである。大隅正八幡宮領には、一円領・半不輸領どちらにも惣地頭として中原親能が補任されている。

島津荘大隅方は、薩摩国と異なり一円荘《いちえんのしょう》が「寄郡」よりもわずかに広い。一円荘域は、財部《たからべ》院・深河《ふかがわ》院など日向国境の地域と多禰《たね》嶋である。多禰嶋が一円荘化している理由は、交易の重要拠点であるからだと考えられる。「寄郡」は、おおむね国衙や大隅正八幡宮よりはなれた地域に分布している。「図田帳」の記載をみると、国衙領・大隅正八幡宮領に関しては記載が詳細である。しかし島津荘域に関しては、一円

❖コラム

## 島津氏の出自

島津氏の祖忠久《ただひさ》は、「島津家文書」や『明月記《めいげつき》』『三長記《さんちょうき》』の「惟宗忠久《これむね》」の記載からあきらかなように、惟宗氏である。惟宗氏は、朝廷や摂関家などに実務官人としてつかえた。忠久は、摂関家につかえ「忠」の字を通字とした惟宗氏の一族で、島津荘の下司《げし》・惣地頭に補任され、荘園の名称を名字として島津氏を称した。

惟宗氏の前身は、渡来系氏族秦氏《はた》である。秦氏は、大和《やまと》朝廷内において、蘇我《そが》氏のもとで財務管理などの実務に従事した。のちに秦氏子孫中に蘇我氏末裔《まつえい》を称する一族があるのは、蘇我氏・秦氏間の主従関係を、血縁関係に擬制化したものであると考えられる。

忠久は、氏は惟宗を名乗りながら、建久末年以降島津を名字にしている。薩隅日に広がる島津荘の領有権を示す意味もあったと考えられる。忠久は、承久の乱以降藤原氏を名乗っている。島津氏が藤原氏を名乗ったことは、幕府発給文書や『明月記』などから確認されるので、私称ではなく、摂関家の承認をうけた行為であると考えられる。

こののち島津氏は、名字は島津を称し、氏としては鎌倉期に惟宗・藤原、室町期以後は藤原・源を名乗った。源の氏は、島津氏が対外交易を有利に進めるために、室町幕府将軍足利《あしかが》氏の氏を名乗ったのである。江戸初期になると、徳川《とくがわ》氏に対抗するために源の氏のみを称し、そのよりどころとなったのが、十五世紀以降発達した島津忠久の源頼朝落胤《らくいん》説である。江戸時代薩摩藩の公式見解は、島津氏清和源氏源頼朝末裔《まつえい》説であった。幕末尊王攘夷《じょうい》風潮のなかで、島津氏の以仁王《もちひとおう》後胤説も出現したが、根づかなかった。

荘・「寄郡」いずれも記載が簡略である。しかも島津荘域は、「図田帳」作成時より半世紀ほど前に荘園側で作成した「検注帳《けんちゅう》」に基づいて記載されている。そのために、大隅国では「寄郡」における検注権は、荘園側が掌握していたと考えられる。

一円国衙領は、在庁官人の別名《べつみょう》と大隅正八幡宮の経講料田《きょうこう》である経講浮免田《うきめんでん》、大宰府領は五カ所の府社の社領である。大隅国の場合、薩摩国の事例とくらべて、国衙と島津荘との関係が大きく異なる。薩摩国では、在庁官人の一族が荘官化していた。しかし大隅国では、在庁系領主と荘官系領主とは異なっている。薩摩国では、国内ほとんどの郡・院・郷が「寄郡」化している。しかし、国衙の一国平均役は勤仕している。大隅国の場合、「寄郡」の検注は荘園側が行い、図田帳の記載からも、国衙支配は「寄郡」には十分およんでいないことがうかがえる。また「寄郡」は、国衙の一国平均役賦課に対しても勤仕を拒否している。薩摩国では、国衙と島津荘との関係は求心的であると考えられるが、大隅国では、国衙と島津荘との関係は遠心的であると想定される。

### 関東御家人の西遷・定住●

内乱終結と幕府成立に伴い、平氏一門や反幕府勢力から没収した所領は、戦功のあった御家人に付与された。この結果、坂東《ばんどう》地方の御家人たちが、陸奥《むつ》・出羽《でわ》両国や北陸道《ほくりくどう》諸国に北上したり、西国に移住したりした。御家人たちの移動は、列島規模の大がかりなもので、鎌倉時代は大規模な人びとの移動の時期であった。北遷《ほくせん》・西遷《せいせん》する御家人たちは、自分の被官・農民たちを引きつれて、地頭職に補任された所領に下向していった。そのさい坂東地方の武家社会における伝統・慣習を下向地にもちこみ、先住の武士たちと紛争をおこした。

薩隅《さつぐう》における鎌倉御家人を「図田帳」で確認すると、薩摩・大隅両国にまたがる島津荘大半部分の惣地頭、惟宗忠久がいる。島津氏は、忠久・忠義《ただよし》（時《とき》）二代のあいだは下向せず、蒙古襲来時の三代久経《ひさつね》期に下向したと考えられている。島津荘薩摩方五郡・院の郡司・惣地頭であった千葉常胤、大隅正八幡宮一円領・半不輸領の惣地頭中原親能らは、いずれも薩隅に下向していたとは考えがたい。彼らは、鎌倉初期に代官紀太清遠の非道狼藉《ろうぜき》で訴えられた千葉常胤のように、代官を派遣してみずからの所領を支配していたと考えられる。

鮫島《さめじま》宗家は阿多郡惣地頭職に補任され、その後嫡子家高《いえたか》には阿多郡北部、宗景《むねかげ》には同郡南部が譲与され、おのおの阿多北方《きたかた》・阿多南方《みなみかた》とよばれた。阿多北方内には、薩摩国分寺・新田八幡宮・同神宮寺五大院の一円領が存在した。延応～宝治年間（一二三九～四九）にかけて、阿多北方地頭鮫島家高は、阿多北方内に所領を有する寺社と所務相論をおこす。そのころの鮫島家高の行動は、坂東の武家社会における慣習・伝統を示す好事例であると考えられる。

鮫島家高は、薩摩国分寺領池辺《いけべ》村に課役を賦課し、質物を返済しないために、沙汰人《さたにん》惟宗友成《ともなり》に訴えられ、延応年間（一二三九～四〇）以降相論が続いている。その後家高は、池辺村の下地《したじ》を押領《おうりょう》したり、田畠に濫妨《らんぼう》し勧農をさまたげている。家高の池辺村に対する非法行為は、寛元年間（一二四三～四七）まで継続している。

家高は、国分寺領を押領しながら、新田八幡宮や神宮寺五大院の寺社領に対しても非法行為を行った。新田八幡宮政所《まんどころ》の敷地や宮薗からとれた白苧・桑・藍《あい》を押領し、新田八幡宮・五大院領を押領し、従来、新田八幡宮・五大院領に検注を行っていた新田八幡宮政所へ、子息や被官を派遣し、政所を焼討ちにした。

その後は家高が検注を行い、新田八幡宮・五大院に送る年貢量を激減させた。

新田八幡宮側は、必要な年貢量を確保するために、神人《じにん》たちに神王面《しんのうめん》をかぶらせ、宗教的権威を借りて徴税を行った。家高は神人たちを攻撃し、頭を破り指を折りとらえるなど暴行の限りをつくし、神王面を破損した。神人に対する狼藉や神王面破損は、当時としては大罪で、家高も阿多北方地頭職を解任された。

鮫島家高の行為は、わずかな得分を収取する権限しかない惣地頭が、下地支配権を獲得するために行った実力行使であった。当時の社会において非合法的行為であったうえ、殺伐とした坂東武家社会の伝統・慣習をもち移住してきて、地域に根ざすことに失敗した事例であると考えられる。家高地頭職解任ののちは、二階堂《にかいどう》氏が阿多北方地頭として入部する。

鎌倉中期、千葉秀胤が宝治合戦の余波で滅亡したのち、千葉氏の遺領には渋谷《しぶや》氏が惣地頭として入部し

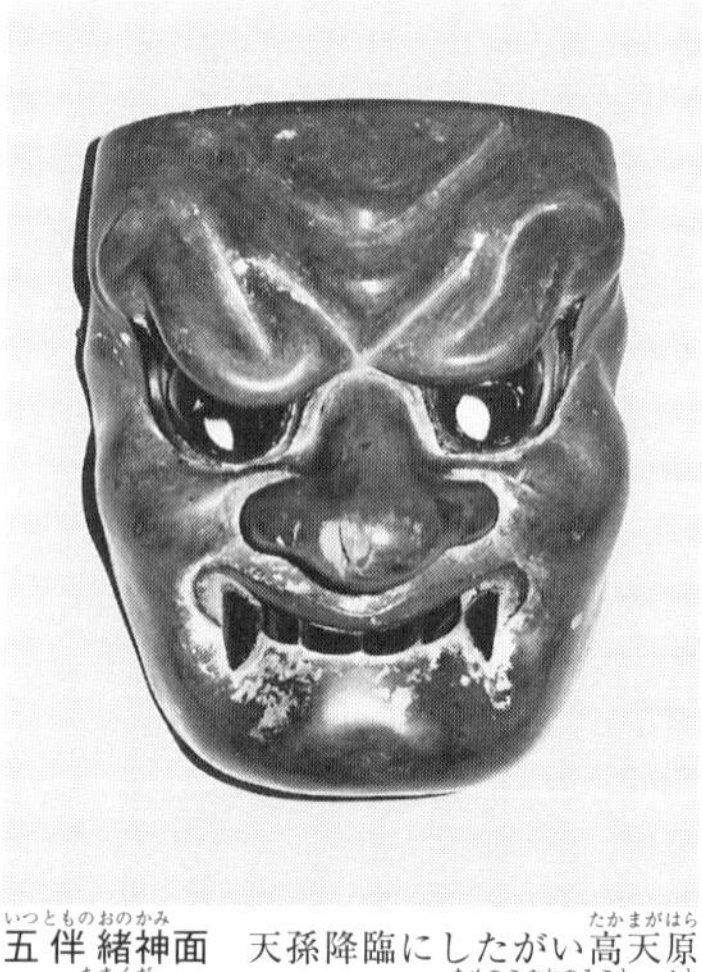

**五伴緒神《いつとものおのかみ》面**　天孫降臨にしたがい高天原《たかまがはら》より天降《あまくだ》ったと伝えられる天児屋命《あめのこやねのみこと》・太玉命《ふとだまのみこと》・天宇受売命《あめのうずめのみこと》・石凝姥命《いしこりどめのみこと》・玉祖命《たまのおやのみこと》の５神の面がある。

◆コラム

## 「入来文書」と朝河貫一

「入来文書」は、薩摩国入来院地頭入来院氏および一族・被官（家臣）の家に伝わった文書の総称である。入来院氏は、渋谷氏一族で、鎌倉中期に入来院地頭に補任され下向し、入来院の地名を名字とした。

「入来文書」は、時期的には平安後期から江戸前期におよび、入来院の歴史を約五〇〇年間追跡することができる。また「入来文書」は、量的にもまとまって残存し、日本中世社会の諸問題を分析するうえで貴重な史料である（一〇五頁写真参照）。

朝河貫一《あさかわかんいち》は、戊辰《ぼしん》戦争時、佐幕派《さばくは》の二本松《にほんまつ》藩出身である。東京専門学校（現早稲田大学）卒業後、渡米し、ダートマス大学・エール大学大学院歴史学科で修学、博士号取得後、アメリカで学究生活を送り、研究を深めていった。

朝河は、大正八（一九一九）年、日本中世史研究のため帰国のさい、「入来文書」に着目した。日欧封建制比較研究のうえでの「入来文書」の価値をみぬき、研究進展のため、「入来文書」英訳版の刊行を考えたのである。

アメリカに帰ったのち、朝河は「入来文書」出版にむけて堅実に仕事を進め、大正十四年『入来文書』日本文原稿が日本国内で出版され、昭和四（一九二九）年『The Documents of Iriki』も完成し、日英両文合冊の形でエール大学とオックスフォード大学の出版会から刊行された。欧米学会できわめて高く評価され、マルク＝ブロック『封建社会』やルース＝ベネディクト『菊と刀』などに引用され、その後欧米の学者の日本封建制研究のための中核的な史料となった。

た。渋谷氏は、千葉氏のように代官支配ではなく、正員《しょういん》が直接入部した。渋谷一族のなかで、入来院《いりきいん》地頭に補任され、入来院を名字とした系統は、「入来院家文書」とよばれる多くの家文書を残している。渋谷氏の場合も、豊富な家文書から西遷御家人の実態があきらかになる。

渋谷氏は、渋谷荘から被官・所従だけではなく、農民たちをもつれて薩摩国へ下向している。下向した農民たちは、渋谷氏の経済基盤をささえるとともに、軍事力をになうと考えられる。また渋谷氏は、従来の領主たちが谷戸《やと》田《だ》を拠点としているのに対して、低湿地を開発して田を設定し、河川ぞいに地頭・給《きゅう》人《にん》館をかまえ、河川交通や市場流通の統制を意図した。遠隔地所領間に交通網を有していて、列島規模で移動している。渋谷氏の事例は、千葉氏などほかの東国武士たちに共通するもので、このころの関東武士の一般的な存在形態を示していると考えられる。渋谷氏も、一定の得分収取権しかもたない惣地頭であったので、鮫島氏同様、下地支配権を獲得するために、吉枝名主伴氏《よしえだみょうしゅとも》ら、下地支配権をもつ先住の小地頭たちと所務相論をおこした。渋谷氏の場合、幕府の庇護《ひご》をうけ、しだいに下地支配権を獲得していった。

## 2　幕府・守護の薩隅支配の進展

### 守護支配の進展●

建久八（一一九七）年島津家の祖惟宗忠久《これむねのただひさ》は、薩摩・大隅両国守護職に補任された。忠久は、これ以前に薩摩・大隅・日向三カ国に広がる島津荘惣地頭職に補任されていた。忠久は、島津荘を事実上の守護領として、国内支配を推進した。鎮西諸国の守護権限が、他地域の守護権限より強いことはすでに指摘されているが、忠久も、大隅正八幡宮半不輸領大隅国桑西郷溝部《みぞべ》村の領有権をめぐる、正八幡宮神官酒井《さかい》氏一族の相論に裁決をくだしている。すなわち島津忠久は、所務相論の裁決権を行使しているわけで、守護領以外の領域にも強い支配をおよぼしていることがうかがえる。

しかし建仁三（一二〇三）年、島津忠久（建久九年に島津を名字化）は、比企能員《ひきよしかず》一族が北条《ほうじょう》氏に滅ぼされた事件に縁座して、薩摩・大隅・日向三カ国守護職と島津荘惣地頭職は改易された。薩摩国では、同年末、北条時政《ときまさ》が、島津荘「寄郡」鹿児島郡司・弁済使《べんざいし》職をめぐる惟宗康友《やすとも》・平忠純《ただずみ》一族の相論に関して、両者主張点の理非を荘官たちにたずね、相伝文書の道理に基づき裁決するように守護所に命じている。この事実から、忠久のあとは北条時政が薩摩国守護職に在任していたと考えられている。大隅国守護職に関しては、少し時代がさがるが、建保五（一二一七）年以降北条義時《よしとき》が在任していることが確認される。島津荘惣地頭職も、元久二（一二〇五）年以前は、北条時政が在任していることが確認される。

島津忠久は、元久二年薩摩国守護職に還補《げんぷ》されている。その後建暦三（一二一三）年、忠久は和田《わだ》合戦で北条氏側で参戦し、同年七月島津荘薩摩方惣地頭職に還補された。したがって忠久は、薩摩国守護職・島津荘薩摩方惣地頭職を兼任し、薩摩国支配権だけをふたたびあたえられた。

忠久が薩摩国守護職・島津荘薩摩方惣地頭職に還補された理由はなにか。忠久が和田合戦における勲功により、薩摩・大隅・日向三カ国にまたがる島津荘のいずれかの部分を島津氏に返す必要性があったとしても、なぜ薩摩国であったのか。この課題に関し、以下考察する。

前述のように、大隅・日向両国における島津荘面積に占める一円荘の割り合いは半分強で、薩摩国の島津荘面積に占める一円荘の割合よりもはるかに大きい。薩摩国の場合、一円荘・「寄郡」を含めた面積の国内総田数に占める割合は三カ国中最大であるが、一円荘の面積は最小である。島津荘一円荘の面積は、日向国が最大で二〇二〇町、大隅国が七五〇町あまり、薩摩国は六三五町である。荘園からの収取に関し、半不輸領よりも一円領を支配下においたほうが断然有利である。ゆえに島津荘支配を意図する北条氏は、一円荘面積の広い島津荘大隅方・日向方を支配下に残し、島津荘薩摩方を島津氏に返したのではないかと考えられる。また薩摩国内は、総田数の大半が島津荘の「寄郡」である。前述のように「寄郡」は半不輸領の一種で、荘園側の支配がおよぶ領域である。薩摩一国を束ねるうえで、元荘官島津忠久の存在は有効であった。したがって幕府は、島津忠久を薩摩国守護・島津荘薩摩方惣地頭に還補したと考えられる。

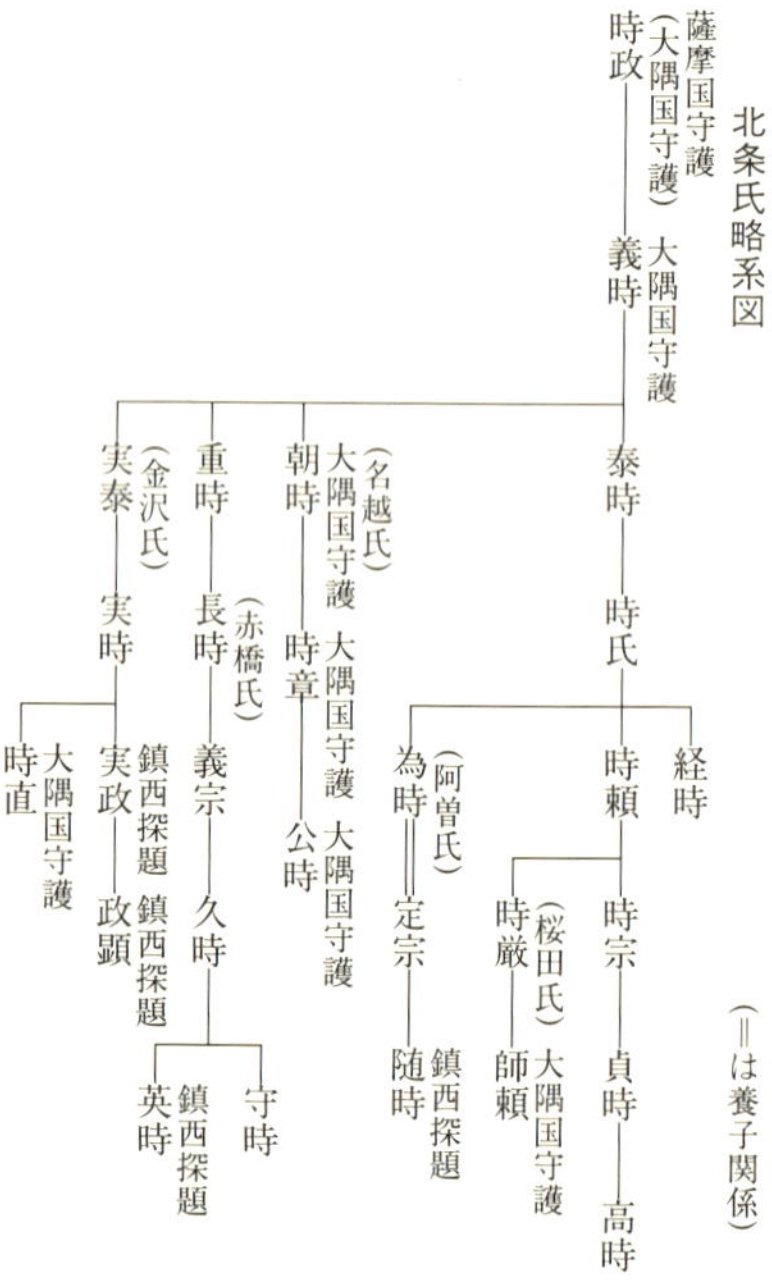

石井進「九州諸国における北条氏所領の研究」などによる。

島津氏は、初代忠久・二代忠時・三代久経《ひさつね》前期までは鎌倉に在住し、現地の政務は守護代・惣地頭代が司っていた。島津惣領家が鎮西《ちんぜい》に下向するのは、蒙古襲来《もうこしゅうらい》時の久経の時期である。島津氏の薩摩国支配は、蒙古襲来後に本格化する。

大隅国守護・島津荘大隅方惣地頭職は、北条氏が継承していった。北条時政・義時、それ以降は泰時《やすとき》の弟朝《ともとき》時にはじまる名越《なごえ》氏に継承されていった。守護名越氏は、複数国の守護職を兼任していたので、大隅国に下向してはいなかった。名越氏は、藤原（肥後）氏を守護代に任命した。藤原氏も鎌倉にいたので、大隅国現地で守護所を束ね政務をとったのは守護又代官であった。

名越氏は、幕府滅亡時まで、島津荘大隅方の惣地頭であった。そのために島津荘大隅方は、名越氏が大隅守護職を相伝していた時期は、守護領としての性格をもっていた。惣地頭代には守護代藤原氏が任命され、藤原氏の一族が島津荘大隅方に土着した。その一系統が、島津荘一円領種子島《たねがしま》の島主になった種子島氏であると考えられる。

鎌倉前期の承久《じょうきゅう》の乱において、薩摩国満家院司大蔵幸光《ゆきみつ》や河辺郡司平久道《ひさみち》、内乱前の鹿児島郡司平忠純の一族忠重《ただしげ》・忠光《ただみつ》らが後鳥羽院《ごとばいん》方に参加したし、大隅国衙の調所《ずしょ》政所職・調所書生職であった調所氏も軍兵催促状に加判した。合戦終結後、大蔵幸満・平久道らは所領を没収され、調所氏も調所政所職・調所書生職を解任された。乱後、鹿児島郡司は、忠純の一族と想定される矢上《やがみ》氏により継承され、河辺郡は得宗領となった。このころの西国の一般的動向と共通して、院方に加担する在地勢力が、薩摩・大隅両国にも存在した。乱の結果として、交通上の要衝河辺郡は得宗領《とくそうりょう》化したし、反幕府勢力は処罰され、幕府の支配は、薩摩・大隅両国にいっそう浸透した。

このころ注目されることは、大隅国守護名越氏が、国衙の在庁官人を中心に国内領主層を、守護所構成員として組織化しつつあることである。守護名越氏は、承久の乱で後鳥羽院《ごとばいん》方に加担したり、その後罪科をおかしたりなどして改補された所職を宛行《あてが》うことにより、在庁系を中心とした国内領主層を、守護所に組織していった。この後守護名越氏は、島津荘大隅方を基盤としつつも、守護所をつうじて国内支配を進めていく。

文暦年間（一二三四～三五）まで、薩摩国揖宿《いぶすき》郡地頭職は島津氏一族に継承されてきたが、文暦二（一二三五）年、地頭島津忠綱《ただつな》（二代忠義の弟）は、揖宿郡司平忠秀《ただひで》以下親類・所従を殺害するという非法行為のため、地頭職を改補された。その後揖宿郡は、北条氏一族が守護である大隅国守護領となっている。揖宿郡の大隅国守護領化は、大隅国守護所が山川湊《やまかわ》を外港として利用するためであると考えられる。

### 蒙古襲来と守護・幕府の薩隅支配の進展●

十三世紀後期、蒙古は、南宋《なんそう》を孤立化させるために日本との通交を求めた。幕府は蒙古側の要求を拒否し、対蒙古防備をかためるとともに、九州に所領をもつ東国御家人に九州下向を命じ、東国御家人の西遷・定住の大きな契機となった。

幕府は、蒙古軍侵入口である博多《はかた》湾沿岸に、上陸阻止のため石築地《いしついじ》をきずかせた。石築地の原材料は博多湾近辺より調達したが、築造経費は九州諸国に負担させた。石築地役負担の実態は、大隅国の在庁官人調所氏に伝わる建治二（一二七六）年八月□日付石築地役配符写からうかがえる。

石築地役は、荘園・公領を問わず賦課されている。国衙と関係深い大隅正八幡宮領だけではなく、従来、一国平均役を負担しなかった島津荘に対しても、一円荘・「寄郡」両方に賦課されている。大隅国守護所は、石築地役を一国平均役方式で国内に賦課している。また同役は、御家人・非御家人を問わず賦課されている。従来、幕府の諸役は、御家人に賦課されていた。しかし石築地役は、非御家人にも賦課されている。守護所の石築地役賦課は、幕府の命を施行したもので、この事実から、幕府は従来より支配領域を拡大したことがわかる。蒙古襲来という非常時に、幕府は朝廷が有していた政治権限の委譲をうけたのであ

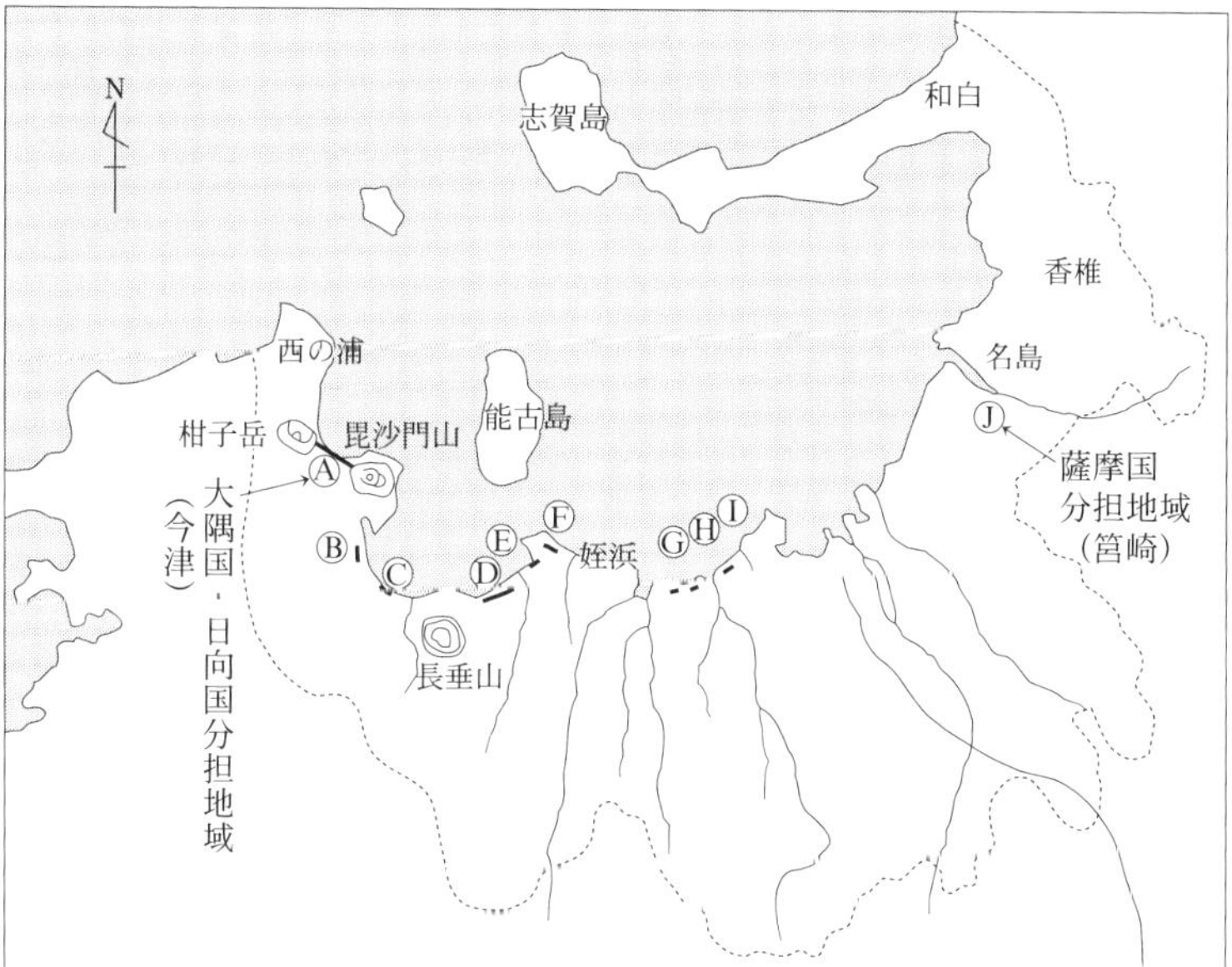


| | m² | | m² | | m² |
|---|---|---|---|---|---|
| Ⓐ 今津字口戸 | 9, 125.02 | Ⓓ 下山門 | 35, 730.87 | Ⓖ 西新藤崎 | 2, 534.73 |
| 今津字長浜 | 57, 526.67 | 姪浜字生ノ松原 | 8, 229.97 | Ⓗ 西新百道 | 2, 350.00 |
| Ⓑ 今宿横浜字カンノン前 | 779.35 | Ⓔ 姪浜字問浜 | 6, 331.89 | Ⓘ 地行2丁目 | 252.26 |
| Ⓒ 今宿青木字松原 | 5, 441.07 | Ⓕ 姪浜字脇 | 4, 663.04 | Ⓙ 箱崎字地蔵松原 | 2, 367.55 |
| | | | | 計 | 135, 332.42 |

**薩摩・大隅両国の石築地役・異国警固番役分担図**　川添昭二『注解元寇防塁編年史料』による。

る。大隅国は、日向国と一緒に、石築地役・異国警固番役《いこくけいごばんやく》は今津《いまづ》地域を担当した。

蒙古襲来の結果、薩摩国守護島津久経も、異国警固のため九州に下向した。薩摩国の警固場所は筥崎《はこざき》地域で、島津氏は薩摩国御家人らを統率して石築地役・異国警固番役をつとめ、蒙古合戦に従事することになる。久経は弘安七（一二八四）年筥崎で死去し、嫡子忠宗《ただむね》が家督を継承する。忠宗の家督継承の翌年と翌々年、幕府から「大田文《おおたぶみ》」注進《ちゅうしん》が命じられた。「大田文」注進には、在国司大前道調《みちつぐ》と忠宗の叔父久氏《ひさうじ》が関与している。同年新田八幡宮政所は、石築地役の宮領賦課と十月中の納付を約束している。以上のことから、弘安八・九年の薩摩国「大田文」注進命令は、薩摩国内に石築地役を賦課するためにだされたと考えられる。「大田文」注進には、守護と国衙の在庁官人が関与している。そのころ、島津氏も国衙を支配していた可能性がある。

忠宗の時期に、島津氏は、薩摩国の一宮相論に関係することになる。蒙古襲来時、幕府は各国国分寺・一宮に蒙古調伏《ちょうぶく》の祈禱《きとう》を命じた。幕府は、各国守護に一宮への剣・神馬《じんめ》奉納を命じた。大隅国のように一宮が確定している場合は問題ないが、薩摩国のように、一宮が枚聞《ひらきき》神社か新田八幡宮か定まっていない場合は、一宮相論がおきている。忠宗は一宮相論に関し、一宮の決定とは無関係としながらも、剣・神馬を新田八幡宮に奉納した。忠宗の剣・神馬奉納は、新田八幡宮が薩摩国一宮であることを事実上認める行為である。この結果、一宮相論は落着し、この後新田八幡宮は薩摩国一宮を称す。忠宗が、一宮相論で新田八幡宮側に有利に処置した理由は、島津氏と新田八幡宮執印惟宗氏とが同族関係であることによると想定される。この問題は今後の検討課題であるが、守護と一宮神官が一族とすれば、守護と一宮との関係を検討する格好の素材である。

鎌倉期、島津氏は、島津荘薩摩方大半の惣地頭であった。島津氏が惣地頭職を継承した荘域のなかには、得宗領化した地域も存在したが、大半の島津荘薩摩方は島津氏が惣地頭職を保持し、一族で継承していった。前述のように、惣地頭は、得分権収取のみで下地支配を伴わなかった。島津荘薩摩方惣地頭職の一族分割が進む鎌倉後・末期になると、各島津一族は惣地頭として支配する領域がしだいにせまくなった。惣地頭職により収取可能な得分はわずかで、一定量の得分を収取するためには、小地頭たちが有する下地支配権を非合法的に奪わざるをえなかった。そのため鎌倉後・末期になると、伊作荘や谷山郡などの事例のように、島津氏一族は島津荘薩摩方内の各地域で小地頭たちと相論し、下地支配権を獲得していった。

鎌倉末期の島津氏は、薩摩国内の島津氏一族の支配領域をまわり狩を行っている。狩に参加しているのは、守護代酒匂《さかわ》氏、本田《ほんだ》氏や猿渡《さるわたり》氏など島津氏の譜代被官、当主島津貞久《さだひさ》の弟和泉実忠《いずみさねただ》や庶家山田氏ら、

島津氏略系図(1)

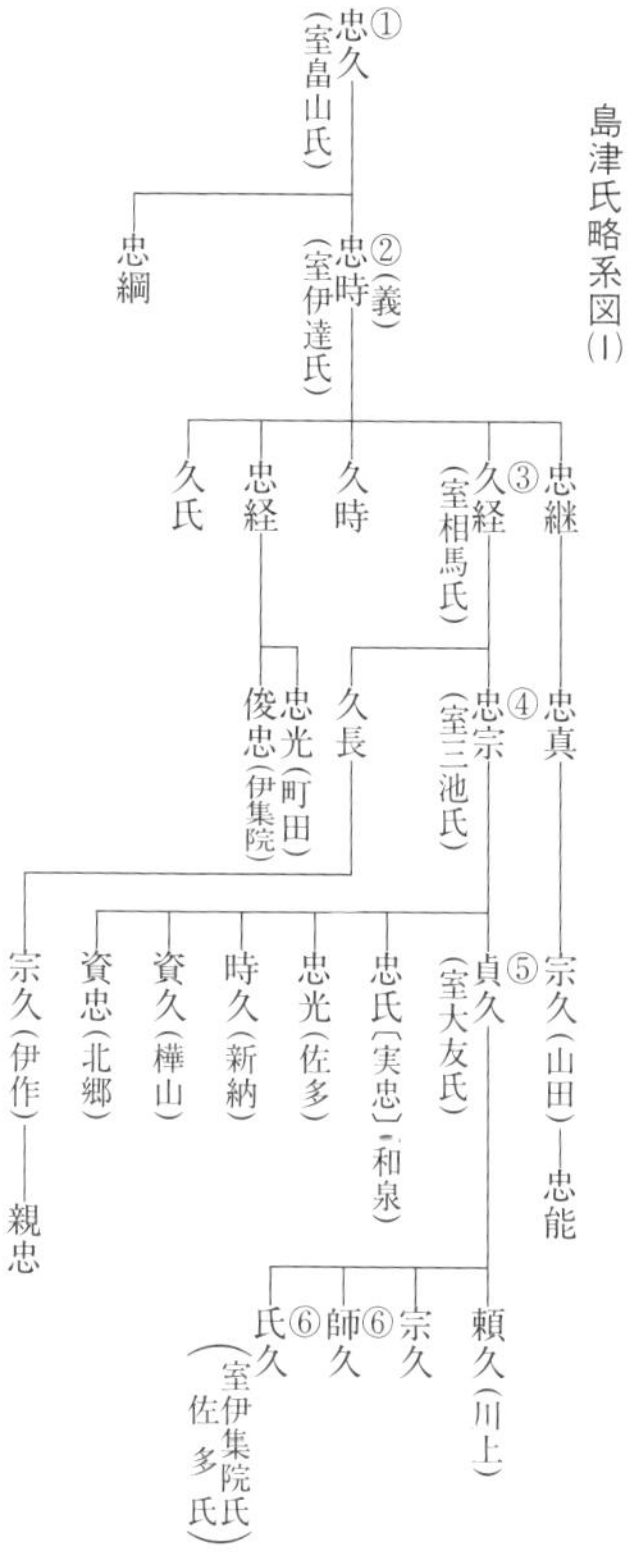


五味克夫「薩摩国守護島津氏の被官について」にほぼよる。

島津氏一族である。狩参加者は、人・馬役を負担している。狩は武芸鍛練《たんれん》・示威《じい》の場であるが、狩をとおした一族・被官への統制強化がはかられている。

島津氏は、守護所を国衙所在地高城郡に隣接した薩摩郡におき、島津忠宗・貞久期は譜代被官酒匂氏を守護代に任じ、被官・島津氏一族を統制し、守護・島津荘惣地頭として国内を支配した。鎌倉末、島津氏の薩摩国支配は、強化される方向であったと考えられる。

薩摩国に対する幕府支配については、河辺郡がすでに得宗領化し、地頭職は得宗、郡司職と地頭代官職には得宗被官千竈《ちかま》氏が補任されていた。河辺郡南部の口五島《くち》・奥七島《おく》に対して、島津氏は鎌倉末期まで地頭職を保持していた(口五島・奥七島の比定に関しては最近異説がある)。しかし同時に千竈氏が地頭代官職を保持し、得宗の支配がおよんでいた。さらに喜界島《きかい》・奄美大島《あまみ》・徳之島《とくのしま》などは得宗が地頭職、千竈氏が地頭代官職を保持していた。異国と接する九州最南端部の交通上の要地を、得宗は支配下においていた。

幕府滅亡時の加世田別府領有者は、相模《さがみ》六郎時敏《ときとし》である。時敏は、通称や名乗りから北条氏一族と考えられる。加世田別府は北条氏一門領と考えられ、北条氏所領化した時期は正和二(一三一三)年以前と考えられる。加世田別府は、良湊《りょうそう》を有し交通上の要地であった。また牛屎院も、文保元(一三一七)年以前に北条氏の所領化している。牛屎院は、島津本荘から和泉郡・大宰府に至る陸上交通の要衝であった。揖宿郡は、前述のように幕府滅亡時まで大隅国守護領である。

幕府は、薩摩国内の交通上の要地を支配下においている。薩摩国内にしだいに得宗領が設定され、そのことが島津氏に対する圧迫と化していた。島津貞久が幕府の九州統治機関である鎮西探題《ちんぜいたんだい》の攻撃に参加した理由も、北条氏の圧迫からのがれ、鎌倉初期の所職回復を念願したことにあると思われる。

大隅国の場合、弘安三〜五年のあいだに、守護が名越氏から千葉氏に交代した。蒙古防衛の理由で、文永〜弘安年間（一二六四〜八八）にかけて、北陸《ほくりく》・山陰《さんいん》・防長《ぼうちょう》・九州の守護が大規模に更迭《こうてつ》された。大隅国の守護交代も、全国的動向の一環である。名越氏は依然として島津荘大隅方惣地頭であったので、千葉宗胤《むねたね》以降の大隅国守護は、島津荘大隅方を国内支配の拠点とすることはできなくなった。そのため、守護は国内支配のあらたな拠点を構築していかざるをえなかった。

千葉宗胤の時期に、守護狩《しゅごがり》が大規模に行われている。守護狩は、守護所構成員を中心とした御家人たちを参加させて行われている。守護狩に参加する御家人たちは、あらかじめ守護代から賦課された狩人・馬役を負担しなければならなかった。御家人たちに狩人・馬役を賦課し、武芸鍛錬・示威の場である狩を守護の統制下で行うことにより、御家人たちに対する守護の支配・統制を強化し、被官化を目的として行われたと考えられる。守護狩は、元亨三（一三二三）・四年にも行われている。狩人・馬役の賦課など、守護狩に関する文書が、一宮大隅正八幡宮の社家に残っていることは、この時期の守護と一宮との関係をさぐるうえで注目される。

正応四（一二九一）年〜永仁二（一二九四）年のあいだに、大隅国守護は千葉氏から北条一族金沢《かねざわ》氏に交代した。この後大隅国守護は、金沢氏・桜田《さくらだ》氏（得宗近親）と幕府滅亡時まで北条氏一族が補任された。金沢・桜田氏が大隅国守護在任中、注目されることは、守護私領《しりょう》の設定である。

守護私領の史料上初見は、金沢時直《ときなお》が守護在任中の正和元（一三一二）年である。守護私領の起源は、罪科などにより守護に没収された所領や、守護と主従関係を結んだ御家人が寄進した所領と考えられ、大部分は国衙領に分布している。その国内的分布は、国衙所在地の桑東郷および隣接した桑西郷・曽野郡・

小河院などに集中している。守護私領においては、守護代が所務相論を裁許し、宛行《あてが》いがなされる。また守護所より雑公事や守護狩の人・馬役が賦課され、頭役《とうやく》の賦課単位として「頭」とよばれていた。守護私領は、守護の国内支配の拠点であり、経済的な基盤でもあった。現段階では、あらたな「守護領」獲得を目的として守護私領が設定されたと考えられている。

大隅国の場合、守護が名越氏から千葉氏に交代したときに、島津荘大隅方が守護領からはなれ、守護の国内支配のための新拠点が必要となった。千葉氏以降、守護所構成員の守護被官化を、守護狩挙行により開始し、守護北条（金沢・桜田）氏は、守護狩とともに守護私領を設置することで、守護所構成員や国内御家人たちの被官化をいっそう進展させた。守護北条氏段階には、守護所に編成され守護被官化した在庁官人たちは、守護代の指揮・監督のもとで国内政務に関与していた。この事態は、従来国衙が有していた行政権を、事実上守護所が吸収したことを示している。日本国内の他地域では、南北朝期以降、守護が国衙の機能を吸収していく現象がみられる。大隅国の事例は、ほかの国々よりも時期的にはやい。大隅国の場合が特殊事例であるのか、得宗および北条氏一族が守護職を世襲した国々の場合共通してありうる可能性があるかは、今後検討する必要がある。

前述のように、鎌倉末期、大隅国内に守護の支配が浸透するようになった。大隅国守護金沢時直は、得宗被官安東景綱《あんどうかげつな》を守護代に任命している。大隅国守護職は時直のあと金沢氏に継承されずに、得宗北条高時《たかとき》の父貞時《さだとき》の従兄弟桜田師頼《もろより》が、鎌倉期最後の大隅国守護に補任されている。得宗被官が守護代に任命されたり、得宗の近親が守護に補任されていることを考えると、大隅国に対する幕府支配は強くおよんでいたと考えられる。

# 5章

# 島津氏の領国形成と九州制覇

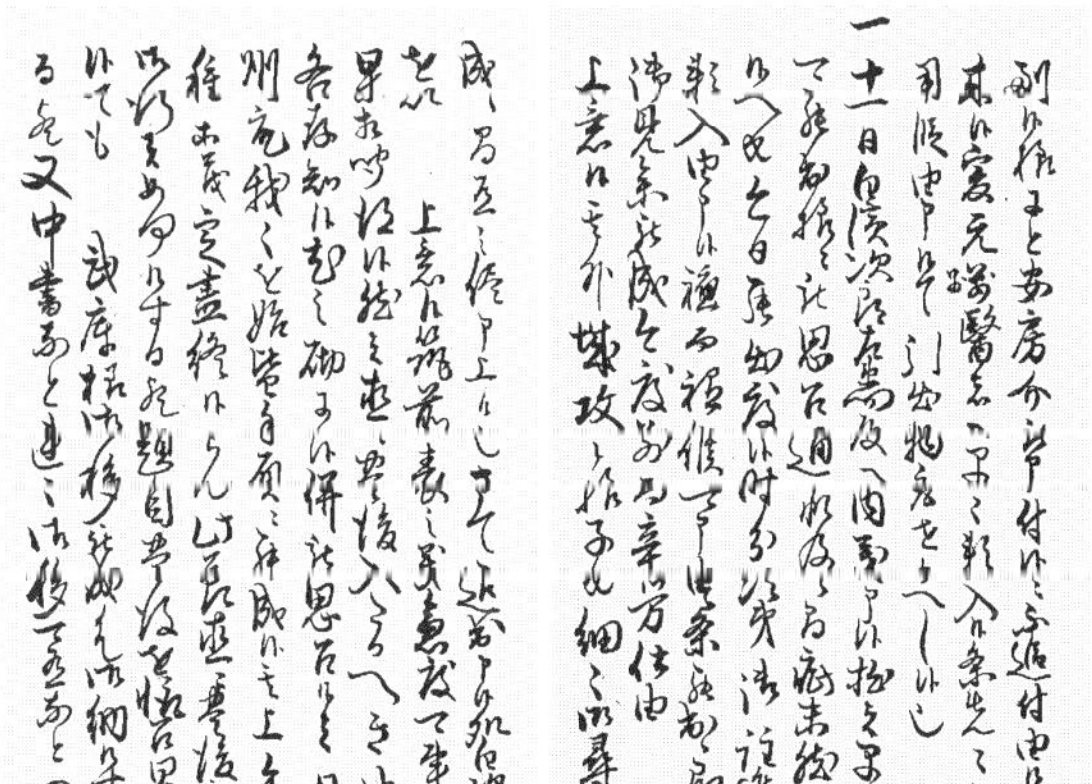

『上井覚兼日記』(天正14〈1586〉年８月11日条)　島津義久が豊後国攻め延期の内意を告げたのに対し，覚兼が即時豊後国攻撃断行を進言した事に関する部分。

# 1　島津氏の領国形成過程

## 建武政権と動乱の開始●

元弘三（正慶二＝一三三三）年四月島津貞久は、足利尊氏《あしかがたかうじ》（初名は高氏であるが、尊氏で統一する）から鎌倉幕府打倒要請をうけ、翌五月末薩摩国御家人《さつまのくにごけにん》を率いて鎮西探題《ちんぜいたんだい》を攻撃し滅亡させた。貞久が幕府側から離反した理由は、幕府本体が崩壊したこと、北条氏より強い圧迫をうけていたこと、鎌倉初期に喪失した所職の獲得を意図していたことなどによると考えられる。

島津氏は、建武政権《けんむせいけん》からあらたに大隅《おおすみ》・日向《ひゅうが》両国守護、島津荘大隅方一円荘惣地頭、同「寄郡《よせ(り)ごおり》」預《あずかり》所《どころ》に任命された。建武政権下で貞久は、守護管国内では所務遵行《しょむじゅんぎょう》権や検断権《けんだんけん》を行使し、京都大番役《おおばんやく》をつとめている。前述の「薩摩国建久図田帳」が建武元（一三三四）年に京都で書写されていることも、この大番役勤仕と関係があるかもしれない。

建武元年七月、島津荘日向方南郷で北条氏縁故者を中心とした反乱がおき、翌年発生した中先代《なかせんだい》の乱の先駆となった。中先代の乱鎮圧を契機に足利尊氏が建武政権から離反し、両者のあいだで戦闘が開始された。建武三年正月京都に進撃した尊氏は、建武政権側にやぶれ一旦九州に落ちのびたが、多々良浜《たたらはま》合戦で菊池《きくち》氏らを破り東上し京都を制圧、持明院統《じみょういんとう》の光明《こうみょう》天皇を擁立し「建武式目」を制定して室町《むろまち》幕府を開いた。後醍醐《ごだいご》天皇は一旦幽閉されたが、同年末京都を脱出して吉野《よしの》へのがれた。以後約六〇年、全国的規模で動乱状態が継続した。

動乱期島津貞久は、幕府側の立場で国内領主を率いて南朝方勢力と戦闘をまじえた。島津氏の守護管国内で南朝《なんちょう》方に味方したのは、肝付《きもつき》・谷山氏ら島津氏以前に土着していた領主たち、鮫島《さめじま》氏のように島津氏と同じ惣地頭、伊集院氏など島津氏一族である。彼らは惣地頭と郡司の対立、惣地頭同士の相剋《そうこく》、嫡庶間対立により南朝方に加担したと思われる。南朝方勢力を討つため、貞久は国内領主を率いて戦闘に参加した。対新田義貞《にったよしさだ》戦など遠隔地の戦闘には、老齢の貞久にかわり貞久の子弟や一族が軍事指揮を担当した。

南朝方は、延元二（建武四＝一三三七）年三条泰季《さんじょうやすすえ》を薩摩国に派遣し、軍勢催促を行わせた。また谷山氏は、興国三（康永元＝一三四二）年以降五年あまりのあいだ後醍醐天皇皇子懐良親王《かねよししんのう》を谷山城に迎え御所とした。この事態に幕府は、島津頼久《よりひさ》・宗久《むねひさ》兄弟（貞久子息）、伊作《いざく》宗久（貞久従兄弟）などに薩摩国人に対する軍勢催促を行わせ、谷山氏らと交戦させている。島津氏の薩摩国内における支配拠点は、島津荘であった。

大隅国内では、肝付・野辺《のべ》氏らが蜂起した。この事態に守護島津貞久・国大将《くにのたいしょう》畠山直顕《はたけやまただあき》は軍事的に対応している。畠山氏は足利氏一門で、守護と国大将を併置することは珍しい事例である。幕府は、大隅国の掌握と島津氏に対する牽制のために、畠山直顕を国大将として派遣したと考えられる。島津氏の大隅国内における支配拠点も島津荘であった。しかしこの時期島津氏の支配は大隅正八幡宮領にはおよばず、大隅正八幡宮領の領主や在庁系領主を組織していたのは畠山直顕であった。ゆえにこの時点では、国大将畠山直顕が守護島津氏よりも大隅国内に対する強大な支配力を有した。

**観応の擾乱と島津氏の薩隅分立●**

軍事的に優越化しつつあった幕府側では、二元政治の矛盾がしだいに露呈しつつあった。既成秩序を無視

## 島津氏略系図(2)

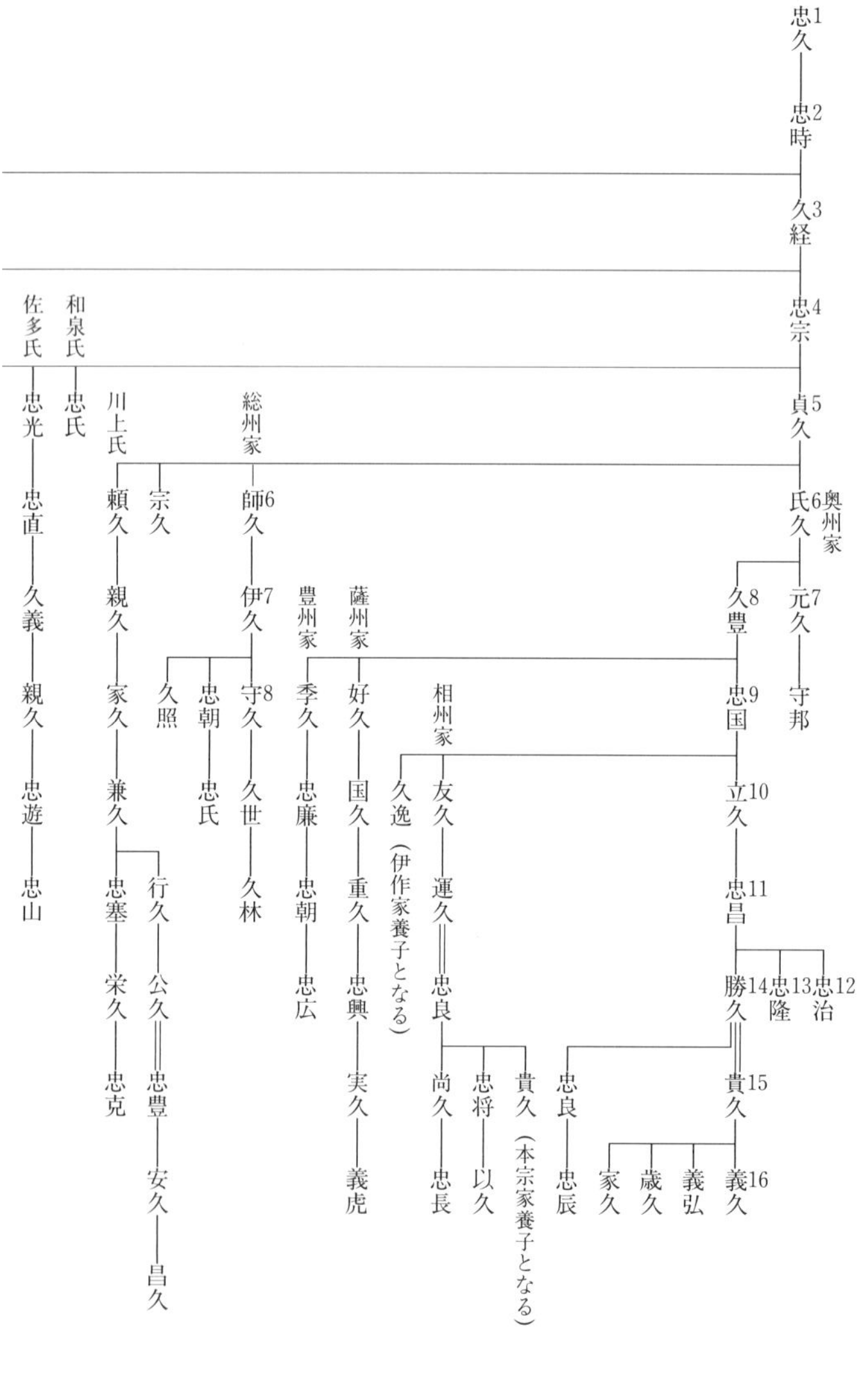


三木靖『戦国史叢書⑩—薩摩島津氏』におおむねよる。═══は養子関係を示す。

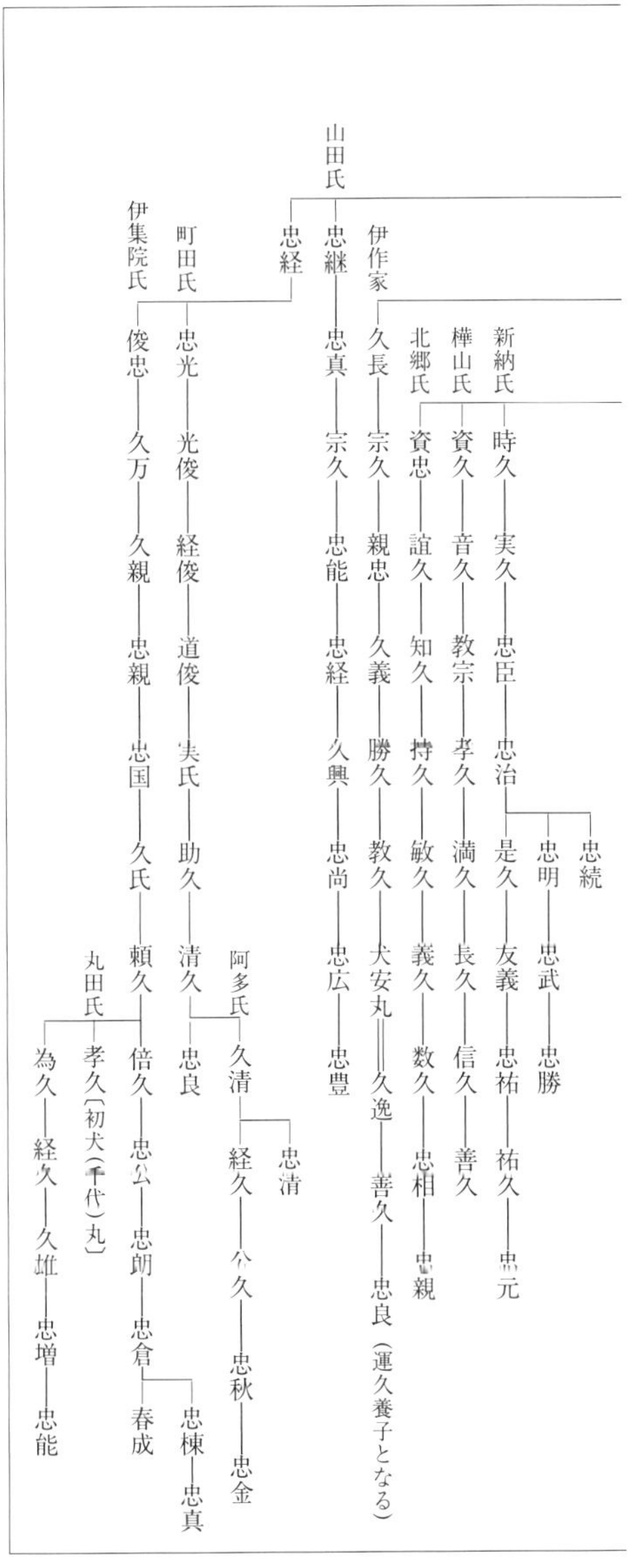


する尊氏側近高師直《こうのもろなお》派と鎌倉幕府の執権《しっけん》政治を理想とする尊氏弟直義《ただよし》派とが抗争をおこした。この抗争を観応《かんのう》の擾乱《じょうらん》といい、国内諸地域に大きな影響をあたえた。尊氏庶子で直義の養子直冬《ただふゆ》は九州に下向し、薩隅両国も含めた九州諸国は抗争にまきこまれていった。直冬下向に対し薩摩国の場合は、討伐命令が幕府や九州探題《たんだい》（今川了俊《いまがわりょうしゅん》以前は鎮西管領と称していたが、九州探題で統一する）一色氏《いっしき》からだされている。九州探題は、足利尊氏が九州統治のために博多《はかた》に設置した機関で、足利一門一色範氏《のりうじ》が任命された。九州探題は九州各国守護を統括し、各国守護とのあいだに対立関係を内在する場合もあった。

この時期島津氏は幕府・九州探題側に味方し、貞久子息師久《もろひさ》・氏久《うじひさ》兄弟（頼久・宗久の弟）が国人を指揮して直冬方勢力と対戦した。他方直義方も高師直・師泰《もろやす》兄弟追討を国人に命じ、島津氏一族伊作・山田氏、入来院《いりきいん》・二階堂《にかいどう》・比志島《ひしじま》氏らが直冬方に与力している。観応二（正平六＝一三五一）年九月島津氏久は、南九州の国人たちを率いて筑前《ちくぜん》国月隈《つきくま》・金隈《かねのくま》合戦に探題方として従軍している。島津氏の数々の勲功に対し、文和三（正平九＝一三五四）年探題一色範氏は島津貞久に鹿児島郡郡司職などを宛行《あてが》っている。

観応二年十月足利尊氏が直義勢力討滅のため南朝にくだる正平一統《しょうへいいっとう》のさいには、島津氏も南朝方にくだった。正平一統がやぶれると、尊氏同様島津氏も北朝方に戻った。大隅国大将畠山直顕は直冬方であり、大隅国内の支配力は島津氏よりも強力であった。直顕が与力していた直冬は、養父直義の死で勢力衰退し、大宰府で一色氏に敗北したことにもより九州を去り中国地方に移動した。直冬の九州退去により、直顕陣営も動揺した。直顕が組織した在庁系・正八幡宮系領主のなかには、島津氏に味方するものもでてきた。氏久は、薩摩・大隅両国内に宛行状《あてがえじょう》・預ケ状《あずけじょう》などを発給し国人把握につとめるなかで、直顕方国人に対しても南朝年号使用や所領の預置・宛行などで切崩し工作を行った。この結果、延文五（一三六〇）年、直顕は事実上南九州経営から撤退し、氏久は大隅国領国化の基礎をきずいた。

一色氏は菊池氏に大敗し、範氏・直氏《なおうじ》父子はあいついで帰京した。南朝勢力強盛化に対応し、幕府は後任の探題に足利氏一門斯波氏経《しばうじつね》を任命した。氏経期に島津氏は、少弐・大友氏らと異なり、守護管国内における半済《はんぜい》実施権・闕所地処分権《けっしょち》が付与されなかった。島津氏は探題に抗議したが氏経は解決できず、この時期探題と島津氏との関係は冷却化した。

貞治二（正平一八＝一三六三）年貞久は、薩摩国守護職を師久、大隅国守護職を氏久に譲与した。島津氏は、薩摩国守護職を継承した総州家《そうしゅうけ》（上総介補任にちなむ）と大隅国守護職を継承した奥州家《おうしゅうけ》（陸奥守補任にちなむ）にわかれた。総州家・奥州家それぞれ分国支配を進めているが、とくに奥州家は大隅国内だけではなく、薩摩国内の国人にも支配をおよぼした。奥州家は、貞久から譲与された鹿児島郡を拠点とし、領国経営を進めていった。

**奥州家島津氏の領国形成●**

九州南朝優勢のうち、正平十六（康安元＝一三六一）〜十八（貞治二）年北薩《ほくさつ》の和泉・牛屎氏や北隅の馬越《まこし》氏（菱刈氏の一族）、肥後国芦北《あしきた》郡七浦《ななうら》衆が一揆を結んでいる。その後正平二十三（応安元）〜二十五年の一揆には、前記国人に加え渋谷氏や肥後《ひご》国球磨《くま》郡国人、野辺氏ら日向国人などが参加している。この二つの一揆は、いずれも南朝方が組織し反島津的性格をもっている。南朝方一揆に参加した国人の目的はそれぞれ異なるが、和泉・牛屎・渋谷氏の場合は、所領支配維持のために島津氏の軍事的圧力排除であったと考えられる。島津氏は、南朝勢力の優勢さに耐えかねて建徳二（応安四＝一三七一）年南朝年号を奉じている。

幕府は南朝勢力討滅のために、九州探題に一門の今川了俊を任命した。了俊は応安四（建徳二＝一三七一）年末九州に上陸し、南朝勢力に攻撃を加え続けた。島津氏は、応安五年に了俊指揮下にはいり、翌年下相良《しもさがら》氏も了俊方に帰服した。下相良氏が幕府方に味方したため、南朝方が組織した一揆は分解した。了俊は、南朝勢力追討のため、薩摩国守護島津伊久《これひさ》（師久の後継）、大隅国守護島津氏久と協力した。しかし了俊と両島津氏の協調関係は、永和元（天授元＝一三七五）年水島《みずしま》の変により決裂し、了俊と島津氏とは敵対関係になった。了俊は、解任された島津氏の薩摩・大隅両国守護職を兼任し、南九州支配のため

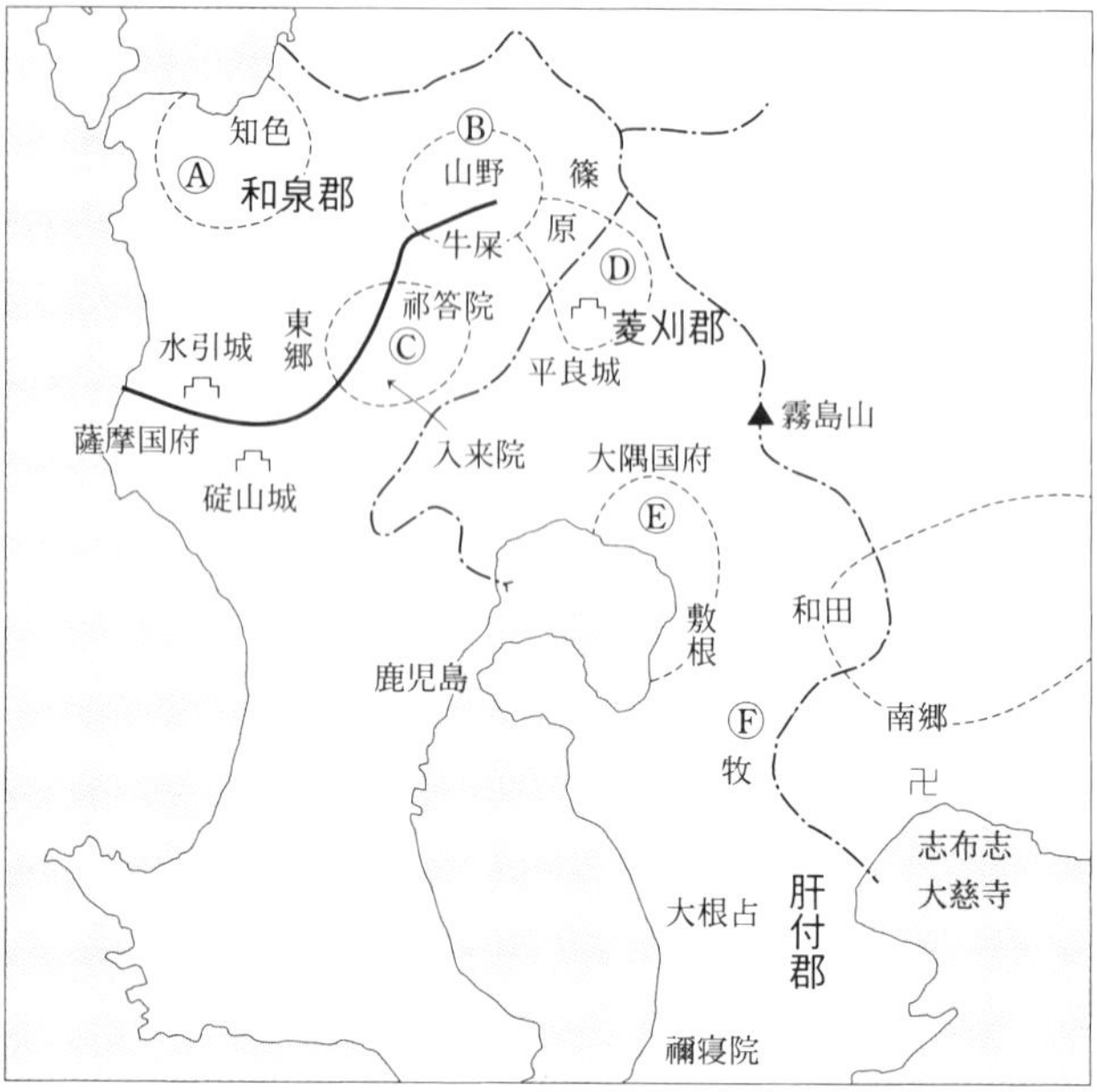


Ⓐ薩摩国和泉郡
第1次：泉
和泉諸太郎兵衛尉政保
第2次：
54)和泉縫殿允村保
10)和泉朝岳刑部丞保種
13)和泉知識左衛門尉兼光
29)和泉井口左近将監保合
30)和泉上村沙弥道一
52)和泉杉民部丞兼義

Ⓑ薩摩国牛屎院
第1次：牛屎左近将監高元
うしくそ
第2次：
39)牛屎河内守元息
5)牛屎鳥越隼人佐義元
6)牛屎青木沙弥元生
8)牛屎牛野備前守元英
16)牛屎太田沙弥元清
49)牛屎山野左衛門尉元詮
50)牛屎羽月石見守元豊
55)篠原光武左衛門尉忠秀

Ⓒ薩摩国入来院・祁答院
第1次：清色・入木・
けたういん
第2次：
36)渋谷遠江守直重
37)大村代平前重
46)東郷信乃守久道

Ⓓ大隅国菱刈郡
第1次：馬越藤四郎行家
第2次：
24)平良代縫殿助重秀
12)曽木大和守元義
17)馬越対馬守高意
38)大溝左近将監高岡

Ⓔ大隅国府周辺
57)税所介祐義
33)税所但馬守祐平
59)敷根左衛門尉親宗
22)肥後豊前介高基

Ⓕ9)牧図書助重親

**第1次および第2次南九州国人一揆における薩摩・大隅両国国人たちの分布**　第2次一揆のメンバーに付した番号は，一揆契状の署名の順序である。服部英雄「相良氏と南九州国人一揆」による。

今川満範《みつのり》を薩隅日三カ国大将として派遣した。了俊は、両島津氏（総州家島津伊久・奥州家島津氏久）を軍事的に制圧するために、永和三年薩摩・大隅・日向・肥後四カ国の国人たちに一揆神水《しんすい》契約を結ばせた。この一揆に参加した国人は、正平末年の国人一揆参加者とほぼ重なる。一揆に参加した国人は、幕府権力を背景とした了俊に所領安堵と島津氏に侵略された所領回復、島津氏所領の恩賞地宛行を期待した。この国人一揆は、了俊と国人の利害関係が一致して結成されたものである。

　永徳二（弘和二＝一三八二）年島津伊久・氏久は、今川了俊に帰服した。この帰服の結果、伊久は同年薩摩国守護に復職している。氏久は了俊との関係が円滑でないため、氏久自身の守護復帰はなかったが、至徳元（元中元＝一三八四）年子息元久《もとひさ》が大隅国守護に復職している。島津氏の帰服は国人一揆に動揺をもたらし、至徳二年相良氏が一揆から離反した。島津氏の帰参で、対南朝勢力打倒の意味で組織された一揆は存在意義を喪失し、最終的には崩壊した。帰服したとはいえ島津氏は了俊に必ずしも従順でなく、禰《ね》寝《じめ》氏にも離反された了俊は、苦しい立場に立たされた。嘉慶元（元中四＝一三八七）年氏久は死去し、了俊の南九州経営も前進しかけたが、応永二（一三九五）年了俊は九州探題を解任された。

　氏久は、大隅国守護を解任後も島津荘大隅方などを直轄領化し、国人に宛行うことにより組織化・被官化を進めている。また了俊が組織した一揆に参加した国人の離間策を執拗かつ巧妙に行った。氏久の子元久は、南北朝末期に鹿児島郡内に清水《しみず》城をきずいて本拠とし、大隅国だけではなく薩摩国内の国人を被官化した。

　了俊解任後、元久・伊久はともに渋谷氏を攻撃し、新探題渋川《しぶかわ》氏に協力した。しかし元久の薩摩国支配が進展すると、両者は対立関係になった。幕府は、両者の抗争に関しては伊久側を擁護し、薩摩国支配を伊久死後は子守久《もりひさ》にゆだねた。しかし薩摩国内に守久の支配はおよばないため、幕府も既成事実を追認し応永十六年島津元久を薩摩国守護に任じた。島津元久は、両国守護職を兼帯し反抗する国人とたたかいながら領国支配を進展させていった。

## 2 室町期島津氏の領国支配

### 島津氏と国人との闘争●

島津元久は、京都に屋形を造営し上洛しているが、このことは幕府の守護在京原則策の一翼にはいりつつあることを示している。幕府は守護の闕所地給与権を拡大したが、元久は幕府から認められた権限拡大を背景として国人の被官化と領国支配をいっそう進展させた。

元久は応永十八（一四一一）年死去し、異母弟久豊《ひさとよ》が元久の継承をした。元久は甥の初犬《はついぬ》(千代《ちよ》)丸《まる》（伊集院頼久の子）を後継者に定めていたが、久豊は初犬(千代)丸を鹿児島から追放して家督を継承した。久豊の強引な家督継承が原因で、久豊方と伊集院方とのあいだで元久の後継争いがおきた。久豊方に味方したのは相良氏や禰寝《ねじめ》・山田・比志島氏ら、伊集院氏に与力したのは入来院・菱刈氏らであり、両者は応永二十〜二十五年のあいだ争った。応永二十五年伊集院頼久《よりひさ》は久豊に帰順し、元久後継争いは終焉した。

奥州家島津氏当主の座を実力で獲得した久豊は、応永六年以降継続している総州・奥州両島津家の抗争に挑んだ。総州家方に味方したのは相良・入来院・牛屎氏らで、元久後継争いで久豊を支持した相良氏は、今度は逆に久豊に敵対した。久豊に味方したのは伊作・阿多氏らで、両者は応永二十九年に至るまで争った。同二十三年総州家島津久世《ひさよ》（守久子息）は追い詰められ自刃し、その後しだいに久豊が優勢になった。二十九年総州家島津守久は肥前国に出奔し、両島津氏の抗争は終結した。

久豊期は、強引な家督継承にもより戦闘続きであった。幕府も久豊の家督継承を長いあいだ認めなかっ

**福昌寺仏殿造営奉加帳に記載された領主の出自別分析**

1．島津氏一族
　島津久豊・島津貴久・新納忠臣・樺山教孝・伊作重久・北郷知久・
　山田忠豊・伊集院頼久・佐多久清・佐多浄了・島津武久
2．譜代被官
　本田重恒・(石塚種惟)
3．老　　中
　大寺元幸・平田重宗・柏原好資・伊地知久阿
4．薩摩国在地領主
　a. 鎌倉期御家人系
　比志島系　比志島義清・小山田元平・河田
　宮 里 系　宮里忠里・(河田)
　牛 屎 系　牛屎久元・羽月久元・山野頼元
　和 泉 系　和泉光朝・井口仲保・杉保則・知邑守保・上村貴保
　石 塚 系　石塚種惟
　高 城 系　高城武宗
　阿久根系　阿久根良忠
　市 来 系　市来禅租
　渋 谷 系　渋谷重長・渋谷重時・湯田重将
　b. 鎌倉期非御家人系
　長 野 系　長野幸定・長野助家
5．大隅・日向国の在地領主(鎌倉期御家人系)
　a. 国　　方
　禰 寝 系　禰寝立清・禰寝沙房丸・佐多忠元
　税 所 系　税所敦弘
　b. 宮　　方
　蒲 生 系　蒲生忠清
　吉 田 系　吉田兼清・西村遺清
　加治木系　加治木
　得 丸 系　徳丸久良
　平 山 系　甑義武・平松武味・平世武子・餅田武牛
　酒 井 系　隈本久宗・篠瀬元為・山田久秀・酒井親久
　c. 庄　　方
　菱刈系　菱刈明熊丸・菱刈久家・曾木久直
6．大隅・日向国の在地領主(鎌倉期非御家人系)
　辺田七人衆　廻元政・池袋親宗・伊地知久阿・石井光義
　肝 付 系　肝付兼元・北原久兼・北原久能・梅北兼永・渋江久永
　野 辺 系　野辺盛在・盛治・盛光・盛良・盛孝・盛豊
　富 山 系　志々目泰豊・浜田泰勝
　長 井 系　長井利久
　和 田 系　和田正右・和田年則

福島金治『戦国大名島津氏の領国形成』による。

た。しかし久豊が総州家との戦闘に勝利した応永二十九年、久豊の守護職を認めた。久豊末期に作成されたと想定される島津氏の菩提寺福昌寺《ふくしょうじ》の仏殿造営奉加帳に、島津氏の一族・譜代被官や国人たちの名が記載されている。奉加帳の記載から、このころまでには大隅正八幡宮領関係領主たちが島津氏の支配に服していることがわかる。この事実も、久豊に至るまでの奥州家島津氏の領国経営の結果であろう。

応永三十二年久豊は死去し、子の忠国《ただくに》（忠国は初名貴久で、忠国を名乗るのは嘉吉二〈一四四二〉年以後であるが、便宜的に忠国で統一する）が守護職を継承した。忠国期、国人との大規模な闘争がおきた。永享四（一四三二）年伊集院氏は、入来院氏ら渋谷一族、牛屎・菱刈氏ら北薩の国人たちと一揆を結び、島津氏と抗争した。この国人一揆は、守護支配の脱却と直勤御家人としての地位確立をめざした反島津氏的性格の強いものである。一揆結成を支援した相良氏は、一揆が島津氏の北上阻止・封じ込めに寄与することを期待していた。当初一揆は島津氏を窮地に追い込むが、幕府の介入もあり伊集院氏が島津氏に降伏し、忠国の弟好久《よしひさ》による討伐で一揆は瓦解しかけた。

しかし忠国・好久兄弟間の内訌《ないこう》のため、一揆に参加した国人討伐が達成されなかった。このため渋谷氏ら残党が、総州家島津氏一族を擁立し、文安年間（一四四四〜四九）ふたたび蜂起する。忠国・好久兄弟の内訌は、大覚寺《だいかくじ》義昭《ぎしょう》事件を契機に幕府の支持を獲得した忠国がしだいに優勢となった。忠国は、渋谷氏らの一揆討滅に好久方の軍事的支援を得るために、好久と和睦した。好久は、渋谷氏ら一揆を結んだ国人を宝徳年間（一四四九〜五二）までに討滅した。この後忠国は、肥後国内に攻め込み国人一揆を支援した菊地・相良氏と戦闘をまじえる。忠国の時期に、島津氏に敵対し島津氏の領国支配の進展をさまたげていた国人勢力に打勝ち、領国支配を安定化させた（新名一仁「永享・文安の薩摩国『国一揆』について」『九州史学』122）。

領国支配の動揺●

守護管国内の国人を制圧し、国内支配を安定させた島津忠国は、文明二（一四七〇）年に死去した。忠国は死ぬまで守護であったが、忠国の子立久《たつひさ》はすでに長禄三（一四五九）年以降守護的な活動をしている。立久は、忠国の死後守護として認められ、朝鮮に遣使している。忠国生存中に、京都で応仁・文明《ぶんめい》の乱が勃発した。立久は、東軍細川方に味方したが、島津一族の豊州《ほうしゅう》家島津季久《すえひさ》は西軍山名・大内方に与力した。応仁・文明の乱に対する島津氏の対応も、他氏と同様一族それぞれであった。

文明六年島津立久は死去し、後継者をめぐり紛糾した。立久の叔父で舅でもある薩州《さっしゅう》家好久（好久は、永享十一〈一四三九〉年以後持久、その後用久と改名するが、本稿では便宜的に好久で統一する）の子国久《くにひさ》に守護職が継承されようとした。しかしほどなく立久の子忠昌《ただまさ》（本稿では、便宜的に忠昌で統一する）が後継者の地位についた。忠昌期は、一族の反乱があいつぐ時期であった。文明七年以降、薩州家国久・豊州家季久・伊作久逸《ひさやす》らが反乱をおこした。国久は忠昌の父立久の従兄弟、季久は忠昌の大叔父、久逸は忠昌の叔父など、反乱者はいずれも忠昌の近親者であった。国久・季久の反乱理由は、相良氏と北原《きたはら》氏との反目で相良氏を支援することが忠昌にうけいれられなかったことである。国久・季久の乱は、文明七〜九年のあいだ続き相州家友久《ともひさ》・相良・菱刈氏らが国久・季久側に合力した。忠昌には、伊作・伊集院・頴娃《えい》・樺《かば》山《やま》・蒲生・肝付・禰寝・平田《ひらた》・北郷《ほんごう》氏らがしたがった。国久・季久は、文明九年忠昌に降伏した。

伊作久逸は日向国櫛間《くしま》院を領有していたが、隣接する同国飫肥《おひ》を領有していた新納忠続《にいろただつぐ》は忠昌に働きかけて、久逸を櫛間院から薩摩国伊作郡に帰らせようとした。久逸は櫛間院を去ることが不満で、文明十六年新納忠続を攻めた。久逸には日向国の伊東氏、大隅国の北原・菱刈氏などが味方し、忠昌には忠続や樺

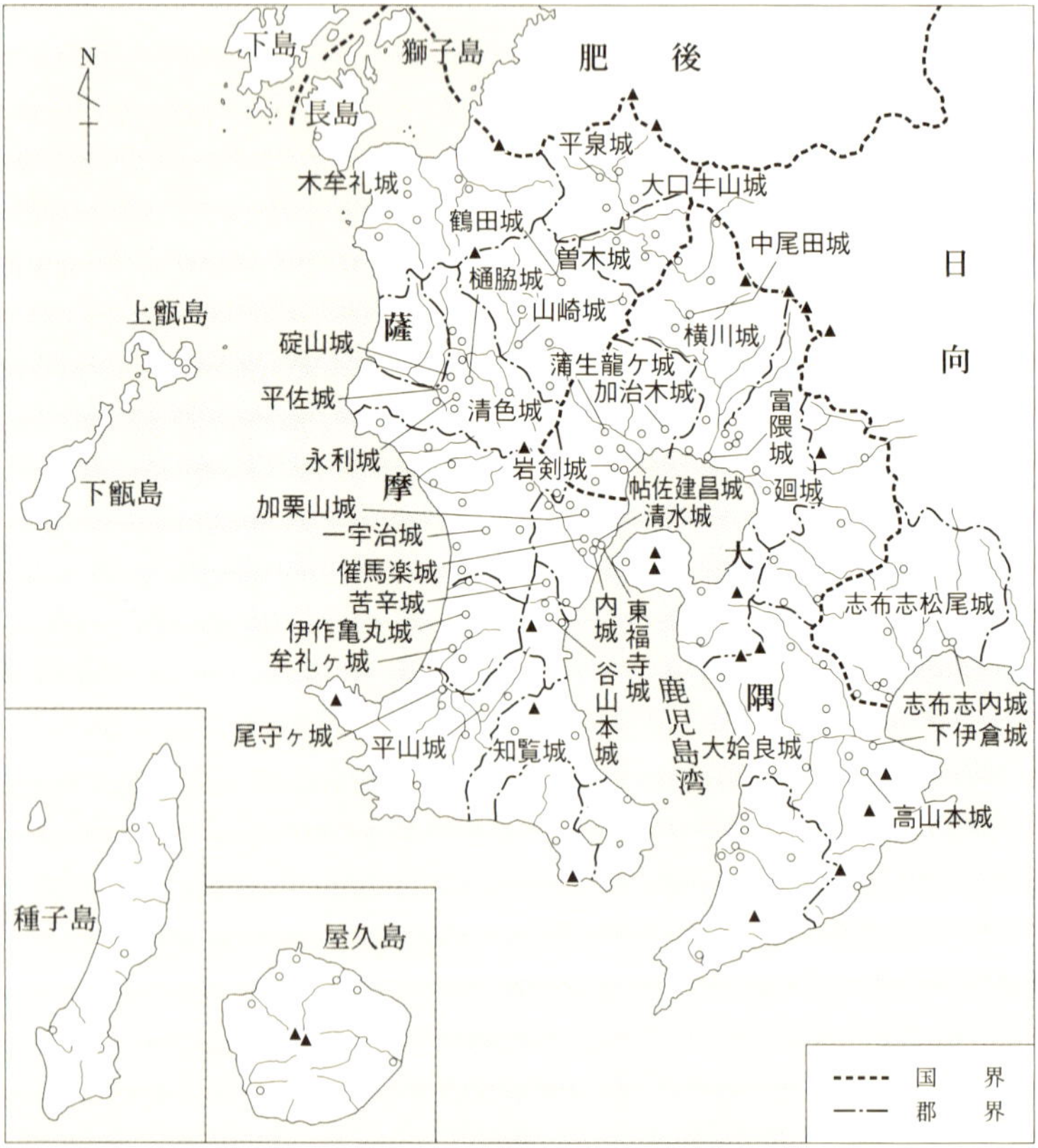


薩摩・大隅・日向(一部分)国内の中世城館跡分布　竹内理三ほか編『角川日本地名大辞典46 鹿児島県』などによる。

山・肝付・禰寝・平田・北郷・村田《むらた》氏らがしたがった。両者の戦闘は忠昌側が勝利し、久逸は翌十七年忠昌に降伏して伊作に帰った。

文明六年の島津一族の反乱以後も領国内においては紛争がたえず、明応三（一四九四）年忠昌の肝付氏攻撃に対する渋谷・新納・禰寝・北郷氏らの反忠昌一揆の結成、明応九年薩州家の内訌や明応・永正期の大隅国肝付氏の反乱など戦乱は続いた。永正五（一五〇八）年大隅国肝付兼久《かねひさ》の反乱の対応に苦慮した忠昌は、自尽した。

忠昌自殺後は忠昌の子忠治《ただはる》、永正十二年忠治が死去した後は忠治の弟忠隆《ただたか》、永正十六年忠隆が死去したあとは、忠隆の弟で頴娃氏の猶子になっていた勝久《かつひさ》（本稿では、便宜的に勝久で統一する）が家督を継承した。勝久は、国内支配体制強化のため、兄忠治・忠隆期の老中たちを解任しあらたな老中を抜擢した。だが勝久のこの処置が裏目にでて、忠治・忠隆期の老中伊地知重貞《いじちしげさだ》が勝久から離反した。勝久は、重貞討伐を島津忠良《ただよし》に命じた。島津忠良は相州《そうしゅう》家・伊作島津家当主であり、直臣団が分裂しかかった勝久には、領国支配を達成するために忠良の支援が必要であった。勝久は忠良の支持を得る目的で、大永六（一五二六）年忠良の子貴久《たかひさ》を養子にし、翌年勝久は貴久に守護職を移譲した。貴久の守護職継承は円滑にゆかず、貴久は父忠良の支援を背景に守護職を実力で獲得することになる。

## 守護大名島津氏の領国支配機構●

南北朝・室町期における島津氏の領国支配機構についてふれておこう。守護の補佐役として守護代がおかれた。薩摩国は南北朝中期までは酒匂《さかわ》氏、大隅国は氏久期以降本田《はんだ》氏が守護代をつとめている。貞久期の酒匂久景《ひさかげ》、氏久期の本田氏親《うじちか》、元久期の本田元親《もとちか》、忠国期の本田国親《くにちか》らは、各時期の守護から諱を一字拝領していると考えられる。

南北朝期の守護代は、軍勢催促《ぐんぜいさいそく》と戦功認定、闕所預置《あずけおき》に関する権限をもっていたが、室町期には軍勢催促と戦功認定は老名《おとな》、闕所預置も守護直轄領においては老名に権限が移行した。室町期の守護代の権限は、闕所地処分権・軍事指揮権・坪付管理と国人私領把握権・一宮など社寺支配権である。

室町期の領国支配に関与するのは、老名である。正長二（一四二九）年以降出現し、文明年間（一四六九～八七）以降は老中《ろうじゅう》・年寄《としより》とよばれている。老名に任命されたのは、文明十九（一四八七）年以前は平田・村田氏ら、明応四（一四九四）年村田経安《つねやす》殺害以後は伊地知・桑波田《くわはた》・本田氏らである。本田氏は島津氏の譜代被官、伊地知・桑波田・平田・村田氏は南北朝期以降島津氏の被官化した領主であると考えられる。老名の権限は、相論の裁許、軍勢催促と戦功の認定、守護直轄領に対する闕所地認定と闕所地宛行権である。守護領国の確立・深化のなかで、老名は守護直轄領の所領宛行と守護裁判権の実務を担当し、軍勢催促・戦功認定・闕所地認定など、南北朝期守護代が行使していた権限をあわせもったのである。

この時期の領国支配には、奉行も関与している。奉行には、川上・町田氏のように島津氏庶家、田中・福崎・益山《ますやま》氏のように島津氏の譜代被官、上井《うわい》・浜田《はまだ》氏のように大隅国内の国人らが任命された。人的構成では奉行と老名とは重ならず、奉行には守護から諱である久の字を拝領したものもいて、守護近習《きんじゅう》者から構成されていたと考えられる。奉行の権限は、守護段銭《たんせん》請取り、城蔵や菩提寺における唐物などの管理、守護使《しゅごし》としての検注《けんちゅう》権などである。またこのころ守護と国人のあいだの命令・申請を取り次ぐ奏者《そうじゃ》も制度化されていたと考えられる。

室町期島津庶家は、一揆契諾を結び守護権限を規制する面もあったが、島津庶家は守護にしたがった。

守護島津氏は、守護直轄領を設定し、御内層《みうちそう》を城持の地頭に任命し、被官化した国人を衆として組織化したりした。この時期の地頭は、戦国期と異なり本貫地近在に位置していた。地頭は、一城をあたえられた城持で、領内の相論には検断権を行使した。島津氏は、外様《とざま》の国人に対しては加冠《かかん》・契状《けいじょう》取りかわしをする程度で、知行宛行などはみられない。

室町期の島津氏の支配形態は、鎌倉・南北朝期守護領の支配を継承しながら、職からしだいに下地を押さえて現作田《げんさくでん》数を把握し、門《かど》を掌握する段階にまで至った。鹿児島に仮屋《かりや》を設定し給人《きゅうにん》を編成した。他方守護直轄領では、農民の零細開発地である堀町《ほりまち》が守護に掌握されていることが十五世紀末以降確認されている。この事実は、守護段銭が農民留保分である名頭《みょうとう》用に賦課されていること、守護が国人領内の給人田数を掌握していることとも密接に関係し、戦国大名島津氏の田数を基準とした役負担体制へ移行する前提となった。

## 3　戦国大名島津氏の九州制覇

### 戦国大名島津氏の成立●

従来島津氏は、守護から守護大名、戦国大名へ順当に移行したといわれていた。しかし各移行段階では、一族内で激烈な抗争がおきていた。前述のように島津勝久は、島津貴久に守護職を譲与した。忠良は、樺山氏と提携し、勝久に離反した伊地知氏を討伐し、その所領を勝久老中肝付兼演《かねひろ》に宛行《あしが》い、兼演との私的な主従関係構築を意図した。

しかし薩州家当主島津実久《さねひさ》は、貴久の守護継承に反対した。薩州家の祖好久は兄忠国の守護代で、勝久の妻は実久の姉妹であった。島津氏一族内の地位と勝久の姻族の立場から、実久は貴久の守護継承に反発し勝久の守護職復帰を求めた。貴久の守護継承後わずか一カ月で、勝久は守護職を悔返して守護に復帰した。勝久は自己の地位確立のため、菱刈・北郷氏らに官途任命状や知行宛行状を発給して味方とすることに躍起となった。勝久は、以前罷免《ひめん》した老中たちを再登用した。しかし勝久のこの行為は被官層のなかに亀裂をうみ、被官層分裂の原因となった。勝久被官層の対立は激化し、被官同士の殺人事件までおきる事態となった。この結果勝久に切腹を命じられた川上氏派の被官層は、天文四（一五三五）年島津実久のもとに結集し実久とともに鹿児島を攻めた。勝久は、実久に国政を譲渡し帖佐にのがれたので、実久は鹿児島にはいった。勝久出奔後、後継争いは実久と忠良・貴久父子とで争われた。

鹿児島にはいった実久は、本宗家被官層の支持を得て守護の地位につき、島津忠朝《ただとも》や肝付・禰寝《ねじめ》氏らに承認された。この時期実久方勢力は圧倒的に優勢で、忠良は所領交換を条件に実久の守護継承の承認を決意したこともある。また島津忠良父子は、実久にくらべて劣勢だった。忠良側に味方したのは、姻族入来院氏（当主重聡《しげとし》の女が貴久妻）や伊集院・頴娃氏らであった。天文六年ころ忠良は、鹿児島復帰を意図する勝久と提携し、この結果、忠良は本宗家被官層や南薩部国人層を味方につけた。忠良は本宗家被官層の多くを被官化し、彼らを中核として老中制度を整備した。勝久と提携の結果、忠良父子の勢力は飛躍的に拡大した。

実久と忠良・貴久父子との勢力関係は、天文八年ころから変化しはじめた。入来院・東郷氏や頴娃・喜《き》入《いれ》氏ら南薩部国人層と提携した忠良父子は、谷山・紫《むらさきばる》原合戦で実久側を撃破した。この結果薩摩半島部では、実久の勢力は弱まり忠良・貴久側がしだいに優勢になっていった。忠良が本田氏を被官化して以降、実久支持勢力にも動揺がおこり、実久側の国人たちが忠良側に寝返り、忠良側がさらに優勢になった。忠良と実久との対立は実久死去まで続くが、これ以降は忠良側優位で推移したと考えられる。そして忠良・貴久勢力拡大の原動力になった勝久は、本宗家被官層に離反されて、天文八・九年母方大友氏をたより豊後国へ逃れ、二度と鹿児島に戻ることはなかった。

天文十四年貴久は北郷氏ら一族庶家から守護として認められ、島津家当主が名乗る「三郎左衛門尉」を称しはじめた。天文十九年に鹿児島にあらたにきずいた御内城に入城した。戦国大名島津氏も、このときに成立したと考えられる（山口研一「戦国期島津氏の家督相続と老中制」『青山学院大学文学部紀要』28等）。

**戦国大名島津氏の支配体制●**

戦国期島津氏の領国支配体制についてみてみよう。守護を補佐する守護代は、大隅国守護代島津以久《もちひさ》、日向国守護代島津家久《いえひさ》および島津義弘《よしひろ》が確認される。義弘・家久は守護義久《よしひさ》の弟、以久は義久の従兄弟で、守護の近い血縁者が任命されている。薩摩国守護義久のもとにおける守護職の分掌体制であり、領国拡大に対応した措置でもあった。

領国支配中枢に位置するのは老中で、川上・平田氏ら本宗家老名《おとな》系、三原《みはら》氏ら譜代被官、伊集院氏ら島津氏一族が任命されている。経歴面では、伊集院・平田氏ら世襲型老中と、上井・本田氏ら奏者経由型老中に大別される。この二類型は、老中内階層差と密接な関係がある。また老中のなかには、京都交渉担当喜入氏、琉球交渉担当本田氏など職掌が専門化した吏僚的老中もいる。老中権限は、評定《ひょうじょう》談合と坪付打《つぼつけうち》渡状《わたしじょう》への連署、衆中召移《しゅうちゅうめしうつし》権、訴訟決裁権などである。老中補佐役として、奏者が存在する。奏者の権限は、老中補佐以外に国人や地頭・衆中の訴訟などを守護および老中へ伝達することであった。

領国内守護直轄領には、地頭がおかれた。地頭には、被官化した島津氏一族や国人が任命され、一族や在地小領主・上層農民に出自を有す衆中を率いて直轄領支配や戦闘に従事した。室町期と異なるのは、人の移動である召移や土地の移動である繰替《くりかえ》が行われ、地頭・衆中が本貫地《ほんがんち》から切りはなされ「鉢植」化されたことである。召移・繰替は、地頭・衆中間に固定化した主従関係の発生を阻止し、地頭・衆中を島津氏の直臣化《じきしんか》する目的で行われた。地頭の権限は、衆中に対する軍事指揮権以外に、移動の承認・所領をのぞむ申し出を老中に取り次ぐこと・不当行為の処罰など衆中把握に関すること、衆中負担諸役の統轄、裁判・検断権などである。このほか衆中・領民に対する公役賦課も可能であったが、公役の内実は普請役と地域祭神勧請を中心とし、地頭の独自な主従関係構築と自立化の方途はおさえられていた。

島津氏は、地頭・衆中に軍役を賦課し殿中番役等公役を徴収したが、賦課・徴収の基準は門・屋敷などの知行地であった。知行地一町未満者は無足、一町以上のものが有足として区別され、自力で軍役勤仕可能な下限は二町衆であると想定される。島津氏の権力基盤の最下層はこの二町衆におかれていた。また、鹿児島祭神諏訪《すわ》神社居頭役《いとうやく》を、地頭・衆中などに勤仕させている。居頭役は血縁関係に基づき編成され、島津氏の宗教的権威を利用した地頭・衆中の掌握である。

島津氏は、天正五（一五七七）年以降、把握した総田数から堀町分を除外し浮免を加算した田数を公田として役賦課の対象田数にした。また下級給人を軍役に編成するうえでの蔵入分として、寺社領を利用した。

## 島津氏の三州統一と九州制覇

島津貴久は、守護領国の「平定」にとりかかった。すでに薩摩半島部は忠良期に支配下にいれたので、貴久は薩隅《さつぐう》境の本田・肝付氏を攻めて降伏させ薩隅境の錦江湾《きんこうわん》沿いをしたがえた。つぎに、大隅国内陸部の征服が計画された。貴久は、天文二十三（一五五四）〜弘治三（一五五七）年に大隅合戦を行い、蒲生氏を追放した。この結果、島津氏があらたに獲得した旧蒲生領を直轄地とし地頭を配置した。以後島津氏は、薩隅日三カ国と肥後国南部の征服地に同様の戦後処理を行い、占領地支配を安定させた。

大隅合戦に続く永禄年間（一五五八〜七〇）は、貴久は大隅半島部の征服を行った。貴久の子義久は、永禄十二（一五六九）年に北薩の菱刈氏、翌元亀元（一五七〇）年入来院・東郷氏を降伏させ、薩摩国全体を支配下にいれた。

島津氏と伊東《いとう》氏との抗争は永禄年間以後継続していたが、元亀三年木崎原《きさきばる》合戦の島津氏大勝後は、伊東氏は衰退した。天正二（一五七四）年大隅国の有力国人肝付・伊地知氏が島津氏に降伏し、天正五年伊東氏は大友《おおとも》氏をたより豊後に逃走した。島津氏は、日向国を領国化し、ここに薩隅日三カ国征服は完成した。翌天正六年大友義鎮《よししげ》は伊東氏を支援し、日向国に出兵した。島津氏は、耳川《みみがわ》の戦いで大友軍を撃破した。三州征服後、島津氏は肥後国経営を進めた。天正九年島津義弘は相良氏を破り、被官化するとともに、芦北・八代《やつしろ》両郡を没収して直轄領とした。肥後国南部は、島津領国化した。

天正十二年島津家久《いえひさ》は、有馬《ありま》氏に合力して龍造寺《りゅうぞうじ》氏と島原《しまばら》半島で合戦し、当主隆信《たかのぶ》を討ち取り大勝した。隆信の子政家《まさいえ》は、島津氏に帰服した。同年島津氏は隈部《くまべ》・小代《しょうだい》氏をしたがえ、翌年阿蘇《あそ》氏をしたがえて肥後国全体を島津領国に加えた。

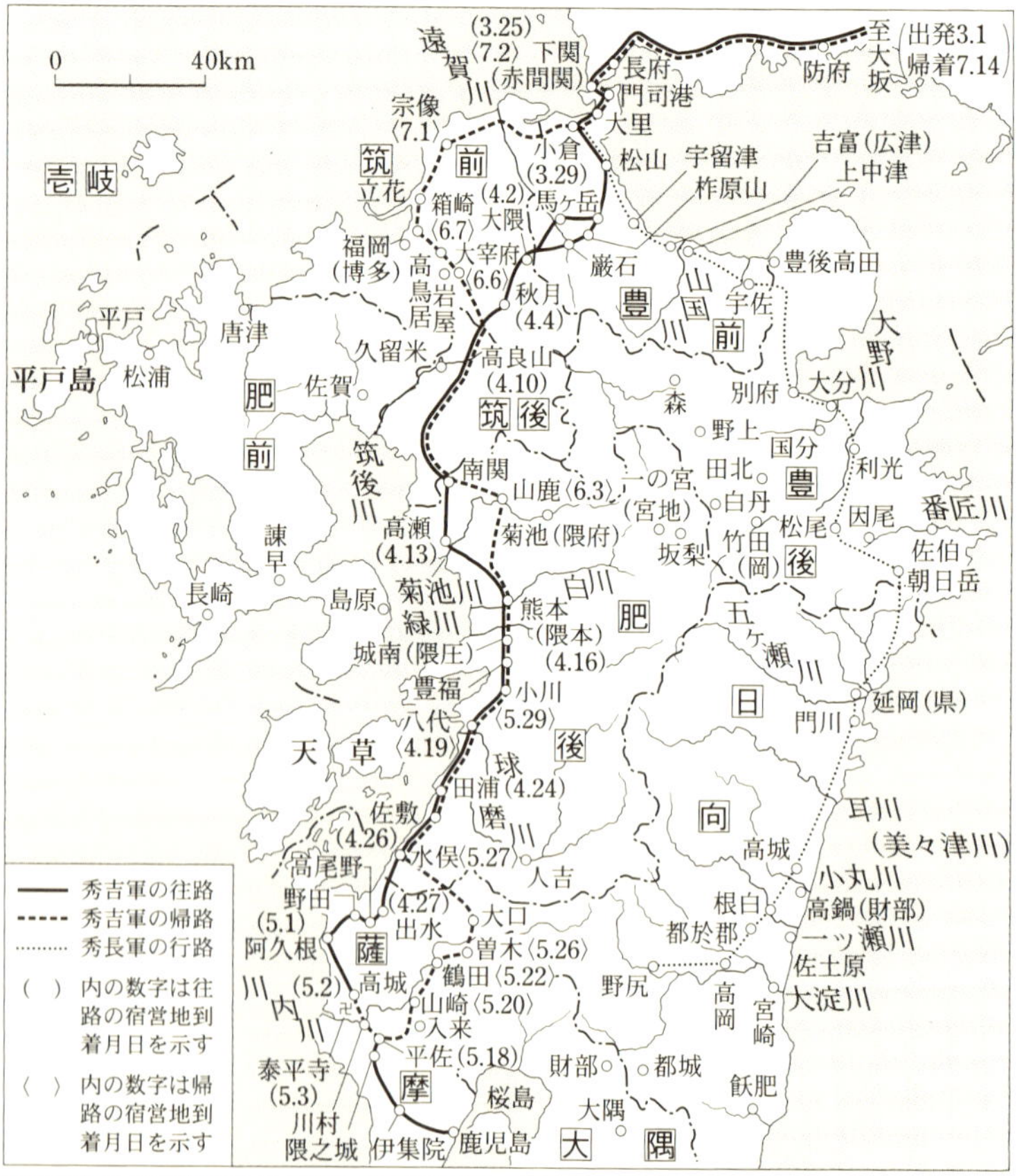


**天正15年九州遠征における豊臣軍の進軍図**　林屋辰三郎『天下一統』(中央公論社『日本の歴史』⑫)による。

豊臣秀吉は、天正十三年、同十四年にあいついで島津氏に大友氏との和平を命じた。島津氏は、秀吉の要請を拒否し、大友氏から離反した秋月《あきづき》氏らの国人を支援して筑後・筑前国に進攻したが、大友方の反撃をうけてしりぞいた。

島津氏内では、天正十四年大友氏の本拠豊後国攻撃が決定され、肥後口と日向口から豊後国に進攻した。同年末島津氏は、秀吉が派遣した軍勢を戸次川《へつぎがわ》の戦で破り、大友義統《よしむね》を府内《ふない》城から追放し、義鎮を臼杵《うすき》城に包囲した。ここに大友領国は、ほとんど崩壊した。

天正十五年秀吉は九州遠征に出兵し、秀吉軍は九州西部、秀吉の弟秀長らは九州東部を南下した。秀吉の進軍により占領地の国人たちが動揺したので、島津氏は退却せざるをえなかった。島津氏は、日向国根《ね》白坂《じろざか》に攻めよせたが秀長らに大敗し講和を考えるに至った。薩摩国内にはいった秀吉軍は、川内《せんだい》の泰平寺《たいへいじ》に本陣をおいた。

義久は降伏を決意し、剃髪《ていはつ》したのち泰平寺で秀吉に拝謁した。秀吉は、島津氏に薩摩・大隅両国と日向国一郡を安堵した。九州地方における戦国時代は終焉し、薩摩・大隅両国も秀吉政権の支配下にはいった。

## 4　海外交流と文化

### 日明貿易と倭寇●

一三六八年に成立した中国の明《みん》王朝は、皇帝を頂点とした世界秩序をきずくため、周辺諸国の王に従属を促し、爵位・称号をさずけていた。これを冊封《さくほう》という。そして主従関係を確認するため、皇帝は冊封をあたえた王から定期的に貢物をうけとり（進貢《しんこう》・朝貢《ちょうこう》）、その返礼として貢物を上まわる下賜《かし》品を王にあたえていた（回賜《かいし》）。また、冊封をうけいれない国の船舶の国内入港や中国人の海外渡航・私貿易を一切禁止し（海禁《かいきん》）、進貢船に対しては渡航許可証である勘合符《かんごうふ》をあたえて、その所持を義務づけた。進貢と回賜、これが中国と周辺諸国の唯一の合法的貿易形態（進貢貿易・勘合貿易）とされたのである。

日本も、応永八（一四〇一）年に足利義満《あしかがよしみつ》が明に使者を派遣して冊封をうけいれ、同十一年には明使によって勘合符がもたらされた。これ以後、天文十六（一五四七）年までのあいだに一九回の遣明船が派遣されたが、その多くに島津氏はかかわった。重要な進貢品の硫黄《いおう》が島津氏領内で産出していたため、その調達を命じられていたのである。

また、遣明船は瀬戸内海から博多《はかた》にはいり、平戸《ひらど》・五島《ごとう》を経由して明にむかっていた。しかし、応仁の乱ののち、貿易の主導権をめぐって、博多商人と結んだ大内氏と堺商人と結んだ細川氏とが対立し、瀬戸内海航路を使用できなくなった細川氏は、高知沖から南九州を経て中国へ至る南海路《なんかいろ》を開いた。そして島津氏は細川氏から遣明船の警護を依頼され、より深く勘合貿易にかかわるようになった。

元来、南九州は「海の道」または「海上の道」とよばれる海上交易路によって奄美《あまみ》群島や沖縄・中国と密接に結ばれ、鹿児島や山川《やまがわ》・坊津《ぼうのつ》・加世田《かせだ》・京泊《きょうどまり》（川内《せんだい》）・根占《ねじめ》・志布志《しぶし》などの港には中国や東南アジアの国々の船もしばしば寄港していた。中国人居留地も各地にでき、唐湊《とそ》（鹿児島）・唐仁原《とうじんばる》（加世田《かせだ》）・唐仁町（国分《こくぶ》・東串良《ひがしくしら》・市来《いちき》）・唐浜《からはま》（川内）など中国交易にちなむ地名も数多く残されている。

南九州の支配者である島津氏も海外交易に熱心で、文中三（一三七四）年には六代氏久《うじひさ》が明との交易をはかって太祖《たいそ》に使者を派遣したが、進貢とは認められずしりぞけられた。また、朝鮮に対しても応永十三年から毎年のように使送船を派遣し、盛んに交易を行っていた。島津氏がいかに海外との交易で莫大な利益を得ていたかは、応永十七年に上洛した七代元《もと》久《ひさ》が、将軍足利義持《よしもち》らに麝香《じゃこう》や虎皮・砂糖・南蛮酒・毛氈《もうせん》など数多くの舶来品を献上して、都の人びとをおどろかせたというエピソードなどからもうかがえる。

さらに、明が琉球王国を南海産物を入手する窓口として位置づけて優遇したため（一七八頁参照）、南九州や「海の道」はより重要な交易路となった。明は国ごとに進貢頻度を定めており、日本は一〇年一貢とされていたが、この程度の進貢頻度では高い市場価値をもつ中国製品の需要をまかないきれなかった。これに対し、琉球王国は一年ないし二年一貢で、中国製品を比較的容易に入手できたのである。このため琉球王国は入手した中国製品を他国へ転売する中継貿易で栄え、多くの商船が「海の道」を伝って南九州と琉球のあいだを行き来するようになった。

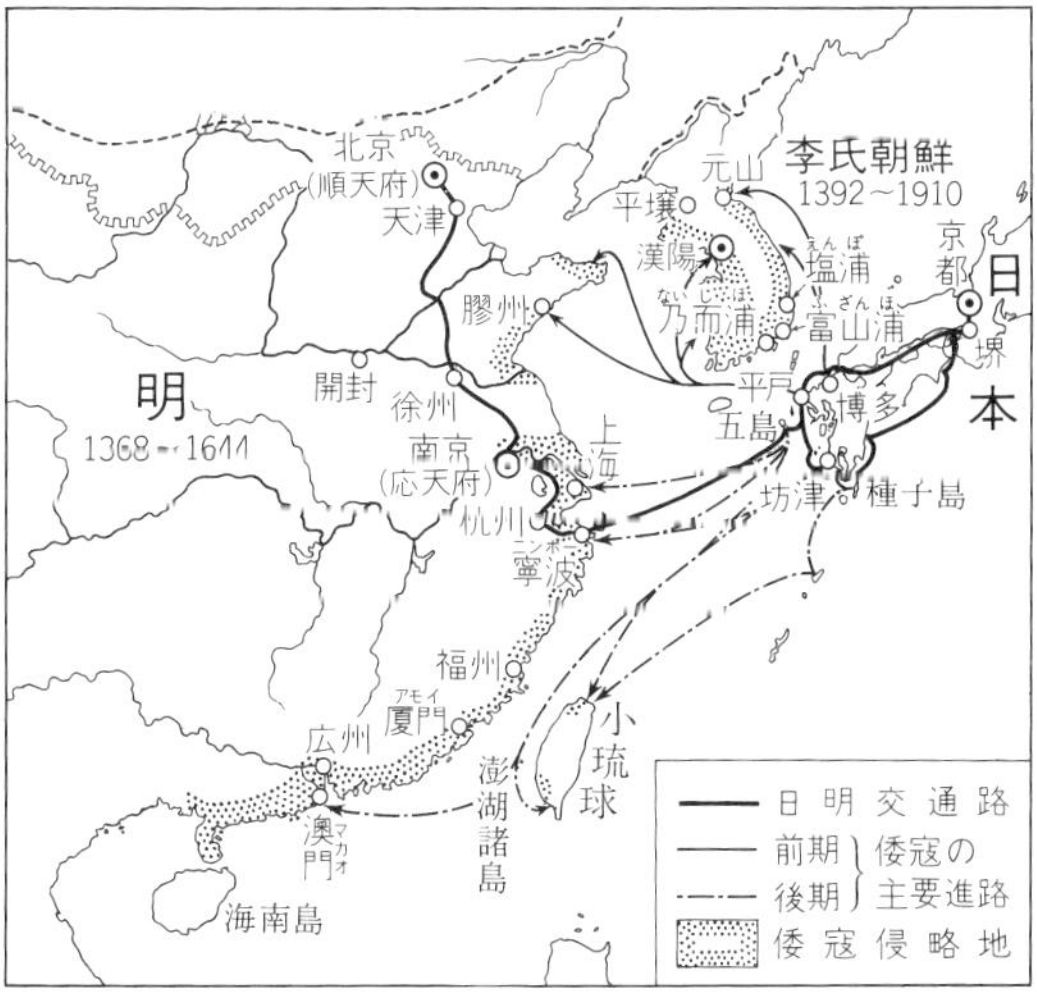


14世紀ころの東アジア

一方、海禁令にそむいた私貿易も盛んで、官憲の取り締りがきびしくなると、私貿易の従事者はしだいに集団化・武装化していった。いわゆる倭寇《わこう》である。倭寇はすでに十四世紀ころから朝鮮半島を荒らしまわっていたが、十六世紀には活動範囲の中心が中国沿岸に移った。もっとも倭寇といっても、真倭《しんわ》とよばれた日本人は一・二割にすぎず、中国沿岸を荒らしまわった倭寇は大部分が中国人であった。倭寇が拠点としたのは西九州および南九州で、明の海防・地理書『籌海図編《ちゅうかいずへん》』（一五六二年・鄭若曾《ていじゃくそう》撰）には「入寇者、薩摩・肥後・長門三州之人居多、其次則大隅・筑前・日向・摂津・津州・紀伊・種島」とあり、さらに薩摩や五島が中継地点になっていると記されている。

## 西欧との出会い❸

十五世紀初頭、ポルトガル・スペイン両国は、アフリカ・アメリカ大陸へと進出しはじめた。大航海時代の幕開けである。進出先でしばしば衝突した両国は、一四九四年、西経四六度三七分の経線で地球を二分し、この線以東をポルトガルが、以西をスペインが支配するというトルデシーリャス条約を締結した。この条約に基づき、ポルトガルはアフリカを経てアラビア・インド・東南アジア・中国へと進出し、スペインはアメリカ大陸からマゼラン海峡を抜けて太平洋に進出しアジアに到達した。

アジアへの到達はポルトガルのほうがはやく、一五一一年にはマレー半島の要衝マラッカを占領した。ポルトガル人たちはこのマラッカで琉球人《レキオ》と出会い、琉球の北に黄金伝説の国日本《ジパング》があることを知った。さらにポルトガルは、一五一七年から一五二二年にかけて明に使者を送って国交樹立をはかったが、明皇帝を頂点とする冊封体制にはいることはできず、明の海禁政策にあって国交・通商を拒否された。このためポルトガル人たちは密貿易に転じ、倭寇たちと接触するようになった。その結果、天文十二（一五四三）年、中国人倭寇・王直《おうちょく》の船（ジャンク）に同乗していたアントーニオ＝ダ＝モッタ、フランシスコ＝ゼイモト、アントーニオ＝ペイショットの三人のポルトガル人が種子島に到来して鉄砲を伝え、西欧人による日本発見となったのである。なおヨーロッパ側の記録では、これは一五四二年のこととされている。

日本発見後、多くのヨーロッパ人が「海の道」を北上し、南九州そして日本各地へむかうようになった。天文十五年山川に来航したポルトガル商人ジョルジェ＝アルヴァレスもその一人で、彼はザビエルの依頼をうけ『日本情報』をあらわした。これは来日経験をもつヨーロッパ人が書いた最初の本格的日本見聞記で、日本人が名誉を重んじ盗みをきびしく罰することや知識欲が豊富なこと、食事は少量で肉を食べないことなどが記されている。多くは南九州、とくに山川・指宿《いぶすき》方面の風俗などを記したものと考えられており、米でつくる焼酎《しょうちゅう》を飲むことや、海岸の砂を掘って温泉にはいるようすなども記述されている。

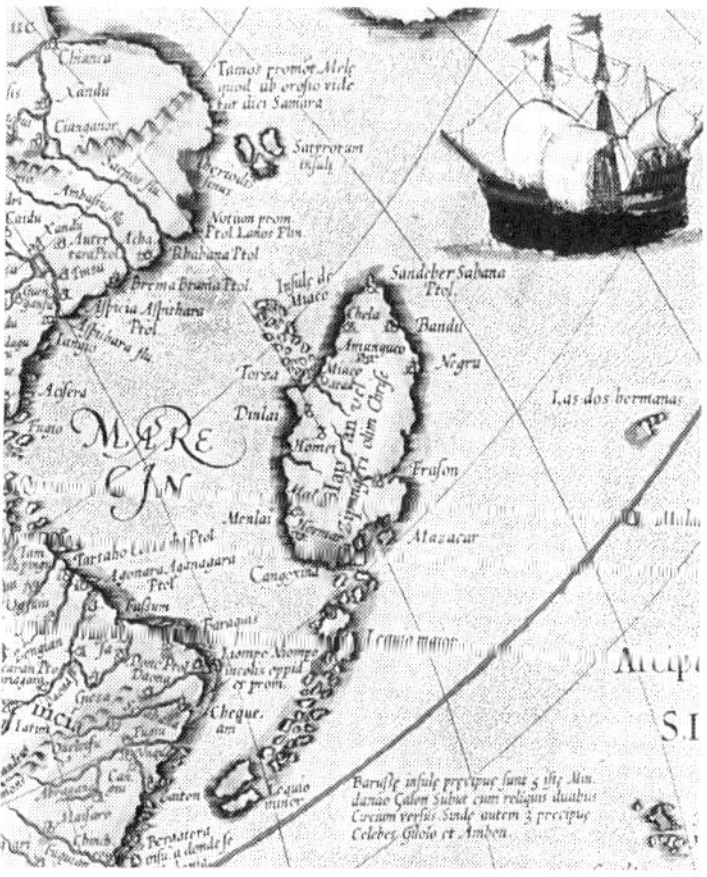

ジパング　メルカトル「1587年版アジア図」より。まだ日本の情報が不十分な時代のヨーロッパ製地図。南端に「Cangoxina」とある。

またアルヴァレスは、山川からマラッカに戻るさい、鹿児島の青年ヤジロウ（Anjiro）を連れ帰りザビエルに紹介した。ザビエルは、アルヴァレスから日本に関する情報を聞き、さらにヤジロウと会って日本布教を決断したのである。そして、一五四九年、ヤジロウとともに鹿児島に上陸しキリスト教を日本に伝えた。ザビエルの鹿児島滞在は一〇カ月あまりで、多くの信者を得、その後平戸・京都・山口・府内《ふない》（大分）でも布教活動を行い、一五五一年日本をはなれた。なおそのさい、鹿児島の青年ベルナルド（Bernar-do）は、インドのゴアまで同行し、さらにポルトガルのコインブラにある修道院にはいった。彼は日本人初の西欧留学生であった。

このように南九州は、日本と西欧の文化が出会った場所であった。しかし、キリスト教の布教や、ポルトガル・スペイン船との貿易の中心は、やがて長崎や平戸・堺などに移り、南九州の地位は相対的に低くなっていった。

### 薩南学派

中世は地方文化が花開いた時代であった。戦乱で荒廃した京都から貴族や文化人が地方に下向したり、経済的支援を願って戦国大名と活発な交流を続けた。また禅宗寺院が武士たちの厚い帰依《きえ》により隆盛をきわめ、学僧たちによって宋学《そう》が発展した。

南九州においても、近衛《このえ》家と島津家との交流を中心に京文化がもたらされ、さらに海外交易の拠点であったことから、中国文化の影響も色濃くうけた。

南九州には島津氏の菩提寺福昌寺《ふくしょうじ》（曹洞宗・鹿児島）をはじめ、山川正龍寺《しょうりゅうじ》（同）・伊集院広済寺《こうさいじ》（同）・志布志大慈寺《だいじじ》（臨済宗）・野田感応寺《かんのうじ》（同）・坊津一乗院《いちじょういん》（真言宗）・志布志宝満寺《ほうまんじ》（真言律宗）などの大寺院があり、感応寺を中興した雲山《うんざん》や福昌寺開山石屋《せきおく》といった名僧も輩出した。

文明十（一四八七）年には、一一代島津忠昌《ただまさ》に招かれた学僧桂庵玄樹《けいあんげんじゅ》が鹿児島にはいり、桂樹院（島陰《とういん》寺《じ》）をたてて、朱子学を講義した。同十三年、桂庵は島津氏の重臣伊地知重貞《いじちしげさだ》とともに朱子新註の『大学章句』を刊行したが、これはわが国のはじめて出版された朱子新註で、「文明版大学」「伊地知本大学」とよばれた。また『四書』を日本語読みできるように和点をつけ、『家倭和点』をあらわした。この桂庵がおこした学統を薩南学派という。この学派を天下に広めたのは一六代島津義久につかえた文之《ぶんし》で、文之は鉄砲伝来の経緯を記した「鉄炮記《てっぽうき》」などをまとめ『南浦文集《なんぽぶんしゅう》』をあらわした。

また、雪舟《せっしゅう》の高弟となった高城秋月《たきしゅうげつ》は、明応元（一四九二）年、薩摩に戻って雪舟様《よう》の水墨画を広めた。そして等碩《とうせき》・等坡《とうは》・等薩《とうさつ》などが秋月の技法をうけつぎ、江戸時代初期まで雪舟系水墨画派が薩摩画壇の主流となった。

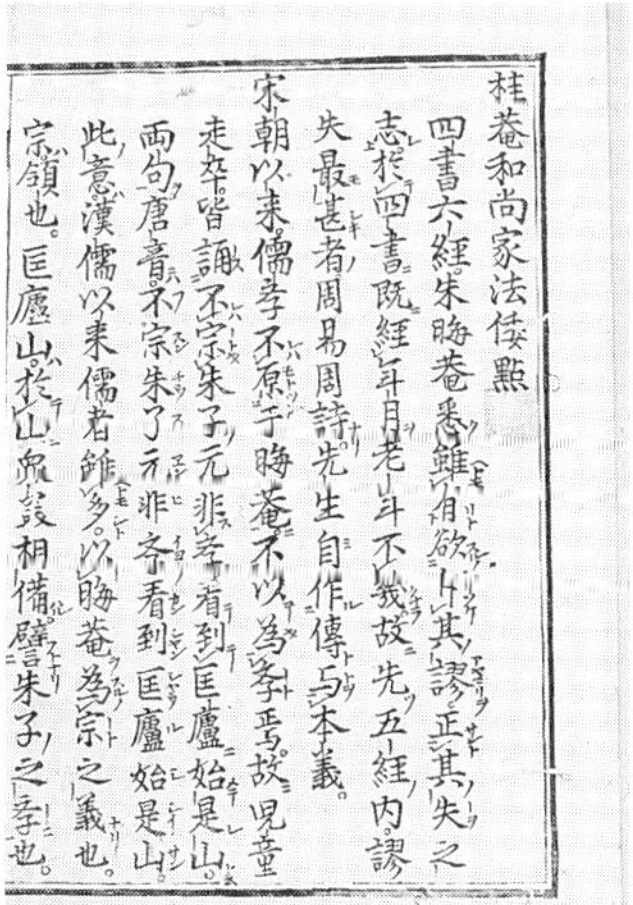
桂菴和尚家法倭點
四書六經朱晦菴悉雖有欲正其謬其失之
志於四書既經年月老而不義故先五經内謬
失最甚者周易周詩先生自作傳與本義。
宋朝以来儒者不原于晦菴不以為學焉故児童
走卒皆誦不宗朱子元非學者到匡廬始是山。
兩句唐音不宗朱子元非斉看到匡廬始是山。
此意漢儒以来儒者雖多以晦菴為宗之義也。
宗領也。匡廬山於山帛毀相備譬朱子之學也。

**桂庵和尚家法倭點**　桂庵玄樹の著作を江戸時代に刊行したもの。

❖コラム

## 『上井覚兼日記』

『上井覚兼日記《うわいさとかね》』は、戦国大名島津義久の家臣上井覚兼の日記である。原本は、江戸時代島津氏が所蔵し、現在は「島津家文書」とともに東京大学史料編纂《へんさん》所蔵となっている。残存部分は、天正二（一五七四）年八月〜同三年四月、同三年十一・十二月、同四年八・九月、同十年十一月〜十四年十月である。原本は冊子本で二七冊、途中の欠落部分は散失したと考えられる。

上井氏は、信濃《しなの》国諏訪《すわ》神社の祝《ほうり》大神《おおみわ》氏の末裔《まつえい》といわれ諏訪氏を称していたが、覚兼の祖父為秋《ためあき》のときに、自分の所領である大隅国始良《あいら》郡上井の地名をとり上井を名字とした。覚兼の父薫兼《ただかね》は、天文二十二（一五五三）年薩摩国日置郡永吉の地頭となり、同地に移った。

覚兼は、天文十四年上井で生まれ、同二十二年父とともに永吉に移った。永禄二（一五五九）年ころ元服して島津貴久につかえ、同四年大隅国廻《めぐり》城攻略では貴久にしたがい初陣した。その後永吉地頭になり、天正元年島津義久の奏者となり、同四年義久の抜擢をうけて老中になった。同八年老中職に在任のまま宮崎地頭になり、島津氏の日向国経営に従事するとともに島津氏の九州制覇にしたがった。豊臣秀吉の九州仕置ののちは薩摩国伊集院地頭となり、同地に隠棲して同十七年死去した。

『上井覚兼日記』には、島津氏の支配機構の要である奏者・老中に在職した覚兼の目をとおして、戦国大名島津氏の分国支配機構や支配の実態、家臣団編成や合戦の作法、仏教・神道・修験道など宗教、連歌・俳諧・茶湯など文芸・芸能関係の多様な内容が記載され、政治史のみでなく宗教史・文化史の史料としても貴重である。

一方、武士たちも京文化・中国文化に強いあこがれをいだき、その摂取につとめていた。島津義久につかえた武将上井伊勢守《うわいいせのかみ》覚兼は、武将としての心構えをまとめた『伊勢守心得書』のなかで「一芸をすぐれ候ても万事にわたらざれば劣るべく」「(諸芸)一事も欠けそうらはぬように心がけ肝要にそうろう」と、幅広い知識を身につける必要性を訴えている。実際、彼が記した『上井覚兼日記』をめくると、弓馬術・連歌・立花・茶道・蹴鞠《けまり》・碁《ご》などさまざまな教養を身につけようと努力していたことがうかがえる。

これは覚兼にかぎったことではなかった。武士たちは文化を総合戦力の一つとしてとらえ、己の地位の正当性を誇示するためその身分にふさわしい教養を身につけようとした。そして、彼らの手で地方文化が発展し、独自の領国文化が形成されていったのである。

6章

# 薩摩藩の成立

モンタヌス『日本誌』の「鹿児島図」

## 1 豊臣政権下の島津氏

### 義久と義弘●

天正十五（一五八七）年五月八日、島津義久《よしひさ》（竜伯《りゅうはく》）は川内泰平寺《せんだいたいへいじ》で豊臣秀吉《とよとみひでよし》に拝謁し降伏の意を伝えた。秀吉は降伏をいれ、翌九日義久に薩摩《さつま》一国を安堵《あんど》し、ついで二十五日義久の弟義弘《よしひろ》に大隅《おおすみ》一国を新恩としてあたえ、義弘の嫡男久保《ひさやす》に日向《ひゅうが》国諸県《もろかた》郡を宛行《あてが》った。また義久の末弟家久《いえひさ》は、豊臣方にいち早く投降したことを賞されて、日向国佐土原《さどわら》を安堵され、独立した大名に取り立てられた。だがその直後の六月五日家久は病死した。家久の死があまりにも突然であるため、家久の武勇を恐れた豊臣方が毒殺したという説や、逆に家久の行動を裏切りとみた島津方によって毒殺されたという説もある。

こうして九州の大半におよんでいた島津氏の領国は、薩摩・大隅二カ国と日向の一部へと大幅に縮小され、家臣団の知行再編を行う必要にせまられたが、飫肥《おび》（宮崎県日南《にちなん》市）地頭《じとう》上原尚近や櫛間《くしま》（同串間《くしま》市）地頭伊集院久治《いじゅういんひさはる》のように、義久の命令を無視して城の明け渡しをこばみ続けるものや、出水《いずみ》の島津忠辰《ただとき》（薩州《さっしゅう》家）のように豊臣政権への直奉公《じきぼうこう》をのぞむものもあらわれ、島津氏は家臣団支配の脆弱《ぜいじゃく》さを露呈し知行再編は困難をきわめたのである。

さらに豊臣政権は、義久・義弘の参勤《さんきん》や人質の上坂《じょうはん》、方広寺《ほうこうじ》大仏殿の材木および巣鷹《すだか》（鷹の雛《ひな》）の上納、刀狩、海賊船取り締まり、小田原参陣などの軍役負担をつぎつぎと求めてきたが、経済基盤が貧弱な島津氏はこの負担にあえいだ。義弘は豊臣政権の求めに積極的に応じなければ島津家の存続があやうくなると強い危機感をいだき、率先して軍役を負担しようとした。だがこれは家臣団にも相当な負担を強いるもので、当然、家臣団の反発を招いた。しかも当主義久は降伏前の体制をできるだけ維持しようとして、豊臣政権への協力を必要最低限なものですませようとしたため、義弘は苦しい立場にたたされた。

天正十九年、秀吉は朝鮮出兵を発令し、島津氏にも兵一万五〇〇〇の動員が割りあてられた。翌文禄元（一五九二）年四月、義弘が軍勢を率いて渡海することになっていたが、義弘のもとには兵も船も集まらず、わずかな供侍《ともざむらい》とともに小船を一艘《そう》借りだして渡海した。義弘はよほどくやしかったとみえ、国元の家臣川上忠智《ただとも》に「日本一の遅陣」となって自他の面目を失い、朝鮮到着後も「船着とよりにても身を忍ぶように」せざるをえない状態で、あまりのみじめさに「あさましき体たらく涙もとゞまらん」「国元あつかいを恨み入り候」と書き送っている。

島津氏の失態はこれだけではなかった。朝鮮出兵直前には、義久の中国人家臣許三官《きょさんかん》が出兵計画を明《みん》に伝えていたことが発覚し、秀吉を激怒させていた。さらに文禄元年六月には島津氏の家臣梅北国兼《うめきたくにかね》が朝鮮出兵に反対して肥後《ひご》国佐敷《さしき》（熊本県芦北《あしきた》町）で反乱をおこし、義久らをあわてさせた。この反乱は短期間で鎮圧されたが、義久・義弘の弟歳久《としひさ》が梅北を陰であやつっていたと疑われ、同年七月歳久は秀吉から自刃を命じられた。歳久は、秀吉が薩摩に下向したさいに、居城虎居《とらい》城（さつま町屋地）に宿を求めた秀吉を「迷惑」と追い返すなど、反抗的な態度を取り続け、反豊臣勢力の中心人物と目されていた。秀吉は歳久を自刃させることによって、朝鮮出兵をしぶる家臣団への見せしめとしたのである。

さらに秀吉は島津氏に軍役をはたさせるため、島津氏の支配体制づくりに関与しはじめた。まず細川幽斎《ゆうさい》を薩摩に下向させ、義久・義弘らの蔵入地《くらいりち》を捻出して島津氏の経済基盤を強化させようとしたが、これは家臣団の強い抵抗にあって失敗した。続いて文禄三年九月から翌年二月にかけて、石田三成《みつなり》を掛りに任命し島津氏領内の太閤《たいこう》検地を行わせ、五七万八七三三石あまりを算出した。ただ島津領の石高は籾高《もみだか》である。またこのほかに文禄二年に秀吉の逆鱗《げきりん》にふれ改易された薩州家領、出水・高城《たき》郡二万九七二八石余があり、ここは秀吉の直轄地となっていた。

島津氏領の検地をおえた秀吉は、文禄四年六月二十九日付の朱印状で、義久と義弘にそれぞれ一〇万石の蔵入地をあたえ、さらに伊集院幸侃《こうかん》（忠棟《ただむね》）に八万石、島津以久《もちひさ》（義久らの従兄弟・垂水《たるみず》家）に一万石、給人領として二六万石余を宛行い、一万石を秀吉の蔵入地として没収し、石田三成知行地六二〇〇石と細川幽斎知行地三〇〇〇石を設定した。

またこの朱印状の宛名は当主義久ではなく弟の義弘で、義久・義弘の蔵入地や有力な家臣の知行地の場所も指定されていた。寺社や家臣の知行地は大幅に削減されたが、親豊臣的な義弘や幸侃は厚遇されたのである。これに伴って義久が島津氏の本拠地鹿児島をはなれて富隈《とみのくま》城（霧島市隼人《はやと》町）に、義弘が栗野《くりの》から帖佐《ちょうさ》（姶良市）に移った。同時に幸侃が都城《みやこのじょう》に、種子島《たねがしま》氏が知覧《ちらん》にというように、家臣団の知行再編も大規模に行われた。

### 石曼子

文禄元（一五九二）年朝鮮へ渡海した日本軍は、はじめは破竹の勢いで進撃したが、明・朝鮮連合軍の激しい抵抗にあい、翌二年には朝鮮半島南部へと押し戻された。島津義弘は兵力と物資の不足に苦しめられながらも、第四軍に属して各地を転戦し、同二年巨済島《コジェド》の守備に着いた。しかしここでも国元からの補給はとどこおりがちで、長期間にわたる異国での在陣に将兵たちも疲れはて、病が蔓延《まんえん》し、義弘の嫡男久保や娘婿の朝久《ともひさ》（豊州家《ほうしゅうけ》）・義久の娘婿彰久《てるひさ》をはじめ多くのものが病没した。

またこの間に小西行長《こにしゆきなが》らは明との講和交渉をひそかに進めており、慶長元（一五九六）年には明使が来日し講和が成立するかに思われた。しかし、明使が秀吉と会見したさい、秀吉が示していた和議条件が無視されていたことが露見し、激怒した秀吉は諸将に再征を命じた。

文禄四年に帰国していた義弘は、慶長二年ふたたび朝鮮に渡り、病死した久保にかわって在陣していた忠恒《ただつね》（久保の弟、のちの家久）と合流した。それからまもない七月、巨済島沖で日本水軍と朝鮮水軍の戦闘があり、日本水軍が勝利した。この戦いで島津勢は朝鮮側の司令官元均《ウォンギョン》を討っている。日本軍はその勢いにのって全羅道《チョルラド》・忠清道《チュンチョンド》を抜き京畿道《キョンキド》に進んだが、九月の稷山《チクサン》戦で敗北。漢城《ハンソン》（ソウル）占領の夢を断たれた。稷山の戦いを機に形勢は逆転し、日本軍は南部海岸地帯へと撤退を余儀なくされ、八月の全羅道南原《ナムウォン》城攻めに参加し北上を続けていた義弘も、全羅道を南下して十月慶尚道《キョンサンド》泗川《サチョン》にはいった。泗川は船津《ソンジン》湾に面する海上交通の要衝である。義弘はここに泗川新城（倭《わ》城の一つ）をきずき、島津勢八〇〇

島津義弘画像

島津勢の経路

○をいれて守りをかためた。

慶長三年八月秀吉が没し、これを知った明・朝鮮連合軍は大規模な攻勢を仕かけてきた。義弘がまもる泗川はその矢面にたたされ、董一元《トンイユアン》率いる明の大軍に包囲された。その数「弐拾万騎」と義弘は兄義久に書き送っている。

圧倒的な大軍を前に、義弘は望津《マンジン》・永春《ヨンチュン》・昆陽《コンヤン》の出城と泗川古城を放棄し、要害の泗川新城に全兵力を集結させた。十月一日、明軍は新城に総攻撃をかけてきたが、義弘はこれを塀ぎわまで引きよせて鉄砲の一斉射撃をあびせて撃退。さらに明軍の後方にひそんでいた工作員が明軍の火薬櫃《ひつ》に火を放って爆発させたため明軍は大混乱におちいった。これをみた義弘はすかさず突撃を命じ、明軍はこれをささえきれずに敗走した。義弘はこの泗川の戦いで明軍三万八七一七人を討ち取り、ほかにも多数を斬りすてたと報告している。こうして泗川の戦いは島津方の大勝利でおわり、以後、明・朝鮮側は島津氏を「石曼子《シマツ》」とよんで恐れた。

泗川の戦いの直後、豊臣政権から全軍に朝鮮半島からの撤退命令がでた。泗川の戦いで大敗を喫した明軍は、兵を後方にさげ日本軍の撤退をみまもったが、朝鮮水軍の統制使李舜臣《イスンシン》は、日本軍の最左翼順天《スンチョン》城をまもっていた小西行長・有馬晴信《ありまはるのぶ》らの退路にたちふさがった。泗川新城をすて昌善《チャンソ》島《ド》に到着した義弘は、立花宗茂《たちばなむねしげ》・宗義智《そうよしとも》らとともに小西らの救援に赴き、十一月十八日、露梁《ノリャン》の海戦で明・朝鮮水軍を打ち破り、日本水軍をさんざん悩ませた朝鮮水軍の英雄李舜臣を戦死させた。

この勝利によって、小西らも順天を脱出し、十一月二十六日、義弘らは釜山《ブサン》をあとにした。義弘らが朝鮮を撤退する日本軍のしんがりであった。

◆コラム

## 薩摩・明合力計画

明末の政治家徐光啓《じょこうけい》が明廷に上申した献策などをまとめた『徐文定《ぶんてい》公集』に、許儀後《きょぎご》というものから、文禄《ぶんろく》の役《えき》の最中に薩摩と明軍が合力して豊臣秀吉を討とうという申し出があったと記されている。にわかには信じがたい話だが、許儀後は島津義久につかえていた中国人医師の許三官のことであり、三官には出兵がはじまる前に出兵計画を明に伝え、秀吉を激怒させたという前歴もある。また明の福建軍門《ふっけんぐんもん》は、商人に変装した明の工作員を数度にわたって薩摩にもぐりこませ、許三官ら薩摩在住の中国人と接触させている。彼らの案内で秀吉の前線基地・名護屋《なごや》城の偵察なども行っており、明側はこの計画を真剣に検討していたようである（増田勝機「いわゆる薩摩と明福建軍との合力計画について」『鹿児島短期大学研究紀要』第四七号）。

残念ながら、日本側にはこの計画に関する史料は残されていない。しかし、島津氏の領国・南九州は海外交易が盛んなところで、明との結びつきも強く、こうした計画があってもおかしくはない。実際、島津義久やその家臣たちは出兵に消極的であった。また、湯之尾《ゆのお》（伊佐《いさ》市）地頭梅北国兼は出兵に反対して反乱をおこし、義久の弟歳久はこれに関与した疑いをかけられ自刃に追いこまれている。そしてこうした情報は明の工作員もつかんでおり、義久は弟を殺され内心は秀吉を憎んでいると報告している。

許三官らが明と接触し続けていたのは疑いようがない。義久は秀吉の逆鱗にふれた許三官をそのまま重く用い続けており、また薩摩・明合力計画などは許三官らの手におえるようなものではない。どうも許三官の背後で義久が糸を引いていたような気がしてならない。

なお、撤退にさいし義弘ら西国大名は多くの朝鮮人陶工を連れ帰った。朝鮮人陶工がつくりだす李朝《りちょう》陶磁は日本でももてはやされていた。また当時は茶道が全盛で、それに使用する茶碗《ちゃわん》などを自分の領土で焼かせようとしたのである。萩《はぎ》・上野《あがの》・高取《たかとり》・唐津《からつ》・有田《ありた》・薩摩などの西日本の焼物は、このとき連れ帰られた陶工たちがおこしたものである。このため朝鮮出兵は「焼物戦争」「茶碗戦争」などともよばれた。

薩摩には鹿児島に二〇人余、神之川《かみのかわ》（日置市東市来町《ひおきしひがしいちきちょう》）に一〇人余、串木野島平《くしきのしまびら》に四三人、加世田小湊《かせだこみなと》（南さつま市）に数人の陶工が上陸したと伝えられる。その後、薩摩藩は陶工たちを手厚く保護し、薩摩焼の発展につとめた。

## 庄内の乱

慶長四（一五九九）年正月、豊臣政権は泗川の戦勝を賞し、出水の直轄地など五万石を島津氏に還付した。島津氏はようやく二国一郡を完全に復したのである。これをうけて、義久は豊臣政権の命令で没収した寺社領を返還し、文禄検地のさいに移動させた家臣たちの所領を一部もとの場所に戻した。豊臣政権が力づくで行わせた改革への反動が、秀吉の死を機に表面化しはじめたのである。

また同年三月には、島津忠恒が伏見《ふしみ》の屋敷で重臣の伊集院幸侃（忠棟）を手討ちにした。幸侃は、石田三成や細川幽斎らと密接な関係をもち、豊臣政権と島津氏のあいだにたってさまざまな交渉を続けてきた人物である。豊臣政権も幸侃を優遇し、島津氏が豊臣政権に降伏した直後には肝付《きもつき》一郡を、さらに文禄検地のあとに日向国庄内《しょうない》（都城）八万石を宛行うよう島津氏に命じている。だがそれだけに、幸侃は豊臣政権の権威を笠《かさ》に着て驕《おご》り高ぶっていると思われがちであった。さらに豊臣政権に対する不平不満も幸侃のほうにむけられることが多かった。実際、忠恒も朝鮮への補給がとどこおったのは国元の幸侃が職務を満足にはたしていないからだと思っていたし、家臣へ恩賞が意のままにならないのも三成らと結んだ幸侃のせいだと考えていた。こうした恨みが積もり積もって手討ちにおよんだのである。

幸侃と二人三脚で島津氏領内の改革に取り組んできた石田三成は、幸侃の死を知って激怒し、義久・義弘を譴責《けんせき》した。忠恒は神護寺《じんごじ》にはいって謹慎し、義久も忠恒が「短慮」によって突発的に討ちはたしてしまったと三成に謝罪している。ただ五大老の一人徳川家康《とくがわいえやす》は好意的で、忠恒の謹慎をとくようにはからった。

一方、父幸侃を殺された忠真《ただざね》は庄内に立てこもり島津氏に反旗を翻した。家康は忠恒の帰国を許し鎮圧にあたらせるとともに、九州の諸大名に島津氏の援助を命じた。しかし、島津氏が他家の介入を好まなかったため、秋月種長《あきづきたねなが》(日向国高鍋《たかなべ》領主)・高橋元種《もとたね》(同延岡《のべおか》領主)などの軍勢が若干応援に駆けつけただけであった。

忠恒は、慶長四年六月、庄内を攻撃しはじめたが、忠真も庄内各地の城をかためて激しく抵抗し、戦闘は膠着《こうちゃく》状態におちいった。戦闘の長期化を心配した家康は、家臣山口直友《なおとも》を薩摩に下向させて調停にのりだした。翌慶長五年二月、島津勢をさんざん悩まし続けた志和池《しわち》城が落城すると、山口は忠真のもとにのり込んで降伏をすすめたが、忠真は降伏をしぶった。しかし勢いにのる島津勢によって梶山《かじやま》・勝岡《かつおか》・山《やま》之口《のくち》・高城《たかじょう》・安永《やすなが》・野々美谷《ののみだに》城があいついでおとされ、居城都城が丸裸にされるにおよんで、忠真も降伏を決意し、三月十五日、都城を島津方に引き渡した。また忠恒は家康の調停ということで忠真を許し、堪忍《かんにん》分一万石をあたえて薩摩半島南部の頴娃《えい》に移した。

## 2　徳川幕府と薩摩藩

### 敵中突破●

豊臣秀吉の死後、天下をねらって多数派工作を進めていた徳川家康と、家康の台頭を危惧《きぐ》する石田三成らが激しく対立するようになった。そしてこの両者の雌雄を決する戦いが、慶長五（一六〇〇）年九月十五日、美濃《みの》国関ヶ原で繰り広げられた。関ヶ原の戦いである。

両者の対立には諸大名も否応なくまきこまれ、東軍（家康方）か西軍（三成方）か旗色を鮮明にしなければならなかった。伏見にいた島津義弘《よしひろ》も例外ではなく、西軍に味方することになったが、義弘のもとには一〇〇〇人前後の兵がいただけであった。義弘も国元に増援を要請していたが、庄内《しょうない》の乱の直後で家臣団は疲弊しきっており、兄の義久《よしひさ》は中央政局の争いにまきこまれることをきらっていたため応じてもらえなかったのである。

このため義弘はわずかな手勢を率いて関ヶ原の戦いにのぞむことになった。合戦は十五日早朝にはじまり、一進一退の激しい攻防戦が続いたが、義弘は三成の参戦命令を無視して戦いを傍観し続けた。関ヶ原の前哨戦ともいうべき大垣《おおがき》の戦いなどで、義弘は三成に冷遇され、西軍の一員としてたたかう気をなくしていたのだと伝えられている。

昼すぎ松尾山の小早川秀秋《こばやかわひであき》が東軍に寝返り、西軍は総崩れとなった。ここにいたって義弘はようやく腰をあげ、勝ちほこる東軍のど真ん中に突撃を命じた。後方の退路はすでに西軍の敗残兵であふれており、後退がむりとみて、死中に活路を開こうとしたのであった。後世「島津の退《の》き口」と称された前代未聞のすさまじい退却戦のはじまりである。

多勢に無勢、島津勢は決死の覚悟で突撃した。そのすさまじさに東軍が一瞬ひるみ、そのすきに包囲を破り、家康の本陣の横をとおり抜け、伊勢方面へと突き進んだ。家康の四男松平忠吉《ただよし》、井伊直政《いいなおまさ》、本多忠勝《ほんだただかつ》らの軍勢が追撃してきて激しい乱戦となり、義弘の甥・佐土原城主島津豊久《とよひさ》（永吉《ながよし》家）をはじめ多くの家臣が命をおとした。義弘自身も一時井伊の軍勢に取りかこまれたが、柏木源藤《かしわぎげんとう》という家臣が直政を狙撃して落馬させ、おどろいた井伊勢が追撃の手をゆるめたすきを突いて辛うじて脱出している。その後追撃を振り切った義弘は、伊賀上野《いがうえの》・近江信楽《おうみしがらき》を経て堺《さかい》に潜入し、義弘夫人宰相《さいしょう》や息子忠恒《ただつね》の室亀寿《かめじゅ》（義久娘）を救出したのち帰国した。帰国時、義弘にしたがう将兵は八〇余人にまで減っていたという。

義弘を取り逃がした家康は、義弘の行動を詰問する書状を義久と忠恒に宛てて送り、肥後の加藤清正《かとうきよまさ》・黒田長政《ながまさ》ら九州

突撃する島津勢（井伊家本「関ヶ原合戦図屏風」による）

の諸大名に島津攻めの準備を命じた。義久らは、義弘はやむなく西軍に味方したのであると謝罪し、徳川方の侵攻にそなえて領内の守りをかため、許しが得られないときは最後まで抵抗するという姿勢を示した。

十一月には島津攻めの命令が取り消され、これと前後して徳川と島津との和平交渉も活発になった。徳川方からは庄内の乱のさいに義久らを援助した山口直友や、関ヶ原の戦いで島津勢と死闘を演じた井伊直政が窓口となって義久に上洛《じょうらく》をすすめた。さらに家康は関ヶ原の戦いで捕虜となった新納旅庵《にいろりょあん》・本田助《すけ》之丞《のじょう》ら三〇〇人を薩摩に送り返し、旅庵らからも義久の上洛を働きかけさせた。義久らも家臣を上洛させて改めて謝罪し、義弘も桜島に蟄居《ちっきょ》した。しかし、義久自身の上洛については、家康の真意を疑い応じようとはしなかった。恭順の意を示して上洛した土佐《とさ》の長宗我部盛親《ちょうそかべもりちか》が、家康への拝謁も許されないまま領土を没収されたという例もあり、義久らも慎重にならざるをえなかったのである。

徳川方の再三にわたる上洛要請に対し、義久は「通路非自由」（十一月付井伊直政宛書状）などと理由をつけて断わり続けた。一年半あまりもこうしたやりとりが続き、慶長七年四月、根負けした家康が島津氏の所領を安堵《あんど》することをちかった直筆の起請文《きしょうもん》を書いた。義久はなお上洛をしぶったが、忠恒が義久を説得し、義久の代理として上洛することになった。忠恒は、同年八月不穏な動きを続けていた伊集院忠真とその一族を誅殺《ちゅうさつ》し、後顧のうれいを断ったのち上洛。十二月家康に所領安堵の御礼を言上した。こうして徳川氏と島津氏とのあいだに主従関係が結ばれたのである。

**薩摩七二万石●**

徳川家康に拝謁した島津忠恒は、島津家当主（一八代）として承認され、やがて初代薩摩藩主となった。

慶長八（一六〇三）年十一月には、関ヶ原の戦いののち没収されていた豊久の旧領佐土原三万石も返還され、薩摩藩の支藩佐土原藩が成立した。初代藩主には義久らの従兄弟以久《もちひさ》が就任した。さらに同十一年六月には、忠恒は家康から偏諱《へんき》（名前の一字）をあたえられ名を家久《いえひさ》と改めた。

慶長十四年、家久は徳川幕府の許しを得て琉球《りゅうきゅう》に出兵した（一八一頁参照）。琉球から明《みん》（中国）へと伸びる海上交易路の独占をはかる島津氏と、琉球に明との国交回復の仲介をさせようとする幕府との意図が合致し出兵に至ったのである。その結果、琉球王府は幕藩体制のなかに組みこまれることになり、島津氏は薩摩・大隅・日向諸県《もろかた》郡六〇万五〇〇〇石余と琉球一二万三七〇〇石の計七二万八〇〇〇石余（一般には七七万石といわれた）を支配する大大名になった。現在の行政区画でいえば、鹿児島県と沖縄県の全域に宮崎県の南西部を加えた広大な地域である。

しかし、島津氏は徳川将軍家から完全に信頼されていたわけではなかった。慶長十九年から翌元和元（一六一五）年にかけて大坂の陣がおこったが、そのさい、家康は島津氏が豊臣方に味方するのではないかと疑い、豊前《ぶぜん》小倉《こくら》の細川忠興《ただおき》に島津氏の監視を命じている。家久は豊臣家への奉公は関ヶ原

島津家久画像

の戦いのさいにすんでおり、「御当代（徳川氏）に背く儀まかりならず」と豊臣方の来援要請を拒否し、家康の出兵命令に応じて出兵した。しかし、出兵準備に手間取り、到着する前に大坂城がおち豊臣家は滅んだため、島津氏は豊臣方に味方しようとしていたなどと、あらぬ噂が広まったのである。

家久にとってこうした疑念を払拭し、徳川将軍家との関係を強化していくことが急務であった。そのために財政難にあえぎながらも江戸参勤や妻子の江戸在住・江戸城修築手伝、島原出兵などを精力的に行った。また家久は、寛永七（一六三〇）年に桜田藩邸内に贅《ぜい》をこらした御成御殿《おなりごてん》をしつらえ、大御所秀忠《おおごしょひでただ》と将軍家光《いえみつ》を招き、足利《あしかが》幕府が採用していた伊勢流の故実《こじつ》で秀忠らを饗応《きょうおう》した。さらにその子光久《みつひさ》は、正保四（一六四七）年、武蔵《むさし》国王子原《おうじがはら》に家光を招いて、島津家の御家芸犬追物《いぬおうもの》を張行《ちょうぎょう》してみせた。こうしたセレモニーによって徳川家との関係強化をはかり、島津家が鎌倉時代から続く名門であることを誇示したのである。

また家久の藩主としての地位は当初不安定なものであった。家久は義久の三女である亀寿の婿として島津家の家督を継承しており、実権は義久がにぎり続けていたのである。義久は慶長十六年に没するが、その間に義久つきの重臣の平田増宗《ひらたますむね》らが、義久の孫忠仍《ただなお》（義久二女の子・垂水家）を擁立しようとしたため、義久と家久・義弘らの関係も一時緊張した。同十五年家久が増宗らを処刑して事態を収集したものの、その後もしばらくは混乱が続いた。

さらに藩財政の窮乏も著しかった。島津氏の領国の多くは火山灰土壌におおわれており、七二万石の石高も籾高であり、他藩なみの米高に換算すれば半分程度にしかならず、農業的にはきわめて貧弱な藩であった。財政補塡《ほてん》のため、諸士から出物《だしもの》（一種の租税）・出銀《だしぎん》を増徴し、上知《あげち》を繰りかえした。とくに元和五

❖コラム

## 生きていた秀頼?

慶長二十（一六一五）年五月七日、大坂城が徳川方に攻めおとされた。城の主豊臣秀頼とその母淀君《よどぎみ》は、わずかな家臣とともに山里曲輪《やまざとくるわ》の隅櫓《すみやぐら》に立てこもったが、翌八日、隅櫓に火を放ちその炎のなかで自害してはてた。遺体はだれのものかわからないほど焼けこげており、秀頼の遺体を確認することはできなかった。このため秀頼は生きているという噂が広まったのである。イギリス東インド会社の平戸《ひらど》商館長コックスも、落城まもないころの日記に「秀頼は重臣たちとともに薩摩で生きているという噂が広まっている」と記している。また、十八世紀に活躍した大坂の国学者上田秋成《あきなり》は、「島津の軍勢が大坂城内に兵糧を運び込み、その帰りに秀頼・真田《さなだ》大助・木村重成《しげなり》らを救出していった」という話を紹介している。これは大坂城内にいた女中が娘に語ったものだという。

一方、鹿児島にも秀頼がおちのびてきたという伝説があり、秀頼や真田幸村《ゆきむら》の子孫と称する人もいる。鹿児島に伝わる伝説では、大坂城を脱出した秀頼は、平川《ひらかわ》（鹿児島市平川）に上陸し、木之下（同市谷山中央）に居をかまえたことになっている。木之下という地名は、豊臣家の旧姓にちなんだものといわれ、ここには秀頼の墓という石塔もある。

伝承の真偽はさておき、豊臣方の残党が鹿児島に潜入していたのは事実で、寛永十（一六三三）年には大坂方の武将明石掃部《あかしかもん》の子小三郎がとらえられ幕府に引き渡されている。また、島津家には、関ヶ原で徳川とたたかい、西軍の武将宇喜多秀家《うきたひでいえ》をかくまっていたという実績もある。豊臣家をあわれむ人びとが、秀頼も島津家にかくまわれていることを期待して、このような噂を広めていったのであろう。

年にだされた上知令はきびしいもので、万石から一〇〇石までの家臣は四分の一、一〇〇石以下は三分の二の上知、一〇石以下はすべて上知され切米《きりまい》に切りかえられた。

それでも財政は好転せず、寛永十一年には藩債が銀八〇〇〇貫（約一三万両）に達し、同十五年家久が死去して光久が襲封《しゅうほう》したときには、江戸での起債が不可能な状態となっていたという。

## 四四〇里の旅●

徳川幕府は、大名たちが反旗を翻すことがないようにさまざまな手段を講じていたが、そのなかでもっとも効果的だったのが参勤交代《さんきんこうたい》の制度である。この制度は、大名たちに一年交代で江戸に参勤することと、夫人や嫡子の江戸在住を義務づけるもので、寛永十二（一六三五）年に改正された「武家諸法度《はっと》」で明文化された。この制度により、大名たちは江戸と領国の二重生活を余儀なくされ、江戸での出費や旅費の工面に悩まされ続けたのである。

島津氏がはじめて江戸に参勤したのは慶長十二（一六〇七）年のことである。このときは島津家久が一八〇人あまりの藩士をしたがえて江戸にのぼり、二代将軍秀忠に拝謁し、芝《しば》に宅地をあたえられた。その後、島津氏も頻繁に参勤するようになり、桜田《さくらだ》・高輪《たかなわ》・田町《たまち》などにも藩邸が設けられた。

江戸・鹿児島間はおよそ四四〇里（約一七〇〇キロ）、大名のなかでももっとも遠方からの参勤であった。江戸前期、薩摩半島西岸（川内《せんだい》・阿久根《あくね》・出水《いずみ》）または日向細島《ほそじま》（宮崎県日向市）と大坂のあいだは海路を、大坂と江戸のあいだは東海道または中山道《なかせんどう》を利用していたが、中期以降は海路はあまり使われなくなり、山陽道・九州路（小倉から熊本・出水を経て鹿児島に至る）を往復するようになった。所用日数は四〇日から六〇日前後。参勤についやす経費も莫大で、享保五（一七二〇）年の参勤予算を例にすれば、大判四枚、

新小判六五〇枚、新一分金一二〇〇切、銀一四一貫、四宝銀六九八貫一九〇目、銭三五六八貫文、米三八〇石であった（「列朝制度」巻一五）。

江戸時代、参勤交代の制度などにより江戸と地方を結ぶ交通網が著しく整備されたが、島津氏の領国は日本の最南端に位置するため、領内を通過する大名もなく、また藩が他国人の出入りをきびしく制限していたため、宿場や街道の整備はよそよりたち遅れていた。

他藩へつうじる主要街道（薩摩では筋《すじ》と称した）としては出水筋・大口《おおくち》筋・高岡筋の三つがあった。出水筋は伊集院・向田《むこうだ》（川内）・出水を経て肥後国水俣《みなまた》へと至り、小倉筋・西目《にしめ》筋ともよばれた。大口筋は加治木《かじき》・横川《よこがわ》・大口を経て水俣へ至る。高岡筋は福山《ふくやま》・都城を経て日向国佐土原へと至り、日向筋・東目《ひがしめ》筋ともよばれた。このほか、加《か》久藤《くとう》（宮崎県えびの市）から肥後国人吉《ひとよし》へ至る街道や、都城から飫肥《おび》（宮崎県日南市《にちなん》）へ、志布志《しぶし》から串間《くしま》へ抜ける街道もあった（内閣文庫蔵「元禄国絵図」）。

出水から志布志に至る藩境は険しい山が連なり、これが自然の障壁となっていたが、藩はさらに陸路番所（境目番所）や辺路《へんろ》番所を設け、人や物資の出入りを厳重に監視した。主要街道に設けられた陸路番所

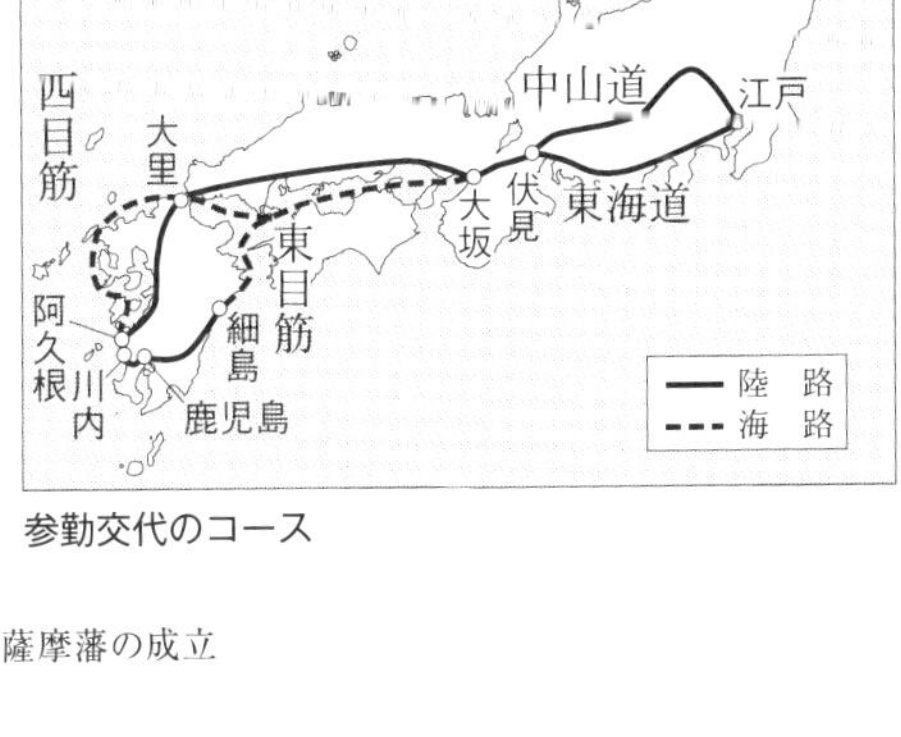

参勤交代のコース

は、出水野間《のま》・大口小川内《こがわち》・加久藤榎田《えのきだ》・野尻紙屋《のじりかみや》・高岡去川《たかおかさるかわ》・都城梶山《かじやま》・同寺柱《てらばしら》・志布志八郎ヶ野《はちろうがの》・同夏井《なつい》の九カ所、間道に設けられた辺路番所は九〇カ所あまりにも達した。諸国を行脚《あんぎゃ》して勤王《きんのう》を説いてまわっていた高山彦九郎《たかやまひこくろう》は、寛政四（一七九二）年、野間の番所で薩摩への入国をこばまれ、「薩摩人いかにやいかに　刈萱《かるかや》の関もとざさぬ世とはしらずや」とよんで抗議し、二週間後ようやく入国を許された。当時は開化政策を推進した二五代島津重豪《しげひで》の時代で、出入国管理も緩和されていたのだが、それでもこの状態であった。重豪の時代以前のきびしさは推して知るべしである。

いっぽう、海上交通も主要な港には津口《つぐち》番所がおかれ、船舶の出入りや旅人・積荷を監視していた。また外国船の来航にそなえた異国船遠見《いこくせんとおみ》番所・火立《ひたて》番所などもあった。「宝永御答書《ごとうしょ》」（「列朝制度」巻六）によれば、津口番所は出水米之津《こめのつ》・脇元《わきもと》・長島《ながしま》・上甑島里村《かみこしきじまさと》・中《なか》甑島・下《しも》甑島手打《てうち》・阿久根倉津《あくねくらつ》・山川《やまがわ》・加世田片浦《かせだかたうら》・坊津《ぼうのつ》・京泊《きょうどまり》・山川洞《（ママ）》尻《じり》・頴娃《えい》川尻・指宿《いぶすき》渡・佐多大泊《さたおおどまり》・内之浦《うちのうら》・高山波見《こうやまはみ》・志布志・倉岡《くらおか》川口・口之永良部《くちのえらぶ》島・口之島・中之島・宝島・屋久《やく》島の二四カ所、遠見番所は長島・市来・頴娃・佐多など一一カ所、火立番所は上甑島里村・京泊・羽島など一二カ所に設けられており、このほか琉球国の島々に番所二三カ所があったという。

## 3　貿易大名島津氏

### 琉球王国●

沖縄・奄美《あまみ》地域は琉球国に属し、日本の他地域とは異なる歴史を歩んでいた。

沖縄本島では、十二世紀ごろから按司《あじ》とよばれる首長層が割拠し、グスク（城郭）をかまえて抗争を繰りかえしていたが（グスク時代）、十四世紀にはそのなかから山北《さんほく》、中山《ちゅうざん》、山南《さんなん》の三つの王朝が台頭し覇権を争うようになった（三山《さんざん》時代）。ところが、一四〇六年に佐敷《さしき》按司思紹《ししょう》・尚巴志《しょうはし》父子が中山王武寧《ぶねい》を攻め滅ぼして中山王位を簒奪《さんだつ》。勢いに乗じた思紹・尚巴志は、一四一六年に山北を、一四二九年には山南を滅ぼして、はじめて統一国家を樹立させた。第一尚氏王朝である。しかしこの王朝は短命で、一四七〇年に対外交易長官であった金丸《かなまる》がクーデタをおこすとあっけなく滅んだ。金丸は尚円《しょうえん》と名乗って中山王位を継承し、その子孫が十九世紀まで琉球王国を統治し続けたのである（第二尚氏王朝）。

さて思紹や金丸は、武力で打倒した前国王を父と称し、その世子といつわって明の冊封《さくほう》をうけ王位を継承している。これは、琉球に繁栄をもたらす進貢《しんこう》貿易を維持するための方便であった。

琉球の諸勢力のなかで最初に明の冊封体制のなかに組みこまれたのは、三山時代の中山であった。一三七二年、中山王察度《さっと》がいち早く明に進貢して明皇帝から冊封をうけたのである。このため中山王＝琉球国王という図式ができあがった。冊封をうけるということは、明という大帝国に従属することであるが、同時に琉球国王の正統性が明によって承認され、その保護下にはいることを意味していた。また経済的にも明皇帝が進貢品を上まわる回賜《かいし》をあたえていたため莫大な利益をもたらした。

『明史』に記された琉球王国の進貢回数は一七一回に達し、二位の安南《あんなん》（ベトナム）の八九回を大きく引きはなしている。これは明が琉球王国を南海産物を入手する窓口として位置づけ、進貢頻度を一年ないし二年一貢と他国より優遇していたからである。このため琉球には多量の中国製品が集まり、その多くは日本や朝鮮・東南アジアの国々に転売された。またそれらの国々の産物も、明へ進貢するための大義名分のもと琉球に集められ、琉球王国はこうした中継貿易によって繁栄したのである。

なおこの間の奄美の歴史は、史料がとぼしくあきらかではない。『中山世鑑《ちゅうざんせいかん》』などには、一二六六年に奄美大島の按司たちが国王の徳をしたってみずから入貢してきたと記されているが、沖縄本島もまだ按司が割拠している時代で、統一王朝は出現しておらず史実ではない。このころから琉球と奄美の交易が頻繁になったことを伝えているのだと考えられている。

沖縄本島の勢力が奄美方面に伸びてくるのは十四世紀ころのことで、まず与論《よろん》島・沖永良部《おきのえらぶ》島・徳之《とくの》島などが山北の勢力下にはいり、山北の滅亡とともに中山が支配するようになった。中山は十五世紀には奄美大島・喜界《きかい》島にも進出し、首里《しゅり》から按司を派遣してこれらの島々を統治した。「かさりまきり（笠利間切）」と記された嘉靖《かせい》八（中国年号・一五二九）年十二月二十九日付の琉球辞令書をはじめ、「せんとうちにしまきり（瀬戸内西間切）」「なせまきり（名瀬間切）」などと記された辞令書が残されており、十六世紀には琉球王国の地方行政区分である間切がおかれていたことが確認されている。

しかし、島民たちの抵抗は続いていた模様で、一五三七年には尚清

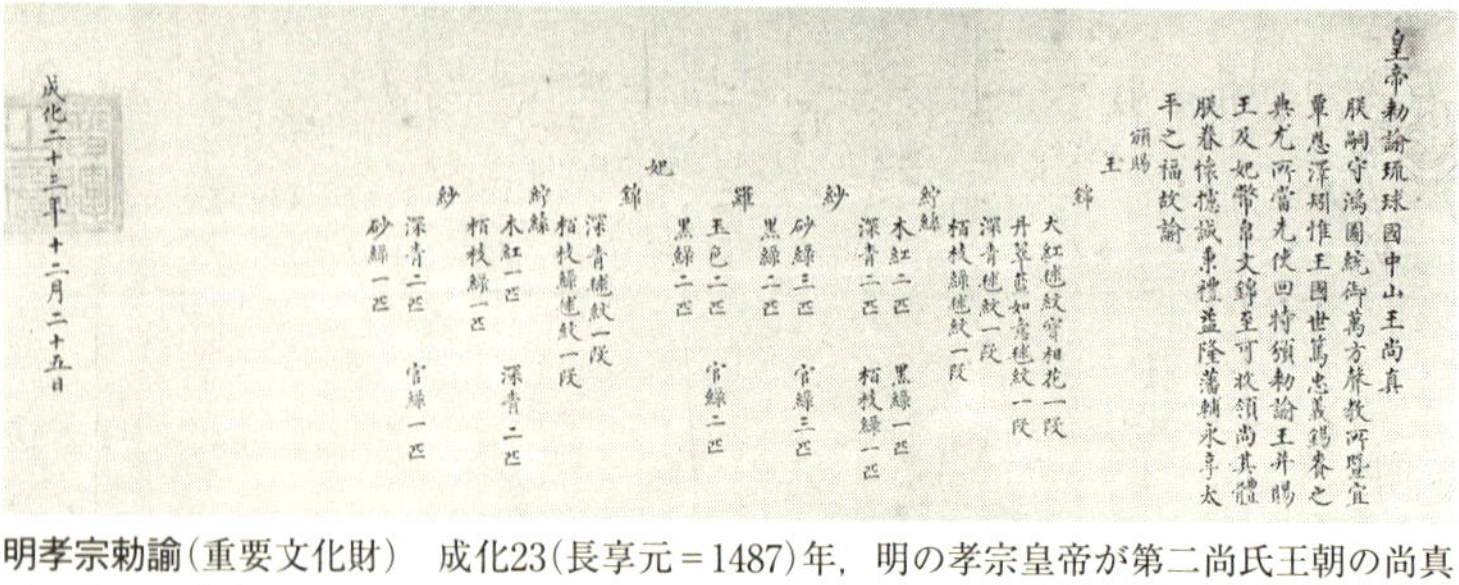
皇帝勅諭琉球國中山王尚真
朕嗣守鴻圖統御萬方彝教所暨宜
覃恩澤矧惟王國世篤忠義錫賚之
典尤所當先使回特頒勅諭王并賜
王及妃幣帛文錦至可收領尚其體
朕眷惓懷誠秉禮益隆藩輔永享太
平之福故諭
頒賜
王
錦
大紅纏紋寶相花一段
丹碧如意纏紋一段
深青纏紋一段
柘枝綠纏紋一段
紵絲
木紅二匹　黑綠一匹
深青二匹　柘枝綠一匹
紗
砂綠三匹　官綠三匹
黑綠二匹
羅
玉色二匹　官綠二匹
黑綠二匹
妃
錦
深青纏紋一段
柘枝綠纏紋一段
紵絲
木紅一匹　深青二匹
柘枝綠一匹
紗
深青二匹　官綠一匹
砂綠一匹
成化二十三年十二月二十五日

**明孝宗勅諭**（重要文化財）　成化23（長享元＝1487）年，明の孝宗皇帝が第二尚氏王朝の尚真王へ宛てた勅書。

王が、一五七一年には尚元《げん》王が奄美大島に出兵しており、諸鈍《しょどん》（大島郡瀬戸内町）には領主の伊喜与穂之《いきよほの》兵屋《ひょうや》・与見之知鬼与《よみのちきよ》が琉球王の軍とたたかって討たれたという伝承がある。なお奄美では中山王が進出してくる以前を「按司世《あじゆ》」、以後を「那覇世《なはゆ》」、さらに近世の薩摩藩直轄時代を「大和世《やまとゆ》」とよんでいる。

## 琉球出兵●

『島津国史』など近世に薩摩藩が編纂《へんさん》した歴史書には、嘉吉元（一四四一）年、六代将軍足利義教《あしかがよしのり》の命をうけた九代島津忠国《ただくに》が、義教の弟義昭《ぎしょう》を討ち、その恩賞として琉球国があたえられたと記されている。だが、これは琉球支配を正当化するための作り話である。また、文明三（一四七一）年、足利幕府は島津氏に、幕府の許可証をもたない船を琉球に渡海させないように命じ、さらに島津氏自身も琉球渡海朱印状《しゅいんじょう》を発給して、琉球交易権の独占をはかるようになった。しかしこれらは国内的権力の付与であって、独立国家である琉球王国の交易権などを規制するようなものではなかった。

文明十八年にはじまったと伝えられる島津氏と琉球王国との公的な交流は、琉球から薩摩に派遣された紋船《あやぶね》による対等な善隣友好関係であった。永正五（一五〇八）年、一二代島津忠治《ただはる》は、琉球に島津氏が発行する印判状（琉球渡海朱印状）をもたない船とその積荷の没収を求め、日琉貿易の独占をはかっているが、その宛名は「琉球国王殿下」となっており、書札礼も対等な外交文書となっている。また、天文三（一五三四）年には、島津氏の老中が琉球三司官《さんしかん》に、琉球征服を企てた備中《びっちゅう》の三宅和泉守国秀《みやけいずみのかみくにひで》を、先年島津氏が討ちとったことを伝え、両国の友好関係の強化を訴えている。

両国の関係に変化のきざしがみえるのは十六世紀なかばのことで、まず三州統一をなしとげた一六代島津義久《よしひさ》が、強大な軍事力を背景にして琉球貿易の独占を強硬にせまりはじめた。天正十五（一五八七）年に義久をくだした豊臣秀吉はさらに強硬で、琉球を従属国とみなし、家臣の亀井茲矩《かめいこれのり》に琉球をあたえるという構想すら描いていた。この構想を知った義久が石田三成や細川幽斎に働きかけたために実現はまぬがれたが、秀吉はその後も島津氏をつうじて琉球に入貢を促し、文禄元（一五九二）年には朝鮮出兵の軍役負担を命じた。

一方、琉球では、一五六七年に明が海禁令を廃止したことによって、経済基盤である中継貿易が打撃をうけていた。そのうえに日本側から一方的な要求をつきつけられ、琉球王府は対応にとまどった。日琉関係は悪化したが、朝鮮出兵が泥沼におちいり、さらに秀吉の死去やその後継者争いがあって豊臣政権は琉球への関心を弱め、さらに島津氏も朝鮮出兵や関ヶ原の戦いにまきこまれたため、琉球問題は棚上げにされた状態となった。

しかし、慶長七（一六〇二）年、徳川氏と島津氏の和議が成立すると、島津氏はふたたび琉球貿易独占に強い関心を示すようになり、一八代島津家久《いえひさ》は琉球への武力介入をも検討しはじめた。慶長十一年には奄美大島出兵が計画されたが、

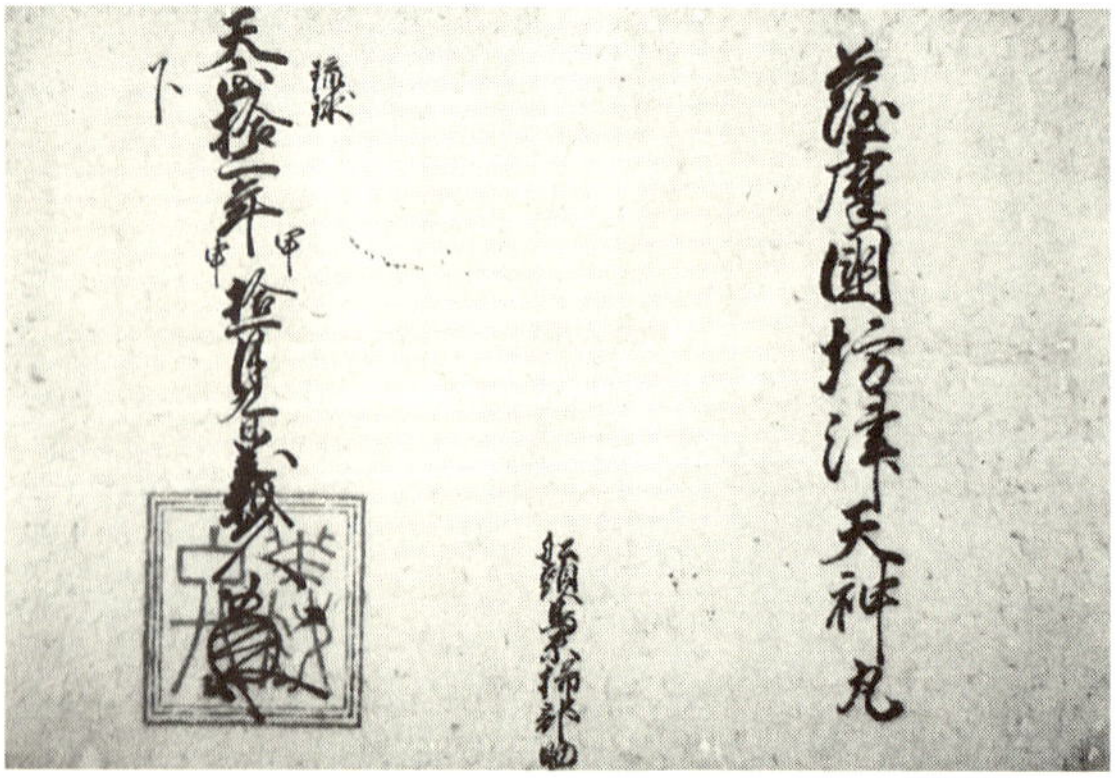

島津義久琉球渡海朱印状

これは義久の同意が得られず、準備不足もあって取りやめとなった。また、徳川家康は、琉球王府に明との国交回復の仲介を期待していたが、琉球側がこれにこたえようとしなかったため、家久に琉球出兵を許可した。

慶長十四年、家久は琉球出兵にふみ切り、樺山久高《かばやまひさたか》を総大将、平田増宗《ひらたますむね》を副将とする兵三〇〇〇、船一〇〇艘が琉球に渡海した。戦いなれした島津軍の前に琉球側は手も足もでず、またたくまに首里を占領され、尚寧《しょうねい》王は島津軍の軍門にくだった。その結果、与論島以北の奄美群島は割譲されて島津氏の直轄地となった。そのほかの地域は従来どおり琉球王府によって支配されることになったが、貿易は薩摩藩の管理下におかれた。

琉球には薩摩仮屋《かりや》、鹿児島城下には琉球証人屋敷（のち琉球館と改称）がおかれた。薩摩仮屋には薩摩から派遣された在番《ざいばん》奉行らがつめていたが、薩摩藩の琉球支配は明に秘匿する必要があったため、明の冊封使が琉球にきたときには、在番奉行らは城間《ぐすくま》村（浦添《うらそえ》市）に、薩摩の船舶は雲天《うんてん》港（国頭《くにがみ》郡今帰仁《なきじん》村）に隠れていた。

また、鹿児島へ毎年春には年頭使が、島津家の吉凶時には特使が派遣された。これを「上国《じょうこく》」または「大和上《やまとのぼ》り」という。さらに将軍の代がわりには慶賀使《けいがし》が、国王の即位時には謝恩使《しゃおんし》が江戸に派遣された。これは「江戸上り」とよばれた。そして幕府や薩摩藩は、これら琉球使者に中国風の呼称・装束の使用を義務づけ、異国を支配していることを誇示して、みずからの権威を高めようとしたのである。

### 鎖国令●

十六世紀末から十七世紀初頭にかけて、豊臣政権や初期徳川政権は、海外貿易が盛んになることをのぞみ、日本人の海外渡航を奨励し、外国船の来航を歓迎した。南九州はこうした海外貿易の中継点であった。許孚遠《きょふえん》『敬和堂集』には、薩摩州は各地の船舶が停泊するところで、文禄二（一五九三）年ころには呂宋《ルソン》（フィリピン）にむかう船が四隻、交趾《コウチ》（ベトナム）船が三隻、柬埔寨《カンボジャ》船が一隻、暹羅《シャム》（タイ）船が一隻、仏郎機《フランキ》（ヨーロッパ）船が一隻あったと記されており、南九州の港が海外貿易にたずさわる船舶でにぎわっていたようすが彷彿《ほうふつ》される。

また、徳川家康や秀忠は、海外渡航船に対して貿易活動を保護する特権を付与し、特権をあたえたことを証明する朱印状をあたえていた。この朱印状をもつ貿易船が朱印船である。慶長九（一六〇四）年から寛永十二（一六三五）年までのあいだに三五六艘もの朱印船が、交趾・暹羅・呂宋・柬埔寨などへとむかったが、朱印船を派遣したのは、京都の角倉《すみのくら》・茶屋《ちゃや》、大坂の末吉《すえよし》、長崎の末次《すえつぐ》・荒木《あらき》などの豪商、ウィリアム＝アダムズなどの外国人、そして島津や松浦《まつら》・有馬《ありま》・亀井《かめい》・鍋島《なべしま》・加藤《かとう》など西国の大名たちであった。大名のなかでは薩摩藩主島津家久が九通ともっとも多く、島津氏が最大の貿易大名であったことを物語っている。

しかし、海外交易が盛んな時代は長くは続かなかった。キリスト教禁止問題が徳川幕府の外交方針を転換させ、元和二（一六一六）年にはヨーロッパ船の寄港地が長崎の平戸《ひらど》に限定された。

さらに、元和九年三代将軍となった徳川家光は、ヨーロッパ諸国の軍事力を極度に警戒し、キリシタンをその手先とみなしており、キリシタン撲滅《ぼくめつ》のためには海外貿易を犠牲にすることもいとわなかった。家光は親政をはじめてまもない寛永十年に、一七カ条からなる禁令をだしたが、これには奉書船以外の海外渡航禁止、日本人の出入国禁止などがうたわれ、第一七条では薩摩藩と平戸藩を名指しして、両藩にも糸《いと》割符《わっぷ》制を適用すると記されていた。これは薩摩藩が明から、平戸藩がオランダから生糸を購入していたからで、両藩は長崎で決定した生糸価格での取り引きを余儀なくされた。

翌寛永十一年には、薩摩藩主島津家久に対し、領内（琉球をのぞく）での中国貿易を断念するように命じた。海外交易は薩摩藩にとって重要な財源であったが、家光の命にはさからえず、不本意ながら中国船の領内寄港を禁止した。このため薩摩藩は琉球での進貢貿易にますます力をそそがざるをえなくなったのである。

寛永十四年には島原の乱がおこり、幕府軍として佐賀・熊本・福岡・薩摩藩らが出兵し鎮圧にあたった。原城に立てこもったキリシタンは激しく抵抗し、幕府軍も多大な犠牲をはらった。この乱を機に、家光はますますキリシタンを嫌悪するようになり、寛永十六年にはキリスト教の布教活動をやめようとしないポルトガルの船舶の来航を禁止し、長崎を唯一の開港場として鎖国を断行した。

これに伴って新興国オランダがポルトガルの代役をつとめることになったが、幕府はオランダが必要な物資を調達できるか危惧し、琉球の進貢貿易にオランダ貿易を補塡させる役割をになわせることにした。これにより薩摩藩は鎖国体制下においても琉球で海外交易を続けることを公式に認められたのである。しかし、オランダに対する危惧が薄れていくと、幕府は琉球での進貢貿易の保護から統制、さらに廃止への志向を強め、これに対して薩摩藩は、将軍や幕閣への働きかけを強め貿易の維持をはかった。

一方、日本から締めだされた宣教師たちは、こうした一連の鎖国体制の強化にもかかわらず日本へ潜入し続けていた。その多くは琉球・薩摩に上陸し、日本各地に散っていたのである。寛永十三年にはアントニオ＝ゴンザレスら四人の宣教師が琉球に潜入してとらえられたが、長崎奉行所での取り調べのさい、彼らが隠しもっていた書状にスペインが琉球を足場に日本に進出をはかっていることが記されていた。

この情報に幕府は警戒感を強めた。さらにその直後には鎖国体制を完成させたため、ポルトガルの報復攻撃も考えられた。こうして対外的な緊張が一気に高まり、家光は九州の大名たちに外国船監視のため要所に遠見《とうみ》番所を設けさせるなど、沿岸防衛体制の強化を命じた。薩摩藩はいわばその最前線に位置し、甑島《こしきじま》・坊津《ぼうのつ》など海上交通の要衝の高台に遠見番所を設置して監視体制を強めた。

またそうした矢先、寛永十七年には、南蛮船《なんばんせん》が琉球八重山《やえやま》に来航して二、三百人が上陸したという知らせが薩摩にとどいた。ゴンザレスらの書状に記された計画が実行に移されたのではないかと考えられて情勢が緊迫したが、大事には至らず、しだいに対外的な緊張もとけ、宣教師の潜入も、宝永五（一七〇八）年のイタリア人宣教師シドッチの屋久島上陸を最後にとだえた。

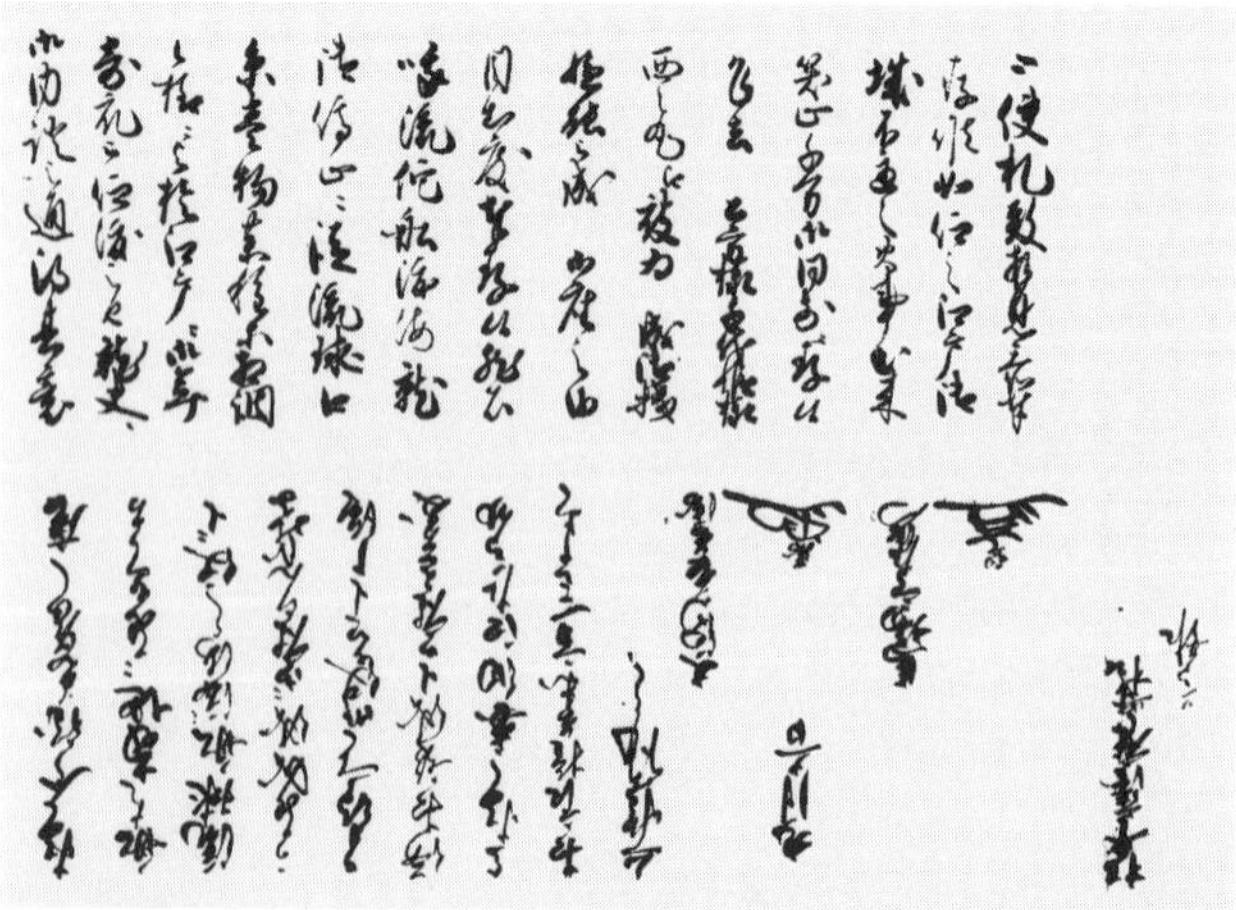

**長崎奉行連署状**　寛永16(1639)年，薩摩藩主島津光久に琉球口貿易の存続を幕府が認めたことを伝えたもの。

7章

# 苦悩する藩政

鶴丸城(明治5年撮影)

## 1 周到な支配体制

### 鹿児島城下の形成●

慶長六（一六〇一）年、島津家久《いえひさ》はあらたな居城鶴丸《つるまる》城の築城と、その鶴丸城を核とした城下町の建設に着手した。

室町時代の鹿児島城下は、稲荷《いなり》川流域、現在上町《かんまち》とよばれる一帯であった。嘉慶元（一三八七）年に七代島津元久《もとひさ》がきずいた清水《しみず》城（現清水中学校）を中核に城下町が形成されていたのである。だが、清水城は戦国時代に守護島津氏の衰退とともに荒廃し、天文十九（一五五〇）年、一五代島津貴久《たかひさ》はあらたに御《み》内《うち》（内城・現大竜《だいりゅう》小学校）をきずいて居城とした。

御内は一重の堀をめぐらせた程度の館《やかた》で、防衛的機能がとぼしく、慶長五（一六〇〇）年の関ヶ原の敗戦を機に移転問題が表面化した。家久は、はじめ帖佐《ちょうさ》（姶良《あいら》市）の建昌《けんしょう》城に居城を移そうとしたが、父義《よし》弘《ひろ》が、長年本拠地としてきた鹿児島をはなれるのは、莫大な経費がかかり得策ではないと強行に反対したため、実現しなかった。家久は次善の策として、上山《うえやま》城（城山《しろやま》）を選び、これを改修してその麓《ふもと》に居館をきずいた。それが鶴丸城である。なお鶴丸城というのは俗称で、正式には鹿児島城・御内とよばれた。また、貴久がきずいた御内は元御内とよばれ、大竜寺という臨済宗の寺院となった。

義弘はこの鶴丸城の建設にも反対であった。海に近すぎ海上からの攻撃に弱いというのが、その理由である。島津氏が鹿児島進出の足がかりとした東福寺《とうふくじ》城（鹿児島市清水町）や清水城を改修して居城とすべきというのが義弘の考えで、家久に再考を求めたが、家久はあらたな城下町の建設を重視して鶴丸城の建設を進めた。実際、江戸時代の初めは、鶴丸城のすぐ近くまで海がせまり、鶴丸城の西を流れる甲突《こうつき》川も、現在の照国《てるくに》神社近くを流れ、俊寛《しゅんかん》堀（鹿児島市中町）周辺で海にそそいでいた。家久をはじめとする歴代藩主たちは、海岸を埋め立て、甲突川の流れを西へ西へと移し、城下町を拡大・整備していったのである。

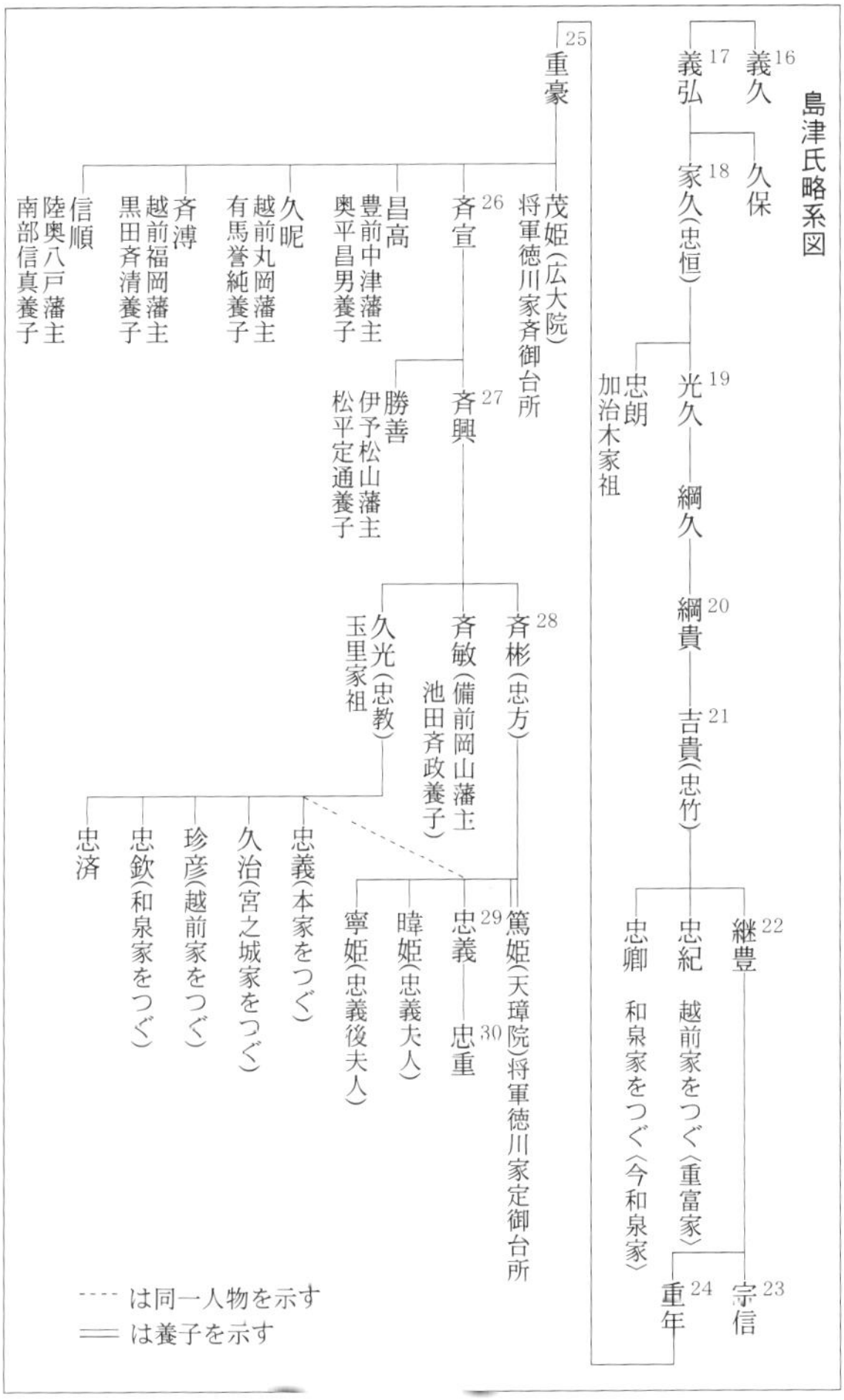

城下町は武士と町人の住む区画が分けられていた。武家屋敷は、鶴丸城を境に北を上方限《かみほうぎり》、南を下《しも》方限といった。上方限はおもに清水城・御内時代の古い城下町である。下方限は鶴丸城から甲突川までで、甲突川近くには中下級の武士たちの屋敷がたちならんでいた。さらに城下町の拡大とともに、甲突川右岸の出水筋《いずみすじ》ぞいにも武家屋敷がたちならび、これを西田《にしだ》といった。町屋敷は武家屋敷に隣接してたてられ、幕末には上町《かんまち》に六町、下町《しもまち》に一五町、西田に三町の町ができた。そしてこの城下を吉野村・原《はら》良《ら》村・塩屋《しおや》村など、近在二四カ村と荒田浦《あらたうら》・横井野町《よこいのまち》が取りかこんでいた。

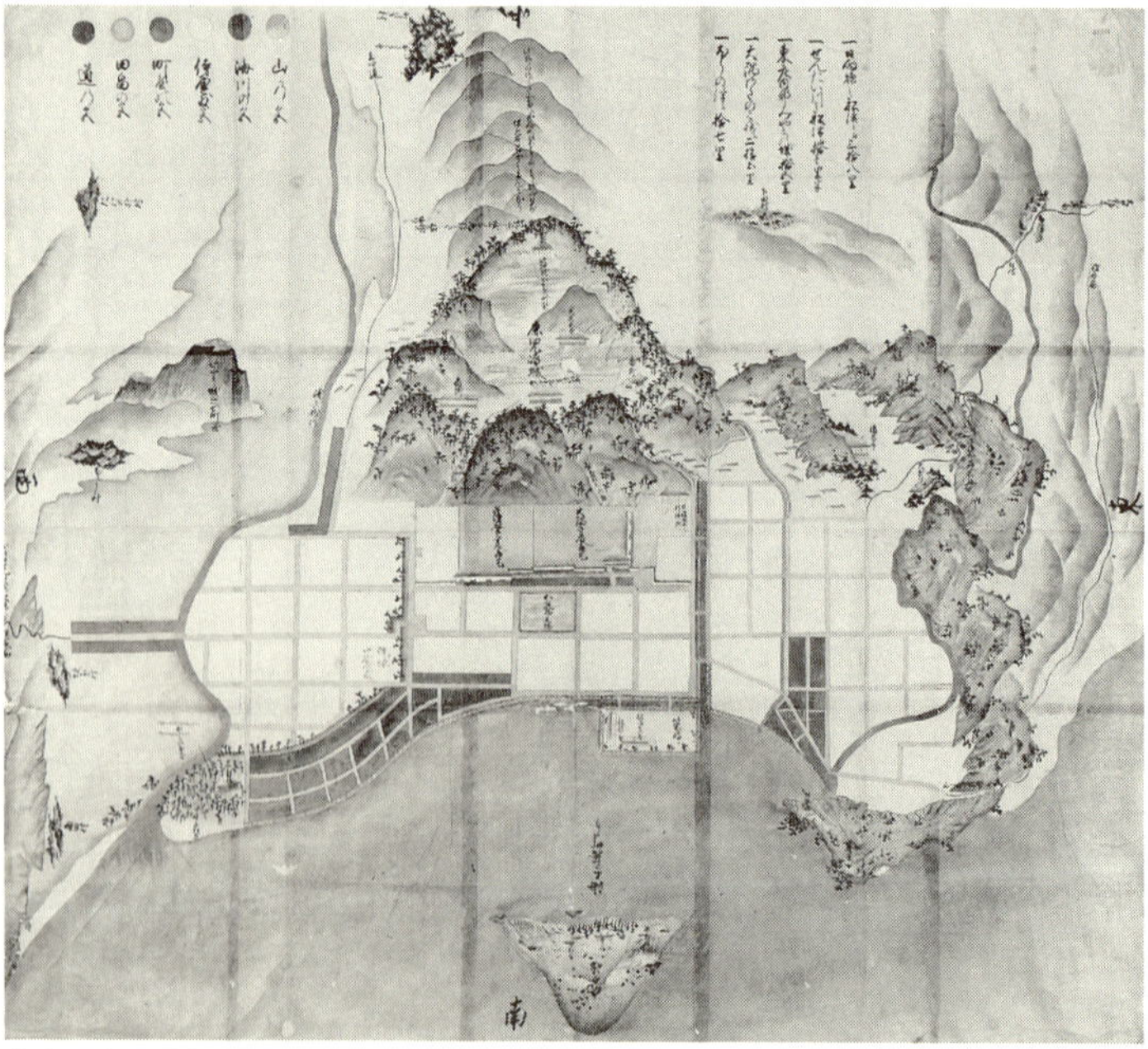

**寛文10(1670)年ころの鹿児島城下**　鶴丸城のすぐ前まで海がせまり，城山にはまだ城の構造物が残っている。甲突川も現在より東方を流れ，南林寺(現松原神社)側で海にそそいでいる。

鹿児島城下の人口は、文政九（一八二六）年には五万八〇〇〇人を超えており、しかもその大部分は士族であった。城下に住む武士たちは城下士《じょうかし》とよばれ、一門《いちもん》・一所持《いっしょもち》（一カ所の領地をもつもの）および一所持格（一所持と同格）・寄合《よりあい》・寄合並《なみ》（以上が大身分《だいしんぶん》という上士《じょうし》）・無格・小番《こばん》（他藩の馬廻役《うままわりやく》）・新番・御小《おこ》姓与《しょうぐみ》（他藩の徒士《かち》）・与力《よりき》という階級に分けられていた。その下に準士分の足軽《あしがる》がある。各階層の家数は時代によって変動するが、弘化三（一八四六）年ころには一門四家（重富《しげとみ》家・加治木《かじき》家・垂水《たるみず》家・今和泉《いまいずみ》家）、一所持二九家、一所持格一二家、寄合五二家、寄合並一〇家、無格二家、小番七六〇家、新番二四家、御小姓与六一四六家（城下六組御小姓与三〇九四家）であった（『斉興《なりおき》公史料』「門閥其他御目見以上総数」・『薩陽武鑑』）。

また、藩の職制もしだいにととのえられ、城代《じょうだい》を筆頭に家老《かろう》・若年寄《わかどしより》・大目付《おおめつけ》の二役、さらにその下に大番頭《おおばんがしら》・寺社奉行・勘定《かんじょう》奉行・御小姓与番頭・当番頭・御側御用人《おそばごようにん》・御用人・御勝手方《おかってほう》・御趣法方《ごしゅほうほう》・奥掛・町奉行・御側役・江戸留守居《るすい》・京大坂留守居・御納戸《おなんど》奉行・物頭《ものがしら》・御船奉行・御使番《おつかいばん》・御小納戸《おこなんど》頭取《とうどり》・御広敷《おひろしき》御用人・教授・御右筆頭《ごゆうひつがしら》（以上御直触《おじきぶれ》という上級職）などの諸役があった（「薩藩政要録」）。大目付以上の役は上身分のものしかつくことができない定めで、有能なものを抜擢《ばってき》せざるをえないときには、そのもの一代にかぎって上身分に組みいれた。

一方、鹿児島城下の町方《まちかた》は町奉行が支配し、商売人出入りの監督・往来手形の発給・町方口事《くじ》（公事）などを司った。町人役としては、惣年寄《そうどしより》・年寄・年寄格・年行司《としぎょうじ》・年行司格・乙名頭《おつながしら》・横目《よこめ》役があり、三町《さんまち》（上町・下町・西田）にそれぞれ設けられた町会所《まちかいしょ》で事務処理を行った。町人は屋敷持である名頭《みょうず》と借家人である名子《なご》とがおり、名頭には畝掛銀《せがけぎん》（戸数割税）・礼銀の支払いや水手《かこ》役・浦役などの負担があった。

近在は地頭《じとう》によって支配され、その下に横目・年寄・組頭・庄屋がいた。いずれも城下士が任命された。近在の人口は、文政九年の調べでは男七五九二人・女六六九三人、その多くは農民であった。

## 外城制度と郷士●

琉球国《りゅうきゅう》（沖縄・奄美《あまみ》）をのぞく薩摩藩領内の人口のうち、四人に一人は士族階級に属していた。明治四（一八七一）年の鹿児島県禄高調《しらべ》でも、士族の割り合いは二六％にも達しており、全国平均の五～六％とくらべると異常に高い数字であった。これほど多くの士族を鹿児島城下に集住させることは不可能で、薩摩藩は琉球国をのぞく領内を、一一〇あまりの外城《とじょう》という行政区画に分け、外城衆中《しゅじゅう》とよばれる武士たちを配置して、地方行政と防衛の任にあたらせていたのである。これを外城制度という。なお、外城とは、藩主居城御内の外衛という意味で、特定の城をさすものではなく、区域の総称である。

この外城制度は、中世の地頭・衆中制の流れをくむもので、有事のさいには地頭（または私領主）が外城衆中を率いてたたかうことになっていた。領内各地に半農半士の武士団が屯田《とんでん》しているわけで、薩摩藩はいわば幕府の一国一城令を無視したような形となっていたのである。寛永十（一六三三）年に薩摩藩領を視察した幕府巡検使は、こうした薩摩藩の状況をいぶかしがり、その理由を家老たちに詰問している。家老たちの返答は、九州の大半を支配していたころに多くの武士をめしかかえたため、地方にも武士たちを住まわせなければならず、シラス台地の城は、掘りくずすと周辺の田畑に土砂が流出してしまうのでこわせないというものであった。

また、外城の数は、江戸初期には若干の変動があった。その変動も延享元（一七四四）年の今和泉（指《いぶ》

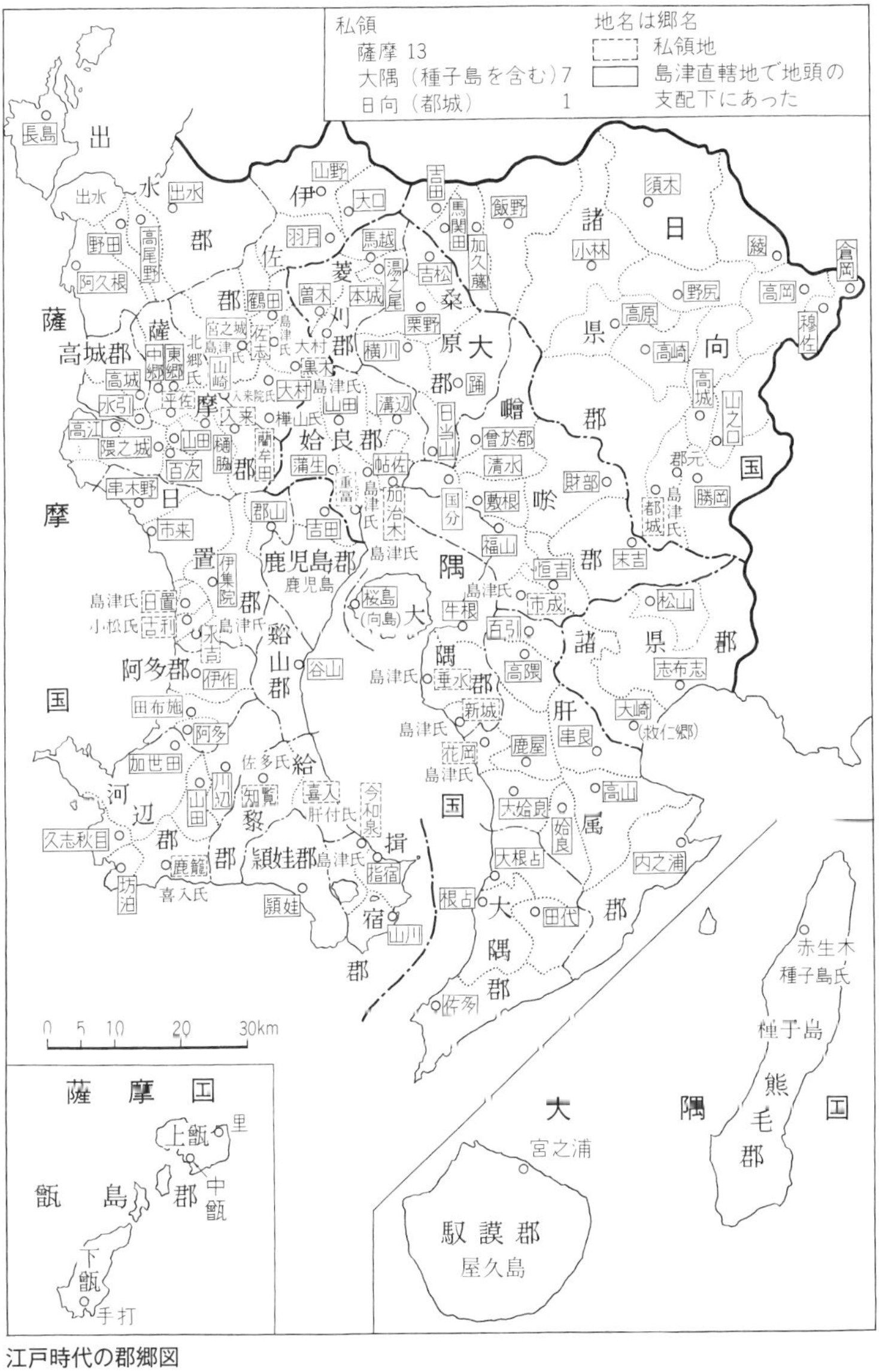
私領
薩摩 13
大隅（種子島を含む）7
日向（都城） 1
地名は郷名
私領地
島津直轄地で地頭の支配下にあった
長島
出水郡
出水
野田
高尾野
阿久根
薩摩国
高城郡
高城
中郷
東郷
宮之城
北郷氏
山崎
佐志
島津氏
水引
高江
平佐
入来院氏
入来
隈之城
山田
樋脇
藺牟田
百次
串木野
日置郡
市来
伊集院
島津氏 日置
小松氏 吉利
永吉
阿多郡
伊作
田布施
阿多
加世田
河辺郡
川辺
山田
久志秋目
鹿籠
坊泊
喜入氏
頴娃郡
頴娃
知覧
佐多氏
給黎郡
喜入
肝付氏
今和泉
揖宿郡
指宿
山川
鹿児島郡
鹿児島
谷山郡
谷山
吉田
郡山
重富
島津氏
加治木
始良郡
蒲生
帖佐
山田
大村
黒木
樺山氏
伊佐郡
山野
大口
羽月
菱刈郡
鶴田
曽木
本城
馬越
湯之尾
吉田
馬関田
飯野
加久藤
吉松
栗野
桑原郡
横川
踊
日当山
溝辺
大隅国
噌於郡
清水
国分
敷根
福山
財部
恒吉
市成
島津氏
牛根
桜島（向島）
百引
垂水
高隈
新城
花岡
鹿屋
串良
肝属郡
大姶良
姶良
高山
大根占
根占
田代
内之浦
大隅郡
佐多
諸県郡
日向国
須木
小林
綾
倉岡
野尻
高岡
高原
高崎
穆佐
高城
山之口
郡元
島津氏
都城
勝岡
末吉
松山
志布志
大崎
（救仁郷）
0 5 10 20 30km
薩摩国
甑島郡
上甑
里
中甑
下甑
手打
大隅国
宮之浦
馭謨郡
屋久島
赤生木
種子島氏
種子島
熊毛郡

江戸時代の郡郷図

宿《すき》市）の新設が最後となり、一一三に落ちついた。外城には藩直轄《ちょっかつ》の地頭所と、一門・一所持が支配する私領とがあり、前者には出水・伊集院《いじゅういん》（日置市）・加世田《かせだ》（南さつま市）・国分《こくぶ》（霧島市）・志布志《しぶし》・高岡《たかおか》（宮崎県宮崎市）など九二外城、後者には加治木（姶良《あいら》市・加治木家）・重富（姶良市・重富家）・知覧《ちらん》（南九州市・佐多《さた》家）・鹿籠《かご》（枕崎《まくらざき》市・喜入《きいれ》氏）など二一外城があった。

一つの外城は数カ村からなり、中心となる村に武士集落の「麓《ふもと》」があった。また農業地は「在《ざい》」とよばれ、商業地である「野町《のまち》」や、漁業・水運業を生業とする浦人たちが住む「浦《うら》」がある場合もあった。麓はおおむね中世の古城近くにあり、地頭仮屋《かりや》（私領の場合は領主仮屋）を中核に、石垣にかこまれた武家屋敷が整然とたちならび、小城下を形成していた。出水麓や入来《いりき》麓・知覧麓・蒲生《かもう》麓など、今なおその面影をとどめているところも多い。

外城の行政・軍事を司る地頭（私領主）は、当初任地に赴いていたが、寛永年間（一六二四〜四四）以降鹿児島定府《じょうふ》となり、地頭は任地へ一代に一回赴くだけの掛持《かけもち》地頭となった。ただし、国境海中の要衝である長島・甑島《こしきじま》には、地頭が赴任地に在勤し続け（居《い》地頭）、出水・大口《おおくち》・高岡（宮崎市）など、藩境の大外城には地頭代がおかれた。さらに穆佐《むかさ》・綾《あや》・倉岡・山之口（以上宮崎県）・水引《みずひき》（薩摩川内《せんだい》市）には抑《おさえ》、都城《みやこのじょう》（宮崎県都城市）には中抑《なかおさえ》をおいて辺境の要務を助けさせた。

実質的な外城支配は、噯《あつかい》・組頭・横目の所《ところ》三役が行った。噯というのは外城における最高職で、複数の外城衆中が任じられ、合議制により外城全般を統括した。なお、私領では噯に相当する役職を役人と称した。組頭は数組に編成された外城衆中の頭役で、衆中の教導や外城の警備にあたり、横目は警察・訴訟・検察を担当した。さらに所三役の下には書役・普請見廻《ふしんみまい》・野廻《のまわい》・相談役・触《ふれ》役・郡《こおり》見廻・櫨楮《はぜこうぞ》見廻・牧司《ぼくし》・庄屋・浦役《うらやく》・別当《べっとう》などがあり、これらもすべて外城衆中が任じられる役職であった。他藩では農民層が任じられる庄屋のような役も、外城衆中に独占され、農民や町人らは厳重な監視下におかれていた。このため、薩摩藩では一揆《いっき》のような積極的な農民抵抗はみられなかったのである。

城下士と外城衆中は同格であったが、城下士は半農半士の外城衆中を「肥《こえ》たんご士《ざむらい》」とか「一日兵児《ひしてべこ》」とよんで蔑視《べっし》した。さらに麓在住の外城衆中は在に住む武士を蔑み、地頭所の衆中は私領の衆中を家中《かちゅう》とよんでやや低くみなしていた。

また、天明四（一七八四）年には外城が郷《ごう》と、安永九（一七八〇）年には外城衆中が郷士《ごうし》と改称された。これと前後して曖も郷士年寄とよばれるようになった。

**門割制度**

寛文四（一六六四）年の「寛文郷帳」によれば、薩摩藩領内（琉球国をのぞく）には六五二もの村があった。その内訳は、薩摩国二五八カ村、大隅国二三〇カ村、日向国《ひゅうが》諸県郡《もろかた》一六四カ村である。さらに村は方限《ほうぎり》という小村落に分けられていた。この膨大な村々の農政全般は、郡方《こおりかた》のうけもちであった。その頂点にたつのは郡《こおり》奉行で、各外城では曖のもと、郡見廻が農政をになった。さらに各村では、武士階級の庄屋が農事や農民生活の指導・監督にあたり、各方限では農民階級の名主が庄屋を補佐していた。

また年貢や夫役《ぶやく》の徴収をはじめとする農民支配は、門《かど》・屋敷という農業経営体を単位として行われた。門は長である名頭《みょうとう》（「みょうず」・乙名《おつな》とも）と、名子《なご》という複数の農家から構成される農業経営体で、名頭を中心に共同で農作業などに従事した。名頭単一もしくはそれに準ずる小規模な農業経営体が屋敷である。幕府やほかの諸藩は、安定した農業経営ができる独立農家を把握して村をおさめる方法をとっていた

薩摩藩の人口推移

| | 薩摩国（人） | 大隅国（人） | 日向国諸県郡（人） | 薩隅日合計（人） | 道之島（人） | 琉球国（人） | 総計（人） |
|---|---|---|---|---|---|---|---|
| 寛永13年(1636) | 約16万～17万か | 約11万～12万か | 63,723 | 約33万～34万位か | | | |
| 寛文年間(1661～73) | 178,101 | 115,459 | 60,767 | 354,327 | 31,377 | 110,211 | 495,915 |
| 貞享元年(1684) | 183,376 | 117,583 | 54,428 | 355,387 | | | |
| 宝永3年(1706) | | | | 461,961 | 49,472 | 155,108 | 666,541 |
| 享保内検期(1722～27) | 29万台か | 19万台か | 8万台半ばか | 56万台か | 6万2,3千か | 16万～17万台か | 77万～78万位か |
| 宝暦3年(1753) | | | | | | | 872,083 |
| 明和9年(1772) | | | | | 74,899 | 174,222 | 887,222 |
| 天明6,7年(1786,87) | | | | | | | 842,406 |
| 寛政6年(1794)ごろか | | | | 623,627 | | | |
| 寛政12年(1800) | 373,046 | 177,312 | 76,971 | 627,329 | 74,593 | 155,650 | 857,572 |
| 文政9年(1826) | 404,774 | 169,830 | 76,598 | 651,202 | 77,667 | 140,565 | 869,434 |
| 嘉永5年(1852) | 393,527 | 157,111 | 74,727 | 625,365 | 85,125 | 132,678 | 843,168 |
| 明治4年(1871) | 46万3,4千か | 21万前後か | 約7万9千か | 75万台か | | | |

尾口義男「鹿児島藩の人口」『黎明館調査研究報告』第11集による。

が、薩摩藩の場合は個々の農民ではなく、門・屋敷という農業経営体を掌握するという方法がとられていたのである。この独自の農民支配体制を門割《かどわり》制度という。

　門割制度は、室町時代から南九州に広く展開していた門体制とよばれる中世的構造の農村社会がもとになっている。豊臣秀吉の文禄検地をはじめ、慶長内検（一六一一～一二）・寛永内検（一六三二～三三）・万治内検（一六五七～五九）・享保内検（一七二二～二七）の四回の領内総検地によって、門体制の名頭やその一族・下人《げにん》（被官）が解体されて、近世的な門へと編成されていったのである。またその過程において、兵農分離も行われた。島津氏の家臣団に編入された名頭層は、別の外城に移されて本貫地との関係を断ち切られ、もとの土地にとどまることをのぞむものは農民化させられたのである。

こうした内検では、村の農業生産力の把握とともに、農民の実態について詳細な調査が実施された。とくに一五歳から六〇歳までの心身ともに健康な男子農民は用夫《いぶ》とよばれ、とくに重要視されて掌握された。そして一村もしくは一方限《ほうぎり》内の門が均等になるように、用夫たちは血縁・社会関係なく強制的に配置しなおされ（用夫配《くばり》・人配《にんばい》）、耕作地も改めて門単位に割りふられたのである（門割）。

門高はおおむね二〇〜四〇石が一般的であった。人口が多い西目《にしめ》（薩摩側）は小さく、過疎気味の東目（大隅・諸県側）は大きかった。この格差是正のために、西目から東目へ農民を強制移植させる人配もしばしば行われた。

また享保内検ののち、領内いっせいの検地は行われることはなかったが、部分検地は各地で実施され続けた。たとえば、新田開発などによって耕作面積が著しく変化し、門間の耕作面積や年貢負担料などに不公平が生じたさいには、親疎門割とよばれる検地が行われ、改めて門の均一化がはかられた。また農村が荒廃し、門経営体力の回復や村落再建が必要になったときには、御救《おすくい》門割が実施されて年貢負担額などが大幅に引きさげられた。

農民に課された税としては、門単位の高掛《たかかかり》賦課と個々の農民に対する人別《にんべつ》賦課とがあった。高掛賦課の代表的なものは、門高にかかる正租年貢である。薩摩藩は籾《もみ》九斗六升を高一石と称していたが、この高一石に対し、年貢は米三斗五升（籾七斗）であった（時代により若干異なる。以下同じ）。このほか、役米二升、代米一升などの高掛賦課があった。人別賦課としては用夫役（銀）があり、これは年間一二日間の労役もしくは一日五分の代銀であった。ほかに新生児を含む全領民に対する人別出銀《だしぎん》（一人銀一分）、女子への織木綿（下地綿またはその代銀）があった。

よく薩摩藩の農民の年貢負担率は、八公二民（税率八〇％）や九割前後、公役《くやく》は月三五日（実際は一〇日）といわれる。士族階級は門高に編入されない浮免《うきめん》（籾高一石につき米八升二合・夫役免除）、自費開墾の抱地《かけち》（同八升二合・夫役免除）、永作《えいさく》（籾高一石につき米三斗九升・夫役免除、また実際の収穫高は石高以上）、原野・藪沢《そうたく》を開墾した大山野《おおさんや》（年貢は見掛《みかけ》と称する低率）、古荒地を再開墾した溝下《みぞした》見掛（同前）の所有を許されて優遇されていたが、永作以下は農民たちの所有も認められて、租税軽減のために利用されていた。また明治時代に汾陽光遠《かわみなみみつとお》があらわした『租税問答』には、藩政時代の門高は実際より低く査定されていたと記されており、他藩にくらべ著しく負担が重かったわけではないと考えられている。

しかし、江戸中後期、藩財政の窮乏とともに課せられたさまざまな臨時課税や、藩の役人の腐敗などによって、農民たちがはなはだ困窮したのも事実であり、農民や門のみならず、村落運営そのものが困難になる場合も多々あった。とくに東目の疲弊・荒廃ぶりは著しく、藩は御救門割や人配などさまざまな対策をとって事態の進行をくいとめようとしたが、その効果はあまりあがらなかった（尾口義男「近世後期の薩摩藩検地門割と村落再編成」『黎明館調査研究報告』第九集）。

### かくれ念仏●

文政十一（一八二八）年改編の『薩藩政要録《さっぱんせいようろく》』によれば、薩摩藩領内には神社四二九六社、堂三九三五宇、寺院一〇五七カ寺があったという。おもな神社としては正八幡宮《しょうはちまんぐう》（霧島市隼人《はやと》町鹿児島神宮）、八幡新田宮《はちまんにったぐう》（薩摩川内《せんだい》市新田神社）、西御在所霧島六所権現《にしございしょきりしまろくしょごんげん》（霧島市霧島神宮）、枚聞《ひらきき》神社（指宿《いぶすき》市開聞《かいもん》）などがあり、八幡神、熊野《くまの》神、天満天神《てんまてんじん》、稲荷《いなり》神、諏訪《すわ》神、開聞神、霧島神などが崇敬されていた。

❖コラム

## 田の神様

田の神は、農民たちが豊作を祈ってつくった石像で、一般には親しみをこめて「タノカンサァー」とよばれている。鹿児島県と宮崎県諸県郡《もろかた》（現宮崎市、都城市、小林市）の旧薩摩藩領内だけにみられ、その数は確認されているだけでも一八〇〇を超えるという。

田の神がつくられるようになったのは、江戸時代初めのことで、製作年がはっきりしているものでは、宝永二（一七〇五）年の銘をもつ薩摩郡さつま町紫尾《しび》の田の神がもっとも古い。十八世紀から十九世紀にかけて盛んにつくられたが、初期のものは地蔵《じぞう》や大日如来《だいにちにょらい》をイメージした仏像型（薩摩側）と、衣冠束帯《いかんそくたい》に笏《しゃく》をもつ神像型（大隅・諸県側）に二分される。そして仏像型は僧型・旅僧型へと、神像型は神職型・神舞《かんめ》神職型・田の神舞神職型へと、静止した神仏像から動きのある人物像へと変化していったのである。また、垂《た》れ目やしかめ口などユニークな表情のものもふえた。

さて、この田の神に関するおもしろい風習がある。「タノカンサァー　オットイ」である。田の神は盗まれることを好み、盗んでまつると豊作になるのだという。豊作を願う農民たちは、ねらい定めた田の神を真夜中にこっそりと盗みだし、自分たちの集落にまつった。そのさい、「ちょっと旅にでるから、留守中も農作業に励むように」というような置手紙を残したという。苦しい生活のなかでもユーモアを忘れない農民たちのたくましさがうかがえる風習である。

田の神（志布志市，高60cm）

またおもな寺院としては、鹿児島城下の福昌寺《ふくしょうじ》（曹洞宗）・大竜寺《だいりゅうじ》（臨済宗）・浄光明寺《じょうこうみょうじ》（時宗）・南泉院《なんせんいん》（天台宗）・大乗院《だいじょういん》（真言宗）・不断光院《ふだんこういん》（浄土宗）・寿国寺《じゅこくじ》（黄檗《おうばく》宗）、志布志《しぶし》の宝満寺《ほうまんじ》（律宗）・大慈寺《だいじじ》（臨済宗）、野田《のだ》の感応寺《かんのうじ》（同）、山川の正竜寺《しょうりゅうじ》（同）、坊津の大乗院《だいじょういん》（真言宗）、種子島の慈遠寺《じおんじ》（法華《ほっけ》宗）などがあげられる。福昌寺が島津家の菩提寺《ぼだいじ》、大乗院が同祈願寺であったこともあって、曹洞宗と真言宗の寺院が多かった。修験道《しゅげんどう》は鹿児島城下の般若院《はんにゃいん》（真言宗系）と、大崎《おおさき》の照信院《しょうしんいん》（天台宗系）が中心であった。これらの寺院はすべて明治初年の廃仏毀釈《はいぶつきしゃく》で廃寺となったが、島津貴久《たかひさ》の菩提寺南林寺《なんりんじ》（曹洞宗）が松原《まつばら》神社に、島津義弘《よしひろ》の菩提寺妙円寺《みょうえんじ》（同）が徳重《とくしげ》神社というように、一部の寺院は神社としてうまれかわり、感応寺や大慈寺・不断光院などは廃寺後しばらくして再興された。

さて、薩摩藩の宗教政策として特筆すべきことは、キリスト教とともに一向《いっこう》宗（浄土真宗）が禁止されていたことである。鹿児島は、日本で最初にキリスト教の布教活動が行われた地である。布教活動の中心が北部九州や上方《かみがた》に移ったこともあって、南九州ではキリスト教はあまりふるわなかったが、一九代島津光久《みつひさ》の外祖母である永俊尼《えいしゅんに》（カタリナ）など、熱心な信者がいたのも事実である。寛永十（一六三三）年、豊臣方の残党キリシタン大名明石掃部《あかしかもん》の子小三郎が鹿児島でとらえられたが、小三郎をかくまった一味のなかに永俊尼がいて藩当局をあわてさせた。なお、永俊尼はそののち種子島に流された。また、一六三〇～四〇年代にかけて、外国人宣教師が領内に潜入する事件があいつぎ、領内のキリシタンたちが彼らを手引きしていたことがあきらかになった。こうした事態に藩当局はキリシタン弾圧を強めたため、やがてキリシタン問題は影をひそめた。

これに対し、一向宗はきびしい弾圧にもかかわらず、信仰はまもり続けられ、藩当局を悩ませ続けた。

一向宗の禁令でもっとも古い史料は、慶長二（一五九七）年二月、島津義弘が朝鮮渡海にさいしてだした二〇カ条の置文《おきぶみ》で、「一向宗の事、先祖以来御禁制の儀に候の条」とある。一向宗禁制の理由は定かではないが、一向宗門徒は、十五世紀末に一向一揆《いっき》をおこして加賀国守護富樫政親《とがしまさちか》を倒し、加賀国を支配しており、さらにその後も織田信長や豊臣秀吉・徳川家康らを悩ませていた。島津氏はこうした一向一揆が南九州に波及するのをきらい、禁制にふみきったと思われる。

寛永十二年、薩摩藩は、幕府が命じたキリシタン改めにあわせて一向宗の本格的な禁圧にのりだし、全領民を対象に宗旨改めを実施した。領民一人一人に名前や身分・年齢・宗旨などを記した木札（宗門手《しゅうもんて》札《ふだ》）を交付し、ほぼ定期的にきびしい吟味のうえこれを更新したのである（宗門手札改）。更新期間は時代によって若干異なるが、おおむね七、八年に一回とされ、明治維新までに三〇回ほど実施された。

また、明暦元（一六五五）年には宗体奉行《しゅうたいぶぎょう》（のち宗体改方《あらためかた》・宗門《しゅうもん》改方・宗門改役）、宗体座《ざ》（のち宗門改所）が設置され、取り締まりも強化されたが、下級郷士層や農民層のなかには、ひそかに一向宗を信仰し続けるものも多くいた（かくれ念仏）。しばしばこうした信者が摘発され、科料・財産没収・流刑に処せら

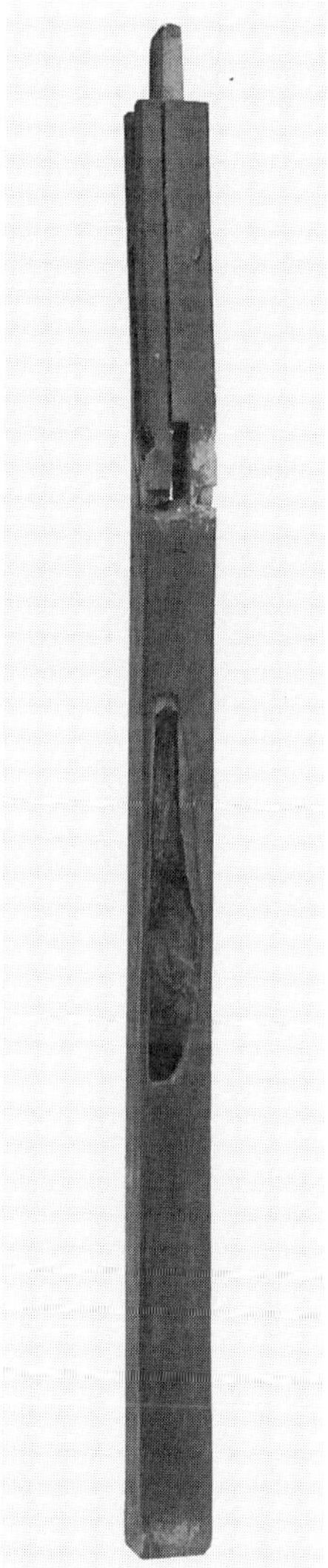

**秘仏の柱**　柱の中央部に阿弥陀仏などをかくすための穴があけられている。

れた。ときには自白を得るために拷問《ごうもん》が加えられたり、斬罪に処せられることもあった。また、士族の場合は士籍を剝奪《はくだつ》された。

しかし、過酷な弾圧にもかかわらず、信者の数は減少せず、十八世紀後期以降には、各地に信仰団体である講がつぎつぎと組織されていった。天保十四（一八四三）年、肥後天草《ひごあまくさ》の斉藤全水が本願寺にだした上申書に、薩摩で本尊二〇〇〇幅と門徒一四万人が摘発されたとあり、また嘉永二（一八四九）年のものには七〇余の講が露見したと記されている（「薩摩国諸記」『日本庶民生活史料集成』第一八所収）。この数字をうのみにはできないが、一向宗が広く浸透している状況はうかがうことができよう。

## 2　日本一の貧乏殿様

### 木曾川治水工事

薩摩藩の石高は七二万石あまり。金沢藩一〇二万石につぐ天下第二の大藩である。しかし、この数字は籾《もみ》高であり、他藩なみに米高にすれば三六万石程度くらいにしかならなかった。しかも、領内は生産性の低いやせた火山灰土壌（シラス・ボラ・コラ）に広くおおわれており、米作に適した土地は少ないうえに、台風や火山噴火・土砂崩れなどの災害は多く、農業的にはきわめて貧弱な藩であった。またその一方で、他藩にみられないほど膨大な家臣団を擁しており、石高の半分以上は家臣にあたえる給地高が占めていた。したがって、藩の財源となる蔵入高は、米高で一三万石程度にしかならず、そこからあがる貢租だけでは藩財政は成りたたなかったのである。

また財政再建の切り札としようとした海外交易は、一連の鎖国令《さこくれい》によって打撃をうけた。残された琉球での進貢《しんこう》貿易も、幕府の長崎貿易が軌道にのると、さまざまな制約が加えられるようになり、貞享三（一六八六）年には貿易額が三分の一減額された。寛永十七（一六四〇）年には山ケ野《やまがの》金山という大金山がみつかり、財政をうるおわせるのではないかと期待されたが、万治二（一六五九）年に青金《あおきん》（銀を含む金）一八六七キロを産出したのをピークに減少に転じ、財政を好転させるには至らなかった。

その一方で、この時代は全国的に泰平《たいへい》の世を謳歌《おうか》し、驕奢《きょうしゃ》で華美になりがちな傾向にあり、薩摩藩もその例外ではなく、江戸在府や参勤交代に伴う経費がふくらんだ。また、徳川幕府の諸制度にならって藩の諸制度を整備したが、これも簡素の風を失わせることになった。藩当局は、家臣から領地を返上（上知《あげち》）させたり、臨時課税を賦課して切り抜けようとしたが、焼石に水といった状態で、藩の借財はふえる一方であった。

さらに、明暦三（一六五七）年・元禄十五（一七〇二）年の江戸大火では藩邸が類焼し、鹿児島城下も延宝八（一六八〇）年・元禄九年・同十年・同十二年・同十六年と大火に見舞われ、元禄九年の大火では鶴丸城本丸も焼失した。こうした災害復旧費も藩財政を圧迫した。明暦の大火では、諸侯の屋敷がつぎつぎと再建されていくなかで、薩摩藩の屋敷だけは着工できずにいたという話も伝えられており、藩の財政の窮乏ぶりがうかがえる。

こうした状況に追い討ちをかけたのが、幕府の御手伝普請《おてつだいぶしん》である。御手伝普請とは本来幕府が行うべき工事などを、御手伝いの名目で諸大名に押しつけていたもので、参勤交代の制度とともに、大名の力を弱める有効な手段とされていた。薩摩藩も慶長十一（一六〇六）年に江戸城修築御手伝を命じられて以来、江戸城・大坂城普請助役や寛永寺《かんえいじ》本堂造営御手伝・内裏《だいり》外垣牆《がいえんしょう》修築御手伝献金などがつぎつぎと命じられていた。これらも藩財政には重い負担であったが、宝暦三（一七五三）年、これらの工事を大幅に上まわる御手伝普請の命令が突如としてくだされた。美濃《みの》・尾張《おわり》・伊勢《いせ》川々普請御手伝、いわゆる木曾《きそ》川治水工事である。

　当初、この御手伝普請の工事費は一〇万〜十四、五万両と見積もられていた。この金額は薩摩藩の大坂での国産品売上高の一年分に匹敵した。すでに五〇万両以上の負債をかかえていた薩摩藩にとってたいへんな負担であったが、幕命には逆らえず工事を受託、家老平田靱負《ゆきえ》を惣奉行に任命し、大坂などで金策にあたらせるとともに、藩士一〇〇〇人あまりを美濃へ派遣した。

　翌宝暦四年二月、美濃へ到着した薩摩藩士はさっそく工事に着手した。工事は想像以上の難工事で、幕府側が町人への工事依頼を制限したことも

木曾三川（岐阜県）

❖コラム

## 温泉と金山

寛永十七（一六四〇）年に発見された山ヶ野《やまがの》金山（霧島市横川《よこがわ》町・薩摩郡さつま町）は、佐渡金山とならび称される大金山である。山ヶ野金山の金品位は非常に高く、「トジ金」とよばれる粗粒の金を含む場合もあった。近年、山ヶ野金山の近くに日本一の産金量を誇る菱刈《ひしかり》金山（伊佐市）が開発されたが、ここも平均金品位が高く、トン当り五〇グラムに達する。これは日本のほかの金山の五～一〇倍の金品位である。

薩摩地方には、この山ヶ野金山をはじめ芹ヶ野《せりがの》（いちき串木野《くしきの》市）・牛尾（伊佐市）などの数多くの金山があった。これらは大昔の温泉の跡なのである。薩摩の大部分の金鉱脈は熱水鉱床型という。金を含んだ熱水が岩石の割れ目を上昇し、地表近くになって圧力の減少とともに金などを沈殿させ鉱脈を形成するというもので、岩石の割れ目に金が凝縮されるため「トジ金」とよばれる高品位鉱もうまれやすい。金の供給源はマグマと考えられているが、まだ結論はだされていない。

また、世界の主要金山が、一億年から二〇億年前に形成されたのに対し、薩摩の金山は、一〇〇万年から四〇〇万年前と非常に新しい。長い地球の歴史とくらべると、うまれたてといってよいくらいである。これは、薩摩地方の火山活動と金鉱脈の形成が、今からおよそ六〇〇万年前に、薩摩地方の西方ではじまり、徐々に東に移っていったからである。串木野が四〇〇万年前、菱刈金山が一五〇万年前という測定値もある。山ヶ野金山は二〇〇万年前と考えられている。現在、県内には霧島《きりしま》・指宿《いぶすき》など多くの温泉地があるが、その地下では、金鉱脈が着々と形成されているのかもしれない。

あって、経費はかさみ、藩士にも大勢の犠牲者がでた。宝暦五年四月、工事は終了したが、それまでについやした工事費は四〇万両に達したといわれている。そのうち二二万両は大坂であらたに借財したものであった。また、犠牲者は八〇人あまり、なかには死因が「腰の物（刀）にて怪我を致し」ためと記されたものがいる。工事を監督する幕府役人の仕打ちに腹をたて、その怒りをみずから命をたつことによってあらわしたのだと伝えられている。

惣奉行平田靱負は、宝暦五年五月、幕府の検分直後に死去した。全責任を負って自刃したと伝えられている。参勤交代の途中、工事現場を視察して藩士たちを激励した藩主島津重年《しげとし》も心労が重なり、翌六月、平田たちのあとを追うように二七歳の若さで病死してしまった。

なお、この工事で木曾川周辺では洪水被害が激減した。美濃の人たちは、なくなった薩摩藩士を薩摩義士とあがめ、最大の難工事であった木曾・揖斐《いび》川の締切堤防（油島《あぶらじま》締切堤防、千本松原とも）に治水神社をたててまつった。また、この工事が縁で鹿児島県と岐阜県とは姉妹県の盟約を結び、平成五（一九九三）年の鹿児島大水害では、いち早く岐阜県から救援の手が差しのべられた。

### 将軍家と島津家●

享保十四（一七二九）年、五代将軍徳川綱吉《つなよし》の養女竹姫（公家《くげ》・清閑寺大納言熙定《せいかんじだいなごんひろさだ》娘）が、二二代島津継豊《つぐとよ》のもとに嫁いできた。養女とはいえ、はじめて島津家は将軍家と血縁関係をもったのである。

実はこの竹姫、婚約者に二度先だたれて婚期を逸していた。将軍家からの入輿《にゅうよ》は莫大な経費が必要ということもあり、継豊はこの縁談に消極的であったが、八代将軍吉宗《よしむね》をはじめ大奥がこの縁談を熱心にすすめ、継豊も承諾せざるをえなかったのである。そして竹姫は改めて吉宗の養女となって島津家に輿入《こしい》れしたのであった。

将軍家の娘が大名家に降嫁することはよくあることで、とやかくいうべきものではないが、竹姫の存在はその後の薩摩藩の運命を大きくかえることになった。

竹姫は継豊とのあいだに菊姫という娘をもうけ、菊姫は福岡藩黒田重政《しげまさ》のもとに嫁いだ。継豊は延享三（一七四六）年に隠居し、側室が生んだ宗信《むねのぶ》が家督をついだ。しかし、寛延二（一七四九）年、継豊が病に倒れ出府できない状態となり、宗信も病死してしまった。さらに跡をついだ宗信の弟重年も宝暦五（一七五五）年に病死。重年の一人息子重豪《しげひで》が家督を継承した。このとき重豪は一一歳であった。重豪は生まれたときに母をなくしており、重豪の養育は、京生まれで大奥育ちの竹姫の手にゆだねられることになったのである。成人後、重豪は薩摩の武骨な風俗をきらい、言語・風俗を上方風に改めさせようとしたり、文化向上をはかって開化政策を熱心に進めたが、これは竹姫の影響だといわれている。

さらに、竹姫は徳川家と島津家との血縁関係が末永く続くことをのぞんだが、これは竹姫の願いをはるかに上まわる結果をもたらすことになった。

まず、宝暦十二年、竹姫は義弟一橋宗尹《ひとつばしむねただ》の娘保《やす》姫を重豪の大人に迎えた。この縁談はやはり義弟である九代将軍家重《いえしげ》から竹姫にもちこまれたものだという。しかし保姫は明和六（一七六九）年に病死した。竹姫もまた安永元（一七七二）年に病死するが、徳川家との関係が薄れることをうれい、身ごもっていた重豪の側室が女子を生んだならば、徳川家に嫁がせるようにと遺言を残した。そしてそれが実現し、一橋治済《はるさだ》の嫡男豊千代《とよちよ》と重豪の娘茂《しげ》姫（寔子《ただこ》）との婚約が成立したのである。

成立当初は一橋徳川家と島津家の大名家同士の縁組であった。しかし、天明元（一七八一）年豊千代が

徳川氏と島津氏の血縁関係

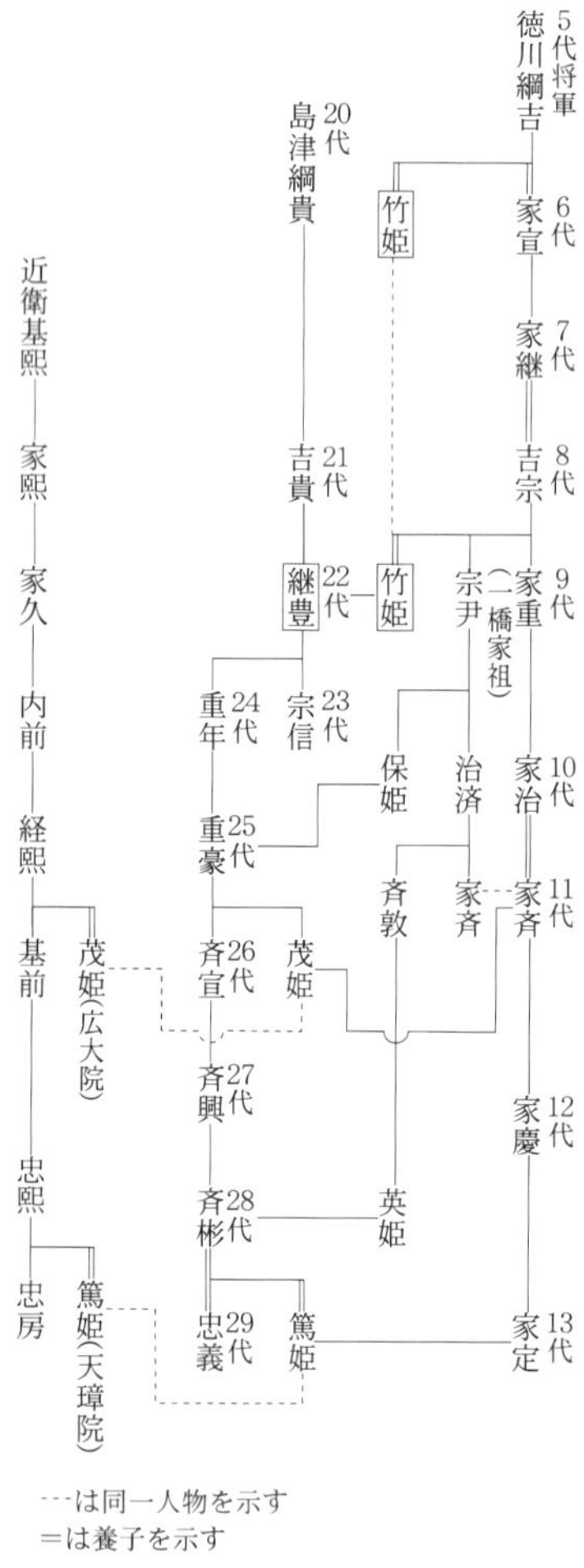


一〇代将軍家治《いえはる》の養子となったため、将軍家と島津家との縁組へと変化した。豊千代は一橋邸から江戸城西丸へと移り、家斉《いえなり》と改名し、同七年には一一代将軍に就任した。将軍の御台所《みだいどころ》（夫人）は、三代将軍家光《いえみつ》以後、皇族あるいは摂関家の娘と定められており、この縁組に反対する動きもあったが、家治が家斉を養子に迎えるさい、竹姫の遺言を尊重するよういい残していたため、茂姫は家斉のもとへ輿入れすることになった。ただ、前例を破るわけにはいかず、天明七年、茂姫はいったん近衛経熙《このえつねひろ》の養女となり、寛政元（一七八九）年近衛家の娘として将軍家に入輿したのであった。

　こうして、重豪は将軍家斉の岳父（義父）となり、島津家の地位は飛躍的に向上した。重豪が住む高輪《たかなわ》藩邸は、重豪の権威にあやかろうとするものたちであふれ、人びとは重豪のことを「高輪下馬《げば》」と称したという。また、幕府も島津家をたんなる外様大名としてあつかえなくなってしまった。しかも、家斉の治世は天保八（一八三七）年まで、足かけ五〇年におよび、在職期間は歴代将軍のなかでもっとも長く、将軍職を辞したのちも大御所《おおごしょ》として権力をにぎり続け、同十二年に没した。その夫人となった茂姫も、家斉没後、髪を落として広大院と称し、同十五年に没するまで江戸城大奥を束ね続けた。そしてこの間、島津家は御台所の実家としての恩恵を一身にうけ続けたのである。

## 重豪の開化政策●

薩摩は江戸・京都から遠くはなれ、しかも出入国管理は他藩に例をみないほどきびしいものであった。このため、薩摩の言語・風俗は戦国時代の遺風を色濃く残し、他地域とは異なるものとなっていた。そのようすを、天明三（一七八三）年に薩摩を訪れた備中《びっちゅう》の地理学者古河古松軒《ふるかわこしょうけん》は、「外城に在宅して薩州の地をはなれざる士《さむらい》は、其容体《そのようたい》土佐絵《とさえ》にうつせし士のごとく、長き刀に脛《すね》も見へるやうの短き袴《はかま》にて、言語も国なまりとて解しがたく」（『西遊雑記』）と記している。

　このように国内的には閉鎖的・保守的であった反面、海外に対しては開放的で、「海の道」とよばれる島伝いの海上交易路によって中国大陸と密接に結びつき、海外文化の影響を強くうけ続けていた。

　このかたく閉ざした国境を開き、海外への門戸をさらに広げて、薩摩の文化水準を引きあげようとしたのが島津重豪である。重豪は、宝暦五（一七五五）年に一一歳で家督を継承してから天明七年に隠居するまで、三二年間藩主の地位にあり、さらに天保四（一八三三）年に八九歳で死去するまで藩政に関与し続けた。この間、薩摩の言語・風俗を江戸・上方風のものに改めるよう繰りかえし命じている。また、出入国管理をゆるくして他国人の往来を促し、三都から芸人もよびよせ、薩摩の閉鎖的な性格を打ち破り、町の活性化もはかった。

さらに、二三歳のときにみずから編纂《へんさん》にたずさわった中国語学書『南山俗語考』(南山は重豪の号)をはじめ、薩摩藩の正史『島津国史』、琉球や屋久島などに産する薬用植物の効能を中国の学者に質問してその回答をまとめた『質問本草《ほんぞう》』、農書・動植物百科全書ともいうべき『成形図説』、世界地図に解説を加えた『円球万国地海全図』、『琉客談記』『鳥名便覧《びんらん》』『琉球産物誌』など、数多くの書籍を編纂・刊行し、安永二(一七七三)年には藩校造士館《ぞうしかん》・演武館《えんぶかん》を、翌安永三年には医学院を創設して人材育成をはかった。

このほか、道奉行や鳥見頭・薬園奉行・聖堂奉行(造士館教授)などの職を新設して藩の職制をととのえたり、佐多・山川薬園の整備や吉野薬園の新設、天体観測所明《めい》時館《じかん》の創設などを行った。明時館は安永八年に創設されたもので、ここでは渾天儀《こんてんぎ》・枢星鏡《すうせいきょう》・ゾンガラス(サングラス)などを使って天体観測が行われ、その成果をもとに薩摩独自の薩摩暦を作成した。なお、明時館は天

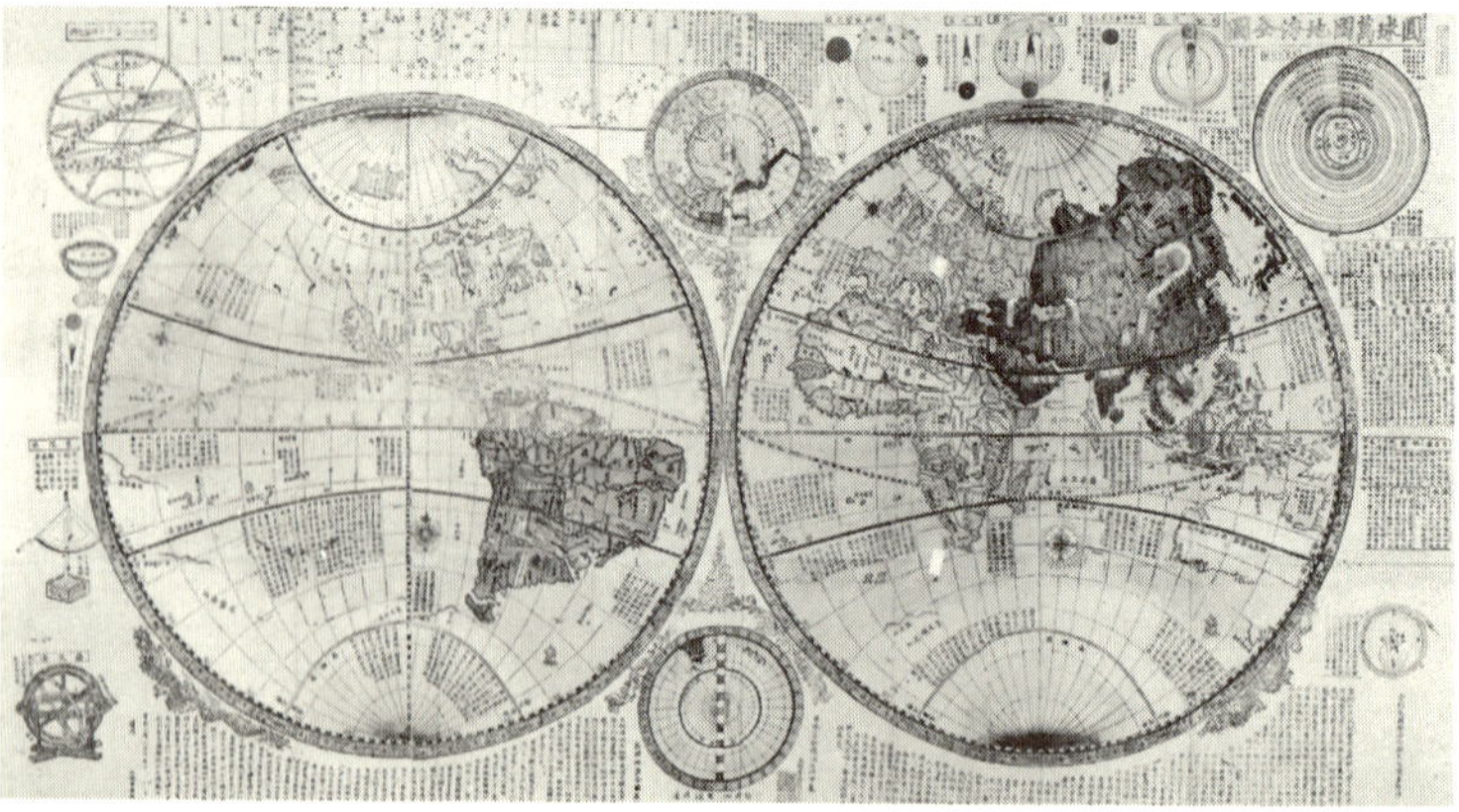

**『円球万国地海全図』** 唐通事の石塚催高らが作成した世界地図。享和2(1802)年に薩摩藩が刊行した。

文館ともよばれ、これが鹿児島の繁華街天文館の名のおこりとなった。
重豪は、蘭癖《らんぺき》大名といわれるほど中国や西欧の文化に強い興味を示し、チチングやヅーフなど歴代オランダ商館長とも親交を結んだ。その重豪が手がけただけに、その開化政策は日本のみならず中国や西欧の文化・科学技術をも取りいれた壮大なものであった。

しかし、こうした開化政策はそれ相応の出費を伴った。藩財政はすでに木曽川治水工事で大打撃をうけており、重豪が藩主となったあとも、明和九（一七七二）年と天明元・六・九年に江戸藩邸が類焼し、安永八（一七七九）年には桜島が大爆発して田畑数万石が被害をこうむり、天明二・四・六年と風水害が続くなど、藩財政はむしろ悪化しており、重豪の開化政策は重荷となった。

天明七年、娘の茂姫が一一代将軍家斉の御台所となったのを機に、重豪は隠居し、家督を長男の斉宣《なりのぶ》にゆずった。重豪は将軍の岳父として権勢をほこるようになったが、これもそれ相応の支出を伴った。さらに次男昌高《まさたか》を豊前《ぶぜん》中津《なかつ》奥平《おくだいら》家に、一二男斉溥《なりひろ》を筑前《ちくぜん》福岡黒田家に、一三男信順《のぶゆき》を陸奥《むつ》八戸南部《はちのへなんぶ》家に婿養子として送りこみ、娘たちもすべて大名家に嫁がせた。従来、島津家はおもに家臣団と血縁関係を結んでいたが、重豪は将軍家・公家・大名家を中心としたものにかえてしまったのである。これも交際費の増加につながった。

財政の逼迫《ひっぱく》とともに、斉宣《なりのぶ》は重豪の政策に批判的な態度を強め、文化四（一八〇七）年樺山主税《かばやまちから》・秩父《ちちぶ》太郎ら近思録《きんしろく》派を抜擢し、造士館の改革や諸役所の廃止・統合、人員整理を行った。その多くは重豪が新設したものであった。さらに幕府に一五万両の借用と、参勤交代の一五年間免除、琉球貿易の拡大を願いでようとしたが、これは幕府の大名統制策に口をはさむ無謀な計画であった。改革の内容を知った重豪は激怒し、翌文化五年、みずから改革の首謀者の粛正にのりだした。その結果、樺山・秩父ら近思録派の首脳一三人が切腹を命じられ、一〇〇人あまりが遠島・寺入・御役御免などの処分をうけた。そして文化六年には斉宣も隠居を命じられ、嫡男斉興《なりおき》に家督をゆずった。この一連の事件が文化朋党《ほうとう》事件、あるいは秩父崩れ、近思録崩れとよばれるものである。

## 調所広郷●

文化朋党事件を機に、重豪は若い斉興の後見役という形でふたたび藩政に関与しはじめた。重豪も藩の財政状況は十分認識しており、まずむこう五年間厳重な緊縮財政を命じ、文化十（一八一三）年、趣法方《しゅほうほう》を特設して所帯方全般を管理させるとともに、唐物《からもの》貿易の拡大を願いでた。貿易の拡大は、重豪が一一代将軍徳川家斉《いえなり》の岳父《がくふ》であったこともあってある程度認められた。このため、文政元（一八一八）年、藩は唐物方《ほう》を設置して、これまで琉球王府が行っていた進貢貿易に直接介入するようになった。

しかし、重豪の改革は決め手を欠き、財政は好転せず、しかも借金返済がとどこおって高利貸に依存せざるをえない状況に追いこまれ、みるみるうちに負債がふえ、文政十二年にはついに五〇〇万両に達した。文化十二年の重豪の通達に、ここ三年の平均産物料収入が一四万両とあるから、この負債がいかに莫大であったかがうかがえよう。

重豪の財政改革がゆきづまりだしたころ、唐物貿易で利益をあげていたのが、両御隠居様（重豪・斉宣）御続料掛《おつづきりょうかかり》調所広郷《ずしょひろさと》である。調所は城下士最下級の御小姓与《おこしょうぐみ》の出で、重豪つきの茶道坊主や御小納戸《おこなんど》などを歴任したのち、この御続料掛に任じられていたのである。そしてこの唐物貿易での成功が彼の運命をかえた。財政改革で失敗を重ねた重豪が、調所の手腕に注目し、文政十一年、調所を財政改革主任に大抜

**薩摩藩の借金表**

| 年　次 | 借 銀 高（金両） |
|---|---|
| 元和 2（1616）年 | 1,000貫余（　2 万両） |
| 寛永 9（1632）年 | 7,000貫余（　14万両） |
| 17（1640）年 | 21,000貫余（34.5万両） |
| 寛延 2（1749）年 | 34,000貫余（　56万両） |
| 宝暦 4（1754）年 | 40,000貫余（　66万両） |
| 享和元（1801）年 | 72,600貫余（ 117万両） |
| 文化 4（1807）年 | 76,128貫余（ 126万両） |
| 文政10（1827）年 | 320,000貫余（ 500万両） |

原口虎雄『鹿児島県の歴史』による。

擢したのである。

調所はまず大坂にでむいて、商人たちに当座の資金を融資してくれるよう依頼してまわった。これに応じようとするものは簡単にはみつからなかったが、調所の熱意にほだされた平野屋五兵衛らが出資に応じ、新銀主の結成は成功した。こうして当座の資金調達に成功し、調所の改革は順調にすべりだした。これに気をよくした重豪は、天保元（一八三〇）年、調所に⑴天保二年から同十一年までのあいだに五〇万両を備蓄すること、⑵このほかに非常時の手当てをできるだけたくわえておくこと、⑶古い借金証文を取り返すことを命じ、同三年には家老格に任じた。重豪はその翌年、八九歳の天寿をまっとうしたが、斉興も調所をあつく信頼し、改革を続行させた。

調所の改革の主たるものは、国産品の販売と唐物貿易の拡大による収入増加策、諸役・役場の整備、諸蔵管理の改善、借金の二五〇年賦返済などによる支出削減であった。

薩摩藩の特産品とは、米・生臘《なまろう》・菜種・朱粉・砂糖・欝金《うこん》・薬用植物などである。調所は、これら国産品の品質向上や出荷方法の改善を行って利益をうみだした。たとえば、薩摩米は従来調整作業や俵作りなどが悪く、米商人たちからもきらわれて下値であったが、調所が、米こしらえ・とり納め・俵作りなどを精密に調査して、悪い点を改めさせたところ、大坂市場での評判もよくなり価格も向上したのである。また、他藩であまり産出しない砂糖（次頁参照）・欝金・薬用植物などは、すでに専売体制がとられていたが、品質管理が不十分で、統制外の品がひそかに流出していたため値くずれをおこしていた。これも管理を徹底させたところ莫大な利益をうむようになった。

唐物貿易は、交易品・交易量の増加を幕府に働きかける一方で、許可品目以外の品も手広く取りあつかった。これは密貿易という性質上史料がとぼしく、全容はあきらかではない（二一八頁参照）。

一方、支出削減策としては、五〇〇万両に達した負債を二五〇年賦で返却する、しかも元金だけで利息なしという償還法を、天保七年に京都・大坂で、同八年に江戸で実施した。借用証文はすべて藩があずかり、債権者たちには借入高を記した通帳を渡した。この一方的な償還法の変更で打撃をうけた商人たちは、幕府に訴えたが、調所は事前に幕府に一〇万両を上納するなどして裏工作を進め、幕府の手を封じこめていた。

また、他領船にゆだねていた日向地方から大坂方面への米輸送を、日向四カ郷（倉岡《くらおか》・高岡《たかおか》・綾《あや》・穆佐《むかさ》カ）に建造を命じた御用船で行うように改めて、経費を削減したり、身元が確かな船主に資金を貸しあたえて新造船をつくらせ、砂糖などの輸送力の確保に力をそそいだ。さらに、土木事業にも力をそそぎ、新田開発や河川改修なども盛んに行った。甲突《こうつき》川の五大石橋も、調所が行った河川改修事業の一環としてかけられたものであった。

こうした調所の改革（天保の改革）によって、薩摩藩は富強の藩へとうまれかわり、弘化元（一八四四）年には目標の五〇〇万両備蓄も達成された。藩主島津斉興の調所に対する信頼は絶大で、天保九年には家老に抜擢し、藩政全般に関与させたのである。

## 黒糖地獄の唄●

慶長十四（一六〇九）年の琉球出兵により、与論《よろん》島以北の奄美諸島は琉球王府の統治をはなれ薩摩藩の直轄地となった。これらの島々へは藩から行政をつかさどる奉行（のち代官）や付役らが派遣され、これを与人《よひと》・横目《よこめ》・掟《おきて》・筆子《てっこ》などの島役人が補佐した。なお行政区画は、琉球王府時代の間切《まぎり》がそのまま用いられ、一つの間切は数村から十数村からなる方《ほう》または噯《あつかい》で構成されていた。元和九（一六二三）年には、奄美統治の基本政策を示した「大島置目之条々《おおしまおきめのじょうじょう》」が公布され、奄美諸島に対する支配体制は徐々にととのえられていったが、十七世紀末、奄美諸島の運命をおおきくかえる出来事がおこった。砂糖黍《さとうきび》の栽培と、それを原料とした黒糖の生産方法の普及である。

奄美地方に砂糖黍の栽培などが伝わったのは、慶長十五年であるという説と、元禄年間（一六八八～一七〇四）という説がある。いずれにせよ本格的な栽培がはじまるのは、元禄年間のことであった。黒糖の高い商品価値に着目した藩は、元禄八（一六九五）年まず黍検者《きびけんじゃ》を、ついで黍横目（砂糖黍の生産を監督する役）・津口《つぐち》横目（黒糖の密売などを監視する役）・竹木《ちくぼく》横目（黒糖樽の原料となる榑木《くれぎ》や竹の繁殖・伐採を監督する役）といった役を設け、生産・流通にきびしい監視の目を加えるようになった。

正徳三（一七一三）年には一一三万斤（約六七八トン）もの黒糖を買いあげ、延享二（一七四五）年には「換糖上納令《かんとうじょうのうれい》」を公布して租税を米から黒糖に改めた。これを機に黒糖収奪が強化され、米作などはその犠牲とされた。このため、宝暦五（一七五五）年の凶作で徳之島の島民三〇〇〇人が餓死《がし》したのをはじめ、奄美諸島はしばしば凶作・疫病に見舞われるようになったのである。

さらに安永六（一七七七）年には黒糖の惣買入れ（第一次砂糖専売制度）が実施され、黒糖生産の全余剰の収奪がはかられた。この惣買入れ制度は、天明七（一七八七）年に廃止され、黒糖一斤《きん》の代米も三合から四合にふやされて島民の生活はやや改善されたが、藩財政の窮乏とともに、定式糖《じょうしき》（貢租にあたる黒糖）のほかに強制的に買いあげる買重糖《かいがさみ》の量がふやされ、島民たちの生活はふたたび圧迫されはじめた。

これに追い討ちをかけたのが調所広郷《ずしょひろさと》の天保の改革である。黒糖を「御改革第一之根本」（『御改革取扱向御届手控』）と位置づけた調所は、天保元（一八三〇）年に黒糖の惣買入制を復活させ（第二次砂糖専売制度）、三島方《さんとうほう》という担当部局を設けた。なお三島とは奄美大島・喜界島・徳之島のことである。

砂糖黍の生産はすでに限界に達していたが、調所は島民たちに砂糖黍の耕作地を強制的に割り当てて増産をはかった。そして、黒糖製法や樽こしらえなどの生産工程の改善をこまかく指示し、その監視を厳重にして品質の向上をはかった。黍横目らの指導にしたがわないものは道路修繕などの科料、製法粗悪なものは首枷《かぶり》・足械《しまき》の刑、黍の刈り株が高いだけでも村中引き回しというほどの厳しさであった。また、黒糖の脇売り（密売）に対しては死罪・遠島という極刑でのぞんだため、下等品と脇売品によって値崩れをおこしていた黒糖は価格が高騰した。文政二（一八一九）年から同十二年までと、天保元年からの同十年までの黒糖の大坂販売価格を比較すれば、販売量がさほど変化していないにもかかわらず、利潤は銀五万九〇四〇貫（約九八万四〇〇〇両）も増加している。これは黒糖価格が約二倍にはねあがったからであった。

一方、藩が購入する黒糖価格は、黒糖一斤に対し米三合と低く押さえられていた。大坂では黒糖一斤は米一升二合ほどであったから約四分の一である。しかも代金ではなく現物支給とされたが、これも著しい高値で、鰹節《かつおぶし》のように大坂相場の九〇倍で販売されるものもあった。さらに天保十年には三島での貨幣

砂糖収入(文政年間)

| 年　　次 | 1斤に付き価銀 |
|---|---|
| | 匁 |
| 文政2年 | 0.7461740 |
| 4年 | 0.5419360 |
| 6年 | 0.8681482 |
| 8年 | 0.7731118 |
| 10年 | 0.6935500 |
| 12年 | 0.5298755 |
| 文　政　度 11年間平均 | 0.6830000 |

(3・5・7・9・11年度分略)

砂糖収入(天保年間)

| 年　　次 | 1斤に付き価銀 |
|---|---|
| | 匁 |
| 天保元年 | 0.7098360 |
| 3年 | 1.1026780 |
| 5年 | 1.0922699 |
| 7年 | 1.0277108 |
| 9年 | 1.5001010 |
| 天　保　度 10年間平均 | 1.175余 |

(2・4・6・8・10年度分略)

| | 1億2000万斤分代銀 | 金にして |
|---|---|---|
| 文政度(惣買入前) | 81,960貫 | 1,366,000両 |
| 天保度(惣買入後) | 141,000貫 | 2,350,000両 |
| 差　額 | 59,040貫 | 984,000両 |

原口虎雄『鹿児島県の歴史』による。

流通をいっさい禁じ、「羽書《はがき》」という証書をあたえ、売買・賃貸に流通させた。これほど徹底的に全余剰の収奪をはかったのである。

こうしたきびしい専売体制は、藩とむすびついた島民とそうでない島民とのあいだに貧富の差をうみだし、なかには家人《やんちゅ》という債務奴隷におちいるものもあらわれた。

藩政時代の奄美民謡に「かしゅてぃ　しゃんてぃん　誰《た》が為どなりゅみ　大和《やまと》んしゅぎりやが　為どぅなりゅる（一所懸命に働いても誰のためになるというのだ、薩摩の人たちのためにしかならない）」「うすくがしゅまる石だちど太る　掟《おきて》・黍見舞《きびみめ》島抱《だ》ちど太る（うすくガジュマルは石を抱いて太くなる、掟や黍見舞などの島役人は島を抱いて太る）」というのがある。黒糖生産の犠牲となった奄美の人びとの悲痛に満ちた歌で、藩の収奪のすさまじさを物語っている。

**薩摩藩の密貿易●**

寛永十六（一六三九）年、幕府はポルトガル船の来航を禁止して鎖国体制を完成させた。そのさい、琉球口貿易を長崎貿易の補助的貿易口と位置づけて公認したため、薩摩藩は間接的ながら中国交易を行い続けることができたのである。また、薩摩藩領は、オランダ船や唐船（中国船）が長崎へむかう航路の途中に位置していた。このため領内に異国船がしばしば漂着し、藩はこうした漂着船にそなえて唐通事《とうつうじ》という中国語の通訳を鹿児島城下と主要な港に、さらに朝鮮通事を苗代川《なえしろがわ》（朝鮮人陶工の集落・日置市東市来町美山《ひがしいちきみやま》）に配していた。宝永七（一七一〇）年の幕府巡見使への答書には、毎年五隻から一〇隻の唐船が漂着するとあるが（『島津家列朝制度《しまづけれっちょうせいど》』巻五四）、これは表向きの数字で実数はもっと多く、なかには漂着に名をかりて貿易のために入港した船もあったと考えられている。鎖国体制成立当初から密貿易が横行していたことは、繰りかえし抜荷《ぬけに》禁止令がだされていることや、『坊津拾遺誌』に、享保年間（一七一六〜三六）に藩が徹底的な抜荷取り締まりを行う（享保の唐物崩《からものくず》れ）まで、七〇艘あまりの商船が中国に出向いて密貿易に従事していたとあることなどからうかがえる。

また、幕府が公認していた琉球口貿易を隠れ蓑《みの》にした密貿易も盛んであった。幕府は、貞享三（一六八六）年に琉球口の貿易額を年間三〇〇〇両から二〇〇〇両に減額させ、寛政元（一七八九）年には白糸（生糸）・紗綾《さや》以外の唐物の領外販売を禁止した。さらに、文化七（一八一〇）年には、唐物販売を長崎会所《かいしょ》の管轄下においた。幕府による貿易統制がしだいにきびしくなっていったわけだが、薩摩藩のほうでは、財政の悪化とともに貿易拡大をはかる必要が生じていた。幸い、二五代島津重豪《しげひで》が将軍家斉《いえなり》の岳父で、その関係をうまく利用して唐物品目増加を請願し、文化七年には五色唐紙・羊毛織・緞子《どんす》など八品目を、文政元（一八一八）年には蜍《むしいと》（てぐす）・硼砂《ほうしゃ》・桂枝《けいし》・厚朴《こうぼく》の四品の販売許可を得た。しかし、これらを加えても、幕府管理下の唐物売買では利益がかぎられており、薩摩藩は幕府の統制を無視した交易、密貿易も盛んに行っていたのである。

薩摩藩が行った密貿易の実態はあきらかではないが、文政八年に、中国人商人たちが長崎奉行に対して、琉球口からはいった唐物がすでに日本国内に出回っており、また、俵物《たわらもの》（昆布・干鮑《ほしあわび》・煎海鼠《いりこ》など）も上質で安価なものが琉球口から中国国内にはいってきているので商売にならないと訴えていることからも、そうとう大規模なものであったことがうかがえる。

調所広郷による財政改革がはじまると、密貿易体制はさらに強化された模様で、長崎貿易に多大な損害をもたらした。このため幕府側も監視と取締りを強化したが、そのさい作成された幕府側の史料などから、薩摩藩の密貿易の実態を垣間みることができる。

たとえば、天保六年四月付の勘定奉行土方出雲守勝《ひじかたいずものかみかつ》政《まさ》の言上書（『通航一覧続輯』第二）には、「新潟・海老江（新潟県村上市）近辺え、重ねて松前産の煎海鼠多分あい廻り、直に薩州船え密売候《そうろう》段《だん》相違《そうい》これなく」「薩州船を外国の商船に仕立て、松前え差し廻し、

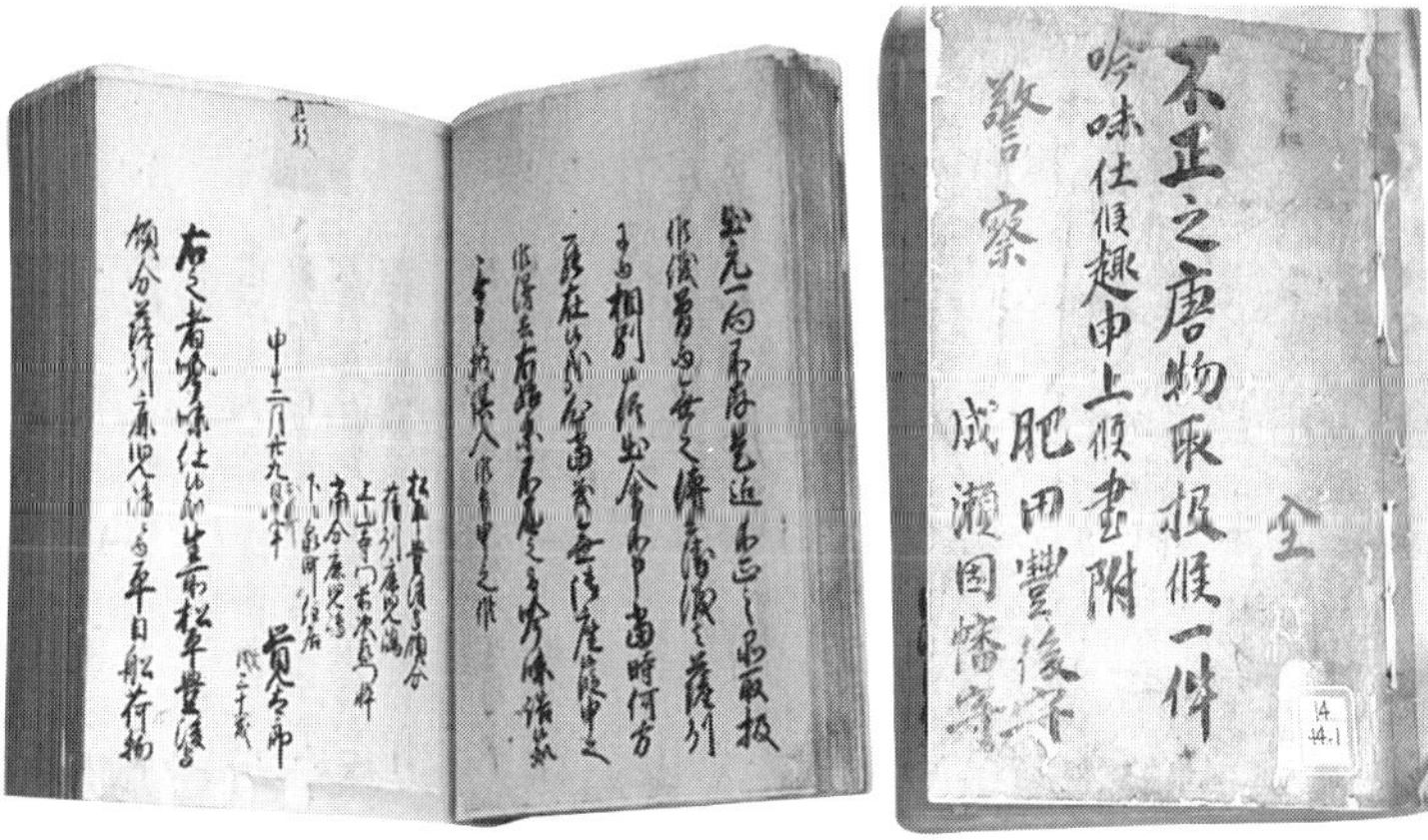

**不正之唐物取扱候一件吟味仕候趣申上候書付**　享和・文化年間(1801〜18)の不正唐物の取り締り記録。薩摩藩領民が多く名を連ねている。

俵物類密売いたし候由風聞これあり」とある。なお外国の商船とはおそらく琉球船（ジャンク）のことであろう。

また、同年、越後国長岡藩領に漂着した薩摩船から大量の禁制品がみつかり、翌天保七年、新潟と江戸で密売組織が摘発された。老中水野《みずの》忠邦《ただくに》は御庭番《おにわばん》川村修就《ながたか》を新潟に派遣して実態を究明させたが、その報告書「北越秘説《ほくえつひせつ》」には、「春は薩摩芋、夏よりは白砂糖、氷砂糖之類積参り、下積に薬種・光明朱《こうみょうしゅ》等およびただしく積み込み候」とある。薬種・光明朱ともに禁制の唐物である。さらに川村は、富山方面から流出した唐物が東北・関東・中部地方にでまわり、新潟でもなお抜荷が続いていると水野に報告している。富山にも売薬商人のなかに薩摩組というグループがあり、彼らが北海道から昆布などの俵物を大量に仕入れて薩摩藩へ引き渡していたことは、富山に残された史料から確認されている。売薬商人たちは見返りに中国製の薬種などを薩摩藩からゆずりうけ販売していたのであろう。

このように、北海道から新潟・富山などを経て薩摩・琉球へと至る全国規模の密売ルートが構築されており、事態を重くみた老中水野忠邦は、薩摩藩に天保十年から琉球口貿易をやめるように命じ、天保十四年には新潟を天領に召しあげ、初代新潟奉行に川村を就任させた。しかし、密貿易がそう簡単に撲滅されるはずもなく、また弘化二（一八四五）年には水野が失脚して翌年からは琉球口貿易も復活した。結局、幕府は薩摩藩の密貿易を封じ込めることができないまま、幕末の動乱期を迎えてしまったのである（徳永和喜「薩摩藩密貿易を支えた北前船の船跡」『黎明館調査研究報告』第六集）。

3　薩摩藩の文化

## 見事探元●

戦国時代から桃山時代にかけて、南九州では薩南《さつなん》学派や秋月《しゅうげつ》系水墨画派に代表される独自の領国文化が花開いていた。江戸時代にはいり、参勤交代の制度によって、江戸・京都などとの交流が前時代と比較にならないほど活発になると、江戸文化や京文化と領国文化が融合し、あらたな文化がきずかれていった。

さて、薩摩はよく武の国といわれる。実際、その名に恥じないほど武芸が盛んであった。薩摩の武芸でもっとも著名なのが示現流《じげんりゅう》である。示現流は、天正十六（一五八八）年に上京した東郷重位《とうごうちゅうい》が、京都天《てん》寧寺《ねいじ》の僧善吉《ぜんきつ》から伝授をうけたものと伝えられる剣術で、最初の一撃にすべてをかけ、防御はなく「二の太刀は負け」といわれた。本来は自顕《じげん》流といったが、藩の剣術に採用されたさい、大竜寺《だいりゅうじ》の僧文之《ぶんし》が観《かん》世音菩薩《ぜおんぼさつ》経《きょう》の「示現神通力」をとって改めたという。また、犬追物《いぬおうもの》や流鏑馬《やぶさめ》などの弓馬術も盛んで、島津家の祖忠久の代から伝わるという鎌倉流馬術や、江戸で流行した大坪流馬術、日置流弓術などがもてはやされた。

作刀も盛んで、江戸初期は大和伝の波平《なみのひら》刀工が活躍したが、慶長年間（一五九六〜一六一五）備後守氏《びんごのかみうじ》房《ふさ》とその子丸田伊豆《いず》守正房《まさふさ》が正宗《まさむね》の作風をうけつぐ相州《そうしゅう》伝を伝えると、大和伝はすたれ、波平系も相州伝に移行していった。享保六（一七二一）年、八代将軍吉宗が全国の刀工のなかからとくにすぐれた刀工を三人選んだが、そのなかの二人は薩摩藩の刀工宮原正清《みやはらまさきよ》（主水正《もんどのしょう》）・玉置安代《たまきやすよ》（主馬首《しゅめのかみ》）であり、薩摩刀の技術水準の高さがうかがえる。

　また、こうした尚武の気風は、御用絵師の作風にも反映されていた。薩摩では、室町時代から江戸初期にかけて、力強く硬質な水墨表現を特色とした秋月系水墨画派が主流であった。しかし、徳川幕府が瀟洒《しょうしゃ》（さっぱりとあかぬけしたさま）な作風の狩野《かのう》派を採用し、さらに国絵図作成などで狩野派を指定したため、薩摩藩でもしだいに狩野派が主流となっていった。そのような時代の流れのなかで、十八世紀初頭、薩摩画壇を代表する絵師木村探元《たんげん》が登場したが、探元の作品は、狩野派を基礎としながらも、秋月系水墨画派の力強さもあわせもち、武を尊ぶ薩摩武士たちの心をとらえ「見事《みごつ》探元」という言葉をうんだ。そしてこの探元の作風が薩摩画壇の伝統となったのである。

　また幕府や他藩と異なり、薩摩藩では絵師は世襲《せしゅう》制でなかった。その理由は定かではないが、江戸中期以降、狩野派の絵師たちがマンネリズムにおちいるなか、薩摩では個性的な絵師が輩出した。そしてこうした伝統が、薩摩

木村探元筆「富嶽雲烟図」

明治時代に黒田清輝《せいき》・藤島武二《たけじ》・和田英作《えいさく》ら、日本近代洋画を代表する洋画家をうみだしたのである。

薩南学派は、文之（二二一頁参照）のあと伊勢貞昌《いせさだまさ》・川上久国《ひさくに》・三原重庸《しげつね》・島津久通《ひさみち》（宮之城《みやのじょう》家）・泊如竹《とまりじょちく》・愛甲喜春《あいこうきしゅん》らが学統をうけついだ。しかし、一九代島津光久《みつひさ》が、寛文二（一六六二）年に林羅山《はやしらざん》の門人菊池東勺を孫の綱貴《つなたか》の侍読《じどく》に招いて以来、薩南学派はすたれ、享保年間（一七一六〜三六）以後は、同じ朱子学の室鳩巣《むろきゅうそう》学を中心とした江戸学派が主流となった。また、江戸後期には全国的な風潮をうけて薩摩藩でも国学が盛んになり、白尾国柱《しらおくにはしら》や大河平隆棟《おこびらたかむね》・山田清安《せいあん》らが活躍した。歴史学では、幕末に在野の歴史家伊地知季安《いじちすえやす》が精力的に史料を収集して『漢学起源』『管窺愚考《かんきぐこう》』などをあらわし、その功績が二八代島津斉彬《なりあきら》に認められて記録奉行に抜擢され、子の季通《きつう》とともに藩内の古文書を編年体でつづった『旧記雑録』を集大成した。

また、和歌も盛んで、戦国時代から江戸時代初頭にかけては、いろは歌で知られる島津忠良《ただよし》（日新《じっしん》）をはじめ、貴久・義久・義弘ら島津家当主とその重臣たちを中心に歌壇が形成されていた。江戸時代にはいり泰平の世となると、中央歌壇との交渉も深まり、薩摩歌壇の裾野《すその》は郷士層や町人階級にまで広がった。文化九（一八一二）年に末川周山《すえかわしゅうざん》が編纂した垂水《たるみず》島津家の歌集『浪の下草《なみのしたぐさ》』や、文政十一（一八二八）年に川畑篤実《かわばたあつざね》が編纂した『松操《しょうそう》和歌集』は、薩摩歌壇のレベルの高さを物語っている。幕末から明治にかけては八田知紀《はったとものり》・黒田清綱《きよつな》・高崎正風《まさかぜ》・税所敦子《さいしょあつこ》ら京都の香川景樹《かがわかげき》の流れをくむ桂園《けいえん》派の歌人が中央歌壇でも活躍し、薩摩歌壇の名声を高めた。

### 異国情緒

江戸時代まで琉球王国は異国と位置づけられ、独自の歴史・文化をもっていた。奄美地域は、慶長十四

（一六〇九）年の琉球出兵により琉球王国から切りはなされ、藩の直轄地となったが、その後も琉球の文化圏内にあり、衣食住いろんな面で薩隅日地域とは異なっていた。たとえば、着物は裾や袖が短く、帯は前で結び、女性たちは入墨をしていた。食は砂糖生産のため米作が犠牲にされたこともあり、主食はシー（椎《しい》の実）・アマユリ（百合根《ゆりね》）・ヤマン（自《じ》然薯《ねんじょ》）などで、豚ややぎなどの獣肉食もタブー視されていなかった。

また、薩隅日地域も、元来、中国大陸との交流が盛んな地で、十六世紀から十七世紀初頭にかけてはヨーロッパの国々との交流も盛んに行われ、異国情緒にあふれた地域となっていた。鎖国令により、外国船が南九州に寄港することは禁止されたが、琉球を経由して外国の文化・情報がもたらされ続けていた。

食文化を例にすれば、島津家に伝わる献立には、豚・猪・鹿などの獣肉や、えんず（燕巣）・ふかひ

**奄美の風俗**（『南島雑話』）　闘牛を見物する奄美の人びとは琉球風の髷を結い，帯も着物の前で結んでいる。

れ・唐くらげ・西国米（さご椰子《やし》の澱粉《でんぷん》）・竜眼《りゅうがん》・からすみなど、中国風の食材がしばしば登場する。またしっぽく料理やカステラ、ボーロ、アルヘイなどの南蛮菓子《なんばんがし》もよくみられる。

カステラは、寛永七（一六三〇）年の将軍徳川家光の桜田藩邸御成の記録にすでにみられ、天保十二（一八四一）年に編纂された『三国名勝図会《ずえ》』には、鹿児島城下の特産品としてあげられている。天明五（一七八五）年の「諸式値定《しょしきねさだめ》」にも、カステラ（一箱一貫二八〇文）が、かるかん（一箱一貫六四八文）や羊羹《ようかん》（一箱一貫二七〇文）とともに記されており、高級品だが、ありふれた菓子であったことを物語っている。また、安政六（一八五九）年に鹿児島を訪れた土佐藩士今井貞吉も、豚肉が売買されていたことや、豚肉を煮たものをご馳走《ちそう》になったことを書き残しており、薩摩の食文化は日本の他地域と異なり、中国や琉球、さらにヨーロッパの食文化の影響を強くうけたものであったことがうかがえる。

庶民が主食としたサツマイモは、中南米の熱帯アメリカが原産地で、薩摩へは十七世紀ころ、中国・琉球を経て伝えられた。このため薩摩ではカライモ（唐芋）という。そして十八世紀初頭に山川の前田利右衛門《りえもん》らの働きで薩摩藩全土に普及し、さらに青木昆陽《こんよう》らの手で日本各地に紹介されて栽培されるようになり、サツマイモとよばれるようになったのである。

サツマイモとならぶ薩摩の特産品焼酎《しょうちゅう》も、中世にはすでにつくられていた。焼酎という文字の初見は、永禄二（一五五九）年の大口郡山八幡《おおくちこおりやまはちまん》神社の改築にたずさわった二人が、座主《ざす》がけちで一度も焼酎をくだされず迷惑であると、棟木札に落書きしたもので、このころはかなり広く飲まれるようになっていたようである。これ以前は、応永十七（一四一〇）年に七代島津元久が、将軍足利義持《あしかがよしもち》へ献上した品に「南蛮酒」とあるように、シャム（タイ）の米焼酎のようなものが飲まれていたと思われる。そして、その製造技術が中国や東南アジア・琉球から薩摩に伝えられたのであろう。江戸時代まで薩摩で飲まれていた焼酎も米焼酎が主で、阿久根《あくね》焼酎は、国分煙草《こくぶたばこ》などとともに薩摩の名産として江戸・大坂でもてはやされたという。また、サツマイモやサトウキビが伝えられると、それらを原料とした焼酎もつくりはじめられ、明治以降は米焼酎を駆逐して薩摩の特産となった。

このような食文化をみてもあきらかなように、薩摩の文化は、中国・琉球など海外文化の影響を強くうけたものであった。また、鎖国の時代も外国の文化・物資は琉球を経て流入し続け、薩摩の人びとはその恩恵をうけ続けていた。そしてこうした風土が、島津重豪や奥平昌高《まさたか》(重豪次男・豊前中津藩主)・黒田斉《なり》溥《ひろ》(重豪一二男・筑前福岡藩主)・島津斉彬《なりあきら》(重豪曾孫)のような蘭癖大名をうみだし、幕末には日本最先端の科学技術力・工業力を薩摩藩にもたせることになったのである。

## 郷中教育●

薩摩藩士の子弟教育は、郷中《ごじゅう》教育という独特の方法がとられていた。これは、藩士の子弟が区域ごとに集まり、おたがいに協力しあって学び、鍛練《たんれん》するというもので、有用な人材を育成する教育制度として、高く評価され続けていた。

その起源は、戦国時代の武将で島津家の中興に尽力した島津忠良(日新)が、家臣の子弟を集めてさまざまな話を聞かせたことにあるという。そして文禄・慶長の役(一五九二~九三・九七~九八)のさい、朝鮮に渡った将兵たちの留守をあずかった新納忠元《にいろただもと》が、忠良の故事にならい、子弟たちに話し合い仲間・咄《はなし》相中《あいじゅう》を結成させて、みずから心身の鍛練を行わせ、それが郷中教育に発展したと伝えられる。

郷中教育には学校や教師は必要なかった。子弟たちがみずから集団で学び、考え、行動するというのである。子弟たちは年齢により二才《にせ》と稚児《ちご》に分けられていた。二才は十四、五歳から二十四、五歳の青年たち。稚児は六、七歳から一〇歳くらいまでの小《こ》稚児と、一一歳くらいから十四、五歳までの長《おせ》稚児に分けられ、小稚児の教育は長稚児が、長稚児の教育は二才が行い、二才たちはたがいに鍛錬しあった。

子弟たちは早朝から夜中まで行動をともにした。その間それぞれの郷中で定められた日課にしたがって『四書《ししょ》』『五経《ごきょう》』を学び、『太平記《たいへいき》』『三国志《さんごくし》』『忠臣蔵《ちゅうしんぐら》』などを読み、忠良が武士の心得を説いた「日新公いろは歌」を暗唱した。そして「山坂達者」をスローガンに体をきたえ、剣術や相撲《すもう》などの稽古《けいこ》にはげんだ。こうして薩摩藩士の子弟たちは、上下関係を重んじ、議論よりも行動を尊ぶ薩摩士風を徹底的に身につけていったのである。

また、二五代島津重豪は、安永二（一七七三）年に藩校造士館（当初は聖堂とよばれた）・演武館を、翌安永三年には医学院を創設して高等教育に力をそそいだ。造士館では、朱子学を中心とした講義が行われ、生徒は士族の子弟が中心であ

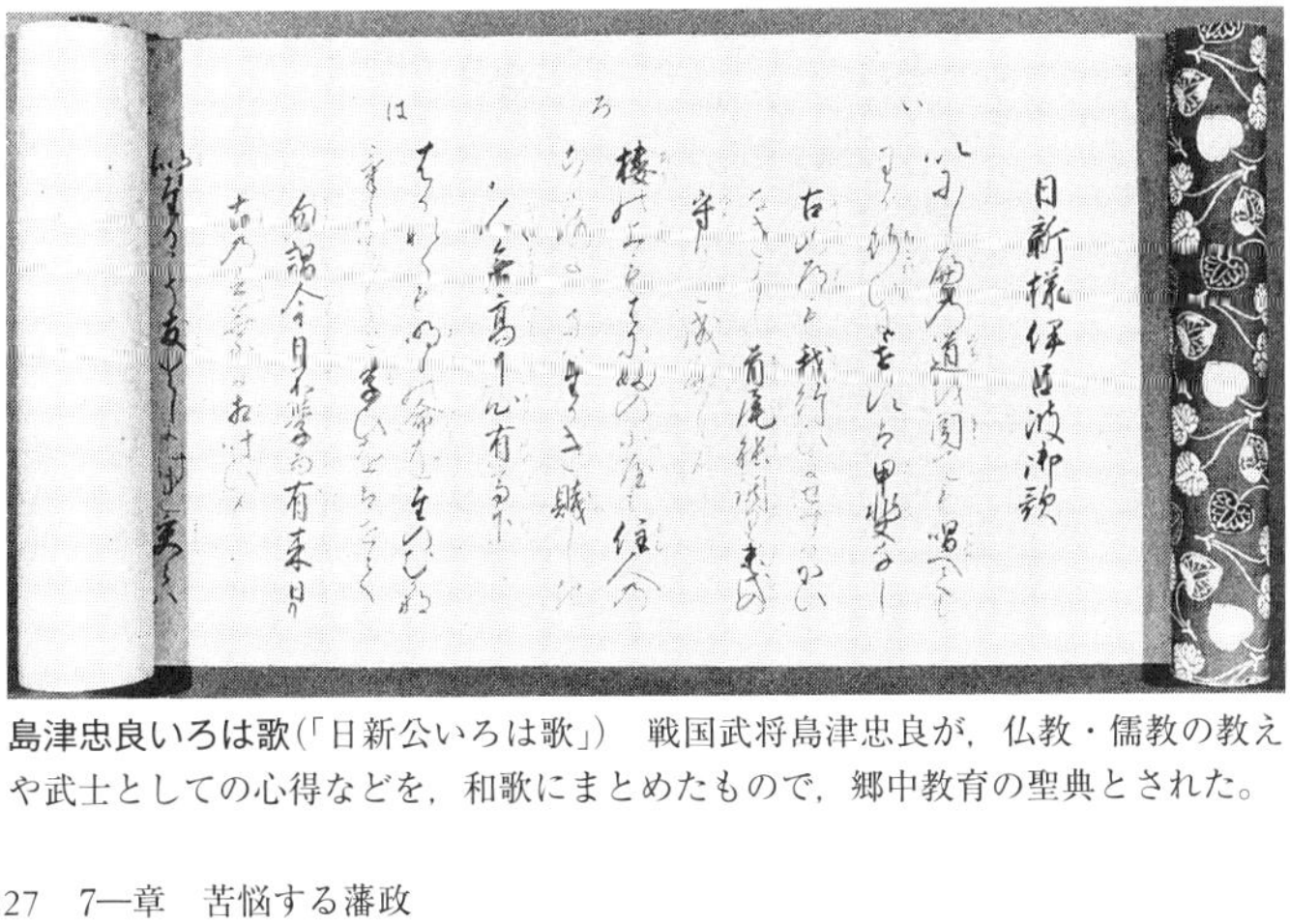

**島津忠良いろは歌**(「日新公いろは歌」)　戦国武将島津忠良が，仏教・儒教の教えや武士としての心得などを，和歌にまとめたもので，郷中教育の聖典とされた。

ったが、商人の子弟たちも聴講を許されていた。さらに造士館にならって、垂水文行館《ぶんこう》（一七七六年）・種子島大園《おおぞの》学校（一七七八年）・都城稽古《けいこ》館（同）・串木野学問所（不詳）・加治木毓英《いくえい》館（一七八四年）・宮之城盈進《えいしん》館（一八五八年）・出水揆奮《きふん》館（一八六一年）・川辺学問所（一八六六年）・知覧胥傚《しょうこ》館（不詳）などの郷学が設立された。

8章

# 激動の時代

東征軍絵巻

## 1　西欧列強の進出

**琉球の危機●**

十九世紀初頭、イギリス・フランスなどの西欧列強が、植民地を求めてアジアに進出してきた。一八四〇年にはアヘン戦争が勃発。東洋最大・最強とみなされていた清《しん》（中国）は、西欧の島国イギリスになす術《すべ》もなくやぶれ、一八四二年香港《ホンコン》割譲などを認めた不平等条約・南京《ナンキン》条約に調印し、植民地化への道を歩みはじめた。この清の敗戦は、日本の有識者たちに強い衝撃をあたえ、日本も西欧列強の植民地にされてしまうのではないかと危惧《きぐ》されるようになった。そして、その危惧は薩摩藩が統治する琉球《りゅうきゅう》において現実味をおびてきたのである。

薩摩・琉球近海では、アヘン戦争以前から西欧列強の艦船が出没し、対外的な緊張が高まっていた。文政七（一八二四）年には、宝島の島民が牛を強奪しようとしたイギリス船員を射殺する事件（宝島事件）が、天保八（一八三七）年には、日本人漂流民を送りとどけるため鹿児島湾にはいろうとしたアメリカ商船「モリソン号」を、山川《やまがわ》に派遣された藩士たちが砲撃を加えて退去させる事件（モリソン号事件）もおこっていた。これらは偶発的なものであったが、アヘン戦争後は、西欧列強の計画的・組織的な動きがめだつようになってきた。

まず、天保十四年十月には、イギリス船が琉球八重山《やえやま》に来航。琉球側の退去要求に対し、イギリス側は国王の命令であると称して船員を上陸させ測量を強行した。琉球王府の主権はまったく無視されたのである。翌弘化元（一八四四）年三月には、フランスの軍艦アルクーメーヌが那覇《なは》に来航し通商を要求した。アルクーメーヌはすぐに出港していったが、宣教師フォルカードと通訳は那覇にとどまり布教許可を求めた。弘化三年になると通商要求はさらに強まり、イギリスの海軍伝道会の宣教師ベッテルハイム（中国名、伯徳令）が那覇に上陸して通商・布教許可を求め、フランス軍艦三隻も来航し、指令長官セシーユが通商を要求した。琉球王府はこれらの要求をしりぞけたが、ベッテルハイムは布教・施療活動を行い続け、フランスもフォルカードのかわりにチェルジュを残していった。

　こうした事態に薩摩藩主島津斉興《なりおき》と家老調所広郷《ずしょひろさと》は強い危機感をいだいた。弘化元年、アルクーメーヌ来航の知らせをうけた斉興らは、琉球に穏便な処置を命じるとともに、老中阿部《あべ》正弘《まさひろ》に状況を報告して指示をあおいだ。阿部は警備兵の派遣を命じたが、斉興たちはこれに消極的で、ごく少数の派兵にとどめた。斉興らはいくら藩兵を派遣しても西欧列強には対抗しえないことを知っており、多くの警備

**宮古島漂着異国船図**　寛政 9（1797）年琉球国宮古島へ来航したイギリス船を描いたもの。

兵を派遣すればそれだけ無用のトラブルが発生する危険性が高まると考えていたのである。また、調所は外圧を利用して通商を開こうとしていたもようで、弘化三年にフランス艦隊が再来したときには、阿部に現状では通商要求をこばみきれないと訴え、阿部からやむをえない場合は琉球での通商を黙認するとの回答を得ていた。しかし、警備の兵力をごまかしていることを阿部に知られ、さらに琉球王府の反対もあって、西欧列強との通商開始は実現しなかった。

　琉球外交問題を穏便に処理する一方で、斉興たちは洋式軍事技術の導入や軍事組織の改革を行って軍事力の強化をはかっていた。洋式軍事技術の導入は、モリソン号事件の直後の天保九年、家臣鳥居《とりい》平八《へいはち》・平《へい》七《しち》兄弟を長崎の砲術家高島秋帆《たかしましゅうはん》のもとに入門させ洋式砲術を学ばせたことにはじまる。平八・平七は、翌年、奥義をきわめて帰国したが、平八はまもなく死去、平七が高島流洋式砲術を藩内に広めた。同十三年には藩主斉興が高島流洋式砲術を実見し、その妙技に感じいり採用を決めたが、高島秋帆が幕府の嫌疑をうけてとらえられたため、類がおよぶことを恐れて平七を成田《なりた》正右衛門《しょうえもん》正之《まさゆき》と改名させ、高島流の名をさけて御流儀《ごりゅうぎ》砲術の名で採用した。さらに弘化三年には上町向築地《かんまちむかいつきじ》（現石橋公園一帯）に鋳製方《いせいほう》を設立。海老原清熙《えびはらきよひろ》・成田正右衛門・田原直助《たはらなおすけ》・竹下清右衛門《たけしたせいえもん》らをその掛《かかり》に任じ、青銅砲・燧石銃《ゲベール》（火縄のかわりに火打石を用いた銃）の製造にあたらせた。そして、指宿《いぶすき》・山川・佐多《さた》・根占《ねじめ》・鹿児島などの沿岸要所に台場《だいば》（砲台）をきずいて、鋳製方で鋳造した青銅砲を設置し海岸防備をかためた。

　また、弘化四年には軍制改革を布告し、従来の甲州流軍学を廃止して洋式に統一。同時に軍役負担の基本となる給地高の改正にも着手した。これは、藩内で高の密売が横行し、軍役高帳記載の高と実際の持高とがおおいに相違していたため、その是正をめざしたものである。だが、藩士の生活に直結するために反発も大きく、給地高の改正による不平・不満は調所の不評・失脚の一因ともなった。

**斉彬登場●**

琉球外交問題が発生したのは、藩の財政再建がようやく一段落したときであった。斉興・調所は財政再建に苦労し続けてきただけに、琉球外交問題によって支出が増大することをきらっていた。このため、警備兵の派遣や軍事力の強化といった対策も、藩の財政に大きな負担とならない程度のものであった。

だが、こうした斉興たちの対応に世子島津斉彬《なりあきら》は不満をいだいた。斉彬は、蘭癖《らんぺき》といわれた曾祖父島津重豪《しげひで》に可愛がられて育ち、自分自身も西欧の文化に強い関心をもつようになっていた。それだけに西欧列強の実力とその恐ろしさをよく認識しており、こんな小手先だけの対応では通用しないことを知っていたのである。もっと積極的に西欧の科学技術・諸制度を導入して軍事力の強化や産業の育成をはかるべきで、そのために必要な経費は惜しむべきでないというのが斉彬の考えであった。そうしないと、藩の財政どころか、薩摩藩や日本そのものが独立国家として存続できなくなってしまうと考えていたのである。

島津斉彬画像

この斉彬の考えは、財政を第一に考える斉興たちにうけいれられるものではなかった。調所は、かねてから斉彬の蘭学趣味を苦々しく思い、斉彬が藩主になれば財政をふたたび危機的状況におちいらせてしまうのではないかと危惧していたが、琉球外交問題をめぐる意見の相違でこの思いを強くした。そして斉興も調所の意見に賛同し、斉彬へ家督をゆずることをためらい続けた。

一方、斉彬も自分が藩主になれないのは調所の讒言《ざんげん》が一因であることを知っていた。弘化三（一八四六）年、斉彬は将軍徳川家慶《いえよし》・老中阿部正弘の命をうけ、琉球問題解決のため帰国したが、斉興と調所が斉彬に主導権を渡さなかったため、なんら成果をあげることもできずに江戸に戻らざるをえなかった。斉彬が鹿児島で目にしたものは、あまりにも強くなりすぎた調所の力であった。これ以後、斉彬は積極的に調所排斥をはかるようになった。

嘉永元年（一八四八）調所が急死した。斉彬の藩主就任をのぞんでいた阿部正弘が、薩摩藩の密貿易を追及して斉興を隠居に追いこもうとし、調所がこれをこばむため密貿易の責任を一身におって服毒したのだといわれている。斉興は寵臣《ちょうしん》調所の死によって打撃をうけたが、その後も藩主の地位にすわり続け、調所に近い家老島津将曹《しょうそう》らが藩の実権をにぎり続けた。

またそのころ、調所一派が斉興の側室お遊羅《ゆら》（由良とも）と手を結んで、お遊羅の子忠教《ただゆき》（のちの久光《ひさみつ》）を藩主にしようと画策しているという噂《うわさ》が藩内に広まっていた。おりしも、嘉永元年五月、斉彬の嫡男寛之助が、翌二年六月にはその弟篤之助があいついで病死し、死因はお遊羅たちの呪詛《じゅそ》によるものだといわれた。これに斉彬擁立派は激怒、島津将曹やお遊羅らの暗殺を企てた。しかし、この計画は事前に発覚し、同年十二月三日、首謀者の町奉行物頭勤《ものがしらづとめ》近藤隆左《こんどうりゅうざ》衛門《えもん》・船奉行家老座書役勤奥掛高崎《たかさき》五郎《ごろう》右衛門《えもん》ら六人が切腹してはてた。そして、翌年四月までに江戸詰家老島津壱岐《いき》・物頭赤山靱負《あかやまゆきえ》ら七人が切腹を命じられ、物頭名越左源太《なごやさげんた》・甑《こしき》島地頭新納時升《にいろときのり》ら一七人が遠島、そのほか免職・慎《つつしみ》・役障《やくさわり》など、計五〇人余が処罰された。これが嘉永朋党《ほうとう》事件、あるいは高崎崩れ・お遊羅騒動といわれるお家騒動である。

お家騒動の勃発により斉彬擁立派は大打撃をうけた。近藤らの同志井上経徳《つねのり》（藤井良節《ふじいりょうせつ》）・木村仲之丞《ちゅうのじょう》（村山松根《むらやままつね》）らは、もはや藩内の力では事態を打開できないとみて脱藩し、福岡藩主黒田斉溥《なりひろ》（島津重豪《しげひで》一二男）に助けを求めた。斉溥も斉彬の藩主就任を待ちのぞんでおり、薩摩藩が井上らの引き渡しを要求すると、弓・鉄砲をもってしてもまもるとこれを拒否、その間に老中阿部正弘・宇和島《うわじま》藩主伊達宗城《だてむねなり》に状況を報告し、斉彬の藩主就任への協力を求めた。阿部ははやく斉興を隠居させるようにとの意向を薩摩藩に伝え、これをうけて、中津《なかつ》藩主奥平昌高《おくだいらまさたか》（重豪次男）・南部信順《なんぶのぶゆき》（同一三男）ら近親者が協議し斉興に隠居をすすめた。阿部の態度が強硬なことを知って斉興も隠居を承諾したが、その後も隠居をしぶったため、嘉永三年十二月、将軍家慶《いえよし》から斉興に茶入「朱衣肩衝《あけのころもかたつき》」があたえられた。これははやく隠居しろというサインであった。これにより、さしもの斉興も隠居することになり、翌嘉永四年二月、斉彬は晴れて薩摩藩主の座に着くことができた。

**集成館事業●**

藩主となった斉彬がまず手がけたのは、鉄製砲を鋳造するための反射炉《はんしゃろ》の建設であった。当時、西欧では青銅砲は時代遅れとなり鉄製砲が主流となっていた。しかし、砲重量が三〜五トンにもおよぶ鉄製砲は、日本の在来技術では鋳造することができず、反射炉などを利用した西洋の鋳砲技術を導入しなければならなかったのである。

反射炉は、燃焼室で石炭などの燃料を燃やし、その炎・熱を壁に反射させて溶解室の銑鉄《せんてつ》をとかし鋳型に流しこむというもので、嘉永三（一八五〇）年、佐賀藩がオランダ陸軍のヒュゲニン少将の著書『ルイク国立鋳砲所における鋳造砲』を参考に建設をはじめていた。

斉彬は、佐賀藩からこの本の翻訳書をゆずりうけ、嘉永四年、まず鶴丸城内花園（製煉所《せいれんじょ》・のちの開物館《かいぶつかん》）に反射炉の模型をつくって実験に着手。翌年、別邸仙巌園《せんがんえん》（磯邸、鹿児島市吉野町）に隣接する竹林を切り開いて反射炉（一号炉）の建設に取りかかった。この反射炉は嘉永六年に完成したが、炉の温度が思ったようにあがらず失敗。しかも耐火レンガは銑鉄とともに熔解し、炉本体もかたむくなど惨澹《さんたん》たるありさまであった。斉彬は引き続き二号炉の建設を命じたが、耐火レンガの製造などに手間取り、安政三（一八五六）年にようやく完成し、鉄製砲の鋳造にも成功した。

安政元年には反射炉のすぐ横でわが国初の溶鉱炉に火がともった。佐賀藩や幕府などは、反射炉で使用する銑鉄は和鉄（たたら製鉄などで製造される鉄）でよいと考え、溶鉱炉の導入は考えていなかった。しかし、和鉄は還元が不十分で、しかも品質にばらつきがあるため、鋳砲の原料とするにはふさわしくなかった。斉彬はこの点をみこして溶鉱炉もセットで導入していたのである。また、砲腔《ほうこう》（弾丸をつめる穴）をうがつための鑽開台《さんかいだい》も安政二年に完成。水車動力で一度に六門の大砲に砲腔をうがつことができた。このほか、反射炉の周囲にはガラス工場や蒸気機関製造所などの工場がつぎつぎとたてられ、一二〇〇人もの人が働く工場群となった。そしてこれらの工場群は、安政四年、斉彬によって「集成館」と命名された。

また、斉彬は造船事業にも力をそそいでいた。海にかこまれた日本をまもるには海軍力の強化が必要と考えていたのである。さらに外国とはこちらからでかけてでも交易していくべきであると考えていたため、大海原を自由に航海できる西洋船、それもできれば蒸気船が欲しいと思っていた。世子時代から洋式船・蒸気船の研究や洋書の翻訳を手がけていた斉彬は、藩主に就任するとまず「いろは丸」と「越通船《おっとせん》」という船の建造に着手した。これらの船は和洋折衷のいわば実験船的なものであったが、それでも従来の和船より性能がすぐれていたらしく、同型の船が複数つくられ琉球航路などで使用された。

続いて斉彬は本格的な洋式船を建造しようとしたが、幕府の大船建造禁止令が障壁となった。このため、斉彬は琉球大砲船という中国風の船（ジャンク）をつくりたいと願いでて、琉球航路だけに利用するという条件でその許しを得、嘉永六年五月二十九日、桜島で建造に着手した。ペリー艦隊が浦賀に姿をあらわしたのはその三日後のことで、これを機に、斉彬は幕府に海防の重要さを訴え、大船建造禁止令の撤廃を求めた。そして、幕府が斉彬の提案をいれて大船建造を解禁すると、洋式船一二艘・蒸気船三艘の建造計画を発表し、琉球大砲船を洋式船につくりかえさせた。それが昇平丸《しょうへいまる》である。昇平丸は全長約三〇メートル、推

**斉彬時代の集成館**　安政4(1857)年佐賀藩士千住大之助が描いたもの。反射炉・溶鉱炉・ガラス工場などがたちならんでいる。

定排水量三七〇トン、大砲一〇門に臼砲《きゅうほう》二門・自在砲《じざいほう》というう小型砲四門を搭載した本格的な洋式軍艦であった。

翌安政二年には大元丸《だいげんまる》ら四艘の洋式帆船が完成。蒸気機関の試作品もできあがり、越通船にこれを搭載し試運転にも成功。この船を「雲行丸《うんこうまる》」と名づけた。このように造船事業は順調に進んでいたが、同年十一月、斉彬は江戸地震で莫大な復旧費が必要になったと称して、造船事業を中止してしまった。これは表向きの理由で、斉彬は国内情勢の急変により蒸気船の製造体制をととのえる余裕がなくなったと考え、外国から蒸気船を購入する方向に方針転換したのである。だが、これは安政五年に斉彬が急死したため実現しなかった。

さらに斉彬は外国との交易をのぞんでいたため、以前からヨーロッパに輸出されていた樟脳《しょうのう》の製法を改めて品質改良と増産をはかったり、薩摩の伝統工芸品薩摩焼を外国人が好むようなものにつくりかえさせたりしている。また、薩摩切《きり》子《こ》というガラス工芸品も、斉彬が輸出商品として開発させたものと考えられている。

斉彬がおこした事業は、製鉄・造砲・造船など軍事的色彩

薩摩切子

❖コラム

## 新型銃と芋焼酎

鹿児島の酒といえばまず「芋焼酎《しょうちゅう》」を連想されるであろう。芋焼酎は鹿児島の特産品として県内外で広く知られているが、その歴史は意外に浅い。そもそも原料の薩摩芋（鹿児島では唐芋《から》という）自体が、十八世紀初頭に琉球経由で薩摩にはいってきたものである。ただ焼酎そのものの歴史は古い。応永十七（一四一〇）年、上洛した七代島津元久《もとひさ》は将軍足利義持《あしかがよしもち》らに南蛮酒を贈っており、これはシャム（タイ）から伝わった米焼酎だと考えられている。桃山・江戸時代になると焼酎に関する記録がふえるが、これらも米焼酎のことである。芋焼酎の量産がはじまるのは幕末のことで、これは西欧列強がアジアに進出してきたことに端を発する。

嘉永四（一八五一）年薩摩藩主となった島津斉彬は、西欧列強の進出に強い危機感をいだき、軍事力の近代化や産業の育成をはかった。集成館事業である。その一環に雷管銃《らいかん》という新型銃の研究・製造があった。雷管銃は、火縄のかわりに衝撃で爆発する雷汞《らいこう》（雷酸第二水銀）を起爆薬に用いる。雷汞は水銀を硝酸《しょうさん》にとかし、これをエチルアルコールと反応させてつくる。斉彬は、当初、エチルアルコールの原料に米焼酎を利用したが、米の大量利用は庶民の暮らしに影響するため、芋焼酎の研究とその利用を命じた。工業用だけでなく、これを薩摩の特産品にすることができれば、新田を開発し米を増産したのと同じことで、たいへんな利益になるというのが斉彬の考えであった。斉彬の時代、芋焼酎の改良がどれほど成果をあげたのか定かではないが、芋焼酎はやがて米焼酎にとってかわり、斉彬ののぞみどおり鹿児島の特産品として定着したのである。

が強いものから、紡績・ガラス・製薬・印刷・出版・電信・写真・食品など庶民生活に密着したものまで多岐にわたる。斉彬は「蔵にいくら金銀を積んでも富国とはいえない。国中の者が豊かに暮らすことが富国なのである」「国中の者が豊かに暮らすことができれば、人は自然とまとまる。人の和はどんな城郭よりも勝る」と語っており（「斉彬公御言行録」）、軍事力だけを強化しても国は強く豊かにならないことを知っていたのである。

こうした多岐にわたる事業を総称して「集成館事業」という。斉彬は世子時代から、宇田川榕庵《うだがわようあん》・箕《み》作《つくり》阮甫《げんぽ》・高野長英《たかのちょうえい》・川本幸民《かわもとこうみん》・戸塚静海《とづかせいかい》ら多くの蘭学者と親交を深め、洋書の翻訳や研究を依頼していたが、集成館事業ではこうした人脈や成果がフルに活用された。また、斉興や調所たちの財政改革が成功していたため、事業に必要な資金も比較的豊富であった。このため、薩摩藩は短期間のうちに、日本で最先端の工業技術と設備をもつに至ったのである。

## 「武士もこころあはして」●

嘉永六（一八五三）年六月、ペリー艦隊が浦賀に来航し幕府に開国をせまった。対応に苦慮した幕府は国書の受理を朝廷に奏上し、諸大名・旗本らに意見書を提出させたが、これは幕府の独裁体制をゆるがすことになり、それまで政治の表舞台から遠ざけられていた朝廷・諸大名・中下級武士などが政治的発言をするようになった。さらに安政三（一八五六）年来日したアメリカ総領事ハリスが幕府に通商条約の締結を強要し、幕府が締結の勅許を得ようとしたため、その賛否をめぐって国論は分裂した。

保守的な朝廷は孝明《こうめい》天皇以下ほとんどが攘夷《じょうい》（外国人を打ち払うこと）論者であった。また世界情勢にうとい武士たちも勇ましい攘夷論に飛びついた。攘夷派は、幕府の外交政策を痛烈に批判し、天皇の意思を尊重して一刻もはやく攘夷を決行するようにせまった（尊王《そんのう》攘夷）。一方、西欧諸国の外圧により弱体ぶりを露呈した幕府は、朝廷の伝統的権威と結びつくこと、いわゆる公武合体《こうぶがったい》によって体制を立てなおそうとし、孝明天皇も攘夷実現のため公武合体を推進しようとした。こうして佐幕的な公武合体派と幕政に批判的な尊王攘夷派とが激しく対立するようになり、日本国内は混沌《こんとん》とした状況におちいっていったのである。

　さらに、この混乱に将軍継嗣《けいし》問題が拍車をかけた。ペリー艦隊の来航直後に一三代将軍に就任した徳川家定《いえさだ》は、病弱で将軍としての素質を欠き、はやくからその後継者問題が取りざたされていた。ハリス来日後、政局が混迷を深めると、将軍後継者を定めて将軍を補佐させようという声が高まり、後継者問題が一気に表面化した。

　将軍後継者は、従来のように家定との血縁の深さで選べば、紀州徳川家の慶福《よしとみ》（のちの家茂《いえもち》）が家定の従兄弟《いとこ》でもっともふさわしかったが、まだ幼く将軍を補佐することは不可能であった。このため老中阿部正弘らが、賢明の聞こ

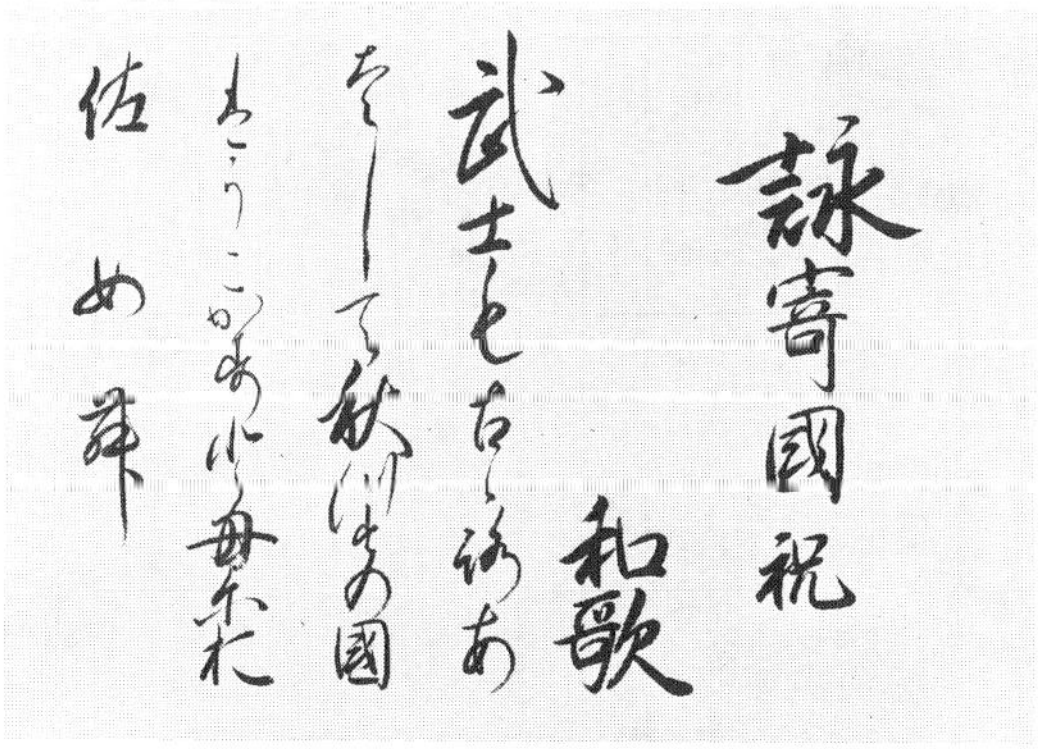


**孝明天皇和歌**　安政2（1855）年，薩摩藩主島津斉彬に贈ったもの。「武士《もののふ》もこころあはして秋つすの国はうこかすともにおさめむ」と，公武合体をのぞむ天皇の気持ちがこめられている。

えが高い一橋慶喜《ひとつばしよしのぶ》（水戸徳川斉昭《なりあき》七男）を推したが、これに彦根藩主井伊直弼《いいなおすけ》が反発し、あくまでも血筋を優先させるべきだと主張した。こうして慶喜を推す阿部正弘ら一橋派と、慶福を推す井伊ら南紀《なんき》派とが激しく対立した。

この混沌とした時勢に、薩摩藩主島津斉彬は、外交問題に悩む老中阿部正弘を補佐して積極的に幕政に関与した。また阿部も世界情勢にくわしい斉彬をたよりにしていた。

斉彬は、当時盛んにとなえられていた攘夷論を「無謀ノ大和魂ノ議論」と一蹴し（安政五年四月九日早川五郎兵衛宛書状ほか）、「鎖国ヲ上策ト心得、日本中ヲ一世界ト思ヒ、隣国トノ交ワリモ一国一郡限リノ天地ノ如ク心得ル者多シ、コノ弊ヲ除カザレバ外国トノ交リモ整フマジク」となげいていた（「斉彬公御言行録」）。「日本一致一体トナリ、器械モ何モ一様ノ良器備リテコソ、本途ノ防禦《ぼうぎょ》調フベシ」「彼（西欧）ノ長ズル処ハ採リ、我（日本）ガ短拙ヲ補ヒ、武備ヲ厳ニシ、船舶ノ便ヲ能《よ》クシ、外国ニ乗リ出シテ交ワル様ニ国威ヲ張ルヲ第一トス」（同前）というのが斉彬の考えで、「日本一致一体」を実現させるために公武合体を推進し、幕府を中核としたあらたな中央集権体制をきずこうとした。先の集成館事業もこの考えを実践し、日本全体の手本とするためにはじめたものであった。

また将軍継嗣問題に関しては、阿部や前水戸藩主徳川斉昭《なりあき》、福井藩主松平慶永《よしなが》（春嶽《しゅんがく》）、宇和島藩主伊達《だて》宗城《むねなり》、土佐藩主山内豊信《とよしげ》らとともに一橋慶喜を将軍後継者に推した。挙国一致体制をきずくためには指導力がある人物が将軍とならなければならないと考えてのことであった。

将軍継嗣問題がおこる以前、将軍家から家定の御台所《みだいどころ》（夫人）に島津家の娘を迎えたいという意向が伝えられていたが、斉彬はこの縁談を大奥工作に利用しようとした。そもそもこの縁談は、嘉永三年ころ、家定の実母本寿院《ほんじゅいん》らが、子孫にめぐまれ、また長命であった一一代将軍徳川家斉《いえなり》とその御台所広大院《こうだいいん》（二五代島津重豪《しげひで》長女）の前例にあやかりたいと願ってもちかけたもので、今和泉《いまいずみ》家島津忠剛《ただたけ》の娘篤姫《あつひめ》（斉彬養女、のちの天璋院《てんしょういん》）がその候補に内定していた。国内情勢の激変により篤姫の入輿《にゅうよ》時期は大幅に遅れ、一時はその実現すらあやぶまれたが、安政三年十二月、篤姫は家定の御台所に迎えられた。御台所となった篤姫は老女幾島《いくしま》らと慶喜擁立にむけて大奥工作を試みたが、大奥は水戸《みと》嫌いの風潮が強く、また斉彬も家定と篤姫の仲をこわさないように配慮させていたため、幾島らの大奥工作も不調におわった。

さらに、一橋派は京都でも島津家と関係が深い近衛《このえ》家に協力をあおぎ、慶喜を将軍継嗣にという勅命を得ようと画策していた。安政四年六月には一橋派の重鎮であった老中阿部正弘が急死し、斉彬ら一橋派は大打撃をうけたが、斉彬は松平慶永らとともに朝廷工作を強化して状況打破をはかった。また、南紀派もこれに対抗して朝廷工作を強め、これに条約勅許問題もからんで政局の中心は京都へと移り、安政四年から翌年にかけて南紀派と一橋派は京都を舞台にしのぎをけずりあった。

安政五年三月には、斉彬らの朝廷工作が功を奏し、慶喜が将軍後継者に決まりかけたが、四月に南紀派の井伊直弼が大老に就任したことによって形勢が逆転。井伊は勅許を得ないまま日米修好通商条約に調印し、紀州家徳川慶福を将軍継嗣者に定め、一橋派の敗北が決定的なものとなった。

斉彬はこの知らせを国元鹿児島で聞き、側近の西郷隆盛《さいごうたかもり》をよびよせ密命をあたえて江戸に走らせた。斉彬が西郷になにを命じたのか定かではない。斉彬は兵三〇〇〇を率いて上京するつもりで、西郷にその準備を命じていたといわれるが、それからまもない七月九日突然の病に倒れ、十六日には不帰の客となってしまったのである。

## 2 幕末の動乱

### 精忠組●

安政五(一八五八)年島津斉彬《なりあきら》が急死し、その遺言により異母弟久光《ひさみつ》の長男忠義《ただよし》(茂久《もちひさ》)が薩摩藩主となった。忠義が若年であったため斉彬の父斉興が後見役となったが、斉興は、斉彬の政策に批判的で、斉彬がおこした諸事業の中止・縮小を命じた。このため、事業の中核となった集成館も閉鎖に近い状態に追い込まれた。

そのころ、江戸や京都では大老井伊直弼による一橋派の公家《くげ》・大名・志士の弾圧、いわゆる安政の大獄《たいごく》の嵐がふき荒れていた。斉彬の命をうけ朝廷工作を行っていた西郷隆盛は、近衛家から勤王僧月照《げっしょう》保護の要請をうけ、月照を伴って帰国したが、藩当局は幕府との関係悪化を恐れて月照の保護をこばみ、日向送りを決定した。日向送りになったものは藩境近くで斬られる定めであったといわれ、失望した西郷は日向にむかう途中月照とともに鹿児島湾に身を投げた。月照は死亡。西郷は一命を取りとめ、翌安政六年一月、奄美《あまみ》大島に潜居させられた。

また、井伊が行った安政の大獄、西欧列強との修好通商条約締結は、尊王攘夷派を刺激し、尊王攘夷運動に油をそそぐことになった。薩摩藩でも中下級士族を中心とした尊王攘夷派の動きが活発になり、江戸在勤の堀仲左衛門《ほりちゅうざえもん》(伊地知貞馨《いじちさだか》)や有馬新七《ありましんしち》らは、水戸や越前《えちぜん》藩などの尊王攘夷派と提携して井伊大老の襲撃を計画し、鹿児島では大久保利通《としみち》・有村俊斎《しゅんさい》(海江田信義《かいえだのぶよし》)・岩下方平《みちひら》・高橋(村田)新八・松方正《まつかたまさ》義《よし》・大山綱良《おおやまつなよし》ら四〇余人が結束して、脱藩のうえ京都に攻めのぼって関白九条尚忠《かんぱくくじょうひさただ》・京都所司代《しょしだい》酒井忠義《さかいただあき》を襲撃しようとしていた。

　大久保らの計画は事前に藩主忠義の知るところとなった。安政六年九月忠義の後見役斉興が死去していたため、忠義は実父久光と相談。久光は忠義に脱藩突出の中止を求める直筆の諭書《さとしがき》を書かせ、これを大久保たちに送った。諭書には、大久保らを精忠士《せいちゅうし》とたたえ、斉彬の遺志をついで朝廷に忠勤をつくすつもりであるから、いざというときには精忠士は自分（忠義）を助けて誠忠をつくすようにと記されていた。この異例の藩主諭書に大久保らは感動して脱藩を中止。血判入の請書を提出し、みずからを精忠組（誠忠組とも）と称するようになった。こうして薩摩藩の尊王攘夷派の中核となる精忠組が誕生したのである。

　しかし江戸で水戸藩士との提携を進めていた有村次左衛門《じざえもん》（俊斎の弟）は脱藩を強行。万延元（一八六〇）年三月の水戸脱藩士の井伊大老襲撃（桜田門外の変）に一人参加し、井伊の首級《しるし》をあげた。次左衛門も重傷をおい自殺。江戸の状況を

西郷隆盛画像

大久保利通画像

知らせ、挙兵をうながそうと鹿児島にむかった有村雄助《ゆうすけ》（次左衛門兄）も、途中でとらえられ、藩から自刃を命じられた。

この間に、久光は斉興派の重臣島津豊後《ぶんご》久宝《ひさたか》を失脚させて藩の実権を掌握。斉彬が推進していた公武合体路線の継承を訴え藩論の統一をはかった。また、集成館の復興に着手し、蒸気船も購入したが、斉彬の死後、日本古来の軍備をとうとび西欧のものを見くだす風潮が藩内に広がっていたため、集成館の復興は造砲部門など一部にとどまった。

文久元（一八六一）年四月藩主忠義から「国父《こくふ》」の礼で迎えられた久光は、公武合体を実現するため出府を計画。同年十月には大久保・堀ら精忠組の幹部を自分の側近に抜擢《ばってき》して攘夷派をだきこみ、堀を江戸にむかわせて幕府に藩主忠義の参勤延期を願いださせた。幕府がこれをしりぞけると、堀は芝の薩摩藩邸に火をかけ、これを口実に参勤が不可能だと訴えた。幕府側は薩摩藩がみずから放火したとは知らず、参勤延期を認め、藩邸の再建費用までも貸しあたえた。そして久光はその御礼を口実に出府することになり、文久二年正月大久保を京都に派遣し近衛家に協力を依頼した。また、二月には奄美大島に潜居を命じられていた西郷もよび戻され、久光から出府計画を手伝うよう命じられた。

一方、幕府も孝明天皇の妹和宮《かずのみや》を一四代将軍徳川家茂《いえもち》の御台所に迎え公武一和をはかろうとした。しかし尊王攘夷派は和宮を政略の道具にしたと反発。とくに長州藩と水戸藩の尊王攘夷派は「成破の盟（水戸が旧体制を打破し、長州がその後に新体制をきずく）」を結び、文久元年正月、和宮降嫁を推進した老中安藤信正《のぶまさ》（信睦《のぶゆき》）を水戸脱藩士が襲撃した（坂下門外の変）。この事件により安藤は失脚したが、家茂と和宮の婚礼は翌文久二年二月無事行われた。

久光が一〇〇〇人余の兵を率いて鹿児島をたったのは、和宮が降嫁してまもない文久二年三月十六日のことである。尊王攘夷派の浪士たちは、久光の出府を倒幕挙兵の好機ととらえて全国各地から続々と京都・大坂に集結し、上方《かみがた》は不穏な状況におちいった。先発していた西郷隆盛は、久光から下関《しものせき》で合流するように命じられていたが、上方の状況を知り、命令を無視して大坂へと走り尊王攘夷派をなだめてまわった。しかし、命令を無視された久光は激怒。さらに姫路で西郷が尊王攘夷派をあおっていると聞かされたため怒りは頂点に達し、西郷をとらえさせ、はじめ徳之島、のちに沖永良部《おきのえらぶ》島に流した。

久光は四月十三日伏見に到着し、十六日近衛邸を訪れた。この日久光は上洛の目的が公武合体と幕政改革の実現であることを改めて表明し、浪士取り締まりの勅命をうけ、翌日兵を率いて入京した。久光に期待していた浪士たちは失望し、浪士たちだけでの挙兵をはかろうとした。薩摩藩内においても、有馬新七ら精忠組の激派が伏見の寺田屋に集まり、長州藩などの同志と連絡しあって九条関白・所司代酒井忠義《ただあき》の襲撃計画を立てた。

有馬らの動きを察知した久光は、藩士を寺田屋に派遣して説得を試みたが、有馬らの決意はかたく説得に応じようとはしなかった。このため、四月二十三日、同じ精忠組の大山綱良・奈良原繁《ならはらしげる》ら鎮撫使《ちんぶし》を派遣して、説得に応じない場合には斬れと命じた。大山らは必死に説得したが、有馬らも頑としてうけいれず、ついに両者は刃をまじえた。激しい乱闘の末、有馬ら六人が死亡（後日三人自刃）、鎮撫使側も道島五郎兵衛《ろべえ》が死んだ。しかし、西郷従道《つぐみち》（隆盛弟）・大山巌《いわお》（同従兄弟）ら二一人は説得に応じて投降し、鹿児島に護送されて謹慎を命じられた（寺田屋事件）。

## 薩英戦争●

寺田屋事件で藩内の過激攘夷論者を一掃した島津久光は、文久二（一八六二）年六月、勅使大原重徳《しげとみ》にしたがって江戸に下向し、勅諚によって幕府に改革をせまり、一橋慶喜の将軍後見職、松平慶永（春嶽）の政事総裁職就任などの幕政改革を成功させた。しかし、薩摩藩主の実父にすぎない久光が強引に幕政に関与したことに対する反発も大きく、その後の幕府と薩摩藩との関係にしこりを残すことになった。

同八月二十一日、幕政改革を成功させた久光は江戸をたった。その日の午後、久光の行列が武蔵国生麦《なまむぎ》村（神奈川県横浜市）にさしかかったとき、四人のイギリス人とでくわした。供侍たちは道をあけるように指示したが、日本の習慣に不慣れなイギリス人たちは意味がわからず、行列のなかに馬をのりいれてしまった。このため行列は乱され、激怒した奈良原喜左衛門《きざえもん》（繁の兄）・海江田信義らがイギリス人たちに斬りかかり、リチャードソンを斬り殺し、マーシャルとクラークの二人に傷をおわせた。生麦事件である。

この事件に対し、イギリス代理公使ニールは、幕府に賠償金一〇万ポンドの支払いを、薩摩藩に賠償金二万五〇〇〇ポンドの支払いと犯人処刑を求めた。幕府は賠償金の支払いに応じたが、薩摩藩は非はイギリス人側にあると拒否。このため、翌文久三年六月ニールがユーリアラス以下七隻の軍艦を率いて鹿児島にのりこみ藩当局と直接交渉することになった。

一方、薩摩側もイギリスの報復攻撃を想定し着々と迎撃態勢をととのえていた。鹿児島城下の防衛態勢は、西欧の科学技術導入に積極的であった斉彬の時代にかなり整備されており、城下正面に祇園洲《ぎおんのす》・弁天《べんてん》波止《はと》・新《しん》波止・大門口《だいもんぐち》砲台が、また桜島側には袴腰《はかまごし》・赤水《あかみず》・烏島《からすじま》砲台がきずかれていた。これらの砲台には当時日本の最大口径砲一五〇ポンド砲をはじめ九〇門余りの大砲がすえつけられており、安政五年鹿児島を訪れたオランダ海軍将校カッティンディーケは、これらの施設をみておどろき「鹿児島の防備は行き届いている」と書き残している。藩主島津忠義はこれらの砲台を改修して砲撃訓練を繰りかえさせるとともに、南《みなみ》波止・沖小島《おこじま》にも臨時砲台を設け防衛態勢を強化した。ただ、藩内には西欧のものを見くだ

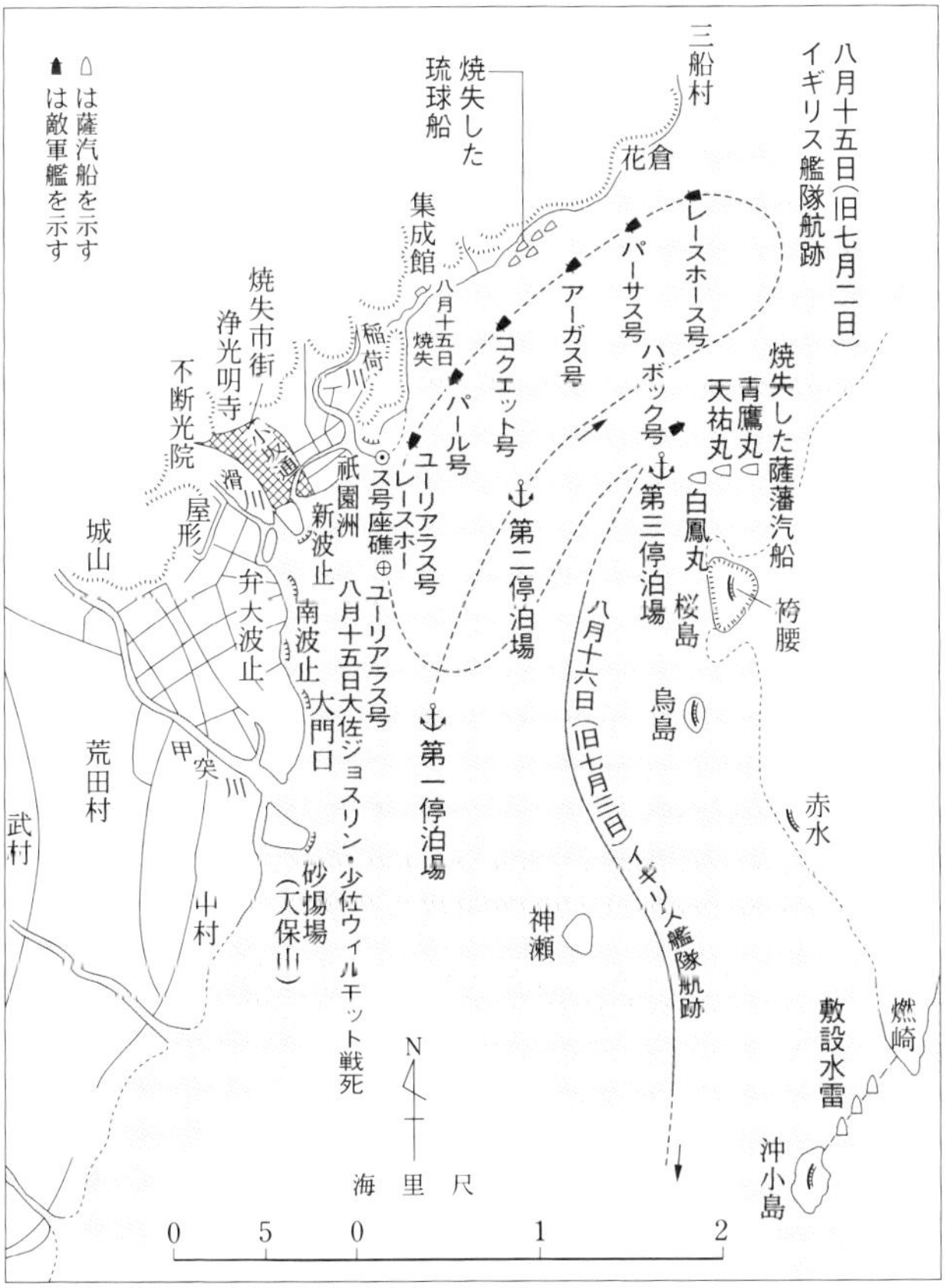

薩英戦争の戦闘経過(文久3〈1863〉年7月2～3日)

す風潮が広がっていたため、これらの砲台以外の軍備は戦国時代さながらのものとなっていた。

六月二十七日(太陽暦八月十一日)イギリス艦隊が鹿児島湾に姿をあらわし、ニールは犯人処刑と賠償金の支払いを再度薩摩藩に要求した。薩摩藩側はこれを拒否し、二十九日には西瓜《すいか》売りに変装させた八〇人余りの武士たちをイギリス艦隊のほうにむかわせた。イギリス兵を油断させて船に斬りこみ、軍艦を奪ってしまおうとしたのだが、イギリス兵の警戒心をゆるめることができずに失敗した。

交渉が進展しないことに業を煮やしたイギリス側は、七月二日(八月十五日)、悪天候をついて薩摩藩汽船天祐《てんゆう》丸・白鳳《はくほう》丸・青鷹《あおたか》丸の拿捕《だほ》にふみ切った。三隻の購入価格が賠償金を上まわるため、これを担保に薩摩側を交渉のテーブルにつけようとしたのである。しかしこれをみた薩摩側は開戦を決意。正午、天保山砲台からの砲撃を合図にイギリス艦隊を攻撃しはじめた。

突然の砲撃にイギリス艦隊はあわてふためいた。軍艦で威圧すれば薩摩側が譲歩してくると考えていたため戦闘準備をととのえていなかったのである。しかし艦隊指令キューパー提督は沈着で、まず足手まといとなる薩摩藩汽船を焼き沈めさせ、艦隊を鹿児島城下の北・御船《みふね》(鹿児島市吉野町)沖に集結させた。そこで戦闘準備をととのえたあと艦隊を南下させ、薩摩藩の砲台に激しい砲撃をあびせた。砲撃戦は翌三日まで続き、薩摩の諸砲台は、イギリス艦隊が装備する最新式アームストロング砲によって壊滅的状態におちいった。また城下町の一部と集成館の工場群も焼失し、一八人の死傷者がでた。だが薩摩側も旧式砲ながら善戦し、多くの艦に命中弾をあたえ、旗艦ユーリアラスの艦長ジョスリン大佐以下六三人の将兵を死傷させた。こうして両者痛み分けの形で戦闘は終了。四日、イギリス艦隊は鹿児島湾をあとにして横浜へとむかった。

**技術大国へ●**

薩英戦争ののち、薩摩藩はイギリス艦隊の再来にそなえて砲台の修理に全力をそそいだが、一方ではイギリスとの和解・提携を模索しはじめていた。西欧の強力な軍事力を目の当りにして西欧の文物をさげすむ風潮は一掃され、西欧の進んだ軍事・科学技術を積極的に導入すべきだという声が高まっていたのである。

こうした状況のもと、文久三（一八六三）年の九月から十月にかけて、側用人《そばようにん》岩下方平（のち家老）・大久保利通・重野《しげの》安繹《やすつぐ》らが横浜でニールと和平交渉にのぞんだ。ニールもこの交渉によって薩摩藩がイギリスとの和解と交易をのぞんでいることを知り、フランスよりの姿勢をとりはじめた幕府にかわって薩摩藩をパートナーとしたほうがよいと考えるようになった。こうして利害関係が一致した薩摩藩とイギリスは、薩摩藩が生麦事件の賠償金を支払い、生麦事件の犯人の捜査・処刑を約束することで和解し、両者の親善関係は急速に進展した。なお、薩摩藩の賠償金は幕府が立て替えて支払い、その後藩はこれを返却しないまま明治維新を迎えた。犯人については行方不明ということで処理され、イギリス側もこれを追及しなかった。

翌元治元（一八六四）年、西欧の軍事・科学技術を積極的に導入する第一歩として、開成所《かいせいしょ》という洋学校が設立された。生徒は藩内からえりすぐられた俊才六、七十人。当初は藩内の蘭学者石河確太郎《いしかわかくたろう》（大和《やまと》国出身）や八木称平《やぎしょうへい》が教鞭をとったが、のちには英学者前島密《まえじまひそか》（郵便制度の確立者）・中浜《なかはま》万次郎（ジョン万次郎）・芳川顕正《よしかわあきまさ》（内務・文部大臣など歴任）らが教授として招かれ、英語・蘭語・陸海軍砲術・兵法・天文・地理・航海術・数学・物理・医学などを教えた。

慶応元（一八六五）年三月には、西欧の文化・技術に直接ふれるため、新納《にいろ》久脩《ひさのぶ》（のち家老）・松木《まつき》弘安《こうあん》（寺島宗則《てらじまむねのり》）・五代友厚《ごだいともあつ》の三人の使節団と、開成所の学生を中核とした藩費留学生一五人が通訳堀孝之《ほりたかゆき》（長崎出身）とともにイギリスに派遣された。当時は日本人の海外渡航が禁止されていたため、彼らは離島への出張を名目に船出し、イギリスでは変名を用いた。留学生の団長格はのちに初代博物局長となる町田久成《まちだひさなり》で、ほかに初代文部大臣森有礼《もりありのり》、東京大学の前身である東京開成学校初代校長畠山義成《はたけやまよしなり》、北海道開拓使に勤務しサッポロビールの前身開拓使ビール創設などにたずさわった村橋直衛《むらはしなおえ》らがいた。最年少は一三歳の磯永彦助《いそなが》（長沢鼎《かなえ》）で、磯永は日本に戻ることなくアメリカに移住し、ブドウ園を経営して成功した。また翌慶応二年には仁礼景範《にれかげのり》（のち海軍大臣）・吉原重俊《しげとし》（日銀総裁）ら五人が第二次留学生としてアメリカに派遣された。

新納ら使節団は、イギリスからベルギー・ドイツ・フランスなどを歴訪し留学生より一足先に帰国したが、この間にベルギーでフランスの貴族モンブラン伯爵と、薩摩の物産の販売と軍艦・武器弾薬・機械類の購入を目的としたベルギー商社設立交渉を進め、仮契約をすませていた。モンブラン伯爵は帰国する新納らに慶応三年にパリで開催される万博への参加をすすめ、藩もこれをうけてパリ万博への参加を決定した。また幕府のほうもフランス政府の勧誘をうけて万博に参加することになり、薩摩藩へも協力をよびかけたが、薩摩藩はこれには応じず、日本薩摩太守《たいしゅ》政府の名で砂糖や薩摩焼・泡盛《あわもり》（米焼酎）などの薩摩・琉球産物を独自に出品し幕府側をあわてさせた。またパリ万博に派遣された家老岩下方平は、ベルギー商社設立の本契約調印の任もおびていたが、モンブラン伯爵との交渉は不調におわり、ベルギー商社設立の話は立ち消えとなった。

こうした人材育成と並行して、設備・装備面でも近代化がはかられた。イギリスからエンフィールド銃（前装式施条銃）やスナイドル銃（後装式施条銃）が大量に輸入され、慶応二年には兵制がイギリス式に改

❖コラム

## 留学生たちのカルチャーショック

慶応元（一八六五）年三月、薩摩からヨーロッパへむけて留学生が旅だった。新納久脩《にいろひさのぶ》をリーダー格とする薩摩藩の英国留学生・使節団の一行である。

出発にさいし、留学生の一人市来勘十郎《いちきかんじゅうろう》（松村淳蔵《じゅんぞう》）は「ますら雄のたけき心を振りおこし出行すがた雄々しかりけり」という和歌をよんでいる。現在、われわれが海外旅行にいくのと違い、彼らは外国に関する予備知識をほとんどもっていなかった。どのような運命が待ちかまえているのかわからないまま、海外留学に大きな期待と不安をいだきながら決死の覚悟で船出したのである。

予備知識がないだけに、彼らの旅はおどろきの連続であった。たとえば、シンガポールでは西洋人夫妻のキスを目の当りにして度肝を抜かれている。本国に戻る妻や子どもたちに夫がお別れのキスをしていただけなのだが、市来はそのようすを「夫が右の妻の口を吸いそうろうて別れそうろう」「とんと傍らに人なきがごとく」「わが輩はかかることは初めて見たることにて驚嘆し」たと日記につづっている。このほか「松かさ果物（パイナップル）」や「大きな風呂敷のごときもので顔を隠し」たインドの女性、「疾風のごとき」蒸気機関車など、彼らの日記にははじめて異国文化に接したおどろきが数多く記されている。

とくにヨーロッパでは、文化水準と技術力の高さに圧倒され、強いカルチャーショックをうけている。西洋通を自負していた五代友厚《ごだいともあつ》すら、想像を超える現実に「かくまではあるまじく」とおどろいているくらいで、五代は、ほかの留学生たちも「これまで主張せし愚論を恥じ慨嘆して止まず」といった状態であると鹿児島に書き送っている。

められた。さらにフランス式の四斤《きん》砲や一二斤臼砲を装備する砲隊も編成され、戊辰《ぼしん》戦争時には七連発のアメリカ製スペンサー銃を装備する部隊も登場した。また海軍力・海運力の強化もはかられ、薩英戦争後から戊辰戦争がはじまるまでのあいだに、薩摩藩は春日《かすが》丸（原名Keansoo《キャンスー》・英国製・一〇一五トン）など一三隻もの外国船を購入している（うち五隻は転売）。この数字は幕府についで多く、薩摩藩は諸藩中一位の汽船保有数をほこった。

　こうした最新装備をささえたのが集成館の工場群である。集成館は、元治元年十月、機械工場（現尚古《しょうこ》集成館、重要文化財）の建設着手を手始めに復興が本格化した。この機械工場は石造洋風建築で、当初から「ストンホーム」とよばれており、設計などにイギリス人がかかわったのではないかと考えられている。そして機械工場の周囲には鑽開《さんかい》機（中ぐり）工場・鋳物工場・鍛冶場・木工場・製薬所・アルコール工場などの工場がつぎつぎとたてられ、オランダ・イギリス製の蒸気機関や工作機械を使って、大砲や弾薬の製造、蒸気機関や艦船修理などを行った。

**明治5年の磯**　手前より鹿児島紡績所技師居館（異人館）・鹿児島紡績所・集成館の工場群・仙巌園（島津邸）。

当時、集成館クラスの工場群としては、幕府がきずいた長崎製鉄所（現三菱重工業長崎造船所）や、横浜・横須賀製鉄所（のちの横須賀海軍工廠《こうしょう》）くらいしかなく、集成館は明治新政府からも重視され、明治四（一八七一）年からは陸軍大砲製造所として、同七年からは鹿児島海軍造船所として利用された。しかし明治十年の西南戦争で、集成館周辺も戦場となり荒廃した。

また民需面においても工業化・近代化が進められ、慶応三年にはわが国初の洋式機械紡績工場である鹿児島紡績所が操業を開始した。鹿児島紡績所の蒸気機関・紡績機械は新納久脩たちがイギリスで買いつけたもので、建設や技術指導にはE・ホームらイギリス人技師があたった。なお、このときイギリス人技師の居館としてたてられたのが、磯（鹿児島市）に現存する異人館（旧鹿児島紡績所技師居館、重文）である。

明治三年操業の堺紡績所も薩摩藩が設立したもので、ここでは鹿児島から堺（大阪府堺市）に移住した職工たちが技術指導にあたった。さらに明治十年代には、愛知・広島の官立紡績所や玉島（岡山）・市川（山梨）・三重・豊井（奈良）・下野《しもつけ》（栃木）・長崎紡績所などの紡績所（一〇基紡）があいついで操業をはじめるが、設立には薩摩藩の紡績事業の責任者であった石河確太郎が必ずといっていいほどかかわっていた。そして、鹿児島・堺紡績所の技師・職工たちが石河を助けて技術指導を行い、紡績事業の発展に大きく貢献したのである。

**薩摩と長州**●

文久二（一八六二）年、薩摩藩が生麦事件の処理に追われているあいだに京都の情勢は一変していた。尊王攘夷を藩論に掲げた長州藩が京都に進出し、三条実美《さんじょうさねとみ》・姉小路公知《あねがこうじきんとも》・東久世通禧《ひがしくぜみちとし》ら尊王攘夷派の公家と手を結び朝廷を制圧したのである。また、市中では幕臣や公武合体論者が「大誅《しんちゅう》」の名のもとにつぎつぎと暗殺されていた。翌三年三月には、将軍徳川家茂が上洛してきたが、三条らに攘夷の実行をせまられ五月十日をもって攘夷を実行すると約束させられてしまうありさまで、長州藩はこの約束に基づいて五月十日から下関海峡を通過する外国船を砲撃しはじめた。

五月二十日には尊王攘夷派の重鎮・姉小路が暗殺され、その容疑者として薩摩藩士田中新兵衛がとらえられた。田中は一言も弁明せずいきなり自刃したため、薩摩藩が暗殺に関与していたとの疑惑が深まり、二十九日薩摩藩は乾門《いぬいもん》警護の任をとかれ九門の出入りを禁止された。公武合体派の薩摩藩が処罰されたことにより尊王攘夷派はますます勢いづき、三条らは孝明天皇を先頭に立てて攘夷を行う計画を進めた。しかしこの計画に孝明天皇は危機感を強めた。たしかに孝明天皇は攘夷をのぞんでいたが、攘夷は幕府の手で行うというのが天皇の考えで、無謀な攘夷はのぞんでいなかったのである。また、三条らが朝廷内の秩序を乱して過激な攘夷運動を行っていることも苦々しく思っていた。

天皇の気持ちを察知した中川宮朝彦《あさひこ》親王・近衛忠熙《ただひろ》ら公武合体派の皇族・公家は、京都守護職松平容保《かたもり》（会津《あいづ》藩主）・薩摩藩士高崎正風《まさかぜ》らと連絡をとり、八月十八日クーデタを決行。長州藩の御所警護を解任し、三条らの参内を禁止した（八月十八日の政変）。三条や長州藩士はおどろいて御所に駆けつけたが、御所の周囲は会津・薩摩藩兵によってかためられていたため近づけず、後日を期して都をあとにせざるをえなかった。いわゆる「七卿《しちきょう》落ち」である。

こうして公武合体派がふたたび京都を掌握し、元治元（一八六四）年正月には、参与《さんよ》に任命された徳川慶喜・松平慶永（春嶽）・松平容保・伊達宗城・山内豊信（容堂）・島津久光が京都に集まって参与会議を開催した。しかし、この会議で長州処分・横浜鎖港問題などをめぐって慶喜と久光が激しく対立。久光は西郷隆盛を沖永良部島からよび戻して事態を打開させようとしたが、西郷が京都に到着する前に参与会議は決裂し、久光がめざした公武合体派諸大名の連合政権の試みはあっけなくくずれ去った。

一方、京都を追われた長州藩は、薩摩・会津両藩を恨み「薩賊会奸《さつぞくあいかん》」とののしり、下関海峡を通過する薩摩船を撃沈するなど対決姿勢をあらわにしていた。元治元（一八六四）年七月十九日、長州藩は京都の武力奪還にふみ切り、福原越後《ふくはらえちご》・国司信濃《くにししなの》・益田右衛門《ますだうえもんの》介《すけ》・来島又兵衛《きじままたべえ》・久坂玄瑞《くさかげんずい》らに率いられた藩兵約二〇〇〇が京都に攻めよせ、会津兵・桑名藩兵らと激戦を繰り広げた。一時は長州側が優勢であったが、西郷隆盛率いる薩摩藩兵が幕府側の応援に駆けつけ長州兵を撃退。これを機に形勢が逆転し、長州側は来島・久坂らを失い敗走した（禁門《きんもん》〈蛤御門《はまぐりごもん》〉の変）。御所にむけて発砲した長州藩は朝敵となり、七月二十三日朝廷より長州藩追討の勅命がくだされた。これをうけて幕府は長州征伐を発令。尾張《おわり》藩主徳川慶勝《よしかつ》を征長総督に

蛤御門（禁門）の変図

薩摩藩士西郷隆盛を総督参謀に任命した。

翌八月、イギリス・フランス・アメリカ・オランダの四カ国の連合艦隊が下関砲台を攻撃した（下関戦争）。これは前年の艦船砲撃に対する報復攻撃であった。長州藩はこの攻撃で大打撃をこうむり、藩内は徹底抗戦をさけぶ激派（正義派）と幕府への謝罪を主張する恭順派（俗論派）に割れて紛糾し、征長軍を迎え撃てる状況ではなくなった。一方、総督参謀西郷は、当初長州藩を徹底的にたたく考えであったが、九月に勝海舟《かつかいしゅう》とあって幕府の腐敗ぶりと雄藩連合政権樹立の構想を聞かされて考えを改め、寛大な条件で長州藩を処罰し兵をおさめるという方針を打ちだした。そして征長総督慶勝を説き、みずから岩国に赴いて吉川経幹《きっかわつねまさ》と会談し、三家老と四人の参謀を処刑して幕府に恭順の意を示すようにすすめた。十一月には恭順派が三家老らの首を総督府にさしだして謝罪。こうして征長軍は戦わずして勝利をおさめ、第一次長州征伐は終了した。

しかし、幕府側・長州藩側ともにあやふやな結末に不満をもつものが多く、元治二年一月には、尊王倒幕をとなえる正義派の高杉晋作《たかすぎしんさく》・木戸孝允《きどたかよし》が長州藩の実権を掌握すると、幕府側も長州再征にむけて動きはじめた。幕府から出兵を打診された薩摩藩は、長州再征に強く反対した。久光ら藩首脳はすでに公武合体論を放棄し、藩論は尊王倒幕に傾きはじめていたのである。はからずも、薩摩藩と長州藩は同じような藩論を掲げるようになったが、かつて戦火をまじえた両藩だけに憎みあう気持ちが強く、協力しあうという雰囲気ではなかった。

この両藩に助け船をだしたのが土佐脱藩士坂本竜馬《さかもとりょうま》である。竜馬は西郷に長州藩との提携の必要性を説き西郷の同意を取りつけた。そのうえで長州へむかい木戸や高杉を説得。木戸らも薩摩藩との提携に同意し、閏《うるう》五月西郷と木戸が下関で会見することになった。西郷に急用ができてこの会見は実現しなかったが、長州藩が欲しがっていた外国製の武器を薩摩藩が名義を貸して購入に便宜をはかり、在京中の薩摩藩兵の兵糧米を長州藩が売却することになった。両藩の関係は提携へむけて一歩前進したのである。

慶応二（一八六六）年正月には木戸が西郷に招請されて上京し、薩摩藩邸で薩摩藩家老小松帯刀《こまつたてわき》・西郷らと会談。二十二日には薩長連合の密約（薩長同盟）が結ばれた。このとき結ばれた密約は、八月十八日の政変で朝敵となった長州藩の名誉回復に薩摩藩が尽力するというものであったが、そののち両藩は政治的・軍事的にも提携しあうようになったのである。

### 討幕へ

慶応二（一八六六）年四月、長州藩と密約を結んだ薩摩藩は幕府に出兵拒否を通告した。このため幕府は薩摩藩抜きで第二次長州征伐にのぞむことになり、六月攻撃を開始した。しかし洋式銃を多数装備した長州藩兵にさんざん打ち破られ、逆に攻撃拠点の小倉《こくら》などを占領されてしまうありさまであった。さらに七月には大坂（大阪）で幕府軍の指揮をとっていた将軍徳川家茂が急死。幕府軍は戦闘継続が不可能な状況におちいり、長州藩と休戦協定を結んで、九月には兵を引き揚げた。

長州再征の失敗により幕府の権威は失墜した。徳川宗家の家督を継承した徳川慶喜《よしのぶ》に、権威回復の期待がかけられたが、慶喜は将軍職就任を固辞した。皆から推されて就任する形をとってみずからの基盤をかためようとしていたのである。西郷・大久保は朝廷内の岩倉具視《ともみ》ら反幕勢力と接触し、この政治的空白を利用して将軍職の廃止・雄藩連合政権の樹立などを画策したが、慶喜の巻き返しによって失敗。慶応二年十二月五日慶喜は一五代将軍に就任した。だがそのわずか二〇日後には、幕府に好意的であった孝明天皇が死去し、慶喜は大きな後ろ盾を失ってしまったのである。

慶応三年五月、慶喜は、島津久光・伊達宗城・山内豊信・松平慶永を二条城に招聘《しょうへい》して兵庫開港問題と長州処分を議したが（四侯会議）、ここでも長州処分問題を先に解決すべきと主張する久光と、兵庫開港問題を優先しようとする慶喜とが対立。慶喜が久光らの意見を押し切って兵庫開港と長州寛典の同時勅許を得たため、久光らは憤慨して帰国した。

四侯会議ののち久光は討幕を決意した。だが、前土佐藩主山内豊信は久光の強硬論にはついていけず、坂本竜馬が提唱した大政奉還《たいせいほうかん》・議会政治を藩論に掲げ独自の路線をとった。竜馬の論を豊信にすすめたのは土佐藩士後藤象二郎《ごとうしょうじろう》である。後藤は西郷・小松・大久保らとあって藩論を説き、西郷らも後藤の論に一応賛同し、六月土佐藩論を骨子とした薩土盟約が締結された。討幕を決意していた西郷らが土佐藩の藩論をうけいれたのは、幕府が大政奉還をうけいれるはずがないとみこしてのことで、奉還を拒否したときにはこれを口実に挙兵するつもりであった。また薩摩藩内部でも、藩主島津忠義の弟島津久治《ひさはる》（宮之城家）や奈良原繁・高崎正風らが討幕挙兵に反対しており、ただちに討幕挙兵にふみ切れないという事情もあった。しかし、九月になると薩摩藩はふたたび武力討幕の方針を打ちだして薩土盟約を破棄。まず長州藩と、つぎに安芸《あき》（広島）藩と討幕出兵の協定を結んだ。在京の小松・西郷・大久保は討幕の大義名分を得るため岩倉具視・中山忠能に討幕の密勅降下を働きかけ、十月十四日には討幕の密勅が薩摩・長州両藩へくだされた。

一方、慶喜と土佐藩も必死に巻き返しをはかっており、薩長両藩から討幕挙兵の大義名分を失なわせるため、慶喜は大政奉還を決断。討幕の密勅がだされた同じ日に大政奉還を朝廷に願いでて、十五日にはその勅許を得た。ここに家康以来一五代二六〇年あまりの長きにわたって続いた徳川幕府の歴史は幕をおろした。しかし、徳川家の支配地や強大な軍事力はそのままであり、列藩会議で慶喜が主導権をにぎる可能性が大であった。慶喜は名をすてて実をとろうとしていたのである。

慶喜に機先を制された薩長両藩は、岩倉・中山らとはかって十二月九日王政復古のクーデタを決行。摂《せっ》政《しょう》・関白《かんぱく》・将軍職の廃止とともに、総裁《そうさい》・議定《ぎじょう》・参与《さんよ》の三職が新設され、薩摩藩からは藩主島津忠義が議定に、岩下方平・西郷隆盛・大久保利通が参与に任命された。同日夜小御所《こごしょ》で開催された三職会議（小御所会議）では、慶喜の会議参加を求める山内豊信とこれに反対する岩倉・大久保とが対立したが、豊信が「幼冲《ようちゅう》の天子《てんし》をおしたてて」と失言し、また西郷が「短刀一本あれば片付く」と強硬な態度を示したために山内が折れ、慶喜に辞官・納地を命じることになった。

西郷たちは慶喜が辞官・納地を拒否すればこれを口実に追討を行う考えであったが、慶喜・山内もなお執拗に抵抗を続け、一時は慶喜の議定就任も内定して追討は不可能となった。だが、十二月二十五日状況は一変した。西郷は江戸藩邸に浪士たちをかくまい、彼らに暴行略奪を働かせて旧幕府側を挑発していたが、これに市中警備の出《で》羽庄内《わしょうない》藩が食らいつき三田の薩摩藩邸を焼討ちしたのである。この報が大坂の慶喜のもとにとどけられると、旧幕府方の諸勢力は薩摩討伐を強硬に主張し、慶喜もこの流れに

**薩軍兵士**　洋服に身をつつみ，日本刀や洋式銃，ピストルを手にしている。

押されて慶応四年元旦「討薩の表」をつくり、翌二日一万五〇〇〇の旧幕府軍が大坂から京都にむけて進軍した。

正月三日、四〇〇〇の薩長軍は鳥羽《とば》・伏見で旧幕府軍を迎え撃ち、激戦の末これを撃破した（鳥羽・伏見の戦）。慶喜は江戸に逃げ帰ったが、明治新政府は慶喜征伐令をだし、薩摩・長州藩兵を主力とする新政府軍が江戸にむけて進軍しはじめた。慶喜は恭順の意を示し、家臣勝海舟を西郷のもとに派遣して江戸を無血開城させた。このとき旧幕府方の軍艦・武器類は新政府軍に引き渡されることになったが、海軍副総裁榎本武揚《えのもとたけあき》は主力艦の引き渡しをこばみ、家達《いえさと》が慶喜の後継者として駿府《すんぷ》にはいったのをみとどけたうえで江戸湾を脱出。十月箱館《はこだて》五稜郭《ごりょうかく》を占領して蝦夷《えぞ》地《ち》政府を樹立した。また歩兵奉行並大鳥圭介《おおとりけいすけ》も旧幕府陸軍の精鋭を率いて脱走し、関東各地でゲリラ戦を展開して新政府軍を悩ませた。

旧幕府軍の抵抗に悩まされた新政府軍は、まず五月十五日に上野寛永寺《かんえいじ》に立てこもる彰義隊《しょうぎたい》を殲滅《せんめつ》させて江戸の治安を回復させ、続いて東北・北陸方面への攻勢を強めた。七月には新潟方面をほぼ平定し、関東方面から北上した部隊も白河・二本松へと進軍して八月には会津若松城にせまった。会津藩兵は一月あまりも籠城を続けて善戦したが、九月二十二日降伏。これと前後して米沢《よねざわ》・仙台・庄内藩などもあいついで降伏し、東北地方に平和が訪れた。そして翌明治二年五月には旧幕府軍最後の拠点五稜郭も陥落し、一年半におよぶ戊辰《ぼしん》戦争は終わりを告げたのである。

この間、新政府軍として動員された兵力は約一二万人、戦死者は約三五〇〇人におよんだ。薩摩藩からは銃隊四一隊（一隊戦兵約一〇〇人）・砲隊六隊・軍艦二隻、約八〇〇〇人が従軍し、五七〇人あまりが戦死した。

9章

# 近代社会の成立

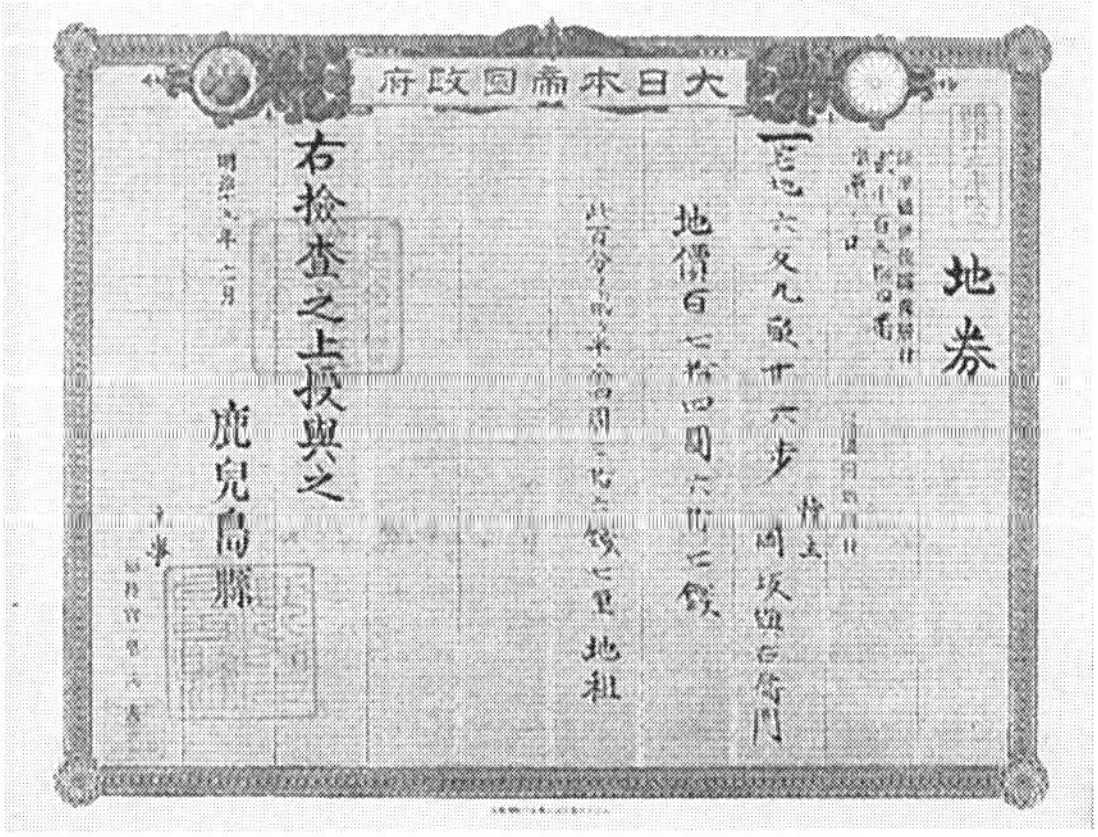


地券　この地券の交付の日付は明治15年12月となっている。田の面積，地価，地租が記載されている。

## 1　薩摩藩から鹿児島県へ

### 倒幕・維新への胎動●

かつて、幕府につかえた長崎出身の福地源一郎《ふくちげんいちろう》は、その著『幕府衰亡論』のなかで、「徳川幕府二八〇年の泰平を保ちたるものは、封建の制度なり。そしてまた、徳川氏一五世の幕府を亡ぼしたるもまた実に封建の制度なり」「もし開国によって日本の局面に大きな変動が起こらなかったならば、幕府の権威はたとえ、芋殻《いもがら》のようになろうとも、なお容易には衰亡しなかったであろう」とのべている。

幕藩体制末期には、いたるところで封建社会体制の崩壊のきざしがみられていたとはいえ、いつ、どのようにして崩壊するのかだれも予測できなかった。もともと封建社会崩壊の要因は国内で醸成《じょうせい》されつつあったが、その発酵をうながしたのは、諸外国の介入であった。そうした急迫した社会情勢のなかで、革命の烽火《のろし》をあげたのは、畿内《きない》や江戸の経済・文化の先進地ではなく、「封建制の極北」と形容されていた薩摩藩をはじめとした西南辺境の長州藩・土佐藩であった。

薩摩藩には門割《かどわり》制度と郷士《ごうし》制度とよばれる藩独特の制度がある。門割制度は薩摩藩全般の農村で実施された一種の地割制度である。これは農家を一定の戸数ごとに組織し、集団的責任のもとに年貢を取り立てるための制度である。したがって、このような農村組織にしばられた百姓の生活はみるにしのびないほど貧しいものであった。年貢は九割前後、公事《くじ》（河川の改修工事など公共の仕事）は〝月に三五日〟といわれるほど頻繁であったから、農作業は女・子どもの手にゆだねられて、その収穫の結果はやっと一カ月ぐらいの飯料《はんりょう》を残すだけというひどい収奪ぶりであった。郷士制度とは、藩主の住む鹿児島の鶴丸城のほかに、いわゆる〝一〇二の外城《とじょう》〟（延享元〈一七四四〉年の外城は一一三カ所であった）をおき、その周囲に麓《ふもと》という武士集落をつくって、その地域の軍事・行政を管轄《かんかつ》する仕組みであった。経済社会の後進性と藩のきびしい統治政策によって、農民は窮乏化するとともに、農民一揆《いっき》をも行えないほどにその社会変革のエネルギーはおさえこまれていた。

幕末の藩主島津斉彬《なりあきら》は、はやくから世界情勢の動向に注目し、ヨーロッパの物質文明がすぐれていることを知っており、富国強兵《ふこくきょうへい》こそ国家百年の計であると考え、科学の振興、洋式産業の導入をはかった。磯《いそ》の集成館《しゅうせいかん》には反射炉・溶鉱炉・開削台・ガラス製造所・造船所など、種々の製造所が設けられた。斉彬なきあとの藩主島津忠義《ただよし》も、先君の遺志をついで、熱心に海外の科学技術や機械を導入した。斉彬や忠義につかえた武士たち、とくに下級武士は経済的にはそれほどめぐまれていたわけではないが、郷中《ごじゅう》教育によって文武両面においてよく鍛練《たんれん》されており、その組織はまったく軍隊的組織にして、団結力強く上《じょう》意下達《いかたつ》方式のもとに行動していた。彼らは内外情勢の動向に無関心ではおれなかったし、相当の情報量をもっていた。情勢の変化を的確に把握し、公武合体《こうぶがったい》から倒幕へと方向転換をはかり、時勢の先導役をになうことになった。「三分の先進性と七分の後進性」といわれるのは、武士と農民の人口割り合いに対応したものである。そのような武士集団のなかで、幕末・維新期に頭角をあらわしたのが、西郷隆盛《さいごうたかもり》や大久保《おおくぼ》利通《としみち》であった。

## 明治維新と藩政改革●

慶応三（一八六七）年十二月、王政復古の宣言とともに、明治新政府は旧幕府領を収めてこれを直轄《ちょっかつ》したが、旧来全国に分立していた二七〇余藩には急激な変革を加えず、封建制度はほとんどそのまま新政府のもとに存続する形となった。しかしながら、新政府は、古い体制を打破して新しく世界の情勢に適応する体制をととのえ、短期間のうちに先進列強の仲間入りをはたすために、急激な変革による摩擦を警戒しながらも、徐々に藩の統制を進め、ついに王政復古から四年後の明治四（一八七一）年七月、第二の革命といわれる廃藩置県を実施した。

新政府の改革に対し、薩摩藩ははじめのころは率先して協力した。つまり、版籍奉還、諸侯封地《ほうち》の一部返上、親兵差出しなどをして、中央政府の権力を強め、諸藩割拠《かっきょ》の封建制度の打破に協力したのである。他方、同藩は、政府の諸改革に前後して、新時代の到来にそなえて独自に藩内の諸制度の改革を推し進めつつあった。凱旋《がいせん》の余勢まださめやらぬ下級武士たちも急進的な改革を要求した。海陸の軍事拡張のため

## 幕末に渡英した丸田南里の謎

ペリーが鎖国の鉄扉を開いて以降、外国船の日本への往来も年を追うごとにふえた。しかしながら、日本人の海外渡航は依然として禁じられていた。にもかかわらず、西洋諸国と戦火をまじえた長州藩や薩摩藩は、国禁をおかしてひそかに海外に留学生を派遣していた。薩摩藩は薩英戦争後の慶応元（一八六五）年三月、イギリスへ一九人の留学生を送りだした。だが彼らに前後して奄美《あまみ》大島からイギリスに渡った一人の少年がいた。名は丸田南里《まるたなんり》という。洋行帰りの丸田南里という人物を最初に取りあげたのは、明治十一（一八七八）年十二月七日付の『東京さきがけ』という新聞の記事である。新聞記事によると、「奄美の砂糖会社のことはこれまでたびたび新聞へだした通り、

❖コラム

会社の者が島の者をおしつけて勝手に砂糖の売買をさせず、会社のみの利益を得ているので、島の者ども一同に不承知を言いだして、自由に売買したいと、たびたびその筋へ嘆願したが、これまで取り上げられずに困っていたところ、この島の丸田南里（二八歳）という人は、一四年前に英国へ渡って修業してきただけあって、民権とか、自由とかいう事もわきまえているゆえ、島の巨魁《きょかい》となって、その筋へも嘆願し、会社へも押しかけて強談に及んだという理由で、一時獄舎に入れられたが、獄中からも嘆願書を差し出す程で、少しもたゆまぬ一心が貫き、砂糖会社は今年限り廃社になって、来年からは島の者が自由に砂糖の売買ができるようになった」とある。

薩摩藩の領地である奄美群島は黒砂糖の産地として知られ、藩は島民に砂糖生産を強制し、その売買を独占していた。右の記事は、明治維新後は農民に対する砂糖生産の強制や藩会社による砂糖売買の独占は撤廃されたはずなのに、県と結びついた商社が砂糖取り引きを独占し暴利をむさぼっていたために、農民たちによる砂糖勝手売買運動を丸田南里が指導して、その会社を廃社に追いこんだことを伝えているものである。

丸田は、民権とか自由という風潮の強いイギリス社会で多感な青年時代をすごしてきたゆえに、いまだに封建的圧政に苦しめられている奄美大島の農民の解放運動に邁進《まいしん》することになったのであろう。南里の指導する農民グループは、砂糖勝手売買の陳情のために五五人からなる陳情団を鹿児島県庁に派遣した。しかしながら、折しもの西南戦争の最中ゆえに、西郷軍への従軍を命ぜられ、戦死者六人と奄美大島への帰途、船の遭難で、半数以上が不帰の客となった。彼は島の恩人であり、明治デモクラシーのさきがけをなす人物としてたたえられている。

に、刑法の改正、諸役人の定員削減、役場の統廃合などを行った。廃藩までの数年間に、藩職制の改定、禄制改正、家格廃止などの身分上の改革、神仏分離、寺院廃止、学制の改正、検地の実施など、藩政全般にわたって改正が行われた。改革は城下にとどまらず私領にもおよんだ。このような藩政改革の成果と政府への協力に対して、明治四年二月、藩知事・島津忠義および久光《ひさみつ》に朝廷より「朝旨を遵奉し、藩政改革行き届き、特に、練兵その任務を尽くした」として、褒賞《ほうしょう》が授与されたのである。

ともかく、廃藩置県までは薩摩藩は諸制度の改革に積極的であった。しかしながら、藩そのものが廃止され、藩主および士族たちの特権が剝奪《はくだつ》されるにおよんで、それ以上の改革は阻止する方向に転換した。政府は明治三年九月、士族卒のほかに階級あるべからずと達したが、薩摩藩ではその後も士分以下に足軽《あしがる》のほか附士《ふし》、附属などの階級が存続しており、とくに士族に対しては諸変革に伴う経済的・社会的不利益を救済するための優遇策が講じられた。まだ弱い基盤のもとにある政府は、半独立国家的性格を保持している鹿児島県のようなところには強制力を行使することができず、鹿児島県はかえって独自の立場をまもり、旧来の地位と面目とを保持しようとする傾向が強かったのである。

鹿児島県は明治二十年になっても「士族王国」といわれるほどに、士族の勢力が温存されていたのである。東北出身の本富安四郎《ほんぶやすしろう》によれば、「国会議員、県会議員、市会並びに村会議員、県庁、郡役所、村役場、警察、裁判、登記、山林など諸役所の吏員より高等中学校、師範学校の生徒、小学校の教員に至るまで、その九割九分までは実に士族である。現に国会議員七人のうち一人の平民もなく、またもちろん、初めから競争しようとする者は一人もいなかった。県会議員も東北諸県と比較してみると、神奈川県、士族一人、平民五六人、千葉県、士族三人、平民五〇人、埼玉県、士族一人、平民三八人、群馬県、士族四人、平民五六人、新潟県、士族四人、平民六〇人に対し、鹿児島県は士族三七人、平民三人、という士族支配の社会―士族の勢力の強きこと、その極点である」と指摘している（『薩摩見聞記』）。これが、明治二十年代までの鹿児島県の政治・社会情況であった。

**鹿児島県の誕生と県勢●**

明治二（一八六九）年一月、薩摩・長州・土佐《とさ》・肥前《ひぜん》の四藩主が率先してその領土（版）と人民（籍）の返上を朝廷に願いでた（版籍奉還）ので、そのほかの藩もこれにならった。六月、朝廷はこれを許したので、全国の土地・人民の支配権はすべて明治政府の手に帰することになった。政府は旧藩主を中央政府の任命する藩知事として、旧領をそのまま統治させた。鹿児島藩は、旧藩の領域をそのまま継承して薩隅《さつぐう》の二国と日向《ひゅうが》の諸県《もろかた》郡一郡と、奄美群島を直轄し、ほかに琉球《りゅうきゅう》国を属国として支配した。鹿児島藩は明治三年、明治維新の藩債の整理にあたって、「財政報告書」を政府に提出した。それによると、同三年十月の支配地総高は八六万九五九三石余であった。明治四年七月、廃藩置県の布告をうけて、同年十一月、これまで薩隅日三国にあった鹿児島・飫肥《おび》・佐土原《さどわら》・高鍋《たかなべ》・延岡《のべおか》・人吉《ひとよし》・日田《ひた》の七県が廃止され、あらたに

**鹿児島藩の支配地総高**

| | |
|---|---|
| 明治3年10月 | 869,593石57 |
| 内　訳 | |
| 薩　摩　国 | 315,185石75 |
| 大　隅　国 | 249,994石53 |
| 日向諸県郡 | 158,426石65 |
| 大島外4島 | 51,756石64 |
| 琉　球　国 | 94,230石00 |
| 損　　　高 | 29,486石 |
| 現　　　高 | 745,876石 |

『鹿児島県史』第3巻による。

鹿児島・都城《みやこのじょう》・美々津《みみつ》の三県がおかれることになった。鹿児島県の管轄地域は、旧藩領のうち薩摩一国と大隅国《おおすみ》のうち熊毛《くまげ》・馭謨《ごむ》、大島《おおしま》の三郡のほかに琉球国を含めた石高三二万石に限定された。明治五年五月、都城県から大隅国の始良《あいら》・菱刈《ひしかり》の両郡を割いて鹿児島県にあわせ、同年九月には琉球国を分離した。同年の鹿児島県の石高は三九万二四〇〇石余であった。鹿児島県（藩）の財政歳入は、明治四年が一四六万五六〇〇両、五年は一一八万八五〇〇両である。明治五年の歳入が大幅に減少しているのは、石代金納になったこと、とりわけ、奄美の砂糖専売制が廃止され、貢糖から金納になったためである。そのうえ、従来とくに重税であったものが、雑税の廃止や軽減によって、奄美の租税負担は大幅に軽減され、県本土一般なみとなったことによるものである。なお、明治五年の壬申《じんしん》調査によると、薩隅日の総人口は一一八万二七八三人であった。

明治六年一月には、美々津・都城の二県を廃止して、日向国一円を宮崎県として新設し、旧都城県所轄《しょかつ》の大隅は鹿児島県に移された。明治八年一月一日現在の人口は八一万二三二七人で、内訳は男性四一万三三五〇人、女性三九万八九七七人である。九年八月には宮崎県を廃し、薩隅日三国一円を鹿児島県の所管としたが、十六年五月、宮崎県を分置し、日向国をその所管にした。ただし、諸県郡を南北に分け、志布《しぶ》志《し》郷・大崎郷などの南諸県郡だけは鹿児島県とした。石高は約四二万石である。明治十三年、はじめての県会が開催され、予算案が審議された。歳入予算は総額二八万五二九五円で、藩政時代の約五分の一ないし六分の一程度の規模に縮小した。藩政時代には加賀《かが》藩につぐ天下第二の雄藩としてその名をとどろかせていたが、廃藩置県、地方税法の施行によって、鹿児島県の財政規模は全国でも下位のほうに位置することになった。とぼしい財源では独自の事業を実施することは困難であった。ここに鹿児島が近代化に遅れることになった一因がある。

明治二十九年四月、郡の境界変更および編成替えにより、南諸県郡を廃止して大隅国に編入した。ここにはじめて鹿児島県の管轄区域が確定的なものとなった。県土の面積は九一六六・五八平方キロで、県の北端（出水《いずみ》郡長島町）から南端（大島郡与論《よろん》町）までの距離は六〇〇キロにおよんだ。また、島嶼《とうしょ》面積・島嶼人口では全国一の島嶼県である。

## 2　政府と対立を深める鹿児島県

### 西郷と大久保の対立●

島津久光や門閥は、さきにみずから唱導して藩政の一部改革を実施したのであるが、それから一年も経ないうちに行われた新しい全面的な改革（廃藩置県）には反対し、急進的な改革を要求していた下級武士と対立した。西郷や大久保のような下級武士が明治政府の中枢を占め、彼らの手によって廃藩置県が断行された。久光は「大久保らにだまされた」といって、大久保や西郷を恨み、両者は対立するようになった。

明治維新後の鹿児島県にとって一つの悲劇である。二つ目の悲劇は、明治六（一八七三）年一月の徴兵令の発布である。それは士族の特権を奪うものであった。明治維新で凱旋した薩摩藩の下級武士たちの不平不満は高まり、中央政府への反感は強まった。下級武士の頭領として一身に信望を集めていた西郷は、中央政府の中枢を占める大久保と下級武士の対立の矢面に立たされた。西郷と大久保の決裂は征韓論の対立で決定的になった。三つ目の悲劇である。三つ目の悲劇に至る経緯《いきさつ》はつぎのようであった。

明治六年八月十七日の閣議で、極度に排日的態度を高めている朝鮮に西郷を全権大使として派遣することが決定、上奏裁可されたが、なお当時外遊中の岩倉具視《ともみ》の帰国後熟議して上奏せよとの勅旨がくだった。十月十四日の閣議では岩倉・大久保は樺太《からふと》問題の先決、内治改善の急務を説いて遣使の延期を主張し、西郷は先議に従い即決せよとせまり、両者の正面衝突になった。その後も閣議が何回ももたれたが、両者ともゆずらず、ついに十月二十三日、西郷は参議、陸軍大将、近衛都督《このえととく》を辞し、数日後に鹿児島に帰郷した。彼の徳望をしたって、陸軍少将桐野利秋《きりのとしあき》・同篠原国幹《しのはらくにもと》をはじめ少佐別府晋介《べっぷしんすけ》ら薩摩藩出身の近衛の将校らが辞職してしまったので、近衛の兵隊はがら空きになるほどの大動揺を生じた。

西郷は新政府の改革を行うため、土佐・長州の指導者のもとにいって、「東京政府は無能悪弊《あくへい》なり。これまで、一致協力してきたこの三藩で東京政府を改正変革しよう」と申しでた。この申しでに対し、土佐の指導者は断わり、長州もまた土佐に同調して、つぎのようにのべたという。

あなたが政府に対して抱く不満は理屈にかなっているが、あなたの主張はことごとく時期を失している。先に三藩が結束して幕府を倒したことは三藩にとって善《よ》いことであった。しかしながら、同様の行動でもって新政府に対処しようとすることはきわめて拙策《せっさく》である。あなたの説は、独立した藩の領主ではなく、天皇の領土の一部であることを知らないことに似ている。ゆえに、あなたが新政府を変革しようと欲するならば、みずから規律の途をよく遵守すべきであり、天皇に願いでて、忠誠をつくすべきである。（マウンジー著『薩摩反乱記』）

西郷の申しでは拒否され、しだいに孤立感を深めていったのである。もし、西郷隆盛が岩倉具視や大久保利通らとともに欧米使節団の一員として欧米諸国の近代国家の諸制度や産業を視察してきていたならば、近代国家形成について、岩倉や大久保との意見対立は回避され、中央政府の要職から去ることはなかったであろう。内治よりも国威発揚《こくいはつよう》を優先して中央政府の要人と対立し、下野《げや》した西郷は、新政府の政策によって社会的地位や経済的基盤を失った下級武士の先頭に立つことになった。

**西南戦争●**

西郷にしたがって帰県した青年子弟を教育指導して、一定の方向をあたえ、将来にそなえようと、明治七（一八七四）年、「私《し》学校」がたてられた。私学校の経費は、旧藩より県庁に引き継がれた一種の積立金があてられたといい、大山綱良《おおやまつなよし》県令の積極的支援があった。県下の行政組織は私学校派でかためられた。西郷の意図するところは、「いずれ近年のうちには外患がおこることは必至であるにもかかわらず、今日の日本の形勢ではとてもその防御はできない。そのときには、私学校で訓練した兵隊でもって国難にあてる」ことであった。

政府としては、鹿児島におけるこのような不穏な動きを放置しておくことはできず、妥協と牽制《けんせい》の二策でもって対処した。しかしながら、妥協策は効を奏さず、ついに政府は強硬策をとることにした。その第一は、県官の更迭《こうてつ》である。大久保は、明治九年九月、大山県令に県官の更迭を命じたが、大山は自分以下県官の総辞職をもってこれに対抗、ついに実現しなかった。第二は、火薬の搬出である。置県後、陸海軍が集成館・火薬局などの兵器弾薬の製造を引き継いでいたが、熊本の乱・萩《はぎ》の乱・秋月《あきづき》の乱が続いておこり、九州の地に不穏な空気が満ちていたので、政府は火薬積み込みをはじめた。これに対し、私学校生徒たちは私学校撲滅策とみて、草牟田《そうむた》陸軍火薬庫や磯《いそ》海軍造船所付属火薬庫を襲撃し、小銃・弾薬などを略奪した。第三は、警視庁警部らによる偵察（一種の離反策）である。川路利良《としよし》大警視の示唆で、中原尚《なかはらひさ》雄《お》・園田長輝《そのだながてる》など在京の県下諸郷の警部・巡査・学生約二〇人が、県下の実情視察と、諸郷士族を説いて私学校から脱退させるために帰郷した。これは、西郷暗殺の計画であるとの情報が流れ、火薬搬出事件とともに、私学校側をおおいに刺激した。西郷らは政府問責のために県庁に「率兵上京届」を提出して明治十年二月十五日、鹿児島を出発した。上京途中の熊本で政府軍と衝突、ついに西南《せいなん》戦争の勃発《ぼっぱつ》となった。田原坂《たばるざか》の激しい攻防戦を経て、政府軍がしだいに優勢になり、西郷軍は退却を余儀なくされ、ついに九月二十四日、西郷は城山《しろやま》で最後をとげたのである。政府軍と西郷軍あわせて一万数千人の命と多くの物財を失ったのである。

西南戦争後、政府は鹿児島県政を一新する方向でのぞんだ。県知事をはじめ多くの官吏が政府によって任命・派遣された。明治十六（一八八三）年、政府の地方巡察使山尾庸三《やまおようぞう》（長州出身）は、

城山陣地構築跡　西南の役で薩摩軍が城山にきずいた陣地の跡。ここで最後の攻防戦が展開され，薩摩軍は陥落し，戦役はおわった。

『鹿児島県巡察服命書』のなかでつぎのようにのべている。

維新置県後も県の官吏その他はたいてい本県人を任命し、他県人を交えず、また他県に交通しないため、旧態依然たる状況であったが、西南戦争後はじめて政府の版図《はんと》に帰したようで、その県治を一変し、他県から官吏その他商人などが鹿児島に集まり、鹿児島県人もまた他県に交通往来をすることが頻繁になり、ようやく世上の有様を知覚し、百般の事物にわかにその面目を改め、おおいに本県治の組織を改良するに至ったのである。しかし、施政の面においては、県下の豪族の歓心を得ることに勢力を注ぎ、肝心の業務遂行はうまくいかず、その弊害は県治の衰微を招くことになりそうである。

西南戦争後、鹿児島県もようやく政府の版図にはいったとはいえ、のちのちに至るまで反政府的風潮（たとえば官党と民党の対立など）が強く残っていたのである。

**地租改正と秩禄処分●**

廃藩置県後、政府は身分制度の改革、いわゆる「秩禄処分《ちつろく》」や地租改正を実施した。しかしながら、鹿児島県は士族の勢力が強く、県政の実権は中級・下級士族ににぎられていたので、県政は士族の特権維持にむけられ、政府の施策はことごとく遅延《ちえん》させられた。たとえば、明治八（一八七五）年九月、政府は全国いっせいに金禄調《きんろくちょう》を命じたが、県は売買禄優遇を無視した政府の措置を不満として、それに応じなかった。翌九年八月、金禄公債証発行条例が布告されたが、大山県令は政府に対して、「士族の旧来の地位と面目を保持するため」の独自の優遇策を要求した。政府もついに同年十二月これを認めた。ここで、はじめて大山県令は金禄調の作業に着手する旨を布達《ふたつ》したが、これは他府県に遅れること一年三カ月余であった。しかしわずか二カ月後には西南戦争の戦端が開かれたため、この作業は中断し、その後ものびのびに

秩禄処分による公債下付金総額と現有額

| | 下付金総額 | 現有額 | 現有率 |
|---|---|---|---|
| | 円 | 円 | % |
| 熊本県 | 5,885,420 | 1,365,860 | 23.2 |
| 大分県 | 2,947,015 | 406,325 | 13.8 |
| 鹿児島県 | 13,275,580 | 4,692,760 | 35.3 |
| 長崎県 | 8,016,605 | 2,363,905 | 29.5 |
| 福岡県 | 8,739,255 | 1,768,885 | 20.2 |
| 合計額 | 38,863,875 | 10,597,735 | 27.3 |

我部政男編『地方巡察使復命書』上巻による。

なり、結局、明治十一年秋にようやく完成した。その間の事情は、『秩禄処分顚末記《てんまつき》』によれば、「他府県は著しくこの手続きは進行しているのに、ひとり鹿児島県においては、この作業はすこぶる遷延《せんえん》し、十一年秋に至りようやくこれを完成し、はじめて金禄調を調製し、かつ金禄公債を発行するの順序となれり。この故に、鹿児島県は他府県に比し、常に同一の歩調を欠き、西南戦後はじめて他府県における廃藩置県後の状態に達したるものの如し」とのべている。

このような鹿児島県における士族の秩禄処分に対する政府の優遇策に対して、長州の木戸孝允《たかよし》は「今日、士禄券一条につき、鹿児島県の苦情につき、特別の御沙汰《ごさた》となれり。この事、自然他県なるときは必ず政府上もこの論議起こらぬことを前々の経験を以《も》って確信せり。ついに余の議論不貫徹の事、数度ならず。鹿児島の勢力、独り幸福を得るに至りては、実に政府の為にならず。甚《はなは》だしき也《なり》」（『木戸孝允日記』）、と不平不満をのべている。

地租改正も、大山県令は着手しただけで、本格的な取り組みは西南戦争後にもちこされた。『地租改正顚末記』によれば、「検地は従来から農民の嫌うものであり、その作業が行われるたびに紛糾《ふんきゅう》が生じたことは過去にみるとおりである。いわんや明治維新以来、年月の経過が浅く、人民が政府を深く信用していないこの時期に検地をするのは得策ではない。ゆえに、税法はまず旧慣に従って、三年ないし五年間は検見《けみ》をしてその収穫量を試験し、それによって均一の租税率を定めるのがよい」とあるように、検地＝地租改正は、維新の動乱がしずまるのを待って実施されることになった。地租改正は全国的には明治六年以降ただちに実施されていったが、鹿児島県ではようやく同七年四月に着手したものの、下級武士や農民および県当局の抵抗、さらには西南の役の勃発などによって遅れてしまった。本県の場合、他県とは異なる以下のような特殊事情が存在した。つまり、士族が所有していた給地《きゅうち》の処分問題である。秩禄処分で浮免《うきめん》・抱地《かけち》とともに、給地も知行地として金禄公債を下付されたが、明治九年、政府の指令で、給地は耕作農民の所有地とされ、浮免・抱地だけが士族所有地となった。これに対する強い不満があったのである。

明治十四年一月二十五日、岩村県令名で地租改正再着手の布達がだされた。

今般、地租改正再着手されますよう、心得書の条目等、反復熟読し、誤謬《ごびゅう》のないように、深く注意し、正確に調査されますよう、この旨布達さるべきこと。

右の布達をうけて地租改正事業は再開され、明治十四年七月に至り整頓した。地租改正の総反別（面積）は、四四万一二〇〇町五反二畝、地価額四九五〇万四〇五一円余、地租額一二三万七六一一円余（地価の二・五％）である。農民たちは、「土地は子孫の患《わずら》いである」「土地をもてば税金がかかる」ということで、地租改正に積極的ではなかったといわれている。しかし、農民が必ずしも土地所有を敬遠したということではない。土地の所有権確定や山野の入会権《いりあいけん》、地租改正事業の費用負担をめぐって各地の官民間でトラブルがおこり、訴訟《そしょう》・裁判沙汰《ざた》が頻発した。山林の多くが官有＝国有林に編入された。

## 3　中央政府治下の鹿児島県

### 出遅れた鹿児島の教育●

徳川幕府の支配下で半独立国家的存在であった薩摩藩を維持していくためには、独特の制度や慣行が実施されていた。武士の子弟のための「郷中《ごじゅう》教育」もその一つである。郷中教育には、武士道の教え、つまり文武の達人を養成するという目的があり、封建社会の秩序を維持していくうえで重要な役割をはたしてきたことはいなめないが、その反面において、時代に即応し、現実の改革（明治維新）に寄与する新規範の創造にはほとんど力をもたなかったのである。

封建時代の薩摩藩の農村においては、寺子屋もあまり普及せず、明治五（一八七二）年八月の学制改革（すべての国民に教育をさずけ、豊かな国民国家を形成することを目的としていた）にもかかわらず、諸学校経費は、民費負担を原則としていたため、一般庶民にとって子弟を学校にかよわせることは大きな負担であった。そのうえ、士族中心・男子偏重の旧習を引き継いでいたので、維新前にくらべればその発達はめざましいものがあったが、なお全国水準にくらべてきわめて遅々たるものであった。明治六年の鹿児島県の小学校数は九八校で、生徒数は一万三〇六六人、同十年には七一七校、生徒数四万六一五〇人（うち女子は七四九〇人）、学齢児就学率は二二・九％で、全国平均三三・九％にはるかにおよばず、青森県についで下位第二位であった。明治二十三年の尋常小学校の児童数は五万三五一八人、就学率はまだ五〇％にとどかない状態であったが、明治三十年のころから女子の就学率はほぼ男子なみとなり、明治三十四年には全体の就学率は九〇%を超えるようになった。

このように、小学校就学率の上昇に伴って、明治二十四年、尋常中学校が設立され、進学希望者の増加に伴って中学校増設の要望が各地域からだされることになった。鹿児島第一中学校が明治二十七年四月、川内《せんだい》中学校、加治木《かじき》中学校は明治三十年四月に開校された。他県にくらべて相当に遅れたのである。しかも、まだ女子の教育は高等小学校止まりで、高等女学校設立の要望は鹿児島市より提出されていたが、県会で建設補助費は否決された。明治二十年代になっても中等教育の現状は、男子にくらべて女子が冷遇されていた。

明治期の学籍簿には、生徒の出身族籍が記載されている。明治三十一年の鹿児島尋常中学（五年制）の全校生徒数は五三〇人であるが、その族籍の内訳は、華族が一人（〇・二%）、士族が四五九人（八六・六%）、平民が七〇人（一三・二%）である。このように、士族の割り合いは八五%を超えているのがめだつ。このように、鹿児島は士族の勢力が強かったせいで、そしてまた、郷中教育の名残や経済的理由により、

初期の女学校の授業風景

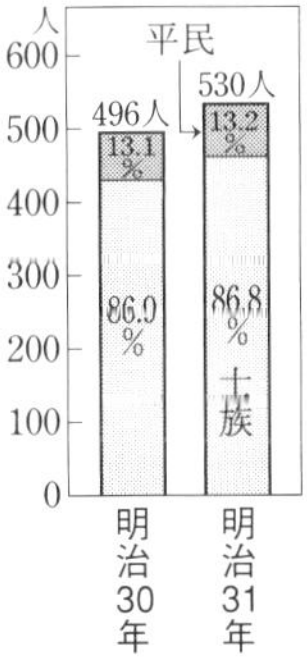


族籍別生徒数（尋常中学，学年成績表より）

中学校への進学率は全国的水準からみてかなり低く、また中学校の卒業生は、軍学校、とくに海軍学校に志願するものが多かった。鹿児島県立第一中学校の卒業生の海軍学校への進学率は全国一であったという。鹿児島県では、大正期までは、中学校は士族がいくものとの風潮があり、昭和二(一九二七)～五年の世界恐慌による経済的変動によって、このような社会的風潮が消えはじめ、それが完全に消失したのは第二次世界大戦後の民主主義時代にはいってからであるといわれている。

明治三十年代後半にはいって県下に続々と中学校が設立され、入学者も増加したが、他方においては、中途退学者も多かった。そのうえ、高等学校へ進学するものはいよいよ少数であった。それゆえに、実業教育に力をいれるべきであるという意見が強くなり、明治三十四年の県会には、工業学校設立の議案が提出された。提案の趣旨としてつぎのようにのべられている。

本県はとくに実業の進歩に遅れ、不経済ということをいつも聞くが、その不経済はつまり実業を重んじないという一つの罪名だろう。よって、いま一つの実業学校を設ければ、父母も自然に実業につくことになり、県下の面目も一新されるだろう。

当時の県会では教育問題が大々的に論議された。

戦前の鹿児島県の教育は、全国的な水準からみるとなお遅れていたといわざるをえないのである。その原因は経済的なものなのか、文化的・社会的なものなのか、今後の研究を必要とするように思われる。

**授産事業●**

明治初期の勧業政策の多くは、財政難のために一時中断・閉鎖されていた藩政時代の斉彬《なりあきら》の事業をうけつぐものであった。産業政策のおもなものは、紡績事業、養蚕製糸事業、造船事業、農事改善事業、製糖事業などである。藩政時代以来行われていた専売事業とこれに付随する増産奨励の事業は、新設の特殊会社に移管して、藩（県）の保護のもとに育成につとめた。そのほか、凶作や不時の備えのための庶民の備荒貯蓄金融的な機関として会社や個人金融業、抵当質屋などが存在したが、明治六（一八七三）年十二月、第五国立銀行鹿児島支店が開設され、その後、第一四七銀行（資本金四〇万円）が鹿児島市に本拠をおいて活動するにおよんで産業に低利の金融の途を開いた。

没落士族の救済事業として、勧業授産場の設置も特筆すべきことである。西南戦争後は、政府は内治主義をとり、したがって、殖産興業は国内政策の中心問題となった。これとともに、各府県においても諸産業の発展に力をそそぐことになったが、離禄士族の救済策である士族授産の問題は、社会政策的見地からもっとも重要な課題であった。西南戦争後の県政をになった岩村通俊《みちとし》・渡辺千秋《ちあき》県令・加納久宜《かのうひさよし》県知事は、政府の支援を得て殖産興業（勧業政策）を積極的に推進することになったのである。

大久保利通内《ない》務卿《むきょう》の働きや最大の士族反乱のおこった土地ということから、鹿児島県への政府交付金額と事業数は、全国府県中最大で、総額は前後数百万円、約二〇件に達した。その種類は、開墾、塩田修築、牧畜、養蚕、製紙、甘藷《かんしょ》栽培、製糖、洋式農業、製茶、機織《はたおり》、たばこ製造、さらに産馬改良貸付などであった。県は、政府から資金一〇万円（申込み借入金は当初は救済を必要とする士族四〇〇〇人の救済米一万六〇〇〇石の価格であったが、政府に断わられた）を借りいれ、そのうち六万五〇〇〇円を授産事業の資金とし、残りの三万五〇〇〇円は公債証書の購入資金とした。勧業授産場は明治十二年四月に開設されたもので、その目的は、士族や無産の男女に適宜工芸技術を習熟させ、職をみつけさせようとするものであったが、実際には没落士族の救済事業であった。制作品目は、筆、紙、傘、マッチ、櫛《くし》、竹細工、ソーメン、糸挽《いとひき》、織物、足袋《たび》の一〇種類であった。明治十三年の授産者は男子一八〇人、女子五七七人、合計七五七人である。同勧業授産場は、明治十三年十二月にはその事業を一時中断して、翌十四年四月、鹿児島授産場とし、織物・裁縫・製紙・製薬の四種目とし、かつ製糸場を設けて、さらに授産の一途を開いた。しかしながら、十四・十五年の不況に直面して事業は不振におちいり、十七年六月、県庁直轄となり、鹿児島県授産場と改称した。その後、士族を中心にした民間の組織に売却移転したが、事業は発展をみることなく、閉鎖を余儀なくされたのである。

このように、授産場を設置して、士族ならびに無産者に工芸技術の修得を行わせたが、これは一種の失業者救済事業であり、積極的な近代的工業技術者の養成をめざすものではなかった。勧業事業は農事においては大きな成果をあげたが、工業・商業の面においてはそれほどの成果をあげなかった。資金規模および事業規模が小さく、時代の要請にこたえうるものではなかったからである。たとえば、明治二十八年度の予算において、勧業費は六九三〇円にとどまり、総経常支出予算のなかに占める割合は二・八%にすぎない。県予算のなかで最大の支出項目は、警察および治安関係費（四九・六%）、ついで吏員の給料および行政費（一七%）、教育費（一二・七%）である。土木費も大きな事業であるが、経常費ではまかないきれずに継年期予算を計上している。予算の支出項目および内容をみてみると、いわゆる近代的な殖産興業的なものはみあたらないのである。幕末に設置された近代的な鹿児島紡績所もその後順調な発展をたどることなく、明治三十年、金本位制度への復帰（金解禁）によって、不慮の損害をうけ、ついに工場を閉鎖することになった。

明治政府の殖産興業の一環として、各府県に農商務課が設置され、勧業・農事・交易などの指導育成にあたるとともに、統計の整備につとめることになった。政府は、わが国の二大輸入品である綿花と砂糖の輸入を削減するために、明治十三（一八八〇）年二月、大阪府で綿糖共進会を開催し、各県にその増産方を諭達《ゆたつ》した。それをうけて鹿児島県でも係員をただちに県下各地に派遣して、綿花および砂糖を綿糖共進会に出品すべきことを説いた。その結果、優秀生産者十数人は褒賞をうけた。

農事に関するもので忘れてならないことは、全国各地との種実の交換を実施し、品種改良を行ったことである。『第二回勧業年報』によれば、「本県の農事は未だ旧慣を脱することができないので、種実の交換が緊要であることを知らないものが多い。農家たるものは、このことの重要性を認識すべきである」と指摘している。

農産物の品種改良を行う目的で、明治十年末に「鹿児島苗《なえ》木場《きじょう》」を設立して県下に養樹法を勧誘・奨励するに至った。本県から送付された種実は、稲類、ミカン類、桜島大根種、茶の実、山藍苗《やまあいなえ》などであり、送付先は長崎県、兵庫県、石川県、岡山県、神奈川県、広島県、山梨県、沖縄県、長野県、大分県、徳島県などである。交換によって求めた種実は県下に広く配布された。

明治十五年五月、第一回農談会が開催された。議題は、第一、穀類選種および種実交換の方法、第二、耕耘《こううん》手入れの方法、第三、特有物産植栽の方法、第四、漁村の維持および水産植栽の方法、第五、山林植栽および保護の方法、であった。主催者側の県勧業課長は、「世が替わり、制度が変化して、人々の知恵が次第に向上してくれば、やがてすべてのものは変更または改良しなければならないことは、当然のことであるが、各地域の情況を察し、民度の程度を知って、変更または改良を行わなければ成果をあげることはできない。故に、本県のようなところでは、まず知識の交換を行うことを変更改良の初歩とすべきである。知識の交換を敏速に行うためには、実地経験の実況を互いに報告しあうことである。故に、諸君はつとめてその実情を報告し、なかんずく、試業試作等に係わる実地経験については特に詳しく報告する必要がある。みだりに、新規の事業を奨め、かえって失敗するよりはむしろ従来習熟しているものをますます盛んにすることに勝るものはない。しかしながら、土地の形状と民情の景況により、旧套《きゅうとう》を脱し、直ちに新事業を起こす必要の場合もある。故に、諸君は実地をよく視察してその土地と人情に適するものを鼓舞誘導して、大いに将来に稗益《ひえき》するところがあることを希望する」（秀村選三「鹿児島県農談会日誌」㈠『経済学研究』第三四巻第四号）とのべた。

農事改良は明治十九年にはじまり、それがいささかなりとも普及体制にはいって目につきはじめたのは、加納知事就任後の明治二十八年の農会設立後であるといわれている。ここに、明治二十七年度県会における加納知事の予算説明によると、「米作の如きは、熊本、長野、宮城等に比較すれば、一反歩の収量大いに劣り、到底同日の談にあらず。ゆえにますます完全にこれを改良発達させるならば、年々莫大な利益を得ることは明らかである。県民の利益を増加させるためには、種々の地方費をもって補助を行う必要がある。さらに勧業上の方針を細説すると、今回農会規則なるものを編成して村農会、郡農会、県農会を創設して、排水や肥料の事、牛馬繁殖の事、俵装改良監督の事等、すべて農事百般の事項を管理させ、農事品評会を県郡村の三区域に分けて毎年開催し、その成績によって地方税より賞与金の補助をなすことにした。また農事視察員を各地に派遣して、砂糖きび栽培の事、製茶、養蚕等の景況を視察して、県下の農事に利

鹿児島県の米の収穫高・反収の推移

| 時　　期 | 作付面積 | 収穫量 | 一反当り収量 |
|---|---|---|---|
| | 町 | 石 | 石斗升合 |
| 明治16～17年 | 56,079 | 340,706 | 6.2 |
| 21～30年 | 62,888 | 578,266 | 9.1.9 |
| 31～40年 | 66,433 | 869,896 | 1.3.0.9 |
| 大正８～昭和３年 | 76,725 | 1,122,255 | 1.4.6.3 |
| 昭和６～14年 | 80,368 | 1,284,262 | 1.5.9.8 |

『鹿児島県統計書』による。米の全国平均反収は，明治18年には１石３斗１升２合，明治25年には１石５斗１升３合，明治40年には１石７斗，大正８年には１石９斗９升６合，昭和14年には２石２斗である。大内兵衛監修『日本経済統計集』による。

**勧農知事といわれた加納知事**　加納知事の積極的な勧農政策のもとで，鹿児島県の農事改良が進んだ。

益を与える予定である。次に馬匹改良の事は実に目下の最大急務であり、軍馬の需要に応えるためにも、種馬を地方税より支出して、漸次改良を施す予定である。さて、このように着々と改良の方法を講ずるといえども、いまだ根本的改良を遂げんとすれば、学校教育において、農業専科を設置して農事改良の思想を普及させる必要がある」（『鹿児島県議会史』第一巻）という。

　明治二十八年十二月には農会規則を施行し、村、郡市、県におのおの農会を設置し、それらを系統的に組織化するとともに、以下のような運用事項を定めて、農事勉励につとめさせた。(1)種子の塩水法の実施、(2)堆肥《たいひ》製造方法の普及、(3)劣等種子米の廃止、(4)稲苗の株数、植方の浅植、距離を一定にすること、(5)各村連合農産物品評会、幻燈会、農談会の開催、(6)苗代《なわしろ》・立毛《りつもう》品評会、競作会、馬耕会、競《きょう》犂《り》会、地主会、農具品評会などの開催、(7)肥料として石灰使用の廃止、(8)村農会費または村費で、農学校別科生を入学させること、(9)改良農舎の設営、(10)排水法を実施して二毛作をふやすことなどである。

加納知事は、当時の県下殖産の情況は他動的進歩によるものであって、一度奨励がゆるめられれば低迷後退するという見解をいだき、産業一般に対して、(1)干渉主義、(2)勧業警察的行動、(3)必要産業に対する補助金交付、(4)勧業吏員の巡村視察および指導などの方針をとった。このような上からの指導誘掖《ゆうえき》によって、鹿児島県の農業もようやく全国水準に近づいていったのである。

**松方財政と農民の疲弊●**

幕末から明治十四（一八八一）年にかけて一般物価は上昇傾向をたどり、農民、生産者、商人は、一方では大きな収益をおさめたが、他方では奢侈《しゃし》に流れ、怠惰《たいだ》になるものもみられた。

西南戦争期における大量の不換紙幣の発行はたちまちインフレーションを引きおこし、農産物の価格も大幅に上昇した。たとえば大阪市場における米一石の相場は、明治十年には五円五五銭だったのが、十四年には一〇円八四銭、十五年には一一円一〇銭となった。県内における米相場も同様の上昇過程をたどった。

明治十三年には金融・財政引き締め政策へと転換し、以後十八年ころまで、デフレーションに見舞われた。明治十四年の普通作物（米、麦、甘藷など）の生産額は九三二万円余、特有産物（菜種、砂糖きびなど）の生産額は二九〇万円余、合計一二二二万円余となったが、明治十五年には米の生産量および価格の低迷のため、普通産物は対前年度比二五・二％の減少を示し、特有産物の生産額もわずかではあるが減少し、合計額は一〇〇〇万円を割ってしまった。このようにして、農民にとっても好都合な状況は長くは続かなかった。租税は金納になったにもかかわらず、米納を押しつけられたり、高額の租税を負担させられたりしたうえに、さらにはインフレーションのあとのデフレーションによって苦しめられたのである。始良《あいら》や加治木《かじき》の農民は高率の租税や地租改正に対して、奄美の農民は砂糖商人や県当局の砂糖取り引きの陰謀に対して立ちあがった。農民と商人のあいだおよび農民と政府・県当局のあいだのトラブルはたえず、裁判沙汰があいついだ。明治十二年の民事裁判についてみると、総計八四件のうち、七四件は金穀の貸借、二件は土地をめぐるものであった。また、秩禄処分をうけ、公債や貨幣を手にした下級武士の多くは、その価値減少のために窮乏化した。明治十六年、鹿児島地方を巡回した大蔵省の役人によれば、「旧城下士族のなかには公債証書その他の財産を失い、手を空しくして産業を起こすこともできず、暮夜市街を徘徊《はいかい》し、商家に憐《あわ》れみを乞うものもあり」（我部政男編『地方巡察使復命書』）という。農民も地租改正によって取得した土地を失った者も多い。

つぎに消費の面から当時の県民の暮らしをみてみよう。明治五年の人口、一一八万一七八三人でもって明治初期の総生産額および食糧総生産額を配分してみると、一人当り生産額は八円二六銭、米の生産量は〇・四九石、麦および大豆などの穀物類〇・三四石、甘藷三二・八貫となる。これを一人一日当りに換算すると、米・麦および豆類などの穀物、甘藷の消費可能量はそれぞれ一・三四合、〇・九三合、〇・五八斤である。一人平均一日三合の米を消費するとすれば、三食のうち一回だけ米飯になる。あとの二食は雑穀および甘藷を食べていたことになる。そのような状態は明治二十年ころまで、基本的にはかわらなかった。明治十九年の調査によると、米飯の割り合いは、薩摩三〇・三％、大隅二八・〇％、日向三九・七％となっている。これは全国の割り合いにくらべて著しく低い水準である。貧窮の度合いがうかがえるのである。

資本主義発展と農民層分解●

藩政時代には門割《かどわり》制度のせいで、他藩にみるような大地主＝豪農は発生しなかったといわれている。明治六（一八七三）年の小作地率は、佐賀県二六％、山口県二四％、高知県二二％に対して、鹿児島県は四％と推定されている。しかしながら、地租改正とそれに続くデフレーション政策によって、本県においても地主・小作関係が急速に進み、明治二十年代には東北諸県なみになった。この間の事情について、『鹿児島県農事調査』は、「一四・五年以来、例年の風災にて、とくに畑作等はおおいに収穫を減ずるのみならず、全く不毛となるもの少なからず。これに反して、商家より購入する油かす、馬骨、鯨骨等の肥料は年々高くなるため、貧民は肥料を充分用いることができない。農家より販売する穀物類の価格は下落するにもかかわらず、その穀物でもって製造する酒、焼酎《しょうちゅう》、味噌、醬油、菓子、種子油などの日常品の価格は依然として下がらない。税金は地租改正に伴う費用や増税があったうえ、道路整備費、教育費等の諸費の追加によって、経費はふくらみ、農家の作物収穫高より計算してみると収益はなく、苦情を唱える様は聞くに忍びない。農家の利益がなければ、とうぜん納税もとどこおり、不納処分が多くでるだろう」とのべている。

農民は返すみこみのない借金を背負い、担保の土地は取りあげられ、絶望的な状態に追いこまれた。明治二十一年中の土地売買件数は四万二〇〇〇件を超え、その面積は八六〇〇町歩におよび、そのほか、土地の質入れも一万八〇〇〇件、金額にして五八万六〇〇〇円におよんでいる。土地の売買をつうじて、大地主と小作人が形成されることになった。小作地率がピークに達した大正十三（一九二四）年には、県内には三三人の五〇町歩以上の大地主が存在したという。当時の県の農業の現況を概観すれば、耕地は田五万九七八六町歩・畑一六万六九五〇町歩、合計二二万六七三六町歩で、農家戸数は、専業農家一六万二二五戸、兼業農家四万八八一七戸で、総農家戸数二〇万九〇四二戸に対する両者の割り合いはそれぞれ七六・七％と二三・三％である。耕地所有総戸数は、九万六三五九戸で、五反未満をとると一〇万五六七戸となり、全農家戸数に占める割り合いは五一・七％となる。

このように、農業経営の零細性にもかかわらず、耕地の利用情況はいまだ十分とはいえない。とくに冬場の利用状態が悪い。大正十五年の調査によれば、田地二万五〇〇〇町歩（全田地の四二％）、畑地二万五〇〇〇町歩（全畑地の一五％）は冬期休閑の状態にあり、また、荒れて不耕作の状態にあるものが七〇〇〇町歩にも達している。

県下の各地方ごとの農業経営の組織形態についてみると、概して単純な組織をもち、穀類を単作するものが多い。また、いたずらに相場を追って経営に健全性を欠いている農家が多い。要するに、経営の基礎が薄弱である農家が多い。したがって、農家の経済状態は悪く、向上発奮の気風にとぼしいということである。

地主・小作関係が進展するにつれて、小作争議もしだいに増加したが、それが由々《ゆゆ》しき社会問題となるのは大正期にはいってからのことである。大正元年、同十年、昭和十三年に全国的な小作慣行調査が行わ

明治20(1887)年の小作地率

| 県名 | 小作地率 |
|---|---|
| | % |
| 青森県 | 30.4 |
| 岩手県 | 25.9 |
| 宮城県 | 29.8 |
| 秋田県 | 42.7 |
| 山形県 | 35.5 |
| 福岡県 | 47.4 |
| 佐賀県 | 41.3 |
| 鹿児島県 | 30.2 |
| (大島郡) | (1.4) |

大橋博『地方産業の発展と地主制』による。

小作争議年次別一覧表

| 年度 | 争議件数 | | 争議の主要原因別件数の割合(%) | | | | | | 小作人の要求事項別争議件数割合(%) | | | | | |
|---|---|---|---|---|---|---|---|---|---|---|---|---|---|---|
| | | | 全国 | | | 鹿児島県 | | | 全国 | | | 鹿児島県 | | |
| | 全国 | 鹿児島県 | 不作 | 小作地引上 | 小作料滞納 | 不作 | 小作地引上 | 小作料滞納 | 小作料減額 | 契約継続 | 納入延期 | 小作料減額 | 契約継続 | 納入延期 |
| 大正14年 | 2,206 | 1 | 62.6 | 7.8 | 1.6 | 100.0 | — | — | 85.9 | 6.0 | — | 100 | — | — |
| 昭和1年 | 2,751 | 1 | 71.1 | 11.5 | 1.8 | — | — | — | 82.3 | 7.5 | — | 100 | — | — |
| 2年 | 2,052 | 1 | 50.6 | 21.1 | 2.4 | — | 100 | — | 70.2 | 16.7 | — | — | — | — |
| 3年 | 1,866 | 7 | 47.3 | 24.7 | 3.3 | — | 71.4 | 14.3 | 62.2 | 21.2 | — | — | 71.4 | — |
| 4年 | 2,434 | — | 50.6 | 28.9 | 4.0 | — | — | — | 60.7 | 25.6 | — | — | — | — |
| 5年 | 2,478 | 1 | 22.9 | 40.4 | 5.4 | — | — | — | 47.8 | 34.9 | — | 100 | — | — |
| 6年 | 3,419 | 15 | 34.2 | 38.2 | 5.1 | 6.7 | 73.3 | — | 51.1 | 31.7 | 1.4 | 13.4 | 60.0 | — |
| 7年 | 3,414 | 18 | 31.0 | 44.5 | 9.2 | 27.8 | 50.0 | 16.7 | 39.9 | 40.0 | 4.0 | 38.9 | 50.0 | 5.6 |
| 8年 | 4,000 | 42 | 16.2 | 56.9 | 12.1 | 9.5 | 23.8 | 47.6 | 27.9 | 52.4 | 4.3 | 23.8 | 21.4 | 21.4 |
| 9年 | 5,828 | 141 | 33.3 | 46.4 | 8.7 | 5.0 | 31.9 | 51.1 | 38.8 | 41.5 | 4.7 | 14.2 | 29.9 | 36.9 |
| 10年 | 6,824 | 204 | 36.0 | 44.4 | 10.8 | 32.8 | 33.3 | 25.0 | 39.7 | 41.9 | 5.7 | 38.8 | 31.9 | 12.7 |
| 11年 | 6,804 | 133 | 20.2 | 53.6 | 12.8 | 13.5 | 38.3 | 35.3 | 26.5 | 49.6 | 7.1 | 23.3 | 35.3 | 20.3 |
| 12年 | 6,170 | 119 | 18.1 | 58.0 | 10.1 | 10.1 | 55.5 | 23.5 | 25.1 | 53.1 | 5.9 | 15.1 | 50.4 | 18.5 |
| 13年 | 4,615 | 113 | 19.4 | 55.5 | 12.0 | 15.0 | 38.9 | 26.5 | 26.3 | 49.3 | 5.3 | 20.0 | 32.7 | 17.7 |
| 14年 | 3,578 | 80 | 15.7 | 49.0 | 15.5 | 13.8 | 30.0 | 32.5 | 25.1 | 42.6 | 8.9 | 30.8 | 26.3 | 23.8 |
| 15年 | 3,165 | 78 | 18.3 | 46.9 | 11.8 | 12.8 | 44.9 | 20.5 | | | | | 39.7 | 12.8 |

『鹿児島県農地改革史』による。

れた。大正十四年に刊行された『地方別小作争議概要』によれば、「地主・小作人間の争議は近年小作組合の発達及び思想の影響等により、逐年激甚《ちくねんげきじん》の度を加えつつある。すなわち、その件数は大正七年頃より年を追って増加し、大正九年には四〇八件、十年には一九一七件、その参加人員一七万七〇〇〇人以上を数えるに至る。その性質についてみると、従来の争議は主として凶年における小作料減免問題に関するものにとどまっていたが、近年、永久的な小作条件の改善を要求するものが著しく増加し、その要求貫徹のためには、組合運動の発達にともない、ますます巧妙な手段をとるようになった」とある。しかるに、鹿児島県においては、同書によれば、「本県は従来地主・小作人の関係円満にして、大正八・九年に各一件、十年二件、十一年三件、十三年四件にすぎず、その後、姶良郡清水《きよみず》村及び東襲山《ひがしそのやま》村に日本農民組合鹿児島連合会が組織された。これに関係する小作人等は小作料永久三割減を要求し、不納同盟を決議して小作料を納入せず、地主側は土地返還及び小作料請求訴訟を起こし、ついに地主側の勝利に終わった。小作人側は小学児童の同盟休校（稲刈のため）を決議し、目下紛糾《ふんきゅう》中なり」とのべている。やがて、県会議員に清水村出身の農民運動指導者・富吉《とみよし》栄二が当選し、清水村の村会議員選挙で、過半数以上が小作人で占められるなど、小作人が政治にも進出するようになった。

## 4　大正・昭和前期の経済社会

**悪化した県経済**

わが国経済は、松方正義《まつかたまさよし》大蔵卿の貨幣整理によるデフレーション政策収拾後の明治十八（一八八五）年ころから安定的な成長期を迎えた。実質国民総生産は明治十八年には三八億五二〇〇万円だったのが、明治四十三年には七八億三四〇〇万円に、そして昭和十（一九三五）年には国民総生産は一八三億六六〇〇万円になった。第一次世界大戦前後から重化学工業が発展し、独占資本、財閥が形成され、農村から都市へ大量の労働力が流出し、経済社会の大きな変動がみられたが、同時に昭和恐慌とそれに続く不況、軍部の台頭、海外膨張＝帝国主義的政策が展開された時期でもあった。

県民総生産額の国民総生産額に占める割り合いは、明治末年の一・五一％をピークにしてその後低下傾向を示し、昭和十三年には〇・八七％まで低下した。

1人当り県民所得と国民所得の比較　　（単位：円）

| | 明治43年（1910） | 大正9年（1920） | 昭和3年（1928） | 昭和13年（1938） |
|---|---|---|---|---|
| 鹿児島県(A) | 46.7 | 132.5 | 128.6 | 144.9 |
| 全　国(B) | 79.8 | 284.0 | 371.7 | 437.5 |
| (A)／(B)（%） | 58.5 | 46.6 | 34.6 | 33.1 |

鹿児島県の産業部門別生産額およびその構成比の推移　　（単位：万円）

| | 大正元年（1912） | 大正8年（1919） | 昭和6年（1931） | 昭和13年（1938） | 昭和15年（1940） |
|---|---|---|---|---|---|
| 農業 | 4,481(61.7) | 13,206(54.0) | 5,729(45.0) | 9,755(42.1) | 15,140(38.5) |
| 水産 | 576(7.9) | 1,131(4.6) | 1,028(8.1) | 2,557(7.6) | 3,610(9.2) |
| 林業 | 446(6.1) | 1,855(7.6) | 864(6.8) | 2,306(10.0) | 4,610(11.7) |
| 繭糸 | 257(3.5) | 1,231(5.0) | — | 1,343(5.8) | 農業に含まれる |
| 畜産 | 253(3.5) | 854(3.5) | 713(5.6) | 1,242(5.4) | 1,910(4.9) |
| 鉱業 | 174(2.4) | 202(0.8) | 205(1.6) | 1,027(4.4) | 1,580(4.0) |
| 工業 | 1,020(14.0) | 5,967(24.4) | 4,190(32.9) | 5,956(25.7) | 12,430(31.6) |
| 合計 | 7,207(100) | 24,446(100) | 12,730(100) | 24,186(100) | 39,280(100) |

2表とも『鹿児島県統計書』による。小数点以下は四捨五入してある。

一人当り県民所得を全国平均と比較すると、明治四十三年には五八・五%であったが、その後しだいに低下し、昭和三年には三四・六%、そして昭和十三年には三三・一%にまで低下した。本県民の貧窮の度合いが察せられるであろう。

大正元（一九一二）年の総生産額（第三次産業は除外されている）は、七二〇七万円で、うち農業生産額は四四八一万円、総生産額に占める農業生産額の割り合いは六二・一%である。農業生産額に水産、林業、繭糸《けんし》、畜産を加えた第一次産業の総生産額は六〇一三万円で、全体の八三・四%を占めている。鉱業の生産額は一〇二〇円で、総生産額の一四%である。本県の総生産額が一億円を超えるのは大正六年である。第一次世界大戦の影響で、農産物をはじめとして工業製品価格が大幅に上昇したため、総生産額は大正三年には五七三八万円だったのが、大正六年に一億八九四万円に、大正八年には二億四四四六万円になったのである。この間、農業生産額は五〇五四万円から一億三二〇六万円の二・六倍に、工業生産額は九七八万円から五九六七万円の六・一倍に増加した。しかし、第一次大戦後の不況期には、ふたたび農産物、工業製品の価格下落に見舞われ、とりわけ世界恐慌下の昭和六年には、総生産額は大正八年の約半分になり、大正八年の水準に回復するのは、昭和十三年である。その間、農産物の価格下落は工業製品のそれを大きく上まわった。そのため、総生産額のなかに占める農業生産額（繭糸を含む）の割合いは低下し、昭和十四年には四五・六%になった。恐慌およびそれに続く不況の影響で農村の疲弊が全国的に進行したのである。本県の農村もその例外ではありえなかった。農産物価格が最低となった昭和六年の景況について、鹿児島銀行営業報告書は「農産物の減収惨落にて不況益々深刻化し、農村の疲弊困ぱい極に達し、その余波は各方面の不況を一層深刻ならしめ、商取引き不振のまま推移せり」とのべている。

この不況から脱出したのは、昭和十年ころである。同じく、前掲報告書（十一年度下期）によれば、「軍需工業等の好況を直接受くるもののなきも、繭高、米高、その他の農産物の豊作高値に恵まれ、山産物また強調にて地方経済は一段と好転し、購買力は増進し、一般商況明朗の感を呈するに至れり」とある。

わが国の経済は、日中戦争（昭和十二年）以降、戦時色が刻々と強まり、「贅沢《ぜいたく》は敵だ！」のスローガンのもとに、消費抑制、貯蓄励行がさけばれた。国民総支出のなかに占める個人消費支出の割り合いは、昭和八年までは七〇%を超えていたが、以後、その割り合いは年々低下し、昭和十四年には五〇%、昭和十九年には三五・七%まで低下した。逆に、民間資本形成の割り合いは九・八%から二〇・七%に増加した。このように、戦時体制への突入によって、国民の生活はいよいよ制限圧迫が加えられた。昭和十六年の

「決戦下庶民生活の諸様相」という調査によれば、「下層階級にあっては、あたかも豚小屋のごとき家屋に家庭的団欒《だんらん》は望むべくもない。労働者は肉体的にも精神的にもしだいに蝕《むしば》まれつつある。しかし、労働力の保持培養のためには最低賃金の制定と労働時間制限が断行されなければならない。要は、労働力の保持ということは、長期戦に対する応急策であることよりも、国家生命の永遠の繁栄を目的とするものであらねばならない」ということであった。

### 戦時体制下の県民生活●

昭和四（一九二九）年十月、アメリカの株価暴落を契機に、全世界をまきこんだ世界恐慌は、日本をもおそい、経済界全体に深刻な影響をおよぼしたが、とりわけ農業恐慌は深刻なものであった。農業恐慌は、アメリカを輸出市場としていた生糸《きいと》価格の暴落と米の豊作と植民地からの輸入米の増大による米価の暴落によるものである。米と繭《まゆ》という当時の農村の二大商品作物が半値以下に暴落したのをはじめ、県内各地の特産物（砂糖、大島紬《つむぎ》、鰹節《かつおぶし》、百合根《ゆりね》など）の価格も大幅に下落した。この農業恐慌は農村の未曾有の疲弊と混乱をもたらし、農村社会秩序をゆるがし、ひいては国家の体制的危機に結びついていく様相を呈していた。『鹿児島事件外史』によれば、「地主や富農などは銀行、産業組合、信用組合などから借金をすることもできたが、一般の農民は、頼母子講《たのもしこう》や無尽《むじん》によって、細々と金繰りをしたり、あるいは地主、肥料商などから高利で借金をしなければならなかった。田の収穫をみこして、それを売って金を受け取る青田売り、養蚕農家が春のカイコをあてにして、冬のうちに代金を前借する〝寒ガイコ〟も行われた。もちろん、それは秋に実際とれた米や、春にできたマユを売るときの半金にもならなかった。借金でクビがまわらなくなると、あげくのはては、娘の身売りさえ行われた。……中小企業の従業員や農民たちは食うことすらできずに、野山にワラビの根をほり、ジャガイモにくず米を混ぜて、やっと生命をつなぐという状態であった。奄美大島などでは、とくにひどく、ソテツの実を食って飢えをしのいでいた」という。

このような状況のなかで、昭和七年、農山漁村経済更生運動が展開されることになり、それはやがて戦時体制下の農山漁村政策へと引き継がれていった。昭和七年八月の内務省社会局の調査による『農漁山村における生活困窮概況』によると、「農村救済の問題は、いまや緊急の課題である。しかしながら、農村窮乏の原因は決して突発的なものではなく、むしろ経済的ならびに社会的推移によって、ついに現下の疲弊を招来したものである。すなわち、農村の疲弊は単に農産物価格の低落、債務の加重、公租公課の重圧のみによるものというべきではなくて、根本原因は現代経済機構に多くの欠陥があることを看過することはできない」と指摘している。

内務省社会局が、住民の生活困窮の状態によって、疲弊の程度がとくにはなはだしいと認めた町村は、昭和七年度、一一三〇町村、七三万四九五四戸、人口四一八万人余にのぼっている。うち、鹿児島県は一五町村、二万三五四八戸、一二万六一〇七人である。本県農家のかかえる負債額は推定二億五〇〇〇万円、一戸当り約一〇〇〇円（昭和十一年の日雇人夫の日賃金は四五銭であった）にのぼっていた。

この年の二月と三月には、井上準之助前蔵相と二井合名会社団琢磨《だんたくま》理事長が血盟団員によって射殺され、五月には陸海軍将校が首相官邸などを襲撃し、犬養毅《つよし》首相を射殺するなど（五・一五事件）、世は騒然とし、農村は失業者を累増し、破局的窮乏を訴えていた。そこで政府はその国内時局匡救《きょうきゅう》予算案を可決した。つまり政府は、不況応急対策として全国的に大土木事業を行い、これによって窮乏している地方の住民に広く労働の機会をあたえ、収入の増加をはかり、自力更生の糧《かて》を得させるとともに、将来、地方産業の進展を企図したのである。鹿児島県でも政府の企図に基づき内務省関係土木費二〇七万三〇〇〇円、農業土木費一八三万一〇〇〇円、合計三九〇万四〇〇〇円余が配分された。昭和七年度の県予算においても、匡救事業費として二九一万七〇〇〇円余、匡救勧業費として八一二万円余を計上している。さらに、県は「町村経済更生計画」を策定し、実施した。その内容は以下のようなものであった。

第一期経済更生計画の樹立は、村を単位とするものであるが、農山漁家の経済更生をはかるために、固有の美風である隣保共助の精神を活用し、その経済生活のうえに、これを徹底せしむるにはまず以《もっ》て、個人計画に基づき、さらに組合計画、部落計画に及び、経済機構の完璧《かんぺき》と精神的方面の立て直しを断行すべきものとする。ゆえに、各字《あざ》における役員および幹事は各戸につきその計画樹立を指導し、さらに小組合計画、部落計画に及ぶべしという基本方針をふまえつつ、戦時経済への移行に伴い、農村青年の軍需産業への転出、満州への長期建設工作協力隊の移住によって、農業労働力の不足と質的低下がしだいに深刻化しつつあった状況のなかで、経済更生計画遂行のための労働力調整計画を作成した。つまり、(1)毎月の労力調査、(2)託児所の設置、(3)産業奉仕班の活動促進が計画されたのである。

昭和六年九月、農業恐慌のさなか、満州事変がおこり、七年三月には満州建国が宣言された。大恐慌のなかで負債や失業、貧困に苦しむ農村の人びとに、「自由の天地への飛躍」「王道楽土」などの満州農業移民の唱導は大きな希望をあたえずにはおかなかった。同年十月の帝国農会通常総会において、「満州移民計画に関する建議」が採択された。その概要はつぎのとおりである。

満州国の建国に伴い本邦農業者の移住を希望する者すこぶる多きを以《もっ》て、その実現に努むるは独り満州国の農業開発に資するのみならず、日満両国の経済に及ぼす利益大なるものあるべし。しかるに、我が政府は未だ移民の方策を確立するに至らず、僅かに試験的移民を送るの現状に過ぎざるはすこぶる遺憾とするところなり。よって、政府は速やかに満州国に対する移民計画を確立し、移住希望者の便益を図り、以て有為なる農民の海外発展と人口過剰の農村匡救に資せられんことを望む。

政府はこれをうけて、二〇カ年で一〇〇万戸の開拓農民移送計画を策定した。本県においても移民計画が策定・実施された。大島郡をはじめ多くの町村から開拓移民が送られた。

このような移民計画は、まもなくおとずれた敗戦によってその端緒で失敗し、さきに渡航したものは、この計画の犠牲者となったのである。希望に燃えてはるか遠い異郷の地に入植した彼らではあったが、敗戦によってその夢は無惨に打ちくだかれ、生き残ったものの大半は、裸同然で戦後故郷をめざして引き揚げてきた。だが彼らをまっていた故郷も深刻な食糧不足で、再度、人口の少ない山林原野に入植開拓しなければならなかったのである。

10章

# 戦後復興から高度経済成長へ

種子島宇宙センターのロケット打ちあげ

# 1　占領統治下の鹿児島

## 戦災と自然災害からの復興●

昭和二十（一九四五）年三月以来度重なる空襲によって鹿児島県土も多大な被害をこうむった。六月十七日の空襲は鹿児島市内を焼け野原にし、多くの死者をだした。この空襲による死者数は五八〇〇余人、焼失戸数二万二〇〇〇余戸にのぼった。あまりにも、一時に多くの死者をだしたため、死者を葬るひつぎの用意もできず、死者のほとんどは、焼け残りのトタンやムシロにくるんで葬るという状態であった。七月二十九日にも鹿児島市内を中心に大爆撃が行われ、甚大な被害をもたらした。このような人為的な被害のほかに、毎年のように自然災害がおそってくる。とくに、敗戦から数年間の自然災害はひどいものであった。昭和二十年九月十七日の枕崎《まくらざき》台風は、死者・行方不明一二九人、全・半壊二万九三五一戸、農作物全滅という甚大な被害をおよぼした。

五年ぶりに行われた二十年八月三十一日現在の人口調査によると、鹿児島県の人口は一四九万七四〇一人、鹿児島市の人口一九万八七〇人で、鹿児島市内だけでも九一〇所帯三五五八人が横穴生活をしていることが判明した。そのうえ、十月には鹿児島港が海外軍民復員引揚げ港に指定されたため、外地から多くの引揚げ者がやってきた。十一月一日現在の県人口は一五三万七七八九人となり、二カ月のあいだに約四万人ふえた。太平洋戦争がはじまる前の昭和十六年十月一日現在の県人口が一五四万七〇〇〇人だったから、戦争によって焦土となったうえ、風水害による被害をうけた県土でこれだけの人口を養っていくことがなみ大抵のことではなかったであろうことは、だれにでも容易に想像できる。『鹿児島市戦災復興誌』によると、「当時の市民の口に入っていた普通のものは、フスマ、コーリャンなど輸入家畜飼料で、ジャガイモ、からいもはぜいたく品であり、小麦粉のだんごは貴重品であった」という。当時の政府の最大の課題は、国民の食料への不安を解消することであった。

近代における経済活動は、自然地理的条件よりも、資本と技術の蓄積に左右されることが大きい。鹿児島県の場合、資本と技術の蓄積がとぼしいため、経済活動、とくに第二次産業においてはほとんどみるべきものをもたなかった。それゆえ、戦前の県民一人当りの所得は、全国平均の五割前後にとどまっていた。そのうえ、大空襲によって、全県域、とりわけ鹿児島市を中心に焦土と化したのである（鹿児島市の建物の九三％は焼失）。昭和二十年九月八日付の『鹿児島新聞』は、「ただこれ荒涼、無限の痛恨と悲壮さを漂わせている市街廃墟、すべて過日の巷《ちまた》の騒音は消えて凄涼感を味わしむ」と記している。この惨状に加えて、同年九月の枕崎台風と十月の阿久根《あくね》台風の被害が重なり、県経済は極度の困難に直面した。

**終戦直後の鹿児島市**（平岡正三郎氏撮影）　昭和20年６月17日の大空襲で，鹿児島市の93％が焦土と化した。城山から市街地をみおろすと，わずかにビルが残っている。

## 戦後改革と農村の民主化●

昭和二十（一九四五）年九月二日、降伏文書に調印がなされ、マッカーサー元帥は連合国軍総司令部最高司令官に着任し、各地に占領軍が進駐して日本管理が開始された。これにさきだつ八月二十四日、占領軍が鹿屋《かのや》に進駐した。しばらくして、鹿児島には一〇〇〇人を超す連合国軍が鹿児島市役所に軍政府を設置して、地方行政を管理統制下においた。

マッカーサーは十一月に成立したばかりの幣原《しではら》喜重郎《きじゅうろう》首相との初会見で、「ポツダム宣言の達成により、日本国民が数世紀にわたり隷属せしめられてきた伝統的社会秩序は、匡正《きょうせい》せらるべきである」とのべ、人権保護の五大項目を指令した。すなわち、(1)婦人の解放、(2)労働組合の助長、(3)学校教育の自由主義化、(4)国民生活を恐怖に陥れる如き制度の廃止、(5)日本経済機構の民主化、であった。

占領政策が進むにつれて、総司令部は、「まもなく実施さるべき諸措置は、現在農民とその家族とを奴隷状態に等しい状態においている幾多の条件を取り除くことになろう」と今後の方針を発表し、日本政府に農地改革を指示する可能性を暗示した。日本政府は総司令部から指示される前に自主的に第一次農地改革要綱案を作成して国会に提出した。しかしながら、総司令部はそれを認めず、十二月九日、「農地改革についての覚書」を発した。やがて、吉田茂内閣のもとで第二次農地改革法案が作成され、実施されることになった。「第二次農地制度改革に関する通達」で、政府は「戦後日本の再建をはかるためには、農地改革を徹底的に実施し、日本農業を順当に発達させる基盤をつくることが先決である。本改革は第一に、小作地の八割を政府自身の手を通じて二カ年間に、耕作農民に解放し、残存する小作地については、耕作権が確立されることになり、第二に、農地の開発に供する未墾地等が積極的に解放されることになる。農地改革は農民のためのものであり、またその実行の主体は農民自身であるべきことは明らかである。農民の自覚なくしては改革の徹底遂行は望み難い。したがって、指導の重点は、農民が農地改革の主体であることを自覚させ、農民自身によってこれを行わせるべきである」とのべた。

この通達をうけて、鹿児島県においても農民組織化の動きが台頭した。県農民組合連合会の会長には、戦前農民組合のリーダーとして知られていた姶良《あいら》郡の富吉栄二が選出され、農地改革の実施に大きく貢献した。昭和二十三年三月の定例県議会で、重成格《しげなりいたる》知事は「昭和二十三年三月段階で、農地解放にもとづく農地買収事務は既に完了し、十二月末までにその売渡しを完了する予定である。農地改革の完遂により、封建的土地制度より農民を解放し、ここに農村民主化の基本体制が整備されるのである」(『鹿児島県議会史』第二巻)とのべた。農地改革は遅れていた県本土の社会経済の民主化に大きく寄与した。

昭和二十二年四月には六・三制教育が発足し、労働基準法、地方自治法が公布され、県市町村長の第一回統一選挙が実施

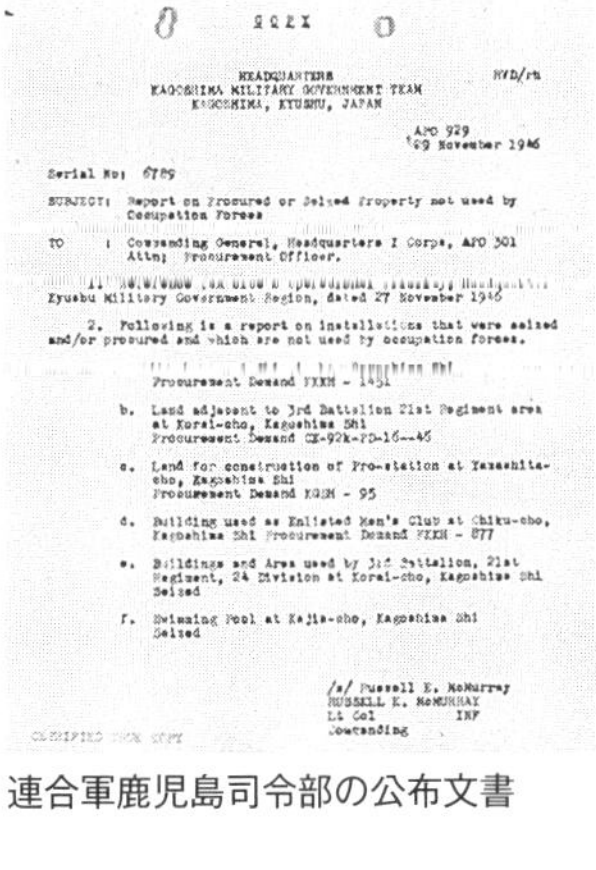

HEADQUARTERS
KAGOSHIMA MILITARY GOVERNMENT TEAM
KAGOSHIMA, KYUSHU, JAPAN

MVD/rh

APO 929
29 November 1946

Serial No: 6789

SUBJECT: Report on Procured or Seized Property not used by Occupation Forces

TO : Commanding General, Headquarters I Corps, APO 301
Attn: Procurement Officer.

1. [illegible]
Kyushu Military Government Region, dated 27 November 1946

2. Following is a report on installations that were seized and/or procured and which are not used by occupation forces.

a. [illegible] Kagoshima Shi
Procurement Demand KKKM - 1451

b. Land adjacent to 3rd Battalion 21st Regiment area at Korai-cho, Kagoshima Shi
Procurement Demand CX-92k-PD-16--45

c. Land for construction of Pro-station at Yamashita-cho, Kagoshima Shi
Procurement Demand KGSM - 95

d. Building used as Enlisted Men's Club at Chiku-cho, Kagoshima Shi Procurement Demand KKKM - 877

e. Buildings and Area used by 3rd Battalion, 21st Regiment, 24 Division at Korai-cho, Kagoshima Shi
Seized

f. Swimming Pool at Kajia-cho, Kagoshima Shi
Seized

/s/ Russell K. McMurray
RUSSELL K. McMURRAY
Lt Col INF
Commanding

CERTIFIED TRUE COPY

連合軍鹿児島司令部の公布文書

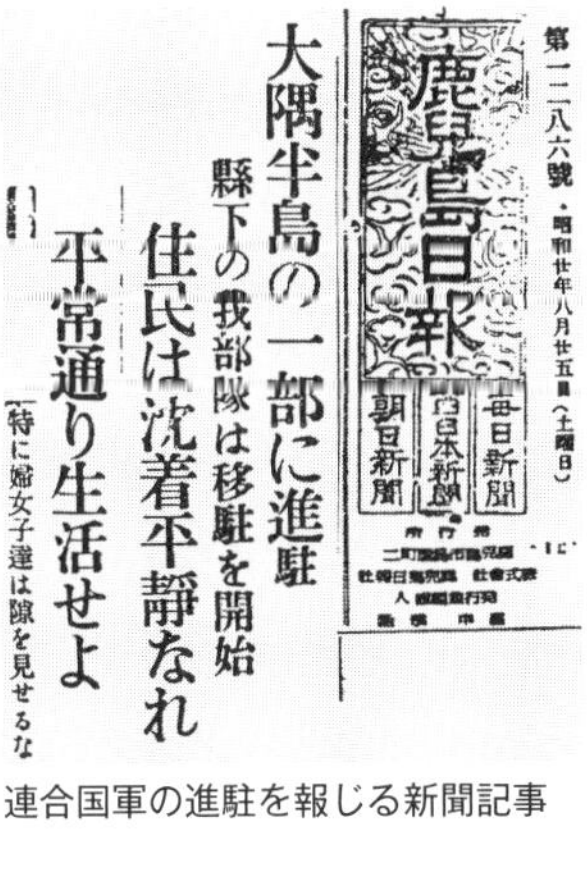

鹿兒島日報
第一二八六六號・昭和廿年八月廿五日(土曜日)
毎日新聞 西日本新聞 朝日新聞

大隅半島の一部に進駐
縣下の我部隊は移駐を開始
住民は沈着平靜なれ
平常通り生活せよ
【特に婦女子達は隙を見せるな】

連合国軍の進駐を報じる新聞記事

された。また、県政の面では、治安の確保、戦災の復旧、食糧の確保、引揚げの促進援護、行政の民主化が推進された。

さらに、昭和二十四年三月の定例県議会で同知事は「明治以降、本県の産業経済は不振停滞をきわめておるのでありまして、戦後全国的に生活水準の低下しましたときにも、最も貧弱なる経済状態にあるのであります。すなわち本県民一人当たりの所得は国民一人当たり所得の約二分の一程度と推定せられるのでありまして、生活水準は全国最下位にあるだけでなく、資本蓄積の余力から判断しましても、自力による発展性はほとんどないと断言しうる状況にあるのであります」(『鹿児島県議会史』第二巻)とのべ、産業経済の振興によって、二十八年度までに一人当りの県民所得を、全国平均の五〇%から七五%に引きあげることを目標とする「鹿児島県経済振興五カ年計画」が策定された。二十七年には、生産は戦前水準を超えるまでになった。同年には経済自立化運動も展開され、二十八年十二月には、奄美《あまみ》群島も日本復帰をはたし、鹿児島県の領域も戦前と同じ広がりをもつことになった。

### 日本から分断された奄美群島●

昭和二十(一九四五)年八月十五日、日本は連合国に無条件降伏し、九月二日、降伏文書に調印した。それから二十七年四月のサンフランシスコ講和条約発効に至るまでの約六年八カ月間、連合国の占領支配をうけることになった。昭和二十一年一月二十九日、北緯三〇度以南の南西諸島(奄美群島および沖縄県)を、政治上および行政上、日本から分離してアメリカ軍政府が占領統治することになった。日本が講和条約によって連合国の占領支配から解放されたあとにもなお、奄美群島および沖縄県はアメリカ軍政府の占領支配をうけ続けた。つまり、奄美群島は昭和二十八年十二月まで、沖縄県は昭和四十七年五月までアメリカ軍政府の占領統治下にあったのである。

祖国から分断された奄美では、「日本人は日本に返せ」という悲痛な叫びのもとに、集団断食、郡民の九九・八％におよぶ嘆願署名、命がけの密航による日本政府への陳情、学生の血書嘆願など、悲壮をきわめた。この復帰運動は奄美群島民がかつて経験したことのない、かつ至高の民族白決の大運動であり、奄美のエネルギーを日本中にみせつけた。とはいっても、奄美は本土とは違った占領支配体制のもとにおかれたため、経済社会の民主化や復興過程は本土とは違ったものにならざるをえなかった。ジョゼフ軍政官は、「日本の状態と奄美の状態は比較して論ずべき性質のものではない。日本経済は復興の途上にあり、その政府は完全に民主的に改造された。奄美は日本から切り離されて軍政府の管轄下におかれている。この軍政府は決して民主政治と解してはならない」（軍政官着任挨拶、一九四七年九月三日）と、のべている。

朝鮮戦争も終結した昭和二十八年八月、帰国の途中、日本に立ち寄ったアメリカ国務長官ダレスは、アメリカは奄美群島を日本に返還する用意があるとのべた。このダレス声明をうけて、日米政府間で返還交渉が頻繁にもたれた。交渉過程で明らかになったことは、(1)奄美の戦略的価値は比較的少ないということ、(2)米国の南西諸島の占領支配に対する国際世論の批判を緩和する方策であるということ、(3)ソビエトにも占領中の北方領土の返還を促すこと、(4)沖縄は戦略的に重要であるので、当分の間、返還は困難であるということ、などである。十二月七日、奄美群島返還に関する日米協定が調印された。協定書は、アメリカ側が奄美群島の司法・立法・行政の三権を放棄することを前文でうたい、軍事施設の使用や通貨交換、財政責任、郵便組織、民事・刑事問題などを定めている。協定と同時に両国政府間で行われた交換公文書にはつぎのような言及がなされている。

奄美群島及びその領水は、日本本土と南西諸島のその他の島における米国の軍事施設とのその双方に接近しているため、極東の防衛及び安全と特異の関係を有する。日本政府はこの特異の関係を認め、南西諸島のその他の島の防衛を保全・強化し、容易にするため、米国が必要と認める要求を考慮に入れるものと了解される。

日米協定は十二月二十五日発効して、奄美群島は沖縄に先んじて日本に返還され、戦前と同様に鹿児島県の行政下にはいることになった。昭和二十八年度の第四回定例県議会（十二月九〜十五日）では、奄美群島復帰関係予算案（七億七〇〇〇万円余）が審議され、昭和二十九年度第一回定例県議会には、奄美群島選出の六人の議員が初出席した。

重成知事は、所信表明のなかで、「終戦以来、民族の悲願であり、国民の熱願であった奄美大島

祖国復帰を喜ぶ奄美の人びと（昭和28年８月） 各地で祝賀会がもたれた。

の日本復帰が、島民各位の熾烈《しれつ》な血の叫びとアメリカの好意ある理解によって、日米両国円満に実現したことは歴史上まれにみることであり、このことについて特に深い関心と努力を払ってきたわれわれ県民といたしましても、まことに慶賀に堪えないところであります。今後は奄美大島が八年間の空白より速やかに脱却し、復興再建の遅れを取り戻して、新日本の建設にあるいは県政の伸展によりたくましく参画することを期待し、振興対策の推進に一層努力を傾ける所存である」（『鹿児島県議会史』第二巻）とのべた。

復興再建の遅れを取り戻すべく、昭和二十九年九月、県は「奄美群島復興特別措置法」を内閣総理大臣に提出し、国会での決定をまって「奄美群島復興五カ年計画」が策定され、総額一五一億円をもって復興事業が開始されることになった。

## 2　高度経済成長の光と影

### 県総合計画と県土の開発●

昭和三十一（一九五六）年度の『経済白書』は、「もはや戦後ではない」とのべ、日本経済は復興から発展へとあらたな指針をみいださなければならないことを強調した。かくして策定されたのが、経済成長を目標にした「新長期経済計画」（昭和三十二年）であり、「国民所得倍増計画」（昭和三十五年）であった。昭和三十年代前半から四十年代前半に至る十数年間の日本経済の成長率は、産業革命以来の全世界史のなかでも驚異的なものであり、「日本経済の奇蹟」とよばれた。

日本経済の急速な発展に伴って社会の変容も大きく、大工業地帯から遠くはなれた鹿児島県においても、人口、とくに若年労働力の流出、高度消費生活の普及、貿易自由化の影響などが顕現した。

高度経済成長の真っただ中の昭和四十二年四月、自治事務次官出身の金丸《かなまる》三郎が県知事に就任した。翌四十三年十月、「二一〇年後のかごしま」を策定し、県勢発展の指針とした。三期一〇年にわたる金丸県政（昭和四十二年四月〜五十二年二月）のキーワードは「開発」だった。高度経済成長を背景に、さまざまな巨大開発プロジェクトを進めた。新鹿児島空港、九州縦貫自動車道路、鹿児島新港、谷山臨海工業団地などの建造と新大隅《おおすみ》開発計画である。新大隅開発計画は、志布志《しぶし》湾に重化学工業を核とする臨海工業地帯を展開し、同時に交通基盤の整備をはかるという一大プロジェクトである。ところが一九七〇年代にはいって、「ローマ・クラブ」の『成長の限界―人類の危機―』の公表や公害反対、自然保護の運動にはばまれ、また、石油ショックに伴う重厚長大型産業から軽薄短小型産業への産業構造の転換がさけばれるようになり、県の「第一次県勢発展計画」（昭和四十四〜四十八年度）に基づく「開発」政策も、規模の縮小と計画の見直しをせまられた。昭和四十七年二月、「第二次県勢発展計画」（昭和四十六〜五十年度）は、計画策定の趣旨をつぎのようにのべている。

今日、国際環境の変化、国民福祉との乖離《かいり》の増大などにより、わが国の高度経済成長は、その基調に一大転換を迎えるなど、本県をめぐる内外諸情勢は激しく変化し、経済社会の各面にわたり著しい影響をあたえつつある。こうしたなかで、県民の生活福祉の充実をはかるとともに、県勢のいっそうの飛躍的発展を期するためには、諸情勢の変化に適切かつ創造的に対応し、諸施策の充実をはかっていかなければならない。

「第二次計画」の昭和五十年度における目標値は、県民所得は昭和四十四年度の一・八倍の八〇七九億円に、一人当り県民所得は一・九倍とし、同期間中にみこまれる国の成長率をかなり上まわって設定されている。実績でみると、一人当り県民所得は国平均の七三・四％まで上昇した。しかし、そのことは即、県経済の基盤が強化拡大されたことを意味するものではない。農漁山村部における過疎化の進展と高齢化、総人口の減少が引き続きおこっていたのである。そしてまた、国家財政による資金移転（地方交付税など）があったのである。

そこで、鹿児島県は、昭和五十三年、「ぬくもりにみちた偉大な鹿児島の創造」を基本理念とする「県総合計画」を策定し、これをもとに過疎・後進性からの脱却と県勢浮揚の諸施策を打ちだしてきた。内之浦・種子島のロケット基地、日本石油の喜入《きいれ》原油備蓄基地、川内《せんだい》原子力発電所、国分《こくぶ》隼人《はやと》地区のテクノポリスの建設など、国家的プロジェクトの遂行であり、離島振興法、奄美群島振興特別措置法の延長拡充、過疎地域振興法、半島振興法などの地域開発政策の実施である。

このような一連の施策にもかかわらず、鹿児島県のみ

**喜入町の日石原油備蓄基地**　昭和42年３月，日本最大の原油備蓄基地が喜入町に設置された。海岸埋め立て面積193.8ヘクタール，原油タンク57基，貯油能力735万キロリットル。従業員186人。

ならず、地方の過疎化、東京一極集中化は進行し、昭和六十二年には、国においては「第四次全国総合開発計画」が策定され、それをうけて、鹿児島県でも平成二（一九九〇）年六月、「すこやかな郷土、ゆとりの文化圏」構築を基本理念とする「県総合基本計画」を策定し、現在に引き継がれている。

**産業構造の変化と人口流出●**

鹿児島県の昭和三十（一九五五）年の総人口は二〇四万四一一二人で、市部人口は八七万一九二二人、郡部人口は一一七万二一九〇人であったが、平成七（一九九五）年の総人口は一七九万四二二四人で、市部人口は一〇三万八二七二人、郡部人口は七五万五九五二人へと変化した。つまり、総人口は二四万九八八八人減少したが、市部人口は一六万六三五〇人増加し、郡部人口は四一万六二三八人減少した。とくに、鹿児島市は、同期間中に三一万一〇一一人（合併前の谷山市を含む）から五四万六二八二人へと二三万五二七一人、七六％も増加した。県都としての鹿児島市への人口集中と郡部・地方の過疎化が進み、県土における大きな不均衡が生じたのである。

　つぎに産業別就業人口の推移をみてみると、昭和三十五年には第一次産業の就業人口は五五万一八四三人で全就業者に占める割り合いは六〇・四％であったのが、昭和五十五年には二〇万八六〇三人、同二四・七％へと大幅にシェアを減少させたのに対し、第二次産業は一二・一％から二四・五％へ、第三次産

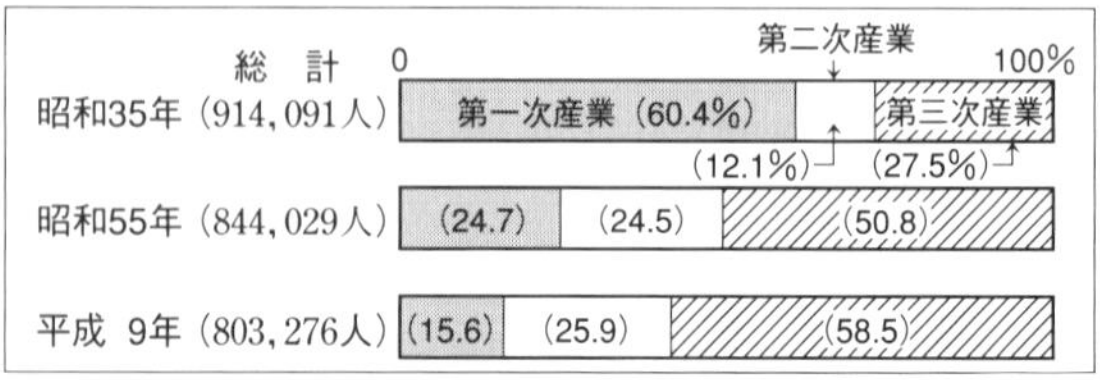

産業別就業人口の推移　『鹿児島県統計年鑑』より作成。

業は二七・五％から五〇・八％へとそれぞれシェアを増加させた。平成九年には第一次産業は一二万五三三一人、そのシェアは一五・六％に減少し、第二次産業の就業人口は二〇万八三八一人、同二五・九％に、第三次産業の就業人口は四六万九五六四人、同五八・五％へと増加した。昭和五十五年と平成七年の産業別就業者数をみてみると、第一次産業はあいかわらず大幅に減少しているのに対して、第二次産業は停滞的で、第三次産業が若干増加している。このような産業別就業人口の推移は、全国的な傾向と歩調を同じくするものであるが、平成九年について全国平均と比較してみると、第一次産業就業人口の割り合いが高く、第二次産業就業人口の割り合いが低くなっている。

県内総生産額は、昭和四十五年には六二三二億六四〇〇万円、昭和六十年度には三兆四六三五億円であったが、平成七年度には四兆九二六〇億円へと増加した。昭和六十年から平成七年の一〇年間で四二・二％、つまり年率四・二％の割り合いで増加した。一人当り県民所得は、昭和四十五年には一四三万四〇〇〇円、六十年に一六三万円、平成七年には二二七万七〇〇〇円へと増加した。ただし、県平均を上まわっているのは九六市町村中わずか六市町のみである。同じく昭和六十年から平成七年の一〇年間に県民所得は三九・七％増加したが、同期間中に、一人当り国民所得は四〇・七％増加したので、一人当り国民所得に対する一人当り県民所得の割合は、七五・七％から七五・二％へと若干低くなった。鉱工業出荷額（従業者四人以上の事業所）についてみると、平成八年度の総出荷額は一兆七九三八億八三七八万円であるが、そのうち食品関連加工業（食料品・飲料・飼料・煙草）の出荷額は七八五五億六五五四万円で、総出荷額の四四％を占めている。国分・隼人のテクノポリス企業群の電気機械器具出荷額も一九二五億五五四一万円に達している。

## 二十世紀最後の「総合基本計画」

土屋佳照《よしてる》県政を継承した須賀龍郎《すがたつろう》県政は、平成十（一九九八）年四月には「県総合基本計画第三期実施計画」をスタートさせた。須賀知事によれば、「この計画では、心の豊かさやうるおいを大切にしながら、経済社会の活力を呼び起こしていくことが重要であるとの考えのもと、県民一人ひとりが鹿児島に誇りをもって、それぞれの能力や経験を生かしながら、県内のどの地域に住んでいても生涯にわたって安心して生き生きと個性豊かな生活ができる『うるおいと活力にみちた鹿児島の創造』を基本理念として掲げ、目指すべき鹿児島の将来目標として『魅力あふれる南の拠点かごしま』『多様な活力産業圏かごしま』『健やかで心豊かな生活圏かごしま』の三つを示し、その実現のため、一五の戦略プロジェクト、すなわち、⑴かごしま新国際プラン、⑵南の拠点づくり交通プラン、⑶ウオーターフロントプラン21、⑷情報フロンティアかごしま、⑸食の創造拠点かごしま、⑹活力産業創造プラン、⑺観光かごしまテンミリオン（一〇〇〇万人）プラン、⑻かごしま空港都市の建設、⑼鹿児島広域都市圏の構築、⑽地域活性化プラン、⑾いきいき健康・スポーツプラン、⑿高齢者元気活躍プラン、⒀かごしま環境形成プラン、⒁かごしま人づくりプラン、⒂かごしま文化シンホニー、をはじめ各般の施策を積極的に推進している」ということである。基本理念や三つの将来目標が実現されることを多くの県民は期待している。

しかしながら、このような大きな計画を実現するための諸条件は、数年前とは比較にならないほど困難な状況にある。中央政府、地方政府、地方自治体ともに巨額の累積債務をかかえている。平成八年度の県の起債比率（歳入総額に占める公債の割り合い）は一六・三％、市町村のそれは一六・〇％である。同年度末の県の累積債務額は一兆三五七億円（十一年度末の県債残高は一兆二七八一億円になるみこみ）、市町村の累積債務額は一兆一一七五億円、合計二兆一五三二億円に達している。県および市町村ともに年度予算額を超える債務を背負っており、年々の公債利子だけでも、歳出の一〇%を超えているのである(県の場合、十一年度には一二・七%)。したがって、『県総合基本計画』は、国土審議会が見直しの柱としている、(1)開発優先、国主導型から地域主導型へ転換する、(2)計画策定過程の透明性を確保する、ことに加えて、(3)健全な財政運営に基づいた計画が必要である。

本計画の目標年次である西暦二〇〇一年までは数年を残すのみとなった。基本理念に忠実であるためには、自然環境や文化財、地域産業を無秩序に破壊したり、住民の生活や生命を危険にさらすようなプロジェクトはさけなければならない。県民の総意を十分反映させる必要がある。平成五年八月六日の鹿児島市を中心とした大水害は乱開発に対する自然のシッペ返しであったことを忘れてはならない。

## 3 二十一世紀の鹿児島の展望

### 少子化・高齢化社会の到来●

鹿児島県の人口は、昭和三十(一九五五)年に二〇四万四一一二人のピークを記録したのち、昭和四十七年には一七〇万五〇〇八人に減少した。その後漸増し、昭和六十年には一八一万一六〇〇人に増加したものの、平成十七(二〇〇五)年十月一日現在の人口は、一七五万三一七九人である。昭和三十五年と平成十七年の年齢階層別の人口を比較してみると、昭和三十五年には〇〜一四歳人口は七一万八二六三人、六五歳以上人口は一四万一一二一人で、総人口に占める割合いはおのおの三六・六%と七・二%であったのが、平成十七年には〇～一四歳人口は二五万二二八五人、六五歳以上人口は四三万四五五九人で総人口に占める割り合いはおのおの一四・四％と二四・八％である。その間の人口構成の変化の大きな特徴は、一四歳以下人口が約三分の一以下に減少し、六五歳以上人口が三倍以上に増加したことである。その結果、平成十七年には、六五歳以上人口が一四歳以下人口を上まわっている。県内七二市町村のうち六五歳以上人口が二〇％を超えている自治体の数は七〇（平成三年には六二市町村であった）で、三〇％を超えている市町村の数は四〇（最高は笠沙町の四六・三％、ついで、大浦町四三・七％、坊津町四二・二％、南大隅町四一・二％、宇検村三八・九％の順）にのぼっている。

　高度経済成長期には、大量の社会的人口移動によって、県内の郡部は過疎化してきた。昭和四十五年には、県外への転出者が九万九七〇三人、転入者六万二五二人で純流出が三万七一九二人であった。平

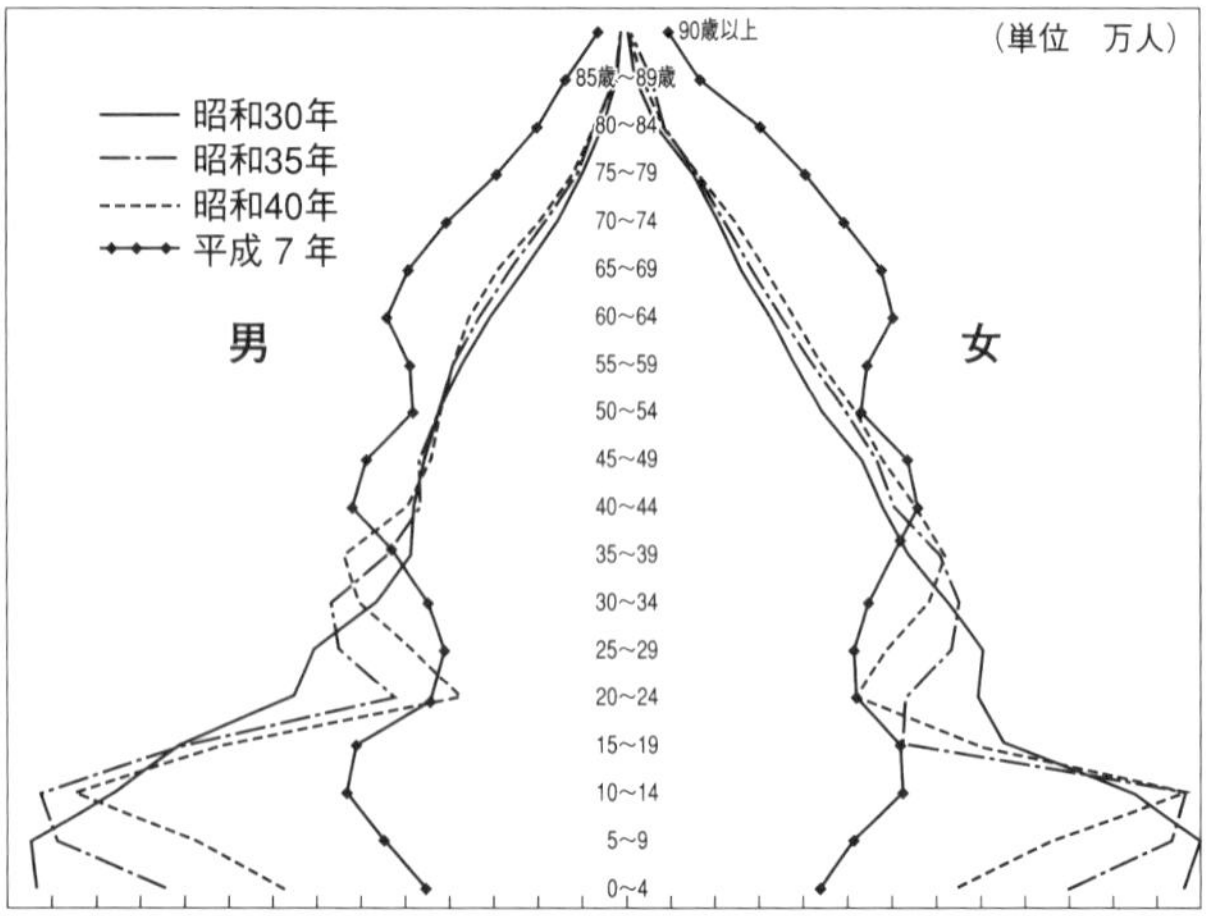

年齢別（５歳階級ごと）人口構成の推移　『鹿児島県統計年鑑』より作図。

成十年には、県外への転出者四万一一六三人、転入者三万八九九三人で、純流出二一七〇人である。また、経済発展とともに、合計特殊出生率（女性が生涯に生む子どもの平均数）は低下傾向をたどり、昭和四十五年にはわが国の合計特殊出生率は二・〇九であったのが、平成十五年には一・二九になった。近年は、多くの市町村で人口の自然的減少がめだつようになってきた。平成九年当時、県内九六市町村のうち、昭和四十五年には一九にすぎなかったのが、平成九年には、六七の市町村で自然減少に見舞われている。今後三〇年間にわたって同じような趨勢《すうせい》で進んでいくならば、平成四十年ころには一五歳以下人口は一〇％以下になり、六五歳以上人口は三〇％を超えることが推測される。少子化・超高齢化社会の到来である。だがあかるいニュースもある。厚生省が平成十一年五月に発表した全国市町村の合計特殊出生率によると、全国一位は大島郡和泊《わどまり》町で二・五八、ついで同郡の喜界《きかい》町、天城《あまぎ》町、伊仙《いせん》町、知名《ちな》町と上位五位までを占めている。少子化解決策が奄美にヒントを得ることができるかも知れないのである。そのときのために諸条件の整備をしていく必要がある。

**●食料・農業基地の創造●**

農業は本県の基幹産業であり、平成八（一九九六）年度の農業粗生産額は四二二五億円に達し、全国第四位（一位北海道、二位千葉県、三位茨城県）である。しかしながら、農業就業者の六五％が六〇歳以上の高齢者で、多くの農家で後継者がいないという状態である。『総合基本計画』でも、「本県においては、競争力のある足腰の強い農林水産業を確立し、わが国の中で食料供給県としての役割を果たしていく必要がある」とのべられている。

本県の農業は、広大な畑地や温暖な気候などをいかし、生産額は、甘藷（全国一位）、砂糖きび（二位）、茶（二位）、ばれいしょ（三位）、かぼちゃ（二位）、びわ（二位）、葉たばこ（四位）、豆類（二位）、さといも（三位）、花卉《かき》類（七位）、みかん（一三位）である。

近年、本県における花卉生産は急速な成長をみせている。県農政部の『鹿児島の農作物』（平成九年）によると、平成六年の花卉園芸作付面積二三九〇ヘクタール（全国の六・五％）、生産額二五八億二七〇〇万円（全国の四・四％）であるが、平成十三年には作付面積二九三〇ヘクタール、生産額三五九億一八〇〇万円を目標にしているという。花卉生産の中心は枕崎・頴娃《えい》・山川《やまがわ》の南薩地方と鹿屋《かのや》・肝属、沖永良部《おきのえらぶ》島・喜界島である。

## 「世界自然遺産」に登録された屋久島

平成五（一九九三）年十二月、第一七回世界遺産委員会で、屋久島《やくしま》が「世界自然遺産」リストに、日本ではじめて登録決定された。「世界遺産」登録のための条約によると、締約国は自国内の遺産について、「保護・保存と整備・活用を行い、次の世代へ伝える」義務が課せられ（第四条）、そのための国内的措置として、「一般的施策の採用、保護機関の設置、財政的な措置等の努力を払う」ことが規定されている（第五条）。それゆえに屋久島では地域振興のありかたとしては、「島の自然と環境を基本的資産として、この資産の価値を高めながら自然の摂理に従って活用し、生活の総合的な活動の範囲を拡大し、水準を引き上げていくこと」を原則にしている。

屋久島は、周囲一三〇キロ、面積五〇三平方キロで、九州最高峰宮之浦岳《みやのうら》（一九三五メートル）をはじめ、一〇〇〇メートル以上の高峰が連なり、人口約一万五〇〇〇人を有する島嶼である。こ

❖コラム

の悠久の島、屋久島では、条約締結に前後して、高速艇トッピーの就航、「屋久島憲章」の制定、「屋久島世界遺産地域管理計画」の決定、「屋久島環境文化村センター」の開設など、自然保護と観光開発が同時に進行している。世界自然遺産登録後、もっとも心配されているのは、観光客の増加による自然破壊である。屋久島への入島者は、平成元年にトッピーが就航して以来急増し、昭和六十（一九八五）年には一二万人だったのが、平成七年度には二六万人と二倍以上に増加している。観光客の増加とともに、ゴミがふえ（一日当り約二〇トン）、屋久島では平成八年からゼロ・エミッション計画「投入された資源を廃棄物として捨てるのではなく、リサイクルして資源として利用するシステム」（廃棄物を再資源化し、公共事業に活用する計画）を推進中である。屋久島は、自然と人間を含めた生態系の共存をいかにはかっていくか、一大実験場である。これは屋久島の住民だけの問題ではない。日本の、そしてまた鹿児島県の責任と使命でもある。

屋久島の縄文杉

鹿児島県は全国有数の畜産県である。豚・採卵鶏・ブロイラーは全国一位、肉用牛が全国二位の生産を占める。今後、県産品の品質向上により、ブランド化を進めて（平成十年一月現在、八品目一〇産地指定。十一年には、鹿児島黒豚も登録商標化）、市場拡大をはかっていく必要がある。

昭和三十六年に制定された「農業基本法」が三八年ぶりに改訂され、平成十一年度から「食料・農業・農村基本法」が施行されることになった。新農業基本法は、「良質な食料の合理的な価格での安定的供給」「食料の自給率目標を定める」「国土保全、水資源涵養《かんよう》、自然環境保全、良好な景観形成、文化伝承」「中山間地域への助成」「地域特性に応じた国及び県の農政」など、二十一世紀の本県農業の行方のみならず、県民生活を大きく左右するものばかりである。食料・農業を基幹産業と位置づける本県にとって大きな課題は、農業就業者の高齢化と後継者不足という問題である。今後の農政に期待したいところである。

**沖永良部島のテッポウユリ栽培**　沖永良部島でのユリの栽培は明治37(1904)年以来のことといわれ，エラブユリとして，国内はもとより海外でも高い評価を得ている。そのほか花卉園芸が盛んで農業の島といわれている。

## 国際化の進展と鹿児島●

本県では平成二（一九九〇）年に策定された「県総合基本計画」を基本にしながら、鹿児島を「世界に開かれた南の拠点」とする国際交流事業を推進するために、同年八月、「鹿児島県国際交流推進大綱」を作成した。同大綱によれば、「わが国本土の西南部に位置するという地理的優位性もあり、古くから外国文化や技術の受け入れ門戸としての役割を果たしてきた本県は、海外と積極的に交流してきたときにその時代を担う優秀な人材を育《はぐ》くみ、経済も活性化し、わが国の歴史上において重要な役割を果たしてきた。このような歴史的な経験を踏まえ、これからの国際化の時代にあっても、進取の気性に富んだ県民性を発揮し、本県の特性を十分に生かして、単に国レベルの国際交流の一環として行うだけでなく、自らが主体性をもって国際交流に取り組むことが必要である。特に、アジア・太平洋時代の新たな展開の中で、香港《ホンコン》、シンガポール等の東南アジアをはじめ韓国・中国など地理的・歴史的にも本県とつながりの深い地域を中心とし

現在の県都鹿児島市

ながら、広く海外諸国との間で、産業、技術、観光、文化・スポーツ・学術分野など、幅広い交流・協力を一層促進するとともに、必要な人材の育成や施設・機能の整備を図り、世界に開かれた日本の南の拠点の形成に努めていく必要がある」とある。

大綱の趣旨に即して、県、市町村、各種団体・企業などで国際交流・協力が推進されてきている。たとえば、県はジョージア州（アメリカ）と、鹿児島市はナポリ市（イタリア）・パース市（オーストラリア）・長沙《ちょうさ》市（中国）・マイアミ市（アメリカ）と、いちき串木野市はサリナス市（アメリカ）、指宿市はロックハンプトン市（オーストラリア）と、大島郡与論町はミコノス市（ギリシア）と、同郡天城《あまぎ》町はシライ市（フイリッピン）と、旧鹿児島郡桜島町はリボン市（アメリカ）、旧肝属郡根占《ねじめ》町はコヤ県（ギニア）と姉妹盟約を結んで国際交流と国際協力を進めている。また、自然災害、動植物に関する国際会議の開催、カラモジア交流、南アメリカ在住県移住者の子弟の県費による短期留学生のうけいれ、霧島国際音楽祭など、本県の特性をいかした学術・研究・研修の交流も行っている。平成十年十二月には、日置《ひおき》郡東市来《ひがしいちき》町で薩摩焼四〇〇年記念事業や日韓外相会議が、平成十一年十一月にはフランシスコ・ザビエル上陸四五〇年記念行事が開催されるなど、歴史的にみても海外とのかかわりが盛んであったことを認識させられるのである。熊本県、宮崎県、沖縄県との県際交流も活発化しつつある。今後、鹿児島から、日本・世界にむけて情報の発信が期待されるところである。

# あとがき

旧版『鹿児島県の歴史』を父原口虎雄が一人で執筆したのは、私が学生時代の昭和四十八(一九七三)年であった。内神田の山川出版社で校正を手伝ったことが懐しいが、新県史の「あとがき」を同じ社屋で書くことになった。大きな違いは、執筆者が五人であることと四半世紀の時の経過であろう。前県史は、長年にわたる父の近世薩摩藩地方文書の筆写にもとづく研究の成果を反映したはじめての概説書であったといえる。いわば維新史研究中心主義から奄美を含んだ農村史、さらに琉球との関係の重視への転換を示したものであった。この基本的な動向は本書でも受け継いでいる。しかしその後、考古学・古代・中世史研究は飛躍的に進展し、現代についても、戦後史の追加では語れないほど価値観の多様化など状況が変化した。本書の執筆メンバーは、これに応えられる新しい研究者が参集することになった。

先史時代・古代の1・2章は『宮崎県史』をはじめ鹿児島県内各地の自治体史を手がけられた永山修一氏、中世の3・4・5章は一宮社領などの重厚な研究のある日隈正守氏、中世の5章第4節と近世の6・7・8章は新進気鋭の尚古集成館学芸研究員の松尾千歳氏、近・現代の9・10章は国際関係論の立場から奄美および鹿児島県の近・現代史の研究概説書を刊行されている皆村武一氏、総説の「風土と人間」は原口が、それぞれ分担した。また、付録は、沿革表を皆村氏、祭礼・行事を松尾氏、参考文献を永山氏、年表は各時代担当者作成のものを永山氏がまとめた。近・現代は重要な時代であるが、本書の姉妹編として『鹿児島県の百年』が刊行される予定なので、本書では紙数をおさえ、新しい視点の提示をめざしている。姉妹編を併読願えれば幸いである。なお、本書の執筆にあたっては、鹿児島の中世史研究を開拓してこられた五味克夫鹿児島大学名誉教授、考古学では県立埋蔵文化財センターの前迫亮一氏、指宿市時遊館 COCCO はしむれ学芸担当主査の下山覚氏をはじめとして、多くの研究者のご協力をいただいた。感謝の意を表したい。

戦前に刊行が始まった『鹿児島県史』全五巻は文献実証主義を旨とした好著であったが、今や鹿児島県歴史資料センター黎明館から六〇冊にも及ぶ『鹿児島県史料』が刊行されている。これらの史料にもとづき新たな県史編纂の大事業がはじまる日が遠くであってはならない。本書が県内外の多くの読者の批正をうけ、新事業への呼び水になることを期待したい。

山川出版社編集部の本書刊行に向けてのご熱意には敬服するほかない。私が環境問題など地域に密着した活動にかかわっているとはいえ、刊行が遅れてしまったことをお詫びしたい。本書の直接の産みの親は、他の四人の執筆者である。深甚の謝意を捧げたい。

一九九九年七月

原口　泉

# 鹿児島県全図

都道府県界
市郡界
町村界
JR線
高速道路
有料道路
国道
県庁
鹿児島県
熊本県
宮崎県
天草市
下島
天草諸島
獅子島
産島
伊唐島
長島
魚貫崎
大島
出水郡
長島町
津奈木町
芦北町
球磨村
山江村
相良村
湯前町
多良木町
市房山
西米良村
水俣市
みなまた
しんみなまた
国見山
▲960
ひとよし
人吉市
あさぎり町
錦町
白髪岳
▲1417
矢筈岳
▲687
いずみ
出水市
伊佐市
えびの市
小林市
えびのJct.
吉都線
こばやし
綾町
阿久根市
肥薩おれんじ鉄道
紫尾山
▲1067
薩摩郡
さつま町
よしまつ
姶良郡
湧水町
栗野岳
1102
韓国岳
▲1700
霧島山
高原町
烏帽子岳
▲988
▲1574
高千穂峰
九州新幹線
肥薩線
烏帽子岳
▲703
川内川
薩摩川内市
せんだい
弁財天山
▲519
鹿児島県
姶良市
霧島市
鹿児島空港
都城市
宮崎自動車道
大淀川
岩瀬川
遠目木山
▲423
上甑島
中甑島
薩摩川内市
尾岳
▲604
甑島列島
下甑島
釣掛埼
宇治島
宇治向島
宇治群島
川辺郡
笠沙町
鷹島
草垣群島
上ノ島
下ノ島
くしきの
いちき串木野市
八重山
▲677
九州自動車道
白鹿岳
604
日豊本線
こくぶ
隼人道路
東九州自動車道
三股町
みやこのじょう
曽於市
かごしま
かごしまちゅうおう
桜島
▲1117
南九州自動車道
(鹿児島道路)
日置市
鹿児島市
垂水市
高隈山
▲1182
志布志市
しぶし
串間市
日南線
金峯山
▲636
吹上浜
熊ヶ岳
590
指宿枕崎線
鹿児島湾
(錦江湾)
野間岬
野間岳
▲591
曽於郡
大崎町
東串良町
志布志湾
南さつま市
南九州市
鹿屋市
肝付町
枕崎市
指宿市
知林ヶ島
甫与志岳
▲1182

**鹿児島県《かごしまけん》の歴史《れきし》**　　県史　46

1999年 8 月25日　第 1 版 1 刷発行　　2022年 7 月30日　第 2 版 3 刷発行

著　者　原口 泉《はらぐちいずみ》・永山 修一《ながやましゅういち》・日隈正守《ひのくままさもり》・松尾千歳《まつおちとし》・皆村武一《みなむらたけいち》

発行者　野澤武史

発行所　株式会社　山川出版社　　〒101-0047　東京都千代田区内神田 1 -13-13

電話　03(3293)8131(営業)　03(3293)8135(編集)

https://www.yamakawa.co.jp/　　振替　00120-9-43993

印刷所　明和印刷株式会社　　製本所　株式会社ブロケード

装　幀　菊地信義



ISBN978-4-634-32461-9

●造本には十分注意しておりますが，万一，落丁・乱丁などがございましたら，小社営業部宛にお送りください。送料小社負担にてお取り替えいたします。

●定価はカバーに表示してあります。

原口　泉　はらぐちいずみ

1947年，鹿児島県に生まれる
1979年，東京大学大学院人文科学研究科博士課程中退
現在　志學館大学教授
主要著書・論文　『NHK かごしま歴史散歩』(日本放送出版協会，1986年)，「薩摩藩の海外情報」(『海外情報と九州』九州大学出版会，1996年)

永山　修一　ながやましゅういち

1957年，宮崎県に生まれる
1980年，東京大学文学部国史学科卒業
現在　ラ・サール学園・鹿児島大学非常勤講師・博士(文学)
主要論文　「8世紀における隼人支配の特質について」(『古代文化』44—7，1992年)，「キカイガシマ・イオウガシマ考」(笹山晴生先生還暦記念会編『日本律令制論集下』吉川弘文館，1993年)，『本庄古墳群猪塚とその出土品の行方』(鉱脈社，2018年)

日隈　正守　ひのくままさもり

1959年，熊本県に生まれる
1992年，九州大学大学院文学研究科博士後期課程単位取得退学
現在　鹿児島大学教育学部教授
主要論文　「中世前期における一宮支配体制」(『古文書研究』37，1993年)，「一宮制成立過程に関する基礎的考察—一宮制と国内領主との関係—」(『西南地域史研究』8，1994年)

松尾　千歳　まつおちとし

1960年，福岡県に生まれる
1983年，鹿児島大学法文学部人文学科卒業
現在　尚古集成館館長
主要著書　『島津家おもしろ歴史館』(尚古集成館，1991年)，『元禄十五年，薩摩国・大隅国・日向国，国絵図解説書』(鹿児島県教育委員会，1997年)，『西郷隆盛と薩摩』(吉川弘文館，2014年)

皆村　武一　みなむらたけいち

1945年，鹿児島県に生まれる
1973年，九州大学大学院経済学研究科博士課程単位取得退学
現在　鹿児島大学名誉教授・経済学博士
主要著書　『戦後日本の形成と発展』(日本経済評論社，1995年)，『「ザ・タイムズ」のみた幕末維新』(中央公論社，1998年)

# 付　　録

# ■ 索　引

## ● あ　行

## ● か　行



## ● さ　行

## ● た 行



## ● な 行

## ● は　行



## ● ま　行



## ● や　行



## ● ら・わ行

## ■ 年　　表

| 年　代 | 時　代 | 事　　項 |
|---|---|---|
| 3万1000年前 | | 立切遺跡などに生活の跡。 |
| BC 2万2000ころ | 旧石器時代 | 姶良カルデラの噴火。シラス台地ができる。松元町仁田尾遺跡。 |
| ～BC9500 | 縄文草創期 | サツマ火山灰の下に栫ノ原遺跡・掃除山遺跡など。 |
| BC7500ころ | 早期 | 上野原遺跡・加栗山遺跡・前原遺跡の定住集落。 |
| BC4400ころ | | 鬼界カルデラの噴火。 |
| ～BC3000 | 前期 | 轟式，曽畑式土器などが盛行。一湊松山遺跡など。 |
| ～BC2000 | 中期 | 春日式土器などが用いられる。前谷遺跡など。 |
| ～BC1000 | 後期 | 市来式土器・指宿式土器が盛行。干迫遺跡・市来川上貝塚・宇宿貝塚・面縄第一貝塚・草野貝塚など。 |
| ～BC300ころ | 晩期 | 稲作がはじまる。下原遺跡・高橋貝塚など。 |
| ～BC100 | 弥生前期 | 高橋貝塚で貝輪を加工。魚見ヶ原遺跡など。 |
| ～100 | 中期 | 山ノ口式土器が盛行。山ノ口遺跡・王子遺跡など。 |
| ～300 | 後期 | 環濠集落がみられる。松木薗遺跡など。 |
| ～400 | 古墳前期 | 鳥越一号墳・永山地下式板石積石室墓群・成川遺跡。 |
| ～500 | 中期 | 唐仁大塚・横瀬古墳・横岡地下式板石積石室墓群。 |
| 500～ | 後期 | 弥次ケ湯古墳。橋牟礼川遺跡。 |

| 西暦 | 年　号 | 事　　項 |
|---|---|---|
| 616 | (推古)24 | *3～7-* ヤク人合計30人がきて，朴井に住む。 |
| 629 | (舒明) 1 | *4-1* 田部連をヤクに派遣。 |
| 653 | 白雉　4 | *7-* 遣唐使船，「薩麻之曲・竹嶋之間」で沈没。 |
| 657 | (斉明) 3 | *7-* 覩貨邏人男2人と女4人，海見(奄美)に漂着。 |
| 677 | (天武) 6 | *2-* 多禰島人らを飛鳥寺の西の槻の木の下でもてなす。 |
| 679 | 8 | *11-23* 多禰島に使いを派遣。 |
| 681 | 10 | *8-20* 多禰島に派遣した使人が多禰の国図をもたらす。*9-14* 多禰島人らを飛鳥寺の西の河辺でもてなす。 |
| 682 | 11 | *7-3* 大隅・阿多隼人が朝貢をはじめる。*7-25* 多禰人・掖玖人・阿麻彌人らに禄を賜う。*7-27* 隼人らを明日香寺の西でもてなす。 |
| 683 | 12 | *3-19* 多禰に派遣した使人が帰還。 |
| 689 | (持統) 3 | *1-9* 筑紫大宰粟田真人，隼人174人と布・牛皮・鹿皮を献じる。 |
| 692 | 6 | 閏 *5-15* 筑紫大宰率河内王に命じ，大隅と阿多に僧侶を派遣させる。 |
| 695 | 9 | *3-23* 文忌寸博勢・訳語諸田らを多禰に派遣。 |
| 698 | (文武) 2 | *4-13* 文忌寸博士らを覓国使として南島に派遣。 |
| 699 | 3 | *7-19* 多褹・夜久・菴美・度感らの人，覓国使にしたがい朝貢する。*8-8* 南島からの朝貢物を伊勢大神宮および諸社におさめる。このころ薩末比売・衣評督衣君県・肝衝難波ら，肥人をしたがえ覓国使を襲撃。*11-4* 覓国使，帰還。*12-4* 大宰府に命じて三野・稲積両城を修築させる。 |

| | | |
|---|---|---|
| 700 | (文武) 4 | ***6-3*** 竺志惣領に命じて，覓国使を襲撃したものたちを処罰。 |
| 701 | 大宝　1 | この年，大宝律令完成。 |
| 702 | 2 | ***8-1*** 薩摩と多褹の反乱を鎮圧，戸籍作成に着手し，国嶋司をおく。***10-3*** 唱更国司らが，国内要害の地に柵・戍の設置を認められる。 |
| 709 | 和銅　2 | ***10-26*** 薩摩隼人ら郡司以下188人朝貢。同じころ日向隼人も朝貢。 |
| 710 | 3 | ***1-27*** 日向国は采女，薩摩国は舎人を貢ずることを命ず。***1-29*** 日向隼人曾君細麻呂，外従五位下に叙せられる。 |
| 713 | 6 | ***4-3*** 日向国肝坏・曽於・大隅・姶襹の4郡を割いて，大隅国をおく。***7-5*** 隼人を討った将軍以下に叙勲。 |
| 714 | 7 | ***3-15*** 隼人教導のために，豊前国から200戸を移民。***4-25*** 多褹嶋に印一面を支給。***12-5*** 奄美・信覚・球美など南島人52人，都へ至る。 |
| 720 | 養老　4 | ***2-*** 隼人，大隅国守の陽侯麻呂を殺す。***3-4*** 大伴旅人を征隼人持節大将軍とする征討軍を派遣。***8-12*** 征隼人持節将軍大伴旅人に帰京命令。副将軍以下は引き続き在陣(翌年7月帰還)。***11-8*** 南島人232人に位をさずける。 |
| 722 | 6 | ***4-16*** 大隅・薩摩・多褹の国島司の欠員を臨時に大宰府官人で補充することを認める。 |
| 723 | 7 | ***5-17*** 624人の隼人，朝貢。 |
| 727 | 神亀　4 | ***11-8*** 南島人132人来朝し，位をあたえられる。 |
| 730 | 天平　2 | ***3-7*** 大隅・薩摩両国での班田制全面導入を断念。 |
| 732 | 4 | ***5-24*** 薩摩国司に季禄を給す。 |
| 733 | 5 | ***6-2*** 多褹嶋の1000人余に姓をあたえる。 |
| 735 | 7 | この年，南島に牌をたてさせる。 |
| 740 | 12 | この年，藤原広嗣の乱に隼人動員される。 |
| 754 | 天平勝宝6 | ***2-20*** 大宰府に南島の牌の修理を命じる。 |
| 755 | 7 | ***5-19*** 大隅国菱刈村浮浪930余人の申請を許可し，菱刈郡が成立。 |
| 760 | 天平宝字4 | ***8-7*** 多褹嶋司などに，大宰管内諸国の公田地子を支給。 |
| 764 | 8 | ***12-*** 大隅・薩摩両国麑島信爾村の海上に三島ができ，80余人が埋まる。 |
| 766 | 天平神護2 | ***6-3*** 日向・大隅・薩摩3国に大風。柵戸の調庸を免除する。***6-*** 大隅国神造新島，震動がやまず多くの人びとが被災。 |
| 778 | 宝亀　9 | ***12-12*** 神造島の大穴持神を官社とする。 |
| 785 | 延暦　4 | ***12-9*** 日向国の百姓が大隅・薩摩両国にのがれいることを禁止。 |
| 788 | 7 | ***3-4*** 大隅国曽於郡の曽乃峯が噴火。 |
| 791 | 10 | この年，大隅・日向国などで飢饉。 |
| 792 | 11 | ***8-20***「隼人之調」のとどこおりをとがめ，輸納を命じる。 |
| 800 | 19 | ***12-7*** 大隅・薩摩両国百姓の墾田を収公し，口分田として班給する。 |
| 801 | 20 | ***6-12*** 大宰府に隼人の朝貢停止を命じる。 |
| 805 | 24 | ***1-15*** 朝貢してきた隼人の風俗歌舞を停止する。 |
| 808 | 大同　3 | ***1-25*** 隼人司を衛門府に併合(7月26日兵部省のもとに再置)。 |
| 824 | 天長　1 | ***9-1*** 多褹嶋を廃止し，4郡を2郡にして大隅国にあわせる。 |
| 852 | 仁寿　2 | この年，薩摩国，学生などの食糧確保のため営田を許される。 |
| 853 | 3 | ***7-17***「野族」とされた薩摩国孝女挹前福依売に叙位・免税。 |
| 874 | 貞観　16 | ***3-4*** 開聞岳噴火。橋牟礼川遺跡など被災。 |
| 885 | 仁和　1 | ***7・8-*** 開聞岳噴火。 |

| | | |
|---|---|---|
| 961ころ | 応和年中 | 薩摩国分寺，大宰府安楽寺の末寺となる。 |
| 980 | 天元　3 | このころ，大隅国内に里倉負名がある。 |
| 997 | 長徳　3 | ***10***-以前 奄美島人，薩摩国など大宰府管内諸国を襲撃。大宰府，奄美島人40余人を討伐。 |
| 998 | 4 | ***9***-以前 大宰府，貴駕島に奄美人追捕を命じる。 |
| 999 | 長保　1 | ***8-19*** 大宰府，奄美人追討のことを朝廷に言上。 |
| 1001 | 3 | ***2***- 前豊後守丹波奉親，大宰大弐藤原有国の苛責を訴える。 |
| 1007 | 寛弘　4 | ***7-1*** 大宰少監大蔵種材，大隅守菅野重忠を殺害。 |
| 1020 | 寛仁　4 | 閏 ***12***-以前 南蛮人，薩摩国襲撃事件。 |
| 1025 | 万寿　2 | ***2-14*** 大隅掾為頼，右大臣藤原実資に檳榔200把を進上。***7-24*** 為頼，絹15疋・牛鞦色革20枚を相撲人秦吉高に付して実資に進上。 |
| 1027 | 4 | ***7-24*** 為頼，絹20疋・色革30枚・営貝５口を相撲人吉高に付して実資に進上。***8-7*** 実資，馬１匹を相撲人吉高に付して為頼にあたえる。 |
| 1024～28 | 万寿年間 | 大宰大監平季基，島津荘を関白藤原頼通に寄進。 |
| 1029 | 長元　2 | ***3-2*** 薩摩守巨勢文任，絹10疋・蘇芳10斤・花３帖・革10枚を実資に，粉紙10帖・茶垸・唐硯１面を実資女に進上。***8-2*** 大隅国住人藤原良孝，色革60枚・小手革６枚・赤木２切・檳榔300把・夜久貝50口を実資に進上。***8-3*** 薩摩守文任，紫草を実資に進上。***8***-以前 平季基，大隅国衙・藤原良孝住宅などを焼討。 |
| 1031 | 4 | ***1-13*** 平季基，唐錦１疋・唐綾２疋・絹200疋・総鞦色革100枚・紫革50枚を実資に進上。***1-23*** 平季基，左衛門陣に候せしめられる。 |
| 1138 | 保延　4 | ***11-15*** 阿多郡司平忠景，私領を祈禱料として観音寺に寄進。 |
| 1161～63 | 応保年間 | 平忠景貴海島に逐電。平家貞，忠景追討を計画するが強い波風にはばまれて遂行できず。牛屎郡司大秦元重の所務を家道が濫妨。 |
| 1165 | 永万　1 | ***7***- 宇佐弥勒寺の政所より，平忠明(別府五郎)の新田八幡宮政所職停止が命じられる。 |
| 1172 | 承安　2 | この年，薩摩守重綱，牛屎郡司大秦元光と所務相論をおこす。 |
| 1173 | 3 | この年以降，禰寝院南俣をめぐり，郡司建部氏と姻族菱刈氏とが相論。 |
| 1174 | 4 | このころ，牛屎郡の所務をめぐり，郡司大秦元光と篠原国吉が相論。 |
| 1177 | 安元　3 | ***6***- 俊寛・平康頼・藤原成経，鬼界島(硫黄島)に流罪。 |
| 1180 | 治承　4 | ***5-22*** 源頼政挙兵，治承・寿永の乱開始。***6-16*** 宇佐弥勒寺・喜多院別当に田中慶清，薩摩守に平忠度を補任。 |
| 1184 | 寿永　3 | ***2-7*** 一の谷の戦い，平忠度戦死。 |
| 1185 | 文治　1 | ***3-24*** 平氏，壇の浦の戦いにやぶれ滅亡。治承・寿永の乱終焉。***8-17*** 源頼朝，惟宗忠久を島津荘下司に補任。***11-18*** 島津荘領家，惟宗(島津)忠久を島津荘下司に補任。 |
| 1186 | 2 | このころ，薩摩国内で豊後冠者義実の乱。義実，貴海島に逃亡。***2***-以前 天野遠景，鎮西奉行として派遣。 |
| 1187 | 3 | ***3***- 平重澄，伊作郡・日置北郷・日置南郷外小野を島津一円荘に寄進。 |
| 1188 | 4 | ***5-17*** 天野遠景ら，貴海島に渡り義実らを追討。 |
| 1194 | 建久　5 | ***2***- 鮫島宗家を阿多郡惣地頭に補任。 |
| 1197 | 8 | ***6***- 薩摩・大隅両国衙，「建久図田帳」を注進。***12-3*** 惟宗忠久，薩摩・大隅両国守護に補任。 |

| | | |
|---|---|---|
| 1203 | 建仁　3 | 比企能員の乱。能員縁者島津(惟宗)忠久は，薩摩・大隅・日向3カ国守護職と3カ国島津荘惣地頭職没収。忠久の後任は北条氏。 |
| 1205 | 元久　2 | この年，島津忠久，薩摩国守護に還補。 |
| 1213 | 建暦　3 | *7-10* 島津忠久，島津荘薩摩方惣地頭に還補。 |
| 1221 | 承久　3 | *5〜6-* 承久の乱，薩摩国満家院郡司大蔵幸光・河辺郡司平久道，平忠重・忠光，大隅国在庁調所氏ら後鳥羽上皇軍に参加，乱後処罰。 |
| 1235 | 文暦　2 | *8-*以前 揖宿郡地頭島津忠綱，揖宿郡司平忠秀以下親類・所従殺害のため地頭職を改補。その後揖宿郡地頭職は，大隅国守護が兼任。 |
| 1245 | 寛元　3 | この年より阿多北方惣地頭鮫島家高，阿多北方内の新田八幡宮・神宮寺五大院領に対し濫妨・押領し，新田八幡宮・五大院と相論。家高は，翌寛元4年新田八幡宮の神王面を破損したことにより，宝治元(1247)年阿多北方惣地頭を解任。家高の後任には，二階堂氏(行久)が補任。 |
| 1247 | 宝治　1 | *6-* 宝治合戦の余波で千葉秀胤一族滅亡。 |
| 1248 | 2 | この年，高城郡・東郷別府・祁答院・入来院惣地頭千葉秀胤の後任に，渋谷定心兄弟が補任。 |
| 1276 | 建治　2 | *8-* 大隅国内に石築地役が割り当てられる。 |
| 1284 | 弘安　7 | 閏 *4-21* 薩摩国守護島津久経，異国警固番役の筥崎役所で死去。 |
| 1286 | 9 | *2-* 薩摩国衙，幕府に石築地役支配のための「薩摩国図田帳」を注進。 |
| 1289 | 正応　2 | *8-* 大隅国守護千葉宗胤，大隅国内御家人に馬・狩人を割り当てる。 |
| 1312 | 正和　1 | *6-21* 大隅国守護私領が，史料的に確認される。 |
| 1333 | 元弘　3<br>(正慶2) | *4-28* 島津貞久，後醍醐天皇より大隅国守護に補任。*5-* 島津貞久，鎮西探題を攻撃。 |
| 1334 | 建武　1 | *7-* 島津荘日向方南郷で北条氏縁故者が挙兵。*9-* 島津貞久，薩摩国守護職を建武政権より確認される。 |
| 1335 | 2 | *3〜6-* 島津貞久，建武政権下で京都大番役を勤仕。 |
| 1342 | 興国　3<br>(康永1) | *5-* 後醍醐天皇皇子懐良親王，薩州津に着き上陸，谷山隆信の谷山城にはいる。以後5年余谷山城に滞在。 |
| 1351 | 正平　6<br>(観応2) | *9-* 島津氏久，南九州の国人を率いて筑前国月隈・金隈合戦に探題方として従軍。 |
| 1354 | 9<br>(文和3) | *5-25* 九州探題一色範氏，島津貞久に鹿児島郡司職を宛行う。 |
| 1360 | 15<br>(延文5) | *6-13* 日向国大将畠山直顕，島津氏久と盟約を結び事実上南九州経営より撤退。 |
| 1361 | 16<br>(康安1) | *9-*以前 肥薩隅国境地域で，和泉・牛屎・馬越氏らの反島津的南朝方の国人一揆結成。 |
| 1363 | 18<br>(貞治2) | *4-10* 島津貞久，薩摩国守護職を師久(総州家)，大隅国守護職を氏久(奥州家)に譲与。 |
| 1368 | 23<br>(応安1) | この年，和泉・牛屎・渋谷・下相良氏ら，反島津的南朝方の国人一揆を結成(第一次南九州国人一揆)。 |
| 1375 | 天授　1<br>(永和1) | *8-26* 今川了俊，少弐冬資を肥後国水島に謀殺。大隅国守護島津氏久，のちに薩摩国守護島津伊久(師久の子)も了俊から離反。 |
| 1377 | 3<br>(　3) | *10-28* 肥薩隅日4カ国国人による反島津的一揆結成(第二次南九州国人一揆)。*11-* 島津伊久・氏久，幕府方に降参。 |
| 1382 | 弘和　2 | *5* 以前 島津伊久，薩摩国守護職に還補。 |

| | | |
|---|---|---|
| | (永徳 2) | |
| 1384 | 元中 1 | *9-3* 以前 島津元久，大隅国守護に補任。 |
| | (至徳 1) | |
| 1385 | 2 | *2-* 下相良氏，国人一揆より離反。国人一揆は弱体化し，事実上瓦解。 |
| | ( 2) | |
| 1397 | 応永 4 | *11-*以前 薩摩国北部国人，反島津国人一揆を組織化。 |
| 1401 | 8 | *5-* 足利義満，僧祖阿・博多商人肥富を明に派遣。 |
| 1404 | 11 | *6-29* 島津元久，大隅・日向両国守護職を安堵。 |
| 1409 | 16 | *3-* 島津元久上洛。*9-10* 島津元久，薩摩国守護に補任。 |
| 1411 | 18 | *8-6* 島津元久死去。*9-* 元久の異母弟久豊，元久の後継者に定めた伊集院初犬(千代)丸(頼久の子)を追放して強引に家督継承。 |
| 1413 | 20 | この年，島津久豊と伊集院頼久のあいだにおける島津元久の跡目争いおこる。 |
| 1416 | 23 | *1-13* 総州家島津久世，島津久豊方に追い詰められて自殺。 |
| 1417 | 24 | *9-* 伊集院頼久，島津久豊に帰順。 |
| 1419 | 26 | この年夏，博多に着岸すべき南蛮船，阿多忠清領内に来着。 |
| 1422 | 29 | *12-* 総州家島津守久，肥前国に出奔。 |
| 1432 | 永享 4 | *7-* 島津忠国・好久兄弟の内訌。伊集院・牛屎・渋谷・菱刈氏ら，反島津国一揆を結成。 |
| 1441 | 嘉吉 1 | *3-* 島津忠国，幕府の命により大覚寺門跡義昭を討つ。*12-*以前 島津忠国・好久兄弟の内訌。 |
| 1450 | 宝徳 2 | *12-*以前 島津氏，反島津国一揆鎮圧。 |
| 1477 | 文明 9 | *4-* 守護島津忠昌に反乱した島津国久・季久ら，降伏す。 |
| 1494 | 明応 3 | *3-* 島津忠昌の肝付氏攻撃に対し，渋谷・新納氏ら反忠昌一揆を結成。 |
| 1527 | 大永 7 | *4-* 島津勝久，忠良の子貴久に守護職移譲。島津実久，貴久の守護職継承に反発，勝久の復帰を求める。*5-* 島津勝久，守護に復帰。 |
| 1535 | 天文 4 | *9-30* 島津実久，鹿児島を攻撃。島津勝久，出奔する。 |
| 1543 | 12 | *8-25* 中国人倭寇王直の船に同乗したポルトガル人，種子島に到来して鉄砲を伝える。 |
| 1549 | 18 | *7-* フランシスコ＝ザビエル，鹿児島に上陸しキリスト教を伝える。 |
| 1550 | 19 | *12-19* 島津貴久，鹿児島御内城に入城。 |
| 1557 | 弘治 3 | *4-* 島津貴久，蒲生本城を落とす。 |
| 1569 | 永禄 12 | *8-* 島津義久，北薩菱刈氏を降伏させる。 |
| 1570 | 13 | *1-* 島津義久，入来院・東郷氏を降伏させ，薩摩国を平定。 |
| 1577 | 天正 5 | *12-* 伊東義祐ら，大友氏をたより豊後国に脱走。島津氏，日向国を制覇。 |
| 1578 | 6 | *11-* 耳川合戦。島津氏，大友氏を撃破する。 |
| 1584 | 12 | *3-* 島津家久，龍造寺隆信を島原半島で敗死させる。 |
| 1586 | 14 | *10-* 島津氏，肥後口と日向口から豊後国を攻撃する。大友氏の豊後国支配はほとんど崩壊。 |
| 1587 | 15 | *3-* 豊臣秀吉，九州遠征。*5-8* 島津氏，秀吉に無条件降伏。 |
| 1590 | 18 | *2-* 秀吉，尚寧王に謝礼使を送り２～３年後に明討伐の旨を告げる。*8-* 義久，書を尚寧に送り，秀吉の関東平定を告げこれに祝儀言上を命ずる。 |

| | | | |
|---|---|---|---|
| 1591 | 天正 | 19 | ***10-*** 義久，尚寧に兵7000人と兵糧10カ月分を来年２月中に坊津に送ることを命ずる。三司官驚愕，これを福建巡撫に告げる。 |
| 1592 | 文禄 | 1 | ***3-*** 朝鮮陣立，兵１万人。***4-7*** 義弘ら名護屋を発航。***7-*** 義久，弟歳久誅伐の命をうける。歳久，滝ヶ水で自刃。***5-*** 和泉領主島津忠辰，知行召し上げられ薩州家断絶。 |
| 1594 | | 3 | ***9-*** 薩・隅・日検地を大口よりはじめ，翌年２月おわる。 |
| 1597 | 慶長 | 2 | ***12-*** 秀吉，朝鮮再征のため薩摩に兵１万2000余人および兵馬・船舶の準備を命ずる。 |
| 1598 | | 3 | ***3-*** 義弘，50余艘で久見崎を発航。***7-*** 巨済島の戦い。***8-*** 南原攻略。 |
| 1599 | | 4 | ***10-*** 明の大軍泗川を攻める。義弘おおいに防戦，敵を破る。義弘，興善島に赴き，鄧芝龍・李舜臣とたたかってこれを殺す。 |
| 1600 | | 5 | ***1-*** 五大老，義弘の子忠恒に泗川の行賞として薩摩内直轄地５万石を宛行う。***3-*** 忠恒，伏見で伊集院忠棟を誅する。嫡子忠真，荘内で叛する。***9-15*** 関ヶ原の戦い，義弘，井伊直政・松平忠吉とたたかう。この年，朝鮮人俘虜朴平意，串木野にきて下名村に築窯。 |
| 1601 | | 6 | この年，鹿児島城(鶴丸城)の築城に着手。 |
| 1602 | | 7 | ***4-*** 徳川家康，忠恒に薩・隅・日所領を安堵する。 |
| 1603 | | 8 | ***11-*** 島津以久，佐土原３万石に封ぜられる。 |
| 1604 | | 9 | ***3-*** 義弘，苗代川の朴平意らに命じて陶窯をきずかせる。 |
| 1606 | | 11 | ***6-*** 忠恒，家久と改名し，琉球征討を許される。***9-*** 義久，尚寧の来聘を促す。家久，明朝冊封使に書を送り，商船の来航を求める。 |
| 1608 | | 13 | ***8-*** 幕命によって龍雲を琉球につかわし，かさねて来聘を促す。 |
| 1609 | | 14 | ***3-*** 琉球派遣軍主将樺山久高以下，山川を発する。***4-*** 薩軍首里城にせまり，尚寧くだる。***5-*** 琉球派遣軍・尚寧らを伴って凱旋。***7-*** 徳川秀忠，家久および義久・義弘に琉球平定の褒書をつかわし，家康また戦功を賞し琉球領知の黒印状を下付。 |
| 1610 | | 15 | ***8-*** 家久，尚寧を率いて駿府に至り，家康に謁する。黒葛原吉左衛門・宇田小左衛門をはじめて大島の代官に任じる。 |
| 1611 | | 16 | ***9-*** 沖縄および諸島高８万9086石のうち５万石を王位蔵入と定め，尚寧に知行目録を給する。***10-*** 慶長内検を開始。 |
| 1613 | | 18 | この年，大島奉行をおき，道の島全体を管轄させる。 |
| 1614 | | 19 | ***3-*** 慶長内検の丈量おわる。***10-*** 家久，大坂冬の陣で徳川方につく。 |
| 1615 | 元和 | 1 | ***5-*** 家久，兵を率いて鹿児島を発し，肥前平戸で大坂落城の報に接す。 |
| 1616 | | 2 | ***6-*** 家久，明船の領内繋泊を禁じ，長崎で貿易するように令する。この年，藩債1000貫に達する。はじめて徳之島奉行をおき，徳之島・沖永良部島・与論島を管轄。 |
| 1631 | 寛永 | 8 | この春，進貢貿易拡張のため，琉球在番奉行をおき，川上忠通赴任。 |
| 1632 | | 9 | ***12-*** 内検丈量に着手し，翌年竣了。 |
| 1634 | | 11 | ***7-*** 明船の封内海陸にはいるを禁ずる。藩債8000貫におよび，諸士上知の議おこる。 |
| 1635 | | 12 | ***10-*** はじめて宗門手札改の制を定める。***11-*** 異国方・宗門方はじまる。 |
| 1637 | | 14 | ***8-*** 耶蘇会の該父マストリリ薩摩に上陸，潜入。***9-*** 藩債銀181貫におよぶ。***11-*** 島原一揆につき，薩摩藩山田昌巌有栄以下を獅子島につ |

| | | | |
|---|---|---|---|
| | | | かわし，また三原重庸を島原につかわして幕府と連絡。 |
| 1638 | 寛永 | 15 | ***1***– 三原重庸ら，原城攻撃に加わる。***5***– 光久，襲封を許される。 |
| 1640 | | 17 | 山ケ野金山発見。 |
| 1655 | 明暦 | 1 | ***9***– 谷山錫山を取りたてるという。 |
| 1657 | | 3 | この年，内検丈量に着手。翌年丈量おわる。 |
| 1680 | 延宝 | 8 | ***1***– 鹿児島大火(田尻殿大火)。***11***– 鹿児島に両度の大火。 |
| 1686 | 貞享 | 3 | ***11***– 幕府，琉球より薩摩に渡る商品金額を2000両にかぎる。 |
| 1696 | 元禄 | 9 | ***4***– 鹿児島大火，城内に延焼して本丸以下焼失。 |
| 1697 | | 10 | ***7***– 寛永寺本堂造営手伝の幕命あり。***12***– 鹿児島大火，上町３分の２焼失。 |
| 1699 | | 12 | ***11***– 鹿児島大火，上町３分の２焼失。 |
| 1702 | | 15 | この年２月，江戸高輪藩邸，10月芝藩邸類焼し，12月両藩邸の普請なる。 |
| 1703 | | 16 | ***2***– 鹿児島大火，下町焼亡。 |
| 1705 | 宝永 | 2 | この年，前田利右衛門，琉球より甘藷をもたらし，郷里に試植。 |
| 1706 | | 3 | この年，はじめて琉球黒糖を搬出。 |
| 1708 | | 5 | ***8***– イタリア教父シドッチ，屋久島に上陸。 |
| 1716 | 享保 | 1 | ***9***– 霧島山爆発，12月また噴出し降灰，近傍の田畑埋没。 |
| 1717 | | 2 | ***1***– さらに霧島山噴出，錫杖院や民家を焼失し田畑埋没。 |
| 1722 | | 7 | ***9***– 内検の一局を城内に設け，年末丈量に着手。 |
| 1729 | | 14 | ***12***– 将軍綱吉の養女竹姫，22代継豊に入輿して守殿にはいる。 |
| 1745 | 延享 | 2 | この年，大島貢租に換糖上納を行う。砂糖１斤につき米３合６勺を定率とする。 |
| 1753 | 宝暦 | 3 | 木曾川治水工事手伝の幕命をうける。 |
| 1754 | | 4 | ***2***– 木曾川治水工事着手。 |
| 1755 | | 5 | ***3***– 木曾川工事竣工。***5***– 治水工事総奉行平田靱負正輔自刃。***7***– 重豪襲封。 |
| 1762 | | 12 | ***2***– 江戸芝藩邸・守殿ともに類焼し，幕府より２万両の貸しつけ。 |
| 1773 | 安永 | 2 | ***2***– 聖堂(造士館)および武芸稽古館(演武館)創設を令する。***11***– 医学院建設に着手。 |
| 1777 | | 6 | この年，大島・喜界島・徳之島の３島に砂糖惣買入れを達する。 |
| 1779 | | 8 | ***8***– 暦局建設に着手し，10月明時館竣功。***10***– 桜島噴火・死者150人あまり，潰家500戸，田畠損高２万石におよぶ。この年，吉野帯迫に薬園を設ける。 |
| 1780 | | 9 | ***7***– 外城衆中を郷士または外城郷士と改める。この年，薬園署を設置。 |
| 1783 | 天明 | 3 | ***2***– 噯を郷士年寄と改める。 |
| 1784 | | 4 | ***4***– 外城を郷と改める。 |
| 1787 | | 7 | ***1***– 重豪隠居，斉宣襲封。 |
| 1793 | 寛政 | 5 | ***9***– 重豪，曾槃・自尾国柱らに『成形図説』の編輯を命ずる。 |
| 1797 | | 9 | ***8***– 山本正誼，『島津国史』編纂を主宰。享和２(1802)年成稿。この年，イギリス測量艦ブロヴィデンス那覇に寄港。 |
| 1805 | 文化 | 2 | ***12***– 斉宣，藩政改革の方針を示す。 |
| 1808 | | 5 | ***7***– 秩父季保，自刃を命ぜられる。***9***– 樺山久言，自刃を命ぜられる。 |
| 1809 | | 6 | ***6***– 斉宣隠居，斉興襲封。 |

| | | | |
|---|---|---|---|
| 1812 | 文化 | 9 | この年，『南山俗語考』を出版。 |
| 1816 | | 13 | ***7-*** イギリス艦アルセスト号・ライラ号，那覇に来航。 |
| 1818 | 文政 | 1 | この年，重豪，坂元澄明らに飼羊の技術および毛織を学ばせる。***4-*** 琉球輸入唐物絲・硼砂・桂枝・厚朴定量の販売２年間免許。 |
| 1819 | | 2 | 大坂銀主ら，薩摩藩にいっさいの貸しだしをこばむ。 |
| 1822 | | 5 | ***1-*** 鹿児島下町大火。 |
| 1824 | | 7 | ***7-*** イギリス捕鯨船宝島に上陸し，牧牛掠奪事件おこる。 |
| 1827 | | 10 | この年，藩債500万両におよび，側用人調所広郷に財政改革を命じる。 |
| 1830 | 天保 | 1 | ***12-*** 重豪・斉興，調所広郷に朱印の書付を付し，明年以降10年間に金50万両貯蓄・古債証文回収などを命ずる。この年，大島・喜界島・徳之島の３島砂糖の惣買入法に着手。 |
| 1836 | | 7 | この年，藩債年賦償還法を大坂に実行。 |
| 1837 | | 8 | ***7-*** アメリカ船モリソン号山川沖に碇泊，家老島津久風，砲撃して退去。この年，藩債年賦償還を江戸に実行。 |
| 1840 | | 11 | この年までに財政改革ほぼ成功し，諸営繕用途200万両および藩庫金50万両などを貯蓄。 |
| 1843 | | 14 | ***10-*** イギリス艦，八重山に来航。***11-*** イギリス艦，宮古島に来航。 |
| 1844 | 弘化 | 1 | ***3-*** フランス艦アルクメーヌ号那覇にきて，通商・布教を要求。 |
| 1845 | | 2 | ***5-*** イギリス測量艦サラマン号，那覇に来航。 |
| 1846 | | 3 | この年，英・仏艦の来航あいつぐ。***6-*** 斉興の嫡子斉彬，対外処置委任の幕命をうけて帰藩。この秋，製薬館を中村騎射場に建設。***10-*** 琉球在番奉行，摂政・三司官を招き，フランス人の通商要求をやむをえなければうけいれてもよい旨内示。 |
| 1847 | | 4 | ***11-*** 調所広郷，給地高改正を命ずる。 |
| 1848 | 嘉永 | 1 | ***12-*** 調所広郷，江戸桜田藩邸で自殺。 |
| 1849 | | 2 | ***12-*** 山田清安ら自刃を命ぜられ，嘉永朋党の処分あいついでおこる。 |
| 1851 | | 4 | ***2-*** 斉彬襲封。***8*** 製煉所を設け，反射炉雛型をたてる。 |
| 1852 | | 5 | ***1-*** イギリス艦那覇に来航し，強いて首里城にはいる。***8-*** 砲術および蒸汽船建造などの伝習生を長崎に送る。 |
| 1853 | | 6 | ***3-*** 琉球大砲船建造に着手。***4-*** アメリカ使ペリー，軍艦４隻を率い那覇に来航し，ついで王城にはいる。***12-*** ペリー，香港より那覇に至る。 |
| 1854 | 安政 | 1 | ***1-*** ペリー，那覇から浦賀に至る。ロシア使プチャーチン，艦隊を率い　那覇に来航。***3-*** 西洋型伊呂波丸竣工。琉球大砲船進水。***6-*** ペリー，那覇で琉米条約に調印。***12-*** 琉球大砲船を改装，昌平丸と命名。この年，溶鉱炉竣工。斉彬，和洋活字の製造を木村嘉平に命じる。 |
| 1855 | | 2 | ***8-*** 昌平丸を幕府におさめる。田町藩邸で建造中の蒸気船雲行丸竣工。***10-*** フランス艦那覇に来航，琉仏条約を締結。 |
| 1857 | | 4 | ***8-*** 磯邸内にガス灯つく，このころ電気通信を試みる。***9-*** 磯の施設を集成館・開物館と改称。***9-*** オランダ船那覇に来航。 |
| 1858 | | 5 | ***7-16*** 斉彬急逝。***12-*** 島津忠徳(忠義)襲封。 |
| 1859 | | 6 | ***1-*** 西郷隆盛，奄美大島に流される。***6-*** 琉蘭条約調印。***10-*** 大久保利通ら40余人が脱藩計画を中止。 |
| 1860 | 万延 | 1 | ***3-*** 桜田門外の変。有村治左衛門参加。 |

| | | | |
|---|---|---|---|
| 1862 | 文久 | 2 | ***3-*** 久光，兵1000余人を率い鹿児島を出発。***2-*** 西郷隆盛，許されて大島から帰る。***4-*** 寺田屋事件。***6-*** 久光，勅使大原重徳にしたがい江戸に下向。西郷隆盛，徳之島へ配流され，のち沖永良部島へ移される。***8-2*** 生麦事件。 |
| 1863 | | 3 | ***1-*** 琉球通宝の鋳造開始。***5-*** 姉小路公知暗殺され，薩摩藩乾門の守衛を免ぜられる。***7-2*** 薩英戦争おこる。***11-*** イギリスとの和議成立。 |
| 1864 | 元治 | 1 | ***2-*** 西郷隆盛，許されて鹿児島に帰る。***2-*** 久光ら，朝議参与を辞し，西郷入京して軍賦役に任ずる。***8-*** 第一次長州征伐出動を命ぜられる。***11-*** 西郷隆盛の斡旋により長州藩恭順。 |
| 1865 | 慶応 | 1 | ***3-*** 新納久修・五代友厚・松木弘安ら，渡英留学生を率い羽島をたつ。***4-*** 第二次長州征伐，薩藩は再征不可を主張。 |
| 1866 | | 2 | ***1-*** 薩長同盟成立。***7-*** ふたたび幕府の出兵要求を拒絶。 |
| 1867 | | 3 | ***6-*** 薩長土３藩士の王政復古協議，薩土盟約を結ぶが９月には破棄。***10-*** 薩長芸３藩代表合同大挙し王政復古断行を決行。***10-*** 将軍徳川慶喜，政権を返上。討幕密勅くだる。***11-23*** 藩主島津茂久入京。***12-25*** 旧幕府，庄内など諸藩に命じて三田薩摩藩邸を襲撃させる。***12-9*** 小御所会議。 |
| 1868 | 明治 | 1 | ***1-*** 鳥羽伏見の戦い，薩長兵旧幕兵を破る。***2-*** 薩摩藩諸隊，官軍の先鋒となり東征の途につく。***3-*** 西郷・勝会談。***4-*** 官軍，江戸城を接収。***8-*** 薩摩藩兵，会津・庄内・米沢・秋田方面に進撃。米沢・仙台降伏，奥羽平定。***11-*** 諸隊凱旋し，12月，藩政改革をせまる。 |
| 1869 | | 2 | ***1-*** 薩長土肥４藩主，版籍奉還を上奏。***2-*** 藩政改革，知政所を設ける。***6-*** 戊辰戦功賞典，版籍奉還聴許。諸郷常備隊を編成。***8-*** 寺領没収。私領返上を許可。家格廃止。旧門閥諸家および諸士の世禄削減。***9-*** 忠義，藩知事に任ぜられる。***11-*** 藩内寺院を全廃。***12-*** イギリス人医師ウィリアム＝ウィリス来鹿。 |
| 1870 | | 3 | ***3-*** 砂糖減産と徴兵経費とで財政逼迫。***7-*** 西郷，藩大参事に就任。***11-*** 軍艦春日丸献納。***12-*** 勅使岩倉具視ら来鹿，西郷の上京を促す。 |
| 1871 | | 4 | ***3-*** 御親兵一大隊上京。***7-*** 廃藩置県により鹿児島県設置。***9-*** 微禄無高士に救助米年額６石支給。***11-*** 鹿児島県参事に大山綱良就任。***12-*** 薩・隅・日３国７県を廃し，鹿児島・宮崎・美々津３県をおく。 |
| 1872 | | 5 | ***2-*** 外城諸隊解散。郡制をしく。***6-*** 天皇鹿児島行幸。***8-*** 士族の知行制廃止。諸島貢糖廃止，石代金納を許す。大島商社設立。***9-*** 琉球が分離して琉球藩となる。 |
| 1873 | | 6 | ***10-*** 奄美諸島に金銭通用を許す。***12-*** 第五国立銀行鹿児島支店開業。 |
| 1874 | | 7 | ***5-*** 台湾征討に鹿児島徴募兵多数出兵。***6-*** 私学校設立。***10-*** 大山綱良，県令昇格。***12-*** 久光帰鹿して，西郷の上京を促す。 |
| 1875 | | 8 | ***7-*** 旧藩札処分完了。***11-*** 家禄売買の公認。 |
| 1876 | | 9 | ***3-*** 島民と大島商社の紛争激化。***5-*** 地租改正に着手。***7-*** 大久保内務卿，大山県令に県政改革をせまり，県令これに応ぜず。***8-*** 宮崎県廃止，鹿児島県と合併。***12-*** 売買禄に対し公債交付。 |
| 1877 | | 10 | ***1-*** 私学校生徒，政府火薬庫襲撃。西南戦争はじまる。***2-*** 大島砂糖自由売買運動首謀者50余人を投獄。西郷隆盛率兵上京。***9-*** 城山陥落，西郷ら自刃。 |

| | | | |
|---|---|---|---|
| 1878 | 明治 | 11 | *4-* コレラ大流行。大久保利通暗殺される。 |
| 1879 | | 12 | *1-* 地租改正再着手を布達(明治14年6月終了)。郡役所設置。*5-* 県営織物授産場開設。*7-* 県庁新築落成。*10-* 第百四十七国立銀行設立。 |
| 1880 | | 13 | *2-* 県会議員選挙，帖佐塩田竣工。*4-* 鹿児島授産場設置。*5-* 第1回県会。*6-* 鹿児島医学校開設を布告。*11-* 南島社設立。 |
| 1881 | | 14 | *10-* 産馬共進会開催。*11-* 三州社設立。*12-* 東京で郷友会設立。 |
| 1882 | | 15 | *2-*『鹿児島新聞』創刊。*3-* 鹿児島商法会議所創設。*4-* 九州改進党鹿児島支部設置。*10-* 鹿児島測候所創立。 |
| 1883 | | 16 | *3-*『鹿児島日報』発刊。*5-* 宮崎県再分置。*12-* 県立中学造士館設立。 |
| 1885 | | 18 | *4-* 蚕糸講習所設立。*7-* 大島郡砂糖集談会開催。*10-* 大島郡役所廃止，金久に支庁開設。*12-* コレラ大流行。 |
| 1886 | | 19 | *4-* 甑島島民の種子島移住はじまる。*7-* 渡辺県令を知事とする。 |
| 1887 | | 20 | *4-* 道路開削計画に着手。大島郡糖業組合結成，南島興産商社設立。 |
| 1889 | | 22 | *3-* 鹿児島同志会設立。*4-* 鹿児島市制実施，町村制実施。 |
| 1890 | | 23 | *1-* 九州同志会大懇親会を鹿児島で開催。*7-* 第1回衆議院議員選挙。*8-* 鹿児島県共同授産会社創立。 |
| 1891 | | 24 | *10-*『鹿児島毎日新聞』創刊。*12-* 独立倶楽部結成。 |
| 1894 | | 27 | *1-* 加納久宜知事就任。*4-* 県立尋常中学校設立。 |
| 1896 | | 29 | *12-* 鶴嶺女学校，尋常中学校造士館開校。 |
| 1897 | | 30 | *6-* 吏民両党合同し，鹿児島政友会を結成。 |
| 1898 | | 31 | *8-* 鹿児島農工銀行設立。鹿児島政友会解散。憲政党鹿児島支部設立。 |
| 1899 | | 32 | *8-* 県下に大暴風，全壊家屋1万6000余戸。 |
| 1900 | | 33 | *2-*『鹿児島実業新聞』創刊。*4-* 県立農事試験場開設。 |
| 1901 | | 34 | *3-* 第七高等学校造士館設立。*6-* 鹿児島・国分間鉄道開通。 |
| 1902 | | 35 | *4* 県立高等女学校設立。 |
| 1903 | | 36 | *9-* 国分・吉松間鉄道開通。 |
| 1905 | | 38 | *12-* 鹿児島築港竣工。 |
| 1906 | | 39 | *4-* 県立鹿児島中学校を県立第一中学校と改称。 |
| 1907 | | 40 | *4-* 鹿児島県種畜場創設。県立鹿児島病院設立。 |
| 1908 | | 41 | *3-* 鹿児島高等農林学校設立。*4-* 大島郡で町村制実施。 |
| 1909 | | 42 | *11-* 八代・鹿児島間鉄道全線開通。 |
| 1911 | | 44 | *2-* 大島郡紬同業組合設立。*6-* 大島諸島激震。 |
| 1912 | 大正 | 1 | *4-* 県立図書館設立。*4-* 大島糖業試験場設置。 |
| 1913 | | 2 | *6* 大島郡松原鉱山でストライキ。 |
| 1914 | | 3 | *1-* 桜島大爆発。*7-* 鹿児島家畜市場設立。*12-* 奄美振興同志会結成。 |
| 1915 | | 4 | *6-* 集成館事業廃止。*7-* 大隅鉄道高須・鹿屋間開通。 |
| 1917 | | 6 | *2-* 鹿児島紡績会社設立。 |
| 1920 | | 9 | *11-* 加治木町で県下初の小作争議。 |
| 1921 | | 10 | この年，鹿児島市に公設市場創設。 |
| 1923 | | 12 | *4-* 県立工業試験場開設。*7-* 川内・米之津間鉄道開通。 |
| 1924 | | 13 | *12-* 始良郡東襲山村・清水村・国分村の小作争議。 |
| 1926 | 昭和 | 1 | *5-* 川内・宮之城間鉄道開通。*7-* 郡制廃止，熊毛・大島両支庁設置。 |

| | | | |
|---|---|---|---|
| 1927 | 昭和 | 2 | *5-* 天皇，大島行幸。*10-* 県海外移住組合結成。 |
| 1929 | | 4 | *2-* 国分で全国農民組合県連合会第1回大会開催。*3-* 南薩鉄道全通。 |
| 1930 | | 5 | *3-* 米之津干拓工事・小村新田開拓工事竣工。 |
| 1931 | | 6 | *3-* 谷山和田干拓地・二川開墾地工事竣工。 |
| 1932 | | 7 | *7-* 県に不況対策審議会設置。*11-* 県農山漁村更生委員会設置。*12-* 都城・隼人間鉄道開通。 |
| 1933 | | 8 | *6-* 大島郡振興計画調査委員会発足。 |
| 1934 | | 9 | *8-* 鹿児島築港竣工。*9-*『鹿児島県史』編纂事業開始。 |
| 1935 | | 10 | *10-* 鹿児島放送局開設。*11-* 鹿児島市中央市場開設。 |
| 1936 | | 11 | *3-* 西鹿児島・山川間全通。*11-* 鹿屋海軍航空隊飛行場完成。 |
| 1937 | | 12 | *3-* 国防婦人会県支部設立。*12-* 国鉄宮之城線・山野線全通。 |
| 1938 | | 13 | *10-* 志布志・古江間全通。 |
| 1939 | | 14 | *8-* 県産業報国会発足。 |
| 1940 | | 15 | *8-* 県農事報国会発足。 |
| 1941 | | 16 | *4-* 尋常小学校を国民学校と改称。*12-* 大政翼賛会県支部発足。 |
| 1942 | | 17 | *2-* 県翼賛壮年団成立。大日本婦人会県支部設立。*3-* 知覧陸軍飛行場完成。*9-* 大浦干拓工事第一工区着工(昭和37年3月完工)。 |
| 1943 | | 18 | *7-* 串良町・溝辺町十三塚原両海軍飛行場および頴娃町青戸・加世田市万世両陸軍飛行場着工。*12-* 徳之島浅間に海軍飛行場着工。 |
| 1944 | | 19 | *4-* 県下食糧増産隊編成。 |
| 1945 | | 20 | *9-3* 鹿屋飛行場に連合軍先遣隊到着。*9-17* 枕崎台風襲来。死者不明129人，全半壊2万9351戸。*9-25* アメリカ軍が奄美群島駐屯軍の武装解除。*10-2* 鹿児島市に夜間外出禁止令。*10-6* 占領軍，鹿児島市庁舎内に軍政部事務所をおく。*10-10* 阿久根台風来襲。*12-10* 戦後初の通常県議会開く。*12-21* 鹿児島港から台湾・南西諸島民の送還はじまる(5万4773人)。 |
| 1946 | | 21 | *2-2* GHQ，北緯30度以南の南西諸島を日本の行政から分離。*4-3* 桜島の噴出溶岩で黒神集落の8割埋没。*4-26* 日本農民組合鹿児島連合会を結成。*5-1* 戦後初のメーデー。*11-8* 公職追放令で市町村長51人，町内会長ら約4000人追放。 |
| 1947 | | 22 | *4-30* 新憲法下で初の県議会議員，市町村議会議員の統一選挙。女性13人当選。*12-30* 県教職員組合が発足。 |
| 1949 | | 24 | *5-31* 鹿児島大学発足。*6-20* デラ台風，薩摩半島に上陸。死者63人，行方不明25人。*11-3* 鹿児島市で市制60周年記念行事。 |
| 1950 | | 25 | *1-17* 第七高等学校，最後の卒業式。 |
| 1951 | | 26 | *2-14* 名瀬市で奄美大島日本復帰協議会結成。*10-14* ルース台風県本土に上陸。*12-6* 大島郡十島村の下七島，日本に復帰。 |
| 1952 | | 27 | *6-16* 県商工会連合会が発足。*9-22* 琉球政府，奄美地方庁を設置。 |
| 1953 | | 28 | *7-15* 離島振興法成立。*7-21* 全国初の笠野原台地畑地灌漑事業実施。*8-8* アメリカ国務長官ダレス，奄美群島を近く返還と声明。*10-10* ラジオ南日本，放送開始。*12-1* 海上保安隊鹿屋航空隊，開設される。*12-25* 奄美群島，日本復帰。 |
| 1954 | | 29 | *6-21* 奄美群島復興特別措置法，公布される。 |
| 1956 | | 31 | *3-30* 中卒者の日本初の就職列車，鹿児島駅を出発。*3-31* 県，財政 |

| | | | |
|---|---|---|---|
| | | | 再建団体に指定される。*9-7* 桜島南岳，大爆発。 |
| 1957 | 昭和 | 32 | *3-* 鹿児島県総合開発構想案なる。*7-1* 鴨池空港，開港。 |
| 1958 | | 33 | *3-1* NHK 鹿児島テレビ開局。*8-4* 鹿児島県，台風常襲地帯に指定。 |
| 1959 | | 34 | *4-1* ラジオ南日本テレビ開局。 |
| 1961 | | 36 | *10-2* 鹿児島市郡元町で大火。 |
| 1962 | | 37 | *2-2* 内之浦東大宇宙空間観測所，着工。第 1 号ロケット発射。 |
| 1965 | | 40 | *4-1* 鶴田ダム完工。 |
| 1966 | | 41 | *6-29* 鹿児島市・谷山市の合併決まる。*11-29* 県，アメリカ・ジョージア州と姉妹盟約に調印。 |
| 1968 | | 43 | *3-25* 九州電力の原子力発電第 1 号炉，川内市に建設決まる。*4-5* 明治百年記念式典開催。*9-17* 種子島宇宙センターから初のロケット打ちあげ成功。*12-11* 鹿児島県新幹線建設促進期成会が発足。 |
| 1969 | | 44 | *2-5* 伊集院町に九州松下電器工場の建設決まる。*2-8* 京都セラミック電器部品工場の川内市建設が内定。*6-5* 第 1 次県勢発展計画案公表。*9-12* 日石喜入原油基地にタンカー入港。操業はじまる。 |
| 1970 | | 45 | *2-11* 内之浦から国産衛星第 1 号機「おおすみ」誕生。*3-30* 土砂水搬送工法で与次郎ヶ浜埋め立て工事。*5-1* 48町村，過疎地域指定。 |
| 1971 | | 46 | *6-22* 鹿児島臨海工業地帯 2 号用地が完成。*7-28* 鹿児島・岐阜が姉妹県盟約。*12-7* 新大隅開発計画(第 1 次試案)発表。*12-9* 志布志湾公害反対連絡協議会が発足。 |
| 1972 | | 47 | *3-31* 国分内陸工業団地が完成。*4-1* 新鹿児島空港，溝辺町にオープン。*7-17* 太陽国体夏季大会はじまる。*10-14* 鹿児島市の平川動物公園が開園。 |
| 1973 | | 48 | *6-15* 石川播磨重工業，鹿児島臨海工業 1 号用地へ進出協定締結。*8-25* 枝手久島石油精製で東亜燃料工業が計画説明。 |
| 1974 | | 49 | *10-17* 鹿児島総合卸商業団地が完成。 |
| 1975 | | 50 | *7-11* ダイエー鹿児島店がオープン。*9-9* 種子島から初の人工衛星「きく号」誕生。*10-9* 県議会，川内原発にゴーサイン。 |
| 1976 | | 51 | *8-14* 新大隅開発計画案(第 2 次試案)発表。石油備蓄は世界最大。 |
| 1977 | | 52 | *3-29* 九州電力，県と川内市に原発第 2 号機の増設を申請。*6-24* 鹿児島市竜ケ水で山崩れ，住宅15棟が倒壊。9 人死亡。*8-22* 県農村振興協議会が発足。*9-9* 台風 9 号，沖永良部島を直撃。全半壊2266戸。*11-10* 鹿児島市農協，不正融資，4 億5000万円こげつく。 |
| 1978 | | 53 | *4-6* 国土庁，定住圏構想モデル地区に川内・串木野圏域を正式指定。*10-2* 知事，県議会で志布志港拡張工場用地造成計画を発表。 |
| 1979 | | 54 | *1-9* 鹿児島ドッグ鉄工が倒産。*7-16* 志布志港湾計画改訂で県と志布志漁協，漁業補償25億円で妥結。*9-26* 大久保利通銅像(甲突川河畔)除幕式。 |
| 1980 | | 55 | *7-10* 鹿児島市50万都市に。*12-18* 県，新大隅開発計画を正式決定。 |
| 1983 | | 58 | *1-10* 大島紬過剰生産，深刻化，4 万反減産へ。 |
| 1984 | | 59 | *5-30* 県，「2000年の鹿児島」を発表。*10-25* 鹿児島三越オープン。 |
| 1987 | | 62 | *12-* 国分隼人のテクノポリス地域に県工業試験場オープン。 |
| 1988 | | 63 | *7-19* 鹿児島国際火山会議開催。 |
| 1989 | 平成 | 1 | *4-1* 鹿児島市制100周年記念式典。 |

| | | | |
|---|---|---|---|
| 1991 | 平成 | 3 | *9-7* 新幹線鹿児島ルート起工式。 |
| 1993 | | 5 | *1-9* 串木野地下石油備蓄基地使用開始。*4-22* 県，鹿児島港湾計画案公表。南港沖に人工島計画。*8-6* 鹿児島市を中心に集中豪雨。甲突川氾濫，五大石橋欠損。*12-8* 屋久島，「世界自然遺産」に登録される。 |
| 1994 | | 6 | *5-12* 鹿屋市に県アジア・太平洋農村研修センター開設。*6-2* 瀬戸内町加計呂麻島で世界初のクロマグロ牧場着工。 |
| 1997 | | 9 | *3-26* 県北西部に地震，大きな被害発生。*9-* 林田産業，経営不振で岩崎産業傘下にはいる。 |
| 1998 | | 10 | *10-23* 薩摩焼400年記念行事。*11-* 東市来町で日韓外相会議開催。 |
| 1999 | | 11 | *6-* 西鹿児島駅前にダイエーオープン。*7-* フランシスコ＝ザビエル鹿児島上陸450年記念行事。*10-* 県，鹿児島湾永田川沖に人工島着工。 |
| 2000 | | 12 | *1-* 県肉用牛改良研究所，世界初の再クローン牛誕生に成功。*3-* 屋久町が核物質拒否条例制定。*4-* 地方分権一括法施行。*12-* 県が53の市町村合併パターンを提示。 |
| 2001 | | 13 | *3-* 鹿児島県『21世紀新かごしま総合計画』公表。*6-* わが国で狂牛病発症し，畜産王国鹿児島県を震撼さす。*9-* 鹿児島県『財政改革プログラム(骨子)』公表。 |
| 2002 | | 14 | *1-* 寿屋倒産，全従事者解雇される。*1-* 石川島播磨重工業，鹿児島から撤退を発表。 |
| 2003 | | 15 | *3-* 種子島宇宙センターより，情報収集衛星打ち上げ。 |
| 2004 | | 16 | *3-* 九州新幹線部分開業(鹿児島中央～新八代)。肥薩おれんじ鉄道開業。*12-* 小泉純一郎首相と盧武鉉大統領が指宿市で日韓首脳会談。 |
| 2005 | | 17 | *4-* 鹿児島市の「防空壕」で中学生4人が一酸化炭素中毒死。 |
| 2007 | | 19 | *2-* 2004年の志布志事件被告12名全員に無罪判決。 |
| 2008 | | 20 | NHK 大河ドラマ「篤姫」ブームで観光客増加。 |
| 2010 | | 22 | 平成の大合併終了，19市20町4村に。 |
| 2011 | | 23 | *1-* 出水市の養鶏場で高病原性鳥インフルエンザ発生。*2-* 新燃岳噴火。*3-* 九州新幹線全通。川内原子力発電所発電停止。 |
| 2013 | | 25 | *10-* 鹿児島県知事に対するリコール運動(不成立)。 |
| 2015 | | 27 | *5-* 口永良部島の新岳噴火，全島避難。*7-* 旧集成館・寺山炭窯跡・関吉疎水溝が世界遺産(明治日本の産業革命遺産)に。*8-* 川内原子力発電所，東日本大震災後，全国で初めて再稼働。 |
| 2017 | | 29 | *3-* 奄美群島国立公園が34番目の国立公園に指定される。 |
| 2018 | | 30 | *11-* トシドン・メンドン・ボゼの仮面行事が「来訪神：仮面・仮装の神々」としてユネスコ無形文化遺産に登録。 |
| 2019 | 令和 | 1 | *12-* 政府，地権者と馬毛島の買収合意を発表。 |
| 2020 | | 2 | *3-* 新型コロナウィルス感染症流行。*9-* 鹿児島国体を23年に延期。 |
| 2021 | | 3 | *7-* 奄美大島・徳之島が世界自然遺産に登録。 |

# ■ 沿 革 表

## 1. 国・郡沿革表

（2010年12月現在）

| 国名 | 延喜式 | 和名抄 | 拾芥抄 | 郡名考・天保郷帳 | 郡区編制 | 現在 郡 | 現在 市 |
|---|---|---|---|---|---|---|---|
| 薩摩 | 鹿児島 | 同 | 同 | 同 | 同 | 鹿児島《かごしま》郡 | 鹿児島市（大隅国東桜島村と谿山郡を含む） |
| | 谿《たに》山《やま》 | 同 | 同 | 同 | 同 | | |
| | 給《きゅう》黎《れい》 | 同 | 同 | 同 | 同 | | 指宿《いぶすき》市 |
| | 揖《いぶ》宿《すき》 | 同 | 同 | 同 | 同 | 揖宿《いぶすき》郡（給黎郡喜入町と頴娃郡も含む） | |
| | 頴《え》娃《い》 | 同 | 同 | 同 | 同 | | |
| | 河邊 | 同 | 同 | 同 | 川邊 | 川辺《かわなべ》郡（給黎郡知覧町を含む） | 南さつま市・枕崎《まくらざき》市 |
| | 阿多 | 同 | 同 | 同 | 同 | | いちき串木野《くしきの》市・日置《ひおき》市 |
| | 伊作 | 同 | 同 | 同 | 同 | | |
| | 日置 | 同 | 同 | 同 | 同 | | |
| | 薩摩 | 同 | 同 | 同 | 同 | 薩摩《さつま》郡（高城・甑島両郡も含む） | 薩摩川内《せんだい》市 |
| | 高城 | 同 | 同 | 同 | 同 | | |
| | 甑島 | 同 | 同 | 同 | 同 | | |
| | 出水 | 同 | 同 | 同 | 同 | 出水《いずみ》郡 | 出水《いずみ》市・阿久根《あくね》市 |
| 大隅 | 菱刈 | 同 | 同 | 同 | 同 | 伊佐《いさ》郡 | ※伊佐市（旧大口市は菱刈郡域であったが薩摩国に属する） |
| | 桑原 | 同 | 同 | 桑原 | 同 | 姶良《あいら》郡<br>肝属《きもつき》郡<br>曽於《そお》郡 | 国分《こくぶ》市<br>鹿屋《かのや》市<br>垂水《たるみず》市<br>志布志市<br>曽於市<br>霧島市 |
| | | | | 始《し》羅《ら》 | 始良 | | |
| | 贈於 | 囎唹 | 贈於 | 囎唹 | 同 | | |
| | 肝《きも》属《つき》 | 同 | 同 | 肝属 | 同 | | |
| | 姶《あひ》欏《ら》 | 同 | 同 | | | | |
| | 大隅 | 同 | 同 | 同 | 同 | | |
| | 熊毛 | 同 | 同 | 同 | 同 | 熊毛《くまげ》郡 | 西之表《にしのおもて》市 |
| | 馭《ご》謨《む》 | 同 | 同 | 同 | 同 | | |

| | | | | | | | |
|---|---|---|---|---|---|---|---|
| 日向（宮崎県） | 諸《もろ》縣《がた》 | 同 | 同 | 同 | 同 | 曽於郡（鹿児島県） | |
| | | | | | | 北諸県郡《きたもろかた》 | 都城市《みやこのじょう》 |
| | | | | | | 西諸県郡《にしもろかた》 | 小林《こばやし》市 |
| | | | | | | 東諸県郡《ひがしもろかた》 | |
| | 那珂 | 同 | 同 | 同 | 南那珂 | 南那珂《みなみなか》郡 | 日南《にちなん》市・串間《くしま》市 |
| | | | | | 北那珂 | | 宮崎《みやざき》市 |
| | 宮崎 | 宮崎 | 宮崎 | 宮崎<br>宮崎 | 宮崎 | | |
| | 児湯 | 同 | 同 | 同 | 同 | 児湯《こゆ》郡 | 西都《さいと》市 |
| | 臼杵 | 同 | 同 | 同 | 同 | 東臼杵《ひがしうすき》郡 | 延岡《のべおか》市・日向《ひゅうが》市 |
| | | | | | | 西臼杵《にしうすき》郡 | |
| 琉球 | | | | 琉球国 | 大島郡（大隅国に編入） | 大嶋《おおしま》郡（同） | ※沖縄県奄美《あまみ》市（大隅国に編入） |

（備考） 郡の名称・境界の変更が甚だしかったので，同じ郡名でもまったく違った郷村を管轄していることに注意。郡区編制法以前の郡と現在とではまったく異なる。たとえば現在の曽於郡の半分は日向国諸県郡の南部であって，それに大隅国噌唹郡と同肝属郡の一部が加わっている。郡区編制法以前の噌唹郡は現在の大隅国姶良郡・国分市・噌唹郡垂水市のそれぞれ一部で構成されている。姶良・肝属・菱刈の３郡も変動が複雑である。

## 2．市・郡沿革表

（2010年12月現在）

### 鹿児島《かごしま》市

明治22年４月１日　市制施行

明治44年９月30日　鹿児島市第一次編入（鹿児島郡伊敷《いしき》村の一部・草牟田《そうむた》・西武田村武の一部）

大正９年10月１日　鹿児島市第二次編入（鹿児島郡伊敷村の一部大字永吉・下伊敷）

昭和９年８月１日　鹿児島市第三次編入（鹿児島郡中郡宇《なかこおりう》村・西武田村・吉野村）

昭和25年10月１日　鹿児島市第四次編入（鹿児島郡伊敷村・東桜島村）

昭和42年４月29日　鹿児島市・谷山《たにやま》市（明治22年４月１日，谷山村。大正13年９月１日，町制施行。昭和32年10月，市制施行）合併，新しく鹿児島市発足
〈新鹿児島市は旧鹿児島城下諸町および近在24カ村と桜島郷の一部と谷山郷の全部の３地区を包含する地域となる〉

平成16年11月１日　鹿児島市・鹿児島郡吉田町（明治22年４月１日吉田村，昭和47年11月１日町制施行）・同郡桜島町（明治22年４月１日北大隅郡西桜島村〈旧桜島郷の約半分〉，明治29年４月１日鹿児島郡に編入，昭和48年５月１日町制施行，桜島町と改称）・揖宿《いぶすき》郡喜入町《きいれちょう》（明治22年４月１日給黎《きゅうれい》郡喜入村〈旧喜入郷〉，明治29年

4月1日揖宿郡喜入村となる，昭和31年10月15日町制施行）・日置《ひおき》郡松元《まつもと》町（明治22年4月1日上伊集院村，昭和35年3月16日松元村と改称，町制施行）・同郡 郡《こおり》山《やま》町（明治22年4月1日郡山村〈旧郡山郷〉，昭和31年9月30日下伊集院村の一部〈大字有屋田《ありやだ》・岳《たけ》〉を編入し，町制施行）を編入

### 薩摩川内市《さつませんだい》

平成16年10月12日　川内市（昭和4年5月2日薩摩郡隈之城《くまのじょう》村・東水引《ひがしみずひき》村・平佐《ひらさ》村が合体して川内町発足，昭和15年2月11日市制施行，昭和26年4月1日薩摩郡水引《みずひき》村を編入，昭和31年9月30日薩摩郡永利《ながとし》村・高江村編入，昭和32年4月1日薩摩郡下《しも》東郷《とうごう》村の一部〈中郷および白浜区域，その他〉編入，昭和40年4月15日薩摩郡高城《たき》町を編入）・薩摩郡樋脇町《ひわきちょう》（明治22年4月1日樋脇村〈旧樋脇郷〉，昭和15年11月10日町制施行）・同郡入喜町《いりきちょう》（明治22年4月1日入来村〈旧入喜郷〉，昭和29年10月1日町制施行）・同郡東郷町《とうごうちょう》（明治22年4月1日上東郷村〈旧東郷郷〉，昭和27年12月1日東郷町として発足，昭和32年4月1日下東郷村大字田海《とうみ》の一部編入合体）・同郡祁答院町《けとういんちょう》（昭和30年4月1日黒木村〈明治22年4月1日村制〉・藺牟田《いむた》村〈明治22年4月1日村制〉・大村〈明治22年4月1日村制〉の3村合体して町制施行，祁答院町発足）・同郡里村《さとむら》（明治24年4月1日里村・上甑村《かみこしきむら》から分立）・同郡上甑村（明治22年4月1日村制）・下甑村《しもこしきむら》（明治22年4月1日村制，昭和24年4月1日下甑村から鹿島村分立）・鹿島村の1市8町村が合体し，薩摩川内市となる

### 鹿《かの》屋《や》市

明治22年4月1日　鹿屋村（旧鹿屋郷）
大正1年12月31日　町制施行
昭和16年5月27日　肝付《きもつき》郡花岡村・大姶良《おおあいら》村をあわせて市制施行
昭和30年1月20日　肝付郡高隈《たかくま》村と合体
昭和33年1月20日　肝付郡垂水《たるみず》町の一部編入，鹿屋市
平成18年1月1日　鹿屋市と曽於郡輝北町《きほくちょう》（明治22年4月1日肝属《きもつき》郡百引《もびき》村〈旧百引郷〉，東囎唹郡市成《いちなり》村〈旧市成郷〉，明治29年4月1日囎唹郡に所属，昭和31年4月1日百引村〈肝属郡〉と市成村〈囎唹郡〉が合体して輝北町発足）・肝属《きもつき》郡吾平町《あいらちょう》（明治22年4月1日姶良村〈旧姶良郷〉，昭和22年10月15日吾平村と改称，町制施行）・同郡串良町《くしらちょう》（明治22年4月1日西串良村〈旧串良郷の西半〉，昭和7年5月15日町制施行，串良町と改称）が合体し，鹿屋市

### 阿《あ》久《く》根《ね》市

明治22年4月1日　出水《いずみ》郡阿久根村
大正14年1月1日　町制施行
昭和27年4月1日　市制施行
昭和28年11月1日　阿久根市と出水郡三笠《みかさ》町の境界変更
昭和30年4月10日　出水郡三笠町と合体
昭和44年4月1日　境界変更（出水郡高尾野《たかおの》町大字江内《えうち》の一部）
〈現在の阿久根市は旧阿久根郷と出水郷の一部よりなる〉

## 出《いず》　水《み》　市

明治22年４月１日　出水郡上出水村（旧出水郷が上出水村・中出水村の２村に分立）

明治24年２月　　　出水郡上出水村から大川内村分立

大正６年４月１日　町制施行，出水町と改称

大正12年７月１日　出水郡中出水村町制施行，米之津《こめのつ》町と改称

大正13年４月１日　出水郡下出水村を三笠村と改称

昭和24年４月１日　出水郡三笠村より江内村分立

昭和28年５月３日　出水郡三笠村町制施行，三笠町

昭和29年４月１日　出水郡出水町と出水郡米之津町合体して，出水市発足

昭和29年10月９日　出水郡大川内村を編入

平成18年３月13日　出水郡野田町《のだちょう》（明治22年４月１日野田村〈旧野田郷〉，昭和50年４月１日町制施行）・同郡高尾野《たかおの》町（明治22年４月１日　高尾野村〈旧高尾野郷〉，昭和７年４月１日町制施行，昭和34年４月１日江内《えうち》村と合体，昭和44年４月１日阿久根市大字脇本の一部と境界変更）と合体

## 指《いぶ》　宿《すき》　市

明治22年４月１日　揖宿《いぶすき》郡指宿村（旧指宿郷）

昭和８年５月１日　町制施行

昭和29年４月１日　揖宿郡今和泉《いまいずみ》村（昭和23年９月１日今和泉村より利永《としなが》村分立）と合体し，指宿市として発足

平成18年１月１日　揖宿郡山川町《やまがわちょう》（明治22年４月１日村制，昭和５年５月１日町制施行，昭和30年４月１日利永《としなが》村の一部編入）・同郡開聞《かいもん》町（昭和26年10月１日頴娃《えい》郡開聞村発足，昭和30年４月１日利永村の一部編入合体，町制施行）と合体

## 南《みなみ》さつま市

平成17年11月７日　加世田市（明治22年４月１日川辺《かわなべ》郡加世田村〈旧加世田郷が加世田村・東加世田村・西加世田村の３村に分立〉，大正13年１月１日町制施行，昭和29年７月15日川辺郡万世《ばんせい》町〈旧東加世田村〉と合体して市制施行，昭和30年１月１日日《ひ》置《おき》郡田布施《たぶせ》村の一部〈高橋地区の一部〉を編入）・川辺《かわなべ》郡笠沙町《かささちょう》（明治22年４月１日西加世田村〈旧加世田郷の一部〉，大正12年１月１日村名を笠沙村と改称，昭和15年11月10日町制施行，昭和26年４月１日大浦村分立）・同郡大浦町《おおうらちょう》（昭和26年４月１日笠沙《かささ》町から大浦村分立，昭和36年11月１日町制施行）・同郡坊津《ぼうのつ》町（明治22年４月１日西南方《にしみなみかた》村〈旧坊《きゅうぼう》・泊《とまり》および久志《くし》・秋目《あきめ》２郷〉，昭和28年10月15日坊《ぼう》津《のつ》村と改称，昭和30年11月１日町制施行）・日置《ひおき》郡金峰町《きんぽうちょう》（昭和31年９月30日田布施村〈明治22年４月１日村制〉と阿多村〈明治22年４月１日村制〉が合体して金峰町）が合体して，南さつま市となる

## いちき串木野《くしきの》市

明治22年４月１日　串木野村

昭和10年４月１日　町制施行，串木野町となる

昭和25年10月１日　市制施行，串木野市となる

平成17年10月11日　日置郡市来町(明治22年4月1日東市木村，昭和12年4月1日町制施行，昭和31年9月30日下伊集院村の一部を編入)と合併，いちき串木野市となる

## 霧《きり》島《しま》市《し》

平成17年11月7日　国分《こくぶ》市(明治22年4月1日西囎唹《にしそお》郡国分村〈旧国分郷が国分村・東国分村・西国分村の3村に分立〉，大正15年4月1日町制施行，昭和29年4月1日姶《あい》良《ら》郡東《ひがし》襲山《そのやま》村および清水《きよみず》村の一部と合体，昭和29年5月10日姶良郡東国分村および敷根《しきね》村合体，昭和30年2月1日市制施行，昭和36年1月1日国分市の一部〈姫城《ひめぎ》の一部〉を隼人《はやと》町に編入，昭和38年1月1日国分市と隼人町の境界変更，昭和45年1月1日国分市と曽於《そお》郡財部《たからべ》町大字北俣《きたまた》の一部境界変更)・姶良《あいら》郡溝部町《みぞべちょう》(明治22年4月1日溝辺村〈旧溝辺郷〉，昭和22年11月3日大字崎森の一部，加治木町に編入，昭和27年10月10日溝辺村迫《さこ》地区，加治木町へ編入，昭和34年4月1日町制施行)・同郡横川町《よこがわちょう》(明治22年4月1日桑原《くわばら》郡横川村〈旧横川郷〉，明治29年4月1日姶良郡に所属，昭和15年4月1日町制施行)・同郡牧園町《まきぞのちょう》(明治22年4月1日桑原郡牧園村〈旧踊《おどり》郷〉，明治29年4月1日姶良郡に所属，昭和15年4月1日町制施行)・同郡霧島町《きりしまちょう》(明治22年4月1日東《ひがし》襲山《そのやま》村〈旧曽於郡《そのこおり》郷《ごう》〉，昭和10年7月10日霧島村と改称，昭和22年11月3日大字重久の一部，清水村に編入，昭和25年4月1日霧島村から大字重久の一部が分離して東襲山村発足，大字松永の大部分と大字重久の一部を日当山村に編入，昭和33年11月3日町制施行)・同郡隼人町《はやとちょう》(明治22年4月1日西国分村〈旧国分郷の一部〉，西襲山《にしそのやま》村〈旧日当山《ひなたやま》郷〉，昭和5年1月1日西襲山村を日当山村と改称，昭和4年10月10日西国分村，町制施行，隼人町と称する，昭和23年11月1日日当山村大字朝日区域一円の飛地を隼人町に編入，昭和25年4月1日霧島《きりしま》村松永の大部分と重久《しげひさ》の一部編入，昭和28年5月3日日当山村，町制施行，昭和29年4月1日隼人町・日当山町と清水《きよみず》村姫城《ひめぎ》地区が合体して隼人日当山町発足，昭和32年4月1日隼人町と改称，昭和36年1月1日国分市大字向花《むけ》の一部と境界変更，昭和38年1月1日国分市大字野口の一部と境界変更)・同郡福山町《ふくやまちょう》(明治22年4月1日福山村〈旧福山郷〉，昭和4年11月1日町制施行)が合体し，霧島市となる

## 垂《たる》水《みず》市

明治22年4月1日　南大隅《みなみおおすみ》郡垂水村(旧垂水郷)

大正13年12月1日　町制施行

昭和33年1月20日　鹿屋市に一部分割編入

昭和33年10月1日　市制施行

## 日《ひ》置《おき》市

平成17年5月1日　日置郡東市来町《ひがしいちきちょう》(明治22年4月1日東市来村，昭和12年4月1日町制施行，昭和31年9月30日下伊集院村の一部〈大字苗代川・宮田・神之川〉を編入)・同郡伊集院町《いじゅういんちょう》(明治22年4月1日中伊集院村〈旧伊集院郷が上・中・下伊集院村の3村に分かれる〉，大正11年4月1日伊集院町として発足，昭和31年9月30日下伊集院村の一部〈大字麦生田《むぎうだ》・上神殿《かみこうどの》・下神殿《しもこうどの》・桑畑・野田および寺脇

の一部〉と合体)・同郡日吉町《ひよしちょう》(明治22年4月1日日置村《ひおき》〈旧日置郷〉・吉利村《よしとし》〈旧吉利郷〉，昭和30年4月1日日置村と吉利村が合体して日吉町発足，昭和31年9月30日下伊集院村の一部合体)・同郡吹上町《ふきあげちょう》(明治22年4月1日伊作村《いざく》〈旧伊作郷〉，永吉村〈旧永吉郷〉，大正11年12月1日伊作村，町制施行，昭和30年4月1日伊作町と永吉村合体して吹上町発足)が合体し，日置市となる

## 曽於市《そお》

平成17年7月1日　曽於郡大隅町《おおすみちょう》(明治22年4月1日岩川村《いわかわ》〈旧岩川郷〉，恒吉村《つねよし》〈旧恒吉郷〉，明治24年2月月野村《つきの》が志布志村《しぶし》〈旧志布志郷〉から分立，大正13年4月1日岩川村，町制施行，昭和30年1月20日岩川町・恒吉村・月野村が合体して大隅町発足，昭和30年4月1日野方村《のかた》の一部編入合体)・同郡末吉町《すえよしちょう》(明治22年4月1日東囎唹《ひがしそお》郡末吉村〈旧末吉郷〉，明治29年4月1日囎唹郡に所属，大正11年10月1日町制施行)・同郡財部町《たからべちょう》(明治22年4月1日東囎唹郡財部村〈旧財部郷〉，明治29年4月1日囎唹郡に所属，大正15年4月1日町制施行，昭和45年1月1日国分市大字川内の一部と境界変更)が合体し，曽於市となる

## 志布志市《しぶし》

平成18年1月1日　曽於郡松山町《まつやまちょう》(明治22年4月1日南諸県郡松山村〈旧松山郷〉，明治29年4月1日囎唹郡に所属，昭和33年4月1日町制施行)・同郡志布志町《しぶしちょう》(明治22年4月1日南諸県《みなみもろかた》郡志布志村〈旧志布志郷〉，明治24年2月南諸県郡月野村が分立，明治24年2月南諸県郡西志布志村が分立，南諸県郡東志布志村と改称，大正2年7月1日志布志町発足)・同郡有明町《ありあけちょう》(明治24年2月南諸県郡志布志村〈旧志布志郷〉から分立して西志布志村と称する，昭和30年4月1日野方村の一部編入合併，昭和33年4月1日　町制施行，有明町と改称)が合体し，志布志市となる

## 奄美市《あまみ》

平成18年3月20日　名瀬《なぜ》市(明治41年4月1日島嶼《とうしょ》町村制施行により大島郡金久《かねく》・伊津部《いつぶ》・仲勝《なかかち》・有屋《ありや》・浦上《うらがみ》・大熊《だいくま》・朝仁《あさに》・小宿《こしゅく》・知名瀬《ちなせ》・根瀬部《ねせぶ》・有良《あつた》・蘆花部《あしけべ》・小湊《くみい》・名瀬勝《なせかち》・伊津部勝・朝戸《あさと》・西仲勝の17村をもって名瀬村発足，大正11年10月1日町制施行，大正11年10月1日大島郡名瀬村金久・伊津部をのぞくほか15大字が三方村《みかたそん》として分村，昭和21年7月1日市制施行，昭和30年2月1日大島郡三方村を編入)・大島郡住用村《すみよう》(明治41年4月1日島嶼町村制により住用村発足)・同郡笠利町《かさりちょう》(明治41年4月1日島嶼町村制施行により笠利村発足，昭和36年1月1日町制施行)が合体し，奄美市となる

## 西之表市《にしのおもて》

明治22年4月1日　大島郡北種子村《きたたね》
大正15年4月1日　町制施行，西之表町と改称
昭和33年10月1日　市制施行

### 枕《まくら》崎《ざき》市

明治22年4月1日　川辺郡東南方《ひがしみなみかた》村(旧鹿籠《かご》郷)

大正12年7月1日　町制施行，枕崎町と改称

昭和24年9月1日　市制施行

### 南九州市《みなみきゅうしゅうし》

平成19年10月1日　揖宿《いぶすき》郡頴娃《えい》町《ちょう》(明治22年4月1日，頴娃郡頴娃村〈旧頴娃郷〉，明治29年4月1日，揖宿郡頴娃町となる，昭和25年8月1日，町制施行，昭和26年10月1日，開聞村分立)・川辺《かわなべ》郡川辺町(明治22年4月1日，川辺村〈旧川辺郷〉，勝目《かつめ》村〈旧勝目郷〉，大正12年10月13日，川辺村，町制施行，昭和25年4月1日，川辺村の一部を勝目村に編入，昭和31年9月1日，勝目村と合体)・知覧《ちらん》町(明治22年4月1日，知覧村〈旧知覧郷〉，昭和7年4月1日，町制施行)が合体し，南九州市となる

### 伊《い》佐《さ》市《し》

平成20年11月1日　大口市《おおくちし》(明治22年4月1日，北伊佐郡大口村，大正7年4月1日，町制施行，昭和29年4月1日，伊佐郡山野《やまの》町・羽月《はつき》村・西太良《にしたら》村と合併して市制施行，昭和34年4月1日，伊佐郡菱刈《ひしかり》町大字市山の一部と境界変更〈現在の大口市は旧大口郷・山野郷・羽月郷・曽木《ぞき》郷の4郷よりなる〉)・伊佐郡菱刈町(明治22年4月1日，菱刈郡菱刈村〈旧菱刈郷〉，太良郷〈旧太良郷〉，明治24年8月，太良村が東太良村〈南浦・荒田・川南《かわみなみ》地区〉と西太良村〈里・針持《はりもち》〉の両村に分立，明治29年，伊佐郡に所属，大正14年2月11日，東太良村を本城《ほんじょう》村と改称，昭和15年2月11日，菱刈村，町制施行，昭和29年7月15日，菱刈町と本城村が合体して菱刈町と称する)が合体し，伊佐市となる

### 姶《あい》良《ら》市《し》

平成22年3月23日　姶良郡加治木町《かじきちょう》(明治22年4月1日，加治木村，明治45年6月1日，町制施行，昭和22年11月3日，溝部《みぞべ》村崎森《さきもり》の一部を編入，昭和27年10月10日，溝部村の迫《さこ》地区を編入)・姶良町(明治22年4月1日，帖佐《ちょうさ》村〈旧帖佐郷〉，重富《しげとみ》村〈旧重富郷〉，山田村〈旧山田郷〉，昭和17年4月1日，帖佐村，町制施行，昭和30年1月1日，帖佐町・重富村と山田村の一部が合体して姶良町発足)・蒲生《かもう》町(明治22年4月1日，蒲生村〈旧蒲生郷〉，昭和3年11月1日，町制施行，昭和30年1月1日，山田村〈旧山田郷〉のうち大字木津志の一部を編入合体)が合体し，姶良市となる

### 鹿児島《かごしま》郡

十島村《としまむら》　明治41年4月1日　大島郡十島村《じっとうそん》

昭和27年2月10日　大島郡三島村《みしまむら》が十島村から分立

昭和48年4月1日　大島郡から編入

三島村《みしまむら》　昭和27年2月10日　大島郡十島村から分立して大島郡三島村と改称

昭和48年4月1日　大島郡から編入

## 薩《さつ》摩《ま》郡

さつま町《ちょう》　平成17年3月22日　薩摩郡宮之城町《みやのじょうちょう》（明治22年4月1日宮之城村〈旧宮之城郷〉，山崎村〈旧山崎郷〉，佐志《さし》村〈旧佐志郷〉，大正8年7月1日宮之城村町制施行，大正11年4月1日宮之城町から求名《ぐみょう》村分立，昭和29年10月15日佐志村と合体，昭和29年11月3日山崎村町制施行，昭和30年4月1日山崎町と合体）・同郡鶴田《つるだ》町《ちょう》（明治22年4月1日鶴田村〈旧鶴田郷〉，昭和38年4月1日町制施行）・同郡薩《さつ》摩町《まちょう》（明治22年4月1日永野村〈旧曽木郷内の1村〉，大正11年4月1日求名村が宮之城町から分立，昭和24年2月1日大村から中津川村分立，昭和29年12月1日永野・求名・中津川の3村合体，薩摩町発足）が合併，さつま町となる

## 出《いず》水《み》郡

長《なが》島《しま》町《ちょう》　平成18年3月20日　出水《いずみ》郡長島町（明治22年4月1日西長島村，昭和35年1月1日長島村と改称，町制施行）・同郡東町《あずまちょう》（明治22年4月1日東長島村，昭和31年7月10日町制施行，町名変更，東町）が合併，長島町となる

## 姶《あい》良《ら》郡

湧《ゆう》水《すい》町《ちょう》　平成17年3月22日　姶良郡栗野町《くりのちょう》（明治22年4月1日桑原郡栗野村〈旧栗野郷〉，明治29年4月1日姶良郡に所属，昭和7年4月1日町制施行）・同郡吉松町《よしまつちょう》（明治22年4月1日桑原《くわばら》郡吉松村〈旧吉松郷〉，明治29年4月1日姶良郡に所属，昭和28年2月11日町制施行）が合併し，湧水町となる

## 肝《きも》属《つき》郡

東串良町《ひがしくしらちょう》　明治22年4月1日　東串良村（旧串良郷の東半）
昭和7年10月1日　町制施行
昭和60年8月7日　境界変更

錦《きん》江《こう》町《ちょう》　平成17年3月22日　肝属郡大根占町《おおねじめちょう》（明治22年4月1日南大隅郡大根占村〈旧大根占郷〉，明治29年4月1日肝属郡に所属，昭和8年8月町制施行）・同郡田代《たしろ》町《ちょう》（明治22年4月1日南大隅郡田代村〈旧田代郷〉，明治29年4月1日肝属郡に所属，昭和36年4月1日町制施行）が合併し，錦江町となる

南大隅町《みなみおおすみちょう》　平成17年3月31日　肝属郡根占町《ねじめちょう》（明治22年4月1日南大隅郡小根占村〈旧根占郷〉，明治29年4月1日肝属郡に所属，昭和16年1月1日町制施行，根占町と改称，昭和25年4月1日田代村に根占町横別府《よこべっぷ》地域の一部を編入）・同郡佐多《さた》町《ちょう》（明治22年4月1日南大隅郡佐多村〈旧佐多郷〉，明治29年4月1日肝属郡に所属，昭和22年9月1日町制施行）が合併し，南大隅町となる

肝《きも》付《つき》町《ちょう》　平成17年7月1日　肝属郡内之浦町《うちのうらちょう》（明治22年4月1日内之浦村〈旧内之浦郷〉，昭和7年10月1日町制施行）・同郡高山町《こうやまちょう》（明治22年4月1日高山村〈旧高山郷〉，昭和7年4月1日町制施行）が合併し，肝付町となる

## 曽《そ》於《お》郡

大《おお》崎《さき》町《ちょう》　明治22年4月1日　南諸県郡大崎村（旧大崎郷）
明治24年2月　野方村が分立

昭和11年１月１日　町制施行
昭和30年４月１日　野方村の一部編入

## 熊《くま》毛《げ》郡

中種子町《なかたねちょう》　明治22年４月１日　中種子村(種子島郷の一部，旧郷が北・中・南種子村の３村に分立)
昭和15年１月10日　町制施行
南種子町《みなみたね》　明治22年４月１日　南種子村
昭和31年10月15日　町制施行
屋久島町《やくしまちょう》　平成19年10月１日　熊毛《くまげ》郡上屋久《かみやく》町(明治22年４月１日，馭謨《ごむ》郡上屋久村，明治29年４月１日，熊毛郡に所属，昭和33年４月１日，町制施行)・屋久町《やくちょう》(明治22年４月１日，馭謨郡下屋久村，明治29年４月１日，熊毛郡に所属，昭和34年４月１日，村名を屋久村に改称，町制施行，屋久町発足)を合併，屋久島町となる

## 大《おお》島《しま》郡

龍郷町《たつごうちょう》　明治41年４月１日　島嶼町村制施行により龍郷村発足
昭和50年２月10日　町制施行
大和村《やまとそん》　明治41年４月１日　島嶼町村制施行により大和村発足
宇検村《うけんそん》　明治41年４月１日　島嶼町村制施行により焼内《やきうち》村発足
大正６年11月１日　宇検村と改称
瀬戸内町《せとうちちょう》　明治41年４月１日　島嶼町村制施行により東方《ひがしほう》村・鎮西《ちんぜい》村発足
大正５年５月20日　実久《さねく》村，鎮西村から分立
大正５年５月20日　西方《にしかた》村，東方《ひがしかた》村から分立
昭和11年４月１日　東方村，町制施行，古仁屋《こにや》町と称する
昭和31年９月１日　古仁屋町・西方村・鎮西村・実久村が合体，瀬戸内町発足
喜界町《きかいちょう》　明治41年４月１日　島嶼町村制施行により喜界村発足
大正８年４月１日　喜界村から早町《そうまち》村分立
昭和16年９月13日　町制施行
昭和31年９月10日　早町村と合体し，喜界町と称する
徳之島町《とくのしまちょう》　明治41年４月１日　島嶼町村制施行により亀津《かめつ》村発足
昭和16年12月15日　町制施行
昭和33年４月１日　東天城《ひがしあまぎ》村と合体し，徳之島町として新しく発足
天城町《あまぎちょう》　明治41年４月１日　島嶼町村制施行により天城村発足
大正６年４月１日　東天城村分立
昭和36年１月１日　町制施行
伊仙町《いせんちょう》　明治41年４月１日　島嶼町村制施行により島尻《しまじり》村発足
大正10年６月29日　伊仙村と改称
昭和37年１月１日　町制施行
和泊町《わどまりちょう》　明治41年４月１日　島嶼町村制施行により和泊村発足
昭和16年５月１日　町制施行

知《ち》名《な》町《ちょう》　明治41年４月１日　島嶼町村制施行により知名村発足
昭和21年９月１日　町制施行
与《よ》論《ろん》町《ちょう》　明治22年４月１日　島嶼町村制施行により与論村発足
昭和38年１月１日　町制施行

## ■ 祭礼・行事

(2012年２月現在)

〔１月〕

１～４　**正月闘牛《とうぎゅう》**　➔徳之島《とくのしま》(鹿児島空港より徳之島空港)

太鼓《たいこ》をたたき，手舞いではやしながら２頭の牛を闘牛場にいれてたたかわせる。逃げた牛が負け。500年の歴史をもつといわれ，島内各地に闘牛場があり，正月場所のほか，五月場所や秋場所，臨時場所がもよおされる。

２～４　**柴祭《しばまつり》**　➔肝属郡錦江町城元《しろもと》・旗山《はたやま》神社(三州バス田代《たしろ》経由根占行池田下車)

シバンカン(柴の神)を迎えて豊猟や豊作を祈る祭り。１日目は「焼き畑はじめ」，２日目は主祭の「狩猟はじめ」が行われる。「狩猟はじめ」は柴の悪霊《あくりょう》払いや猪《いのしし》の模擬狩りを行う。

６日または７日の夜　**鬼火焚き《おにびた》**　➔県内各地

注連縄《しめなわ》・門松《かどまつ》などの正月飾りを家々からもちより，竹や杉で組んだ櫓《やぐら》のなかにいれてもやし，悪霊退散や無病息災を祈る祭。

７　**鬼追い**　➔曽於《そお》市末吉《すえよし》町深川《ふかがわ》・熊野神社(三州バス都城発志布志《しぶし》行高見堂入口下車)

夜，神殿でお祓《はら》いをしたオス，メス，子の３匹の鬼が神社を走りでて，鬼の手とよばれる竹を藁《わら》でまいた棒で，逃げる人びとをたたいて集落内を走りまわる。県指定無形文化財。

14～15　**カーゴマー(蚕舞)**　➔熊毛郡南種子町平山(高速船トッピー西表《にしのおもて》港下船大和バス南種子営業所下車タクシー20分)

白頭巾《ずきん》に白足袋《たび》のヨメジョ(嫁女)を中心とする蚕舞の一団が，地区内の家を祝ってまわる祭。島主が養蚕を盛んにするために行わせたと伝わる。県指定無形文化財。

旧暦正月18日に近い日曜日(２月中頃)　**初午祭《はつうま》**　➔霧島市隼人《はやと》町内・鹿児島神宮(JR日豊本線隼人駅下車)

飾りたてた数十頭のしゃんしゃん馬が，三味線や太鼓にあわせて，足をふみならし体をふるってはね踊る。

旧暦正月23日(２月第３日曜日)　**山宮《やまみや》神社春祭**　➔鹿屋市串良《くしら》町細山田《ほそやまだ》(三州バス都城《みやこのじょう》行生栗須《いくるす》下車)

紫の覆面をした踊り手が棒踊りを行い，山から切りだした女《め》カギ，男《お》カギを引きあって豊作を占う。その後模型の牛に田をならす動作をさせ，神官がモミ種とニワトコの若葉を束ねたものを蒔《ま》く。県指定無形文化財。

〔２月〕

旧暦２月２日に近い日曜日(３月上旬の日曜日)　**ガウンガウン祭**　➔いちき串木野市下名《しもみょう》・深田神社(JR鹿児島本線串木野駅下車)

テチョ(父親)と息子の太郎・次郎，それに牛が加わって，滑稽《こっけい》な問答を繰り

広げながら，神社の境内で農耕劇を繰り広げる。ガウンガウンの名の由来は不明。県指定無形文化財。

旧暦２月４日　**御田植祭**　➔霧島市霧島田口・霧島神宮（いわさきバス霧島岩崎ホテル行霧島神宮前下車）

境内を田にみたててカギ引き，牛引き，モミまき，田植えのしぐさを行う。その後，大きなメシゲをもった黒面の翁《おきな》が身振りおかしく田の神舞を舞う。県指定無形文化財。

旧暦２月４日に近い日曜日　**太郎太郎祭**　➔いちき串木野市羽島《はしま》・羽島崎神社（いわさきバス羽島行終点下車）

豊作と豊漁を祈る祭。子どもたちが松葉を苗にみたてて田植をしたり，神前で船をいただき，船持の祝歌をうたいながら境内を一周する。県指定無形文化財。

第３日曜日　**かぎ引き祭**　➔鹿屋《かのや》市上高隈《かみたかくま》町・中津神社（三州バス高隈行終点下車）

地区の住民が上下二手に分かれ，かぎ股《また》の雄木と二股の雌木，２本の巨木を引っ張り合う。勝ったほうが豊作にめぐまれるという年占いの祭。

〔３月〕

旧暦３・８・10月15日　**与論《よろん》の十五夜踊**　➔大島郡与論町城《ぐすく》・琴平《ことひら》神社（鹿児島空港から与論空港）

片目しかあけていない紙面をつけて踊る一番組の大和風狂言《やまとふうきょうげん》と，サジという手拭《てぬぐい》で顔を隠し黒い衣装をまとって踊る二番組の琉球風《りゅうきゅうふう》の風流踊《ふりゅうおどり》が琴平神社に奉納される。国指定重要無形文化財。

20日頃　**船こぎ祭**　➔日置市吹上町田尻・船木神社（鹿児島交通バス加世田行伊作下車）

神殿におさめられた20艘ほどの船模型を，神官が１艘ずつ取りだして，境内にならんだ氏子に手渡しする。氏子たちは「トントラオー，トントラオー」といいながら船をまわしていく。

〔４月〕

４月29日　**お釈迦祭《しゃかまつり》**　➔志布志市志布志・宝満寺《ほうまんじ》（JR 日南線志布志駅下車）

花嫁をのせたシャンシャン馬や，稚児行列，白象行列が街に繰りだす。

旧暦４月８日　**雛女《ひなじょ》祭**　➔阿久根市佐潟《さがた》（肥薩おれんじ鉄道阿久根駅下車）

その年に生まれた女の子に晴れ着を着せ，父方の祖母が女の子を背負って阿久根はんや節を踊り，子どものすこやかな成長を祈る祭。

〔５月〕

旧暦５月５日に近い日曜日　**お田植祭**　➔霧島市隼人町内・鹿児島神宮（JR 日豊本線隼人駅下車）

青や桃色の衣装を着た早乙女《さおとめ》，早男が田植歌にあわせながら神田に苗を植える。

旧暦５月28日　**曽我《そが》どんの傘焼《かさやき》**　➔鹿児島市甲突《こうつき》川河畔（JR 鹿児島本線西鹿児島

駅下車)
曾我兄弟の仇討《あだうち》の故事をしのんで傘を焼く。鹿児島三大行事の一つ。

〔6月〕

第1日曜日(八幡神社)・第2日曜日(鬼丸神社)　**せっぺとべ**　➔日置市日吉町八幡神社・鬼丸神社(鹿児島交通バス加世田・枕崎行日置下車)
五穀豊穣《ごこくほうじょう》・悪霊退散を祈願して，白装束の若者たちが神田にはいり，肩を組みあって飛びはね，見物人にも泥をかける。せっぺとべは精一杯飛べという意味。

第3日曜日　**くも合戦**　➔姶良市加治木町本町(JR日豊本線加治木駅下車)
島津義弘が，朝鮮出兵のさいに士気を鼓舞するためにはじめたと伝わる。棒の端に「かまえ」という女郎蜘蛛《じょろうぐも》をおき，そこに「しかけ」の蜘蛛をけしかけてたたかわせる。

入梅《にゅうばい》頃の日曜日　**お田植祭**　➔薩摩川内《せんだい》市宮内町・新田《にった》神社(JR鹿児島本線川内駅下車)
赤い袴《はかま》の女子と白はんてんの男子が神田で田植を行うと，仕事着姿の奴《やっこ》たちが奴踊を踊る。また棒踊りも奉納される。県指定無形文化財。

〔7月〕

不定期　**種子島楽**　➔出水《いずみ》市麓《ふもと》(肥薩おれんじ鉄道出水駅下車)
出水の地頭種子島弾正の遺徳をしのんで，種子島に伝わる大踊を移してはじめたと伝わる。女装して花笠をかぶった男の子や，小太鼓・大太鼓を胸につった青年が輪になったり行列をつくって踊る。県指定無形文化財。

旧暦7月7日(8月上旬の日曜日)　**市来七夕踊《いちきたなばたおどり》**　➔いちき串木野市大里(JR鹿児島本線市来駅下車)
張り子の鶴・鹿・虎と，琉球王行列，大名行列，薙刀《なぎなた》行列などが集落をまわり，太鼓踊が奉納される。国指定重要無形文化財。

旧暦7月7日頃　**横山盆踊**　➔西之表市上西・横山神社(鹿児島港より高速艇トッピー西之表新港下船)
近世初期の節婦阿久根千代女の心情をしのび，千代女の霊をまつり，踊りを奉納するようになったという。近世初期の武士踊りの影響がみられ，歌曲も手振りも静かで荘重。県指定無形文化財。

旧暦7月14日(8月16日)　**想夫恋《そうふれん》**　➔薩摩川内市久見崎《ぐみざき》(JR鹿児島本線川内駅下車)
朝鮮出兵に従軍して戦死した夫をしのんで，未亡人たちが供養のために踊ったのがはじまりという。七七七五調の歌にあわせて円陣を組み，合掌《がっしょう》したり招くような仕草を繰りかえす。県指定無形文化財。

旧暦7月16・17日(8月16日)　**吉左右《きっそう》踊・太鼓踊**　➔姶良市加治木町仮屋馬場(JR日豊線錦江駅下車)
吉左右踊は，毛頭《けがしら》をかぶり薙刀《なぎなた》を手にした朝鮮軍と，白鉢巻に太刀をもった薩摩軍とのあいだを赤狐・白狐にふんしたドラ打ちが踊りまわるもの。同時

に行われる太鼓踊とともに県指定無形文化財。

旧暦7月16日　**ボゼの出る盆**　➔鹿児島郡十島《としま》村悪石島《あくせきじま》(鹿児島港より村営連絡船トシマ丸悪石島下船)

ボゼという大きな面をつけた青年たちが盆踊りのなかに暴れこみ，子どもたちをおどろかせたりしたのち忽然《こつぜん》と姿を消す。県指定無形文化財。

23　**竹田神社夏祭り**　➔南さつま市加世田武田・竹田神社(鹿児島交通バス加世田行竹田神社前下車)

戦国武将島津忠良《ただよし》(日新《じつしん》)を祭神とする竹田神社の夏祭りの一環として，勇壮な二才《にせ》踊と子どもたちが舞う稚児《ちご》踊の2種類の士《さむらい》踊が奉納される。県指定無形文化財。ほかにからくり人形などもある。

25・26頃　**オギオンサァ(祇園《ぎおん》祭)**　➔鹿児島市清水《しみず》町・八坂神社ほか(JR鹿児島駅下車)

商売繁盛や無病息災を願って，山車《だし》，十二カンメ，稚児が行列をつくって練り歩く。

この月　**六月灯**　➔県内各地

神社に多くの手作りの灯籠《とうろう》を奉納して行う夏祭り。灯籠の明かりのなか，境内は参拝者でにぎわい，多くの出店が軒を連ねる。

旧暦7月(盆すぎの丙《ひのえ》・丁《ひのと》・戌《いぬ》の日)　**浜下《はまお》り**　➔奄美諸島一円

丙の日に男たちが浜にハマヤドリという小屋をたて，翌丁の日にここで浜下りの神事を行い祝宴をもよおす。戌の日は先祖出迎えの儀式を行ったのち田起こし初めをする。

〔8月〕

旧暦8月初丙の日　**アラセツ(新節)**　➔大島郡龍郷《たつごう》町秋名《あきな》(鹿児島空港より奄美空港道の島交通秋名行秋名下車)

暗いうちから男たちが小屋に集まり，チジンという小太鼓の音にあわせて小屋をゆさぶり，午後は女性たちがヒラセカンマイという神を招く祭りを行う。夜は八月踊が行われる。国指定重要無形文化財。

旧暦8月15日　**南薩摩の十五夜行事**　➔枕崎市・南さつま市坊津《ぼうのつ》町・南九州市(JR枕崎線・鹿児島交通バスなど)

山からとってきたカズラで綱を練り，その綱で綱引きを行う。その綱で土俵をつくり相撲《すもう》をとる。なお綱は水神の化身の竜といわれている。国指定重要無形文化財。

旧暦8月15日　**ソラヨイ**　➔南九州市知覧町永里ほか(鹿児島交通バス白沢行永里下車)

ワラでつくったヨイヨイガサをかぶった子どもたちが「そらよい(それはよい)」と掛け声をかけながら円を描いてまわり，ときおり四股《しこ》をふむ。地の霊をよびさまし豊作を祈る祭り。県指定無形文化財。

旧暦8月18日　**高山《こうやま》八月踊**　➔肝属郡肝付町新富(三州バス高山経由内之浦行高山下車)

本町の道路中央にきずかれた櫓《やぐら》を中心に，紋付羽織姿の男性や鳥追笠《とりおいがさ》にオコソ頭巾《ずきん》姿の女性たちが輪を描いて踊る。県指定無形文化財。

旧暦８月中旬　**奄美八月踊**　➔奄美諸島一円

島民が行列をつくり夜通し踊り歩く。島内最大の祭事である。

28　**伊作《いざく》太鼓踊**　➔日置市吹上町湯之浦・南方《みなみかた》神社（鹿児島交通バス伊作行ふもと下車）

伊作家の島津義久が戦いの勝利を祝って奉納したのがはじまりといわれている。踊り手は早朝から浜で身を清めて踊りにのぞむ。中打，小太鼓，平打の３種がある。県指定無形文化財。

〔９月〕

旧暦９月９日　**諸鈍芝居《しょどん》**　➔大島郡瀬戸内町諸鈍（奄美空港より道の島交通バス古仁屋《こにや》行終点下車，フェリーかけろまで生間《いけんま》へ）

紙の面をつけ，黒い衣，白のももひきを着た踊り手が「サンバト（三番叟《さんばそう》）」「クワン節」「玉露《ぎょくろ》カナ」などを演じる。奄美地方の芸能に能・狂言や沖縄の芸能が加味されている。国指定重要無形文化財。

旧暦９月14日（10月第４日曜日）　**妙円寺《みょうえんじ》参《まい》り**　➔日置市伊集院《いじゅういん》町徳重《とくしげ》（JR 鹿児島本線伊集院駅下車）

関ヶ原の戦いで敵中突破を敢行して帰国した島津義弘《よしひろ》らの苦難をしのんで，鹿児島市などから行列をつくって義弘の菩提寺《ぼだいじ》妙円寺（現徳重神社）に参拝する。県指定無形文化財の大田太鼓踊も奉納される。鹿児島三大行事の一つ。

秋分の日　**大綱引き**　➔薩摩川内市太平橋通りなど（JR 鹿児島本線川内駅下車）

長さ200m，重さ４トンの大綱を引き合う。かつては旧暦８月15日に行われていた。島津義弘が慶長の役のあと，士気を高めるためにはじめさせたと伝わる。

旧暦９月24日に近い日曜日　**面踊《めんおとり》**　➔西之表市住吉・深川神社（鹿児島港より高速艇トッピー西之表新港下船大和バス深川下車）

種子島に古くから伝わる「面かぶり」の踊りと，近世初期に伝えられた「ひょうたん踊」とが一つになったと伝えられる。ひょうきんな面をつけ，野良《のら》着《ぎ》にひょうたんをさげた踊り手がユーモラスに踊る。県指定無形文化財。

〔10月〕

19　**上山田太鼓踊**　➔南九州市川辺町上山田・竹屋神社（鹿児島交通バス枕崎行勝日麓下車）

島津義弘の朝鮮の役出陣のさいの踊りと伝わる。新ワラでつくったリファハをふって踊る。県指定無形文化財。

第３日曜日　**流鏑馬《やぶさめ》**　➔肝属郡肝付町新富　四十九所《しじゅうくしょ》神社（三州バス高山行高山下車）

神社の前の330m の馬場にたてられた３本の的《まと》を，綾藺笠《あやいがさ》をかぶり直垂《ひたたれ》・行《むか》騰《ばき》を着用した少年が騎馬で射る。県指定無形文化財。

23　**熊野神社の神舞**　➔志布志市有明町蓬原《ふつはら》・熊野神社（三州バス志布志行菱田《ひしだ》

下車）

33番の舞が伝えられ，熊野神社のホゼ祭に一部が演じられる。舞は「岩戸《いわと》破り」を伴う出雲神楽《いずもかぐら》の流れをくむもの。県指定無形文化財。

最後の日曜日　**種子島大踊《たねがしま》**　➔西之表市現和《げんな》・風本《かざもと》神社（鹿児島港より高速艇トッピー西之表新港下船）

鎌倉時代から伝わるとも，または室町時代に種子島氏が家臣に関西の踊りを習得させてはじめたともいわれる。「掛け打ち太鼓」ともいわれ，いくつもの踊りから構成されている。県指定無形文化財。

旧暦10月25日（11月23日）　**流鏑馬**　➔日置市吹上町中原・大汝牟遅《おおなむち》神社（鹿児島交通バス伊作行宮内下車）

戦国の武将島津忠良《ただよし》が加世田《かせだ》城を攻略したさい，戦勝を感謝して毎年奉納するように命じたと伝わる。県指定無形文化財。

〔11月〕

2・3　**おはら祭**　➔鹿児島市

大勢の踊り手が，郷土民謡のおはら節やはんや節などにあわせて，市内の目抜き通りを踊り歩く鹿児島市最大の祭。

3　**弥五郎《やごろう》どん祭**　➔曽於市大隅《おおすみ》町岩川・岩川八幡神社（三州バス志布志行岩川下車）

岩川八幡神社のホゼ祭。高さ5mほどの大人形弥五郎どんを先頭に浜下りの神事を行う。県指定無形文化財。

23　**流鏑馬**　➔曽於市末吉町二之方《にのかた》・住吉神社（三州バス末吉行末吉仲町下車）

住吉神社のホゼ祭に行われる。矢があたった的の平木で屋根を葺《ふ》くと家が栄えるといわれた。県指定無形文化財。

28　**錫杖踊《しゃくじょうおどり》**　➔伊佐市菱刈町下手《しもで》・水天《すいてん》神社（南菱刈町民バス下手下車）

島津義弘が大口城攻略の戦勝返礼として奉納したのがはじまりと伝わる。左手に山刀，右手に錫杖をもった踊り手が2列になって錫杖をならしながら踊る。県指定無形文化財。

〔12月〕

31　**トシドン**　➔薩摩川内市下甑《しもこしき》町・鹿島町（串木野港より高速艇シーホーク手打港下船）

トシドンは，毎年大晦日《おおみそか》の夜に家々を訪れると信じられている来訪神。トシドンは家の前までくると，その家の子どもの名前をよび，子どもをしかって年餅を背中にのせて去っていく。国指定重要無形文化財。

## ■ 参考文献

**【鹿児島県における地域史研究の現状と課題】**

鹿児島県の地域史に関する時代別の詳細な研究状況については「地方史研究の現状　鹿児島県」(『日本歴史』571号　1995.12)にゆずり，ここでは近年めだった動きに関して概観する。

まず，交易・境界領域への関心の高まりのなかで，各時代ともあらたな研究展開がみられた。すなわち考古学では貝製品などの問題，古代・中世では南島・鬼界島などとの交易などについての考古・文献面での研究の深化，近世では対外関係における薩摩藩の位置づけなどであり，日本全体の歴史展開のなかでの鹿児島県域の歴史を考える視点が，いよいよ重要になっている。ただし，近現代の研究は，明治初期に集中しており，今後の深化がのぞまれる。

近年「上野原ブーム」「南の縄文ブーム」に象徴される考古学的新発見があいついだ。それらの発見をうけて史跡として整備される遺跡もあり，地域の歴史を市民に伝えるうえで重要な役割をはたすようになってきている。しかし，こうした新発見の多くが開発などに伴うものであり，保存の問題とどのように調整するかが大きな課題となっている。この点で，王子遺跡や甲突《こうつき》川の石橋など，市民運動としての保存運動がおこったことが注目される。また，登録文化財制度などがうまれ，幕末〜明治期の資料の国指定があいつぐなど，比較的新しい時代の資料の保存活用も今後の課題となっている。

歴史系の展示に重点をおいた資料館・博物館が数多く建設されたことも近年の特徴である。明確なコンセプトのもとに工夫をこらした展示を行っている館も多く，各館の学芸職員らによる地道な活動が，地域の歴史の掘りおこしに重要な役割をはたしてきているといえよう。

各地の研究会活動については，鹿児島考古学会をはじめとする数多くの研究会が例会活動を積み重ねており，各地の史談会のなかにも資料集や機関誌の刊行などの伝統をもつものが少なくない。

『鹿児島県史料』をはじめとして史料集の着実な刊行が続けられている。また，後掲の参考文献にみられるように，各地で自治体史の編纂が非常に盛んである。その編纂スタイルはさまざまであり，大きな成果をあげている自治体史も多い。

戦前に鹿児島県によって刊行されはじめた『鹿児島県史』は，当時としては最高の水準にあり，分野によっては現在でも通用する高水準の記述を有するとはいえ，戦後，考古・古代・近代の研究が飛躍的な進展をみせ，また中世・近世についても数多くのあらたな視点が導入されていることからして，あらたな『鹿児島県史』の編纂事業そのものが，鹿児島県の地域史研究にとっての起爆剤になると思われる。

【全体に関するもの】
鹿児島県高等学校歴史部会編『鹿児島県の歴史散歩』 山川出版社　1992
鹿児島県姓氏家系辞典編纂委員会編『鹿児島県姓氏家系大辞典』 角川書店　1994
鹿児島県編『鹿児島県史』8巻　鹿児島県　1939-67・2006
竹内理三ほか編『角川日本地名大辞典46　鹿児島県』 角川書店　1983
原口泉『NHK かごしま歴史散歩』 日本放送出版協会　1986
原口虎雄『鹿児島県の歴史』 山川出版社　1973
南日本新聞社編『鹿児島大百科事典』 南日本新聞社　1981
芳即正・五味克夫監修『鹿児島県の地名』 平凡社　1998
芳即正・塚田公彦編『鹿児島風土記』 旺文社　1995

【市町村史】
姶良市誌編集委員会編『姶良市誌』第1巻(先史・古代編　自然編)・第2巻(中世・近世編), 別巻1～4, 姶良市　2019・2022, 2016～19
姶良市誌史料集刊行委員会『姶良市誌史料』1～10, 2013～22
吾平町誌編纂委員会編『吾平町誌(新訂版)』上・下　吾平町　1991
阿久根市誌編さん委員会編『阿久根市誌』 阿久根市　1974
東町郷土史編さん委員会編『東町郷土史』 東町　1992
天城町役場編『天城町誌』 天城町　1978
有明町郷土史編さん委員会編『有明町誌』 有明町　1980
伊集院町誌編さん委員会編『伊集院町誌』 伊集院町　2002
出水郷土誌編集委員会編『出水郷土誌』上・下　出水市　2004
伊仙町誌編さん委員会編『伊仙町誌』 伊仙町　1978
市来町郷土誌編集委員会編『市来町郷土誌』 市来町　1982
指宿市役所総務課市誌編さん室編『指宿市誌』 指宿市　1985
指宿市制50周年記念事業実行委員会事務局編『指宿市史追録版』 指宿市　2005
入来町誌編纂委員会編『入来町誌』上・下・追録　入来町　1964・78・99
宇検村誌編纂委員会編『宇検村誌』宇検村教育委員会　2017
内之浦町誌編纂委員会編『内之浦町誌』 内之浦町教育委員会　2003
頴娃町郷土史編集委員会編『頴娃町郷土誌(改訂版)』 頴娃町　1990
大浦町郷土誌編纂委員会編『大浦町郷土誌』 大浦町　1995
大口市郷土誌編さん委員会編『大口市郷土誌』上・下　大口市　1981・1978
大崎町編『大崎町史　明治百年』 大崎町　1975
大隅町誌編纂委員会編『大隅町誌(改訂版)』 大隅町　1990
大根占町誌編纂委員会編『大根占町誌(増補改訂版)』 大根占町誌編纂委員会　2004
改訂名瀬市誌編纂委員会編『改訂名瀬市誌』3巻　名瀬市　1996
開聞町郷土誌編纂委員会編『開聞町郷土誌(改訂版)』 開聞町　1994
鹿児島市史編さん委員会ほか編『鹿児島市史』4巻　鹿児島市　1969-90

笠沙町郷土誌編さん委員会編『笠沙町郷土誌』上・中・下　笠沙町　1991-93
笠利町誌執筆委員会編『笠利町誌』 笠利町　1973
加治木郷土誌編さん委員会編『加治木郷土誌(改訂版)』 加治木町　1992
鹿島村郷土誌編集委員会編『鹿島村郷土誌(改訂版)』 鹿島村　2000
加世田市史編さん委員会編『加世田市史』上・下　加世田市　1986
鹿屋市史編さん委員会編『鹿屋市史(改訂版)』上・下　鹿屋市　1995
上甑村郷土誌編集委員会編『上甑村郷土誌』 上甑村　1980
上屋久町郷土誌編集委員会編『上屋久町郷土誌』 上屋久町　1984
蒲生町郷土誌編さん委員会編『蒲生郷土誌』 蒲生町　1991
川辺町郷土史編集委員会編『川辺町郷土史』 川辺町　1976
川辺町郷土史編集委員会編『川辺町郷土史追録』 川辺町　1997
喜入町郷土誌編集委員会『喜入町郷土誌―増補改訂版』 喜入町　2004
喜界町誌編纂委員会編『喜界町誌』 喜界町　2000
輝北町郷土誌編纂委員会編『輝北町郷土史』 輝北町　2000
霧島町郷土誌編集委員会編『霧島町郷土誌』 霧島町　1992
金峰町郷土史編さん委員会編『金峰町郷土史』上・下　金峰町　1987・89
救仁郷繁・救仁郷建校訂『大崎町史』(新訂版　古代～幕末)　至言社　1997
串木野市郷土史編集委員会編『串木野市郷土史』 串木野市　1984
串良町教育委員会社会教育課編『串良町郷土誌』串良町　2005
栗野町郷土誌再版委員会編『栗野町郷土誌』 栗野町　1995
祁答院町誌編さん委員会編『祁答院町史』 祁答院町　1985
高山郷土誌編さん委員会編『高山郷土誌』 高山町　1997
郡山町郷土史編集委員会編『郡山町郷土史』上・下　郡山町　1971・83
郡山郷土誌編纂委員会編『郡山郷土史』 鹿児島市教育委員会　2006
国分郷土誌編纂委員会編『国分郷土誌』通史編(上・下)・資料編　国分市　1997・98
桜島町郷土誌編さん委員会編『桜島町郷土誌』 桜島町　1988
佐多町誌編集委員会編『佐多町誌』2巻　佐多町　1973・91
薩摩町郷土誌編さん委員会編『薩摩町郷土誌』 薩摩町　1998
里村郷土誌編纂委員会編『里村郷土誌(上巻)』 里村　1985
志布志町役場編『志布志町誌』上・下　志布志町　1972・84
下甑村郷土誌編集委員会編『下甑村郷土誌』 下甑村　2004
四元幸夫『東市来町郷土誌』 東市来町　1988
末吉町郷土史編集委員会編『末吉郷土史』 末吉町　1987
瀬戸内町町誌編集委員会編『瀬戸内町誌』民俗編・歴史編資料集1～4・歴史編　瀬戸内町　1977・99-2003
川内郷土史編さん委員会編『川内市史』16巻　川内市　1972-80
高尾野町郷土史編集委員会編『高尾野町郷土史』 高尾野町　2005
財部町郷土史編纂委員会編『財部町郷土史』 財部町　1997

田代町教育委員会編『新編田代町郷土誌』 田代町 2005
龍郷町誌歴史編さん委員会・龍郷町誌民俗編さん委員会編『龍郷町誌』２巻 龍郷町 1982
谷山市史編さん委員会編『谷山市史』 谷山市 1967
垂水市史編集委員会編『垂水市史』下巻 垂水市 1978
垂水市史編集委員会編『垂水市史上巻(改訂版)』 垂水市 1998
知名町誌編纂委員会編『知名町誌』 知名町 1982
知覧町郷土誌編さん委員会編『知覧町郷土誌』 知覧町 1982
鶴田静磨『輝北町郷土史』 輝北町 1966
鶴田町郷土史編集委員会編『鶴田町郷土誌』 鶴田町 2005
東郷町郷土史編集委員会編『東郷町郷土史』本編・続編 東郷町 1969・2003
徳之島町誌編纂室編『徳之島町史 自然編 恵みの島』『徳之島町史 民俗編 シマの記憶』 南方新社 2021・2022
十島村誌編集委員会編『十島村誌』 十島村 1995
十島村誌追録版編集委員会編『十島村誌 追録版』 十島村 2019
長島町郷土史編集委員会編『長島町郷土史』 長島町 1974
中種子町郷土誌編集委員会編『中種子町郷土誌』 中種子町 1971
西之表市史編纂委員会編『西之表市百年史』 西之表市 1971
根占郷土誌復刻編さん委員会編『根占郷土誌(復刻改訂版)』 根占町 1996
野田町郷土誌編さん委員会編『野田町郷土誌』 野田町 2003
三ツ石友三郎・隼人町役場編『隼人郷土史』 隼人町 1985
東市来町誌編さん委員会編『東市来町誌』 東市来町 2005
東串良郷土誌編纂委員会編『東串良郷土誌』 東串良町 1980
菱刈町郷土誌編纂委員会編『菱刈町郷土誌 改訂版』 菱刈町 2007
日吉町郷土誌編さん委員会編『日吉町郷土誌』上・下 日吉町 1982・88
樋脇町史編さん委員会編『樋脇町史』上・下 樋脇町 1993・96
吹上町郷土史編纂委員会編『吹上郷土誌』通史編１・２・３，資料編 吹上町 2003
福山町郷土誌編集委員会編『福山町郷土誌』 福山町 1978
坊津町郷土誌編集委員会編『坊津町郷土誌』上・下 坊津町 1969・72
牧園町郷土誌編さん委員会編『牧園町郷土誌(改訂版)』 牧園町 1991
枕崎市誌編さん委員会編『枕崎市誌』上・下・十年史 枕崎市 1990・2000
松元町郷土史編さん委員会編『松元町郷土誌』 松元町 1986
松山町郷土史編纂委員会編『松山町郷土誌』２巻 松山町 1969・89
三島村誌編纂委員会編『三島村誌』 三島村 1990
溝辺町郷土誌編集委員会編『溝辺町郷土誌』３巻 溝辺町 1973・89・2004
南種子町郷土誌編纂委員会編『南種子町郷土誌』 南種子町 1987
南日本新聞社編『鹿児島市史』第４巻 鹿児島市 1990
宮之城町史編纂委員会編『宮之城町史』 宮之城町 2000

屋久町郷土誌編さん委員会編『屋久町郷土誌』4巻　屋久町　1993-2007
山川町役場編『山川町史(増補版)』 山川町　2000
大和村誌編纂委員会編『大和村誌』 大和村　2010
横川町郷土誌編纂委員会編『横川町郷土誌』 横川町　1991
吉田町郷土誌編纂委員会編『吉田町郷土誌』 吉田町　1991
吉松郷土誌編集委員会編『吉松郷土誌(改訂版)』 吉松町　1995
与論町誌編集委員会編『与論町誌』 与論町　1988
和泊町誌編集委員会編『和泊町誌』歴史編・民俗編　和泊町　1984・85

**【原始・古代】**

井上辰雄『隼人と大和政権』 学生社　1974
井上辰雄『熊襲と隼人』 教育社　1978
大林太良編『日本古代文化の探求　隼人』 社会思想社　1975
大林太良『神話の系譜　日本神話の源流をさぐる』 青土社　1986
鹿児島県教育委員会編『先史・古代の鹿児島』 資料編鹿児島県教育委員会　2005・2006
鹿児島県歴史資料センター黎明館編『南九州の墳墓』(特別展図録)　鹿児島県歴史資料センター黎明館　1988
鎌田洋昭・中摩浩太郎・渡部徹也『日本の遺跡40　橋牟礼川遺跡』 同成社　2009
神野志隆光『古事記　天皇の世界の物語』 日本放送出版協会　1995
河口貞徳『日本の古代遺跡38　鹿児島』 保育社　1988
木下尚子『南島貝文化の研究―貝の道の考古学―』 法政大学出版局　1996
菊池達也『律令国家の隼人支配』 同成社　2017
下條信行・平野博之編『新版「古代の日本」③九州・沖縄』 角川書店　1991
新川登亀男編『西海と南海の生活・文化　古代王権と交流8』 名著出版　1995
高梨修『ヤコウガイの考古学』 同成社　2005
中村明蔵『隼人の研究』 学生社　1977(新訂版　丸山学芸図書　1994)
中村明蔵『熊襲・隼人の社会史研究』 名著出版　1986
中村明蔵『隼人と律令国家』 名著出版　1993
中村明蔵『クマソの虚構と実像　つくり出された反逆者像』 丸山学芸図書　1995
中村明蔵『古代隼人社会の構造と展開』 岩田書院　1998
中村明蔵『隼人の古代史』 平凡社新書　2001(吉川弘文館　2019)
永山修一ほか「特輯11～15世紀における南九州の歴史的展開」『古代文化』 55-2・3　2003
永山修一『隼人と古代日本』 同成社　2009
名瀬市教育委員会編『サンゴ礁の島嶼地域と古代国家の交流―ヤコウガイをめぐる考古学・歴史学―』(第2回奄美博物館シンポジウム資料)　1999
奈良県立橿原考古学研究所附属博物館特別展図録『隼人』 1993
隼人文化研究会編『隼人族の生活と文化』 雄山閣　1993

原口耕一郎『隼人と日本書紀』 同成社 2018
三宅和朗『記紀神話の成立』 吉川弘文館 1984
宮崎県編『宮崎県史 通史編 古代２』 宮崎県 1998
南日本新聞社編『かごしま考古新地図』 雄山閣 1986
山里純一『古代日本と南島の交流』 吉川弘文館 1999

【中 世】
阿部猛『中世日本荘園史の研究』 新生社 1967
阿部善雄『最後の「日本人」朝河貫一の生涯』(同時代ライブラリー195) 岩波書店 1994
石井進『日本中世国家史の研究』 岩波書店 1970
宇田川武久『鉄炮伝来』(中公新書962) 中央公論社 1990
江平望『島津忠久とその周辺 中世史料散策』 高城書房出版 1996
鹿児島中世史研究会編『鹿児島中世史研究会報』(1)～(52) 鹿児島中世史研究会 1966–97
河口貞徳他編『鹿児島考古』(28) 特集鹿児島県の中世山城 鹿児島県考古学会 1994
川添昭二『今川了俊』(人物叢書) 吉川弘文館 1964
川添昭二『菊地武光』(日本の武将18) 人物往来社 1966
岸野久『西欧人の日本発見—ザビエル来日前日本情報の研究—』 吉川弘文館 1989
岸野久『ザビエルと日本—キリシタン開教期の研究—』 吉川弘文館 1998
金峰町教育委員会編『持躰松遺跡第１次調査』 金峰町 1998
工藤敬一『九州庄園の研究』 塙書房 1969
工藤敬一『荘園公領制の成立と内乱』 思文閣出版 1992
小園公雄『南九州の中世社会』 海鳥社 1998
五味克夫『鎌倉幕府の御家人制と南九州』 戎光祥出版 2016
五味克夫『南九州御家人の系譜と所領支配』 戎光祥出版 2017
五味克夫『戦国・近世の島津一族と家臣』 戎光祥出版 2018
佐藤進一『増訂鎌倉幕府守護制度の研究—諸国守護沿革考証編—』 東京大学出版会 1971
佐藤進一『室町幕府守護制度の研究—南北朝期諸国守護沿革考証編—』下 東京大学出版会 1988
瀬野精一郎『鎮西御家人の研究』(日本史学研究叢書) 吉川弘文館 1975
竹内理三『荘園分布図』下 吉川弘文館 1976
東京大学史料編纂所編『「入来文書」の世界』(第32回史料展覧会列品目録) 東京大学史料編纂所 1998
新名一仁『室町期島津氏領国の政治構造』 戎光祥出版 2015
新名一仁『島津四兄弟の九州統一戦』 星海社 2017

野口実『中世東国武士団の研究』 高科書店 1994
福島金治編『島津氏の研究』(戦国大名論集16) 吉川弘文館 1983
福島金治『戦国大名島津氏の領国形成』 吉川弘文館 1988
正木喜三郎『大宰府領の研究』 文献出版 1991
三木靖『薩摩島津氏』(戦国史叢書10) 新人物往来社 1972
水上一久『中世の荘園と社会』 吉川弘文館 1969
村井章介・佐藤信・吉田伸之編『境界の日本史』 山川出版社 1997
森本正憲『九州中世社会の基礎的研究』 文献出版 1984
柳原敏昭『中世日本の周縁の東アジア』 吉川弘文館 2011
山口隼正『中世九州の政治社会構造』 吉川弘文館 1983
山口隼正『南北朝期九州守護の研究』 文献出版 1989

【近　世】
石井孝『増訂 明治維新の国際的環境』 吉川弘文館 1966
犬塚孝明『寺島宗則』 吉川弘文館 1990
岩生成一『朱印船貿易史の研究』 弘文堂 1958
上野益三『薩摩博物学史』 島津出版会 1982
浦島幸世『金山』 春苑堂出版 1993
鹿児島県歴史資料センター黎明館編『天璋院』(特別展図録) 鹿児島県歴史資料センター黎明館 1995
鹿児島県歴史資料センター黎明館編『海洋国家・薩摩』(特別展図録) 鹿児島県歴史資料センター黎明館 1999
紙屋敦之『幕府制国家と琉球支配』 校倉書房 1990
芳即正『島津重豪』 吉川弘文館 1980
芳即正『調所広郷』 吉川弘文館 1987
芳即正『島津斉彬』 吉川弘文館 1993
芳即正『日本を変えた薩摩人』 春苑堂出版 1995
芳即正ほか『江戸時代 人づくり風土記 鹿児島県』 農山漁村文化協会 1999
喜舎場一隆『近世薩琉関係史の研究』 国書刊行会 1993
北川鐵三『薩摩の郷中教育』 鹿児島県立図書館 1972
高良倉吉『琉球王国』 岩波書店 1993
永田雄次郎・山西健夫『薩摩の絵師たち』 春苑堂出版 1998
原口虎雄『幕末の薩摩』 中央公論社 1966
秀村選三編『薩摩藩の基礎構造』 御茶の水書房 1970
秀村選三編『薩摩藩の構造と展開』 西日本文化協会 1976
増田勝機『薩摩にいた明国人』 高城書房 1999
町田明久『島津久光』(講談社メチエ) 講談社 2009
松尾千歳『島津斉彬』 戎光祥出版 2017
松下志朗『幕藩体制と石高制』 塙書房 1984

山本博文『寛永時代』 吉川弘文館 1989
山本博文『鎖国と海禁の時代』 校倉書房 1995
山本博文『島津義弘の賭け』 読売新聞社 1997

【近代・現代】

家近良樹『西郷隆盛』 ミネルヴァ書房 2017
鹿児島県編『鹿児島県統計年鑑』 鹿児島県 各年度
鹿児島県編『鹿児島県農地改革史』 近藤出版社 1954
鹿児島県編『産業方針調査書』 鹿児島県 1929
鹿児島県編『鹿児島県総合基本計画』 鹿児島県 1990
鹿児島県編『鹿児島県総合基本計画―第３期実施計画』 鹿児島県 1998
鹿児島県編『鹿児島農事調査』(『明治中期産業運動資料』第17巻) 鹿児島県 1890
鹿児島県教育委員会編『鹿児島県教育史』 鹿児島県教育研究所 1961
鹿児島銀行史編纂室編『鹿児島銀行百年史』 鹿児島銀行 1980
鹿児島県高等学校社会科教育研究会編『鹿児島の歴史』 鹿児島書籍 1958
鹿児島県議会編『鹿児島県議会史』１・２ 鹿児島県議会 1971
轟楠男『鹿児島事件史』 鹿児島新報社 1962
中尾亨『進学と鹿児島』 春苑堂 1973
マウンジー著，安岡昭男補注『薩摩反乱記』(東洋文庫) 平凡社 1979
南日本新聞社編『かごしま戦後50年』 南日本新聞社 1995
南日本新聞社編『鹿児島百年』 春苑堂出版 1968
皆村武一『奄美近代経済社会論』 晃洋書房 1988
皆村武一『近代の鹿児島』 高城書房 1990
本富安四郎『薩摩見聞記』(『日本庶民生活史料集成』第12巻) 三一書房 1971

## ■ 図版所蔵・提供者一覧

見返し表　尚古集成館
　　　裏　鹿児島県立埋蔵文化財センター
口絵1上　大口市教育委員会
　　　下　枕崎市教育委員会・鹿児島県歴史資料センター黎明館
　　2上　名瀬市立奄美博物館
　　　下　宮内庁正倉院事務所・国立歴史民俗博物館
　　3上右　鹿児島県立埋蔵文化財センター
　　　　左　九州歴史資料館
　　　下　指宿市教育委員会
　　4上　東京大学史料編纂所
　　　下　川辺町教育委員会
　　5上　知覧町教育委員会
　　　下　神戸市立博物館
　　6上　吹上町教育委員会
　　　下　東京大学史料編纂所
　　7上　東京大学史料編纂所
　　　下　松平文庫　松平宗紀蔵・福井県立図書館保管
　　8上　東京都立中央図書館東京誌料文庫
　　　下　鹿児島県
p. 4　樋渡直竹
p. 7　野間豊
p. 9　浜田太
p. 11　鹿児島県立埋蔵文化財センター
p. 14　鹿児島県立埋蔵文化財センター
p. 17　鹿児島県立埋蔵文化財センター
p. 22　鹿児島県立埋蔵文化財センター
p. 25　金関　恕保管・鹿児島県歴史資料センター黎明館
p. 28　指宿市教育委員会
p. 37　奈良国立文化財研究所許可済
p. 47　隼人町教育委員会
p. 48　隼人町教育委員会
p. 54　鹿児島県立埋蔵文化財センター
p. 58　奈良国立文化財研究所許可済
p. 62　九州歴史資料館
p. 63　笠利町歴史民俗資料館
p. 68　指宿市教育委員会
p. 77　金峰町教育委員会「持躰松遺跡第1次調査」
p. 97　東京大学史料編纂所
p. 103　新田神社宮司種子田敬・川内市歴史資料館
p. 105　朝河貫一著書刊行会編『入来文書』
p. 116　新田神社宮司種子田敬・川内市歴史資料館
p. 129　東京大学史料編纂所
p. 155　神戸市立博物館蔵
p. 157　鹿児島県歴史資料センター黎明館
p. 161　鹿児島県歴史資料センター黎明館
p. 165　尚古集成館
p. 171　彦根城博物館
p. 173　尚古集成館
p. 180　沖縄県立博物館
p. 182　鳥原真利子・坊津町歴史民俗資料館
p. 186　東京大学史料編纂所
p. 187　尚古集成館
p. 190　鹿児島県立図書館
p. 199　柏原名義
p. 201　知覧町教育委員会
p. 204　鹿児島県歴史資料センター黎明館
p. 210　鹿児島県歴史資料センター黎明館
p. 219　長崎県立長崎図書館・鹿児島県歴史資料センター黎明館
p. 222　鹿児島市立美術館
p. 224　東京大学史料編纂所
p. 227　尚古集成館
p. 229　鹿児島県歴史資料センター黎明館寄託分
p. 231　東京大学史料編纂所
p. 233　鶴嶺神社・尚古集成館
p. 237　(財)鍋島報效会・尚古集成館
p. 238　尚古集成館
p. 241　尚古集成館
p. 245　尚古集成館
p. 254　尚古集成館
p. 257　写真提供会津若松市観光課
p. 261　樺山寛・鹿児島県歴史資料センター黎明館
p. 263　鹿児島県歴史資料センター黎明館
p. 274　鹿児島銀行史編纂室編『鹿児島銀行百年史』
p. 279　鹿児島県高等学校社会科教育研究会編『鹿児島の歴史』
p. 285　『鹿児島の歴史』
p. 299　南日本新聞社
p. 301　平岡正三郎
p. 303左　国立国会図書館
p. 306　鹿児島県広報課
p. 309　南日本新聞社
p. 317・318・319　鹿児島県観光課

敬称は略させていただきました。

紙面構成の都合で個々に記載せず，巻末に一括しました。所蔵者不明の図版は，転載書名を掲載しました。万一，記載洩れなどがありましたら，お手数でも編集部までお申し出下さい。